독서가 국가 경쟁력이다

독서가 국가 경쟁력이다

2009년 1월 10일 초판 1쇄 발행
2010년 9월 30일 초판 2쇄 발행
2016년 12월 10일 개정 증보판 1쇄 발행

지은이 | 안한상
펴낸이 | 이찬규
펴낸곳 | 북코리아
등록번호 | 제03-01240호
주소 | 13209 경기도 성남시 중원구 사기막골로 45번길 14
우림2차 A동 1007호
전화 | 02-704-7840
팩스 | 02-704-7848
이메일 | sunhaksa@korea.com
홈페이지 | www.북코리아.kr
ISBN | 978-89-6324-504-1(93000)

값 20,000원

독서가 국가 경쟁력이다

안한상 지음

북코리아

머리말

다가오는 미래, 어떻게 대비할 것인가

어떠한 미래를 맞이하고 만들어 갈 것인가? 이것은 오늘의 우리가 준비하고 감당해야 할 몫이다. 미래는 저절로 오지 않는다. 시대의 변화에 맞추어 나도, 기업도, 국가도 끊임없이 변하고 새로워져야 한다.

우리가 살아가야 할 21세기는 근대화를 넘어 정보화, 세계화의 시대다. 미래는 희소한 자원이 아니라 무한한 자원인 지식을 기반으로 부를 창출하는 사회임과 동시에 '지구는 평평해졌다'라는 말처럼 세계화로 인해 인력과 상품이 국경을 넘어 자유롭게 넘나드는 시대다. 이러한 21세기에서 살아가기 위해서는 이에 대비한 생존전략이 있어야 한다.

제레미 리프킨은 『노동의 종말』(1966)에서 기계화와 자동화로 세계 전체의 재화를 생산하는 데 2050년 무렵에는 현재 노동력의 5%만 필요할 것이라면서 노동의 종말을 예고하고 있다. 여기서 노동의 종말은 대부분의 사람들이 일자리를 잃게 된다는 것을 말한다. 그러면 수많은 사람들은 노동의 기회조차 갖지 못한 채 생존의 위기로 내몰릴 수밖에 없다는 이야기다. 일자리 문제는 지금도 심각한데 앞으로도 개선될 전망이 별로 보이지 않는다. 더욱이 세계화의 물결로 국경이 없어진 지금 산업화 · 정보화 시대의 근로자들의 업무도 기계와 컴퓨터가 대체하거나 비용 절감을 위해 개발도상국으로 이전됨으로써 선진국의 일자리는 더욱 줄어들 수밖에 없게 되었다. 그래서 다니엘 핑크는 『새로운 미래가 온다』(2005) 세계화에 의한 업무의 해외 이전과 컴퓨터에 의한 자동화로 무려 330만 명에 달하는 미국의 지식근로자의 일자리가 향후 10년 내에 외국 지식근로자로 대체될 것이라고 예측하고 있다. 그러므로 이제는 선진국에서는 통합적인 사고력과 창의력을 갖춘 우뇌형 인재만이 살아남을 수 있다고 했다. 즉 컴퓨터와 좌뇌형 지식근로자가 할 수 없는 업무를 찾아서 할 수 있어야 일자리 경쟁에서 살아남을 수 있다는 것이다.

경쟁에서 살아남을 것이냐, 밀려날 것이냐? 21세기의 물질적 풍요의 이면에는 처절한 생존 경쟁이 드리워져 있다. 생존 경쟁에서 살아남는 유일한 길은 자신의 경쟁력을 확보하는 것뿐이다. 이제는 개인과 기업과 국가도 경쟁력을 높이는 것이 생존의 필수 요건이다.

핵심은 어떤 인재를, 어떻게 길러낼 것인가 하는 것이 역시 새로운 시대의 화두가 될 수밖에 없다는 점에서 미래는 역시 교육에 달려 있다고 하겠다. 그래서 앨빈 토플러도 미래의 경제에서 부를 창출하는 원동력은 교육이며, 교육을 통해 길러낸 인재가 부를 창출해 갈 것이므로 교육 자체를 근본적으로 바꿀 수 있는 국가가 미래를 이끌어갈 것이라고 했다. 그런데 한국은 지식정보화 사회를 선도하고 있지만 미래에 대한 준비가 소홀하다면서 한국에서 가장 이해하기 어려운 것은 교육이 정반대로 가고 있다는 점이라고 했다. 한국 학생들은 하루 10시간 이상을 학교와 학원에서 미래에 필요치 않을 지식과 존재하지도 않을 직업을 위해 시간을 허비하고 있다는 것이다. 미래사회는 희소한 자원이 아니라 무한한 자원인 지식을 기반으로 부를 창출하는 사회이므로 앞으로 쓸모가 없어질 수도 있는 지식을 획일적으로 교육받는 현 제도에서 스스로 사고하고 혁신할 수 있는 창의력을 갖춘 인재를 길러낼 새로운 교육시스템을 만들어야 한다.

전달을 위한 교사 중심의 교육에서 스스로 배우고 깨우치는 학습자 중심의 교육으로, 가르치는 교육에서 배움을 안내하고 지원하는 교육으로 전환되어야 한다. 교육의 기회 균등을 실현하고, 우수한 교사의 확보와 함께 독서와 토론 중심의 협동수업과 개인별 맞춤교육으로 나아가야 한다. 이를 통해 지식과 기능을 습득하고, 이것을 활용하고 발전시켜 새로운 지식을 창출하고 새로운 상황에 적용하는 능력을 길러주어야 한다. 교육의 목표는 내일의 사회에서 제대로 살아갈 수 있는 능력을 길러주는 것이다.

이러한 교육의 밑바탕에는 독서가 중심에 있어야 한다. 정보와 지식이 부를 창출하는 지식기반사회에서 정보와 지식은 경쟁력의 핵심이자 생존을 위한 필수 요건이다. 수많은 정보를 빠르고 정확하게 찾아내고, 이를 새로운 지식으로 창조해 내는 능력은 곧 독서능력이기도 하다. 그러므로 지식기반사회에서 독서는 개인과 기업, 국가의 경쟁을 좌우하는 21세기의 필수 생존 전략이다. 즉 독서가 생존을 위한 개인과 기업, 국가 경쟁력의 핵심이다.

그래서 세계는 지금 책 읽기 전쟁 중이다. 1990년대부터 세계 선진국들은 21세기 국가 비전의 성패가 창의력 있는 국민 개개인에게 있다고 보고 독서교육 및 독서진흥을 위한 각종 정책을 추진하는 한편, '삶의 질' 향상과 평생교육 구현을 위한 독서 환경 조성에 만전을 기하고 있다.

21세기의 지식기반사회에서는 지식이 곧 국가 경쟁력이라고 보기 때문에 선진국들은 급변하는 21세기의 경쟁에서 살아남기 위해 책읽기 전쟁을 벌이고 있는 것이다.

이에 따라 우리나라도 2006년 12월에 '독서문화진흥법'을 공포하고, 2008년 6월에 문화부에서 '독서문화진흥 기본계획'을 수립하여 발표하였다. 독서문화 활성화로 국민의 건전한 정서를 함양하고 삶의 질을 향상시키며, 독서를 통해 평생교육의 바탕을 마련함으로써 국민의 지적 능력을 향상시키고, 국가의 지식 경쟁력을 강화하기 위해서다. 독서 기반의 조성은 국가의 몫이다. 독서가 국가의 경쟁력을 좌우하며, 국가의 미래가 독서와 직결된다는 인식을 공유하고, 국가적인 비전과 전략에 따라 얼마나 예산과 인력을 투입하느냐 하는 것이 문제로 남아 있다.

우리나라는 독서를 위한 최상의 문자 환경을 갖추고 있다. 바로 한글이다. 한글은 모든 언어가 꿈꾸는 최고의 문자이다. 한글은 누구나 배우기 쉬워서 문맹률 0%를 자랑한다. 세계에서 3세부터 혼자 책을 읽을 수 있는 나라는 한국밖에 없다. 특히 유아기의 아이들은 불가사의한 언어습득 능력을 갖고 있기 때문에 일찍부터 글을 깨쳐 책을 읽을 수 있다는 것은 독서를 통한 국가 경쟁력 확보에 어느 나라보다 절대적으로 유리한 조건을 갖추고 있다. 이것을 잘 활용하면 우리나라는 지식정보화 시대를 앞서갈 수 있다. 미래의 국가 경쟁력도 유아기의 독서교육에서 결정된다.

한글을 본격적으로 사용하기 시작한 것은 불과 60년 정도밖에 되지 않았다. 완전한 한글전용과 가로쓰기가 정착된 것은 2000년대 들어와서다. 한글 전용은 근대화와 민주화, 정보화라는 시대적 요구와 맞물리면서 거부할 수 없는 흐름으로 서서히 진행되어 온 것이다. 지식정보화 시대에서는 정보와 지식 전달의 빠르기가 경쟁력을 좌우한다. 첨단문자인 한글이 있었기에 우리는 정보기술 강국이 될 수 있었다. 이 한글을 무기로 삼아 21세기에서 세계화를 위한 새로운 도약을 준비해야 한다. 언어 산업은 21세기의 신성장 산업이다. 우리의 후손들이 영어처럼 한글을 가르치는 것만으로 전 세계에서 밥벌이를 할 수는 없을 것인가? 음소문자이면서 음절문자인 한글은 디지털 시대에 적합한 디지털 문자로서 정보화 사회에서 국가 경쟁력을 높이는 핵심 자원이자 세계화 시대에서 우리의 생존을 지키는 첨단무기이다. 언어 산업에 대한 장기적인 비전과 국가적 전략이 필요하다.

두뇌를 활성화시키고 발달시키는 책 읽어주기의 힘과 정보기술 혁명을 이끈 한글이라는 문자의 힘을 결합하여 어려서부터 책 읽어주기로 아이들의 독서습관을 길러주고, 혼자 책 읽기로 독서능력을 향상시켜 갈 수 있게 하는 것이 개인과 기업과 국가의 경쟁력을 높이는 최상의 길이다. 이를 위해 아이들을 어려부터 책 읽어주기로 책의 세계로 끌어들여 책을 좋아하게 하고, 적합한 책을, 적합한 대상에게, 적합한 시기에 제공하는 체계적이고 과학적인 독서 프로그램을 도입해야 하며, 아울러 효율적인 독서방법에 대한 어느 정도의 안내도 필요하다. 이것이 아이의 학습능력을 높여 공부를 잘하게 하는 비결이자 결국은 대학 입학을 보장하는 최선의 방안이기도 하다.

그리고 대학에 들어가서 제대로 공부하기 위해서도 독서능력은 무엇보다 먼저 필수적으로 갖추어야 한다. 독서, 토론, 논술능력은 대학수학능력의 핵심이다. 즉 독서능력, 토론능력, 논술능력을 갖추지 않고서는 대학에서 제대로 공부할 수 없다. 여기서 독서가 입력(input)이라면 토론과 논술은 출력(output)이다. 입력한 것이 없는데 출력이 나올 수는 없다.

독서는 토론과 논술의 밑바탕이다. 대학 입시의 논술시험에 대비하기 위해서는 먼저 독서와 토론 능력을 길러야 한다. 독서, 토론, 논술 능력은 학교에서, 사회에서, 더 나아가 세계를 무대로 한 치열한 생존 경쟁에서 살아남기 위해 필수적으로 갖추어야 할 능력이며, 정보화 · 세계화 시대인 21세기에서 개인과 기업과 국가의 경쟁력을 높이기 위해서도 독서, 토론, 논술 능력은 그 핵심에 놓여 있다.

2002년부터 (사)한국독서능력개발원을 설립하고 지금까지 독서 관련 일을 해 왔다. 여러 가지 어려움으로 우여곡절을 많이 겪었지만, 누군가 꼭 해야 할 일이라는 소명의식 때문에 나름대로 보람도 느꼈다.

그 동안 관련 일을 하면서 모은 자료와 경험을 살려 정리를 해 보았다. 아직도 여러 가지로 부족한 점이 많겠지만, 이 책이 지금까지 내가 등 붙이고 살아온 세상에 조금이나마 도움이 되었으면 하는 바람이다. 이것이 내가 이 세상에 와서 지금까지 별 탈 없이 살아온 것에 대한 감사이자 그 동안 세상에 진 빚에 대한 약간의 보답이 될 수 있을지 모르겠다. 이 책으로 내가 이 세상에 왔다간 흔적과 함께 세상을 향한 나의 무거운 어깨가 조금이나마 가벼워졌으면 한다. 앞으로 기회가 있으면 이 빚을 좀 더 갚을 수 있기를 바라면서 말이다.

개정 증보판을 내면서

이 책은 2010년에 한국학술원의 우수 학술도서로 선정되었다. 저자에겐 대단히 영광스러운 일이었지만, 한편으로는 '학술도서'로 인식되어 일반인들의 손길이 선뜻 다가가기 어렵게 만든 것은 아닌가 생각되기도 한다. 저자가 보기엔 전문적인 학술서적이라기보다는 상식적인 수준에서 독서의 필요성과 중요성을 다시 한 번 널리 알리고자 하는 의도에서 쓴 책이다.

그러므로 일반 독자들이 두루 읽었으면 하는 바람이다. 특히 결혼을 앞두거나 갓 결혼한 신혼부부, 유아기의 아이가 있는 부모들이 읽어두면 큰 도움이 되리라 생각된다. '영재는 태어나는 것이 아니라 만들어지는 것이며, 이것은 유아기의 독서교육에 의해 좌우된다는 것, 따라서 책 읽어주기를 통해 유아기 6년을 아이를 위해 조금 수고하면 남은 60년을 편하게 갈 수 있지만, 유아기 6년을 아무 생각 없이 편하게 지내면 남은 60년을 힘들고 어렵게 살아야 한다'는 이 책의 메시지를 꼭 새겨 주었으면 한다. 그래서 저자는 기회 있을 때마다 갓 결혼을 앞둔 예비 신랑 신부에게 당부하곤 한다. 농사 중에는 자식 농사가 최고이며, 자식 농사 망치면 억만금도 다 소용없다고, 그러므로 혼수 준비로 좋은 침대, 좋은 장롱 마련하는데 시간과 노력 들이지 말고 앞으로 태어날 아이에게 읽어줄 좋은 동화책을 혼수로 준비해 두라고 ……. 아울러 한글이 국가 경쟁력의 원천이라는 것과 함께 유아기의 독서교육에서 국가 경쟁력이 결정된다는 것도 지식정보화사회를 살아가는 이 시대의 한국인들이라면 누구나 되새겨 보아야 하지 않을까 생각한다.

이번에 3쇄를 준비하면서 일부 내용의 수정과 보완을 거쳐 수정 증보판을 발행하게 되었다. 우선 책 제목을 '21세기 생존전략, 독서가 국가 경쟁력이다'에서 '독서가 국가 경쟁력이다'로 변경했다. 초판 당시에는 '21세기'라는 말이 '새로운 시대'의 화두처럼 사용되었으나 이젠 우리 주변에서 거의 사용되고 있지 않아 그만큼 참신성이 떨어진다는 의견을 반영했다. 이에 따라 초판의 1장은 빠지게 되었고, 3장의 한글과 4장의 독서 관련 내용은 수정과 보완을 거쳐 발행하게 되었다.

이번 개정 증보판 표지를 새롭게 디자인하여 이 책을 더욱 의미있게 해준 딸 아람이와, 많이 팔리지도 않는 책임에도 기꺼이 증보판을 발행해준 출판사에 감사의 마음을 전한다.

2016년 11월

차례

차례

차례

I.
미래의 생존전략, 어떤 인재를 길러야 하는가

1. 미래교육의 방향
2. 지식관의 변화와 교육의 방향
3. OECD의 교육목표와 학력관
4. 교육 천국, 핀란드의 교육
5. 창의력이 글로벌 인재의 필수요건

옥은 다듬지 않으면 그릇이 되지 못하고,
사람은 책을 읽지 않으면 사람다운 사람이 되지 못한다.

-예기

책은 최고의 스승이다.
책을 통해서 우리는 시간과 공간의 한계를 뛰어넘어
과거로부터 지금까지 추앙받고 있는 현자들을 만나게 된다.
그들이 삶에서 터득한 교훈과 깨달음,
그리고 지식의 모든 것을 영혼 깊숙이 받아들일 수 있다.
책 한 권의 무게는 가볍지만,
그 안에 든 지혜의 가치는 결코 돈으로 환산할 수 없을 만큼 크다.

-『내 인생을 바꾼 한 권의 책』에서

미래학자인 앨빈 토플러는 미래사회에서 부를 창출하는 원동력은 교육이며, 교육을 통해 길러낸 인재가 부를 창출할 것이므로 교육 자체를 근본적으로 바꿀 수 있는 국가가 미래를 이끌어갈 것이라고 했다. 그러므로 미래사회에서 살아남기 위해서는 무엇보다 교육의 혁신이 이루어져야 한다. 이제 교육은 동질성, 획일성이 아닌 이질성, 다양성을 강조하는 교육이어야 하며, 학생 개개인에 특화된 교육을 통해 창의성을 갖춘 인재를 길러내야 한다. 미래사회를 대비하여 거기에 맞는 인재를 양성하는 것, 이것이 교육의 최우선 목표가 되어야 하며, 여기에 국가의 역량을 집중해야 한다.

- 본문 중에서

1.
미래교육의 방향

어제의 내가 오늘이라면 오늘의 나는 새로운 미래이다. 오늘을 열심히 사는 것도 새로운 미래가 있기 때문이다. 지금 이 시간, 무엇을 하느냐가 미래의 나를 조금씩 디자인해 가는 것이다. 어떠한 미래를 맞이하고 만들어 갈 것인가? 이는 오늘의 내가 준비하고 감당해야 할 몫이다.

지금 우리가 살아가고 있는 이 시대는 교통수단과 정보통신의 발달로 인한 세계화의 흐름은 이제는 부인할 수도, 거부할 수도 어렵게 되었다. 그래서 신자유주의자들은 세계화는 자연적이고 필연적인 발전 과정이라고 말하고 있다. 세계화로 경제 활동도 민족국가의 경계를 넘어서 행해지고 있다. 흔히들 사랑은 국경도 초월한다고 하지만, 세계화 시대에는 경제 활동도 이미 국경을 자유롭게 넘나들고 있다. 이에 따라 세계의 각 민족국가들도 자국의 경제적 주권을 더 이상 행사하기 어려울 정도로 세계시장의 거대한 힘이 범지구적으로 뻗어가고 있다. 이제는 세계화의 물결을 거부하는 국가는 스스로 고립을 자초할 수밖에 없게 되었다.

그렇다면 세계화의 물결 속에서 살아남는 길은 남보다 앞서 적극적으로 살 길을 찾는 수밖에 없다. 전 지구적 무한 경쟁에서 생존하는 길은 경쟁에서 살아남을 수 있게 자신의 경쟁력을 기를 수밖에 없다. 국가는 국가대로, 기업은 기업대로, 개인은 개인대로 자신의 경쟁력 확보에 모든 역량을 집중해야 한다.

특히 개인은 노동의 종말이라는 급박한 생존의 위기 상황에 직면하고 있다. 『육식의 종말』(1993), 『소유의 종말』(1995), 『노동의 종말』(1996) 등 종말 시리즈로 유명한 제레미 리프킨은 기계화와 컴퓨터에 의한 자동화로 인한 생산성 향상이 고용이라는 일자리 창출과는 거리가 먼 '고용 없는 성장'을 가져올 것이라면서 2050년에는 세계 전체의 재화를 생산하는데 현재 노동력의 5%만 필요할 것이고, 21세기 말에는 2%만 필요하게 될 것이라고 했다. 그렇다면 대부분의 사람들은 일자리를 잃을 수밖에 없게 된다. 육체적 노동뿐만 아니라 사무직 노동자도 일자리를 잃게 된다. 이것이 노동의 종말이다. 실업은 급속하게 증가하고, 이로 인해 양극화는 더욱 심화될 수밖에 없다. 그래서 일자리 나누기와 공공 부문의 서비스를 통해 일자리를 창출해야 한다고 했지만, 대부분의 사람들은 노동의 기회조차 갖지 못한 채 생존의 위기로 내몰릴 수밖에 없는 현실이 눈앞에 다가오고 있다. 개인만이 아니라 기업과 국가도 마찬가지다. 세계화의 무한 경쟁 속에서 기업은 역량 있는 창의적 인재를 발굴하여 끊임없이 첨단기술을 개발해야 살아남을 수 있으며, 국가는 역량 있는 창의적 인재를 양성하고 국가의 성장 전략을 마련하여 국가 경쟁력의 확보에 모든 역량을 집중해야 한다.

이로 보면 국가 경쟁력의 핵심은 끊임없는 첨단기술의 개발을 통한 성장 동력의 확보와 역량 있는 창의적 인재의 양성이 될 수밖에 없다. 첨단기술도 창의성을 갖춘 인재에 의해 개발된다는 점에서 무엇보다 인재의 양성이 최우선의 과제다. 인재를 통한 연구개발로 좋은 아이디어가 산출되고, 이를 기반으로 새로운 기술과 비즈니스가 생겨나며, 이것이 바로 국가의 새로운 성장 동력으로 연결된다는 점에서 훌륭한 인재가 곧 국가의 성장 동력이다. 어떤 인재를, 어떻게 길러낼 것인가 하는 것이 역시 새로운 시대의 화두가 될 수밖에 없다. 미래는 역시 교육에 달려 있기 때문이다.

저명한 미래학자인 앨빈 토플러는 여러 차례 한국을 방문하면서 각종 강연과 인터뷰를 통해 한국의 미래를 위해 조언과 충고를 아끼지 않았다. 그는 세계 각국의 정부와 기업을 대상으로 경제와 기술의 발전 등에 조언하고 있는데, 특히 한국은 그가 예측한 지식정보 사회를 선도하는 국가 중의 하나이기 때문에 남다른 관심과 애정을 갖고 있기도 하다.

2005년 9월 한국에서 열린 미래 산업전략 국제회의에 참석했던 토플러는 한국 경제의 성장 모델을 설명하면서 미래를 이끌어갈 창의적 인재를 양성할 수 있는 교육시스템을 만들어야 한고 역설했다. 미래는 창의적이고 혁신적인 인적 자원이 국가의 발전을 주도하므로 한국 경제의 미래 성장전략도 새로운 것을 창조하는 혁신적인 인재를 양성하는 것이 되어야 한다는 것이다. 미래의 경제에서 부를 창출하는 원동력은 교육이며, 교육을 통해 부를 창출해야 하므로 교육의 혁명, 즉 교육 자체를 근본적으로 바꿀 수 있는 국가가 미래를 이끌어갈 것이라고 했다.

2007년에도 한 인터뷰에서 한국은 지식정보화 사회를 선도하고 있지만 미래에 대한 준비가 소홀하다면서 한국에서 가장 이해하기 어려운 것은 교육이 정반대로 가고 있다는 점이라고 했다. 한국 학생들은 하루 10시간 이상을 학교와 학원에서 미래에 필요치 않을 지식과 존재하지도 않을 직업을 위해 시간을 허비하고 있다.[1] 더 나쁜 것은 국가 발전의 가장 큰 장애요인인 획일화 교육을 하고 있다. 한국의 대통령은 경제나 국가 안보보다 오히려 교육개혁에 힘써야 한다. 미래사회는 희소한 자원이 아니라 무한한 자원인 지식을 기반으로 부를 창출하는 사회이므로 앞으로 쓸모가 없어질 수도 있는 지식을 획일적으로 교육받는 현 제도에서 스스로 사고하고 혁신할 수 있는 창의력을 갖춘 인재를 길러낼 새로운 교육시스템을 만들어야 한다.

그런데 현재의 학교 교육제도는 과거 대량생산 시대에 공장에서 제품을 찍어내는 사람을 기르는 데 적합할 뿐이다. 현재의 학교는 대량생산의 산업사회에서 사용했던 방법으로 붕어빵인간을 찍어내고 있다. 이른바 공장식 학교이다. 공장식 학교는 산업사회에서 대량생산을 위한 인력을 대량으로 공급하기 위해 일정 수준의 표준화된 인력을 단기간에 양성하는 교육시스템이다. 이 시스템에서는 이미 체계적으로 표준화된 지식과 기능을 단기간에 주입시키는 것이 교육의 효율성을 기하는 한 방법이었다. 그래서 공장식 학교에서는 주입된 지식을 반복적으로 암기하고, 정해진 시간표에 따라 학교에 가고 집에 돌아온다. 이것은 공장 근로자들을 생산하기 위한 공장과 같은 역할을 학교가 한 것이다. 이러한 공장식 학교 제도는 산업사회에서는 어느 정도 적합했고, 또한 그 역할과 기

---

1) 이 말은 충격적일 정도로 한국교육의 문제점을 극명하게 드러내주는 말이다. 아마 세계에서 가장 공부를 많이 하는 나라가 우리나라일 것이다. 예전에 미국의 어느 텔레비전에 '믿거나 말거나'라는 프로가 있었는데 여기에 새벽 7시부터 밤 10까지 훤하게 불 켜진 우리나라의 고등학교의 모습이 방영된 적이 있다고 한다. 그들에게는 도저히 믿을 수 없는 세계 어느 나라의 아연실색할 풍경이었기 때문일 것이다. 이렇게 믿을 수 없을 정도로 공부를 열심히 하는 나라가 우리나라다. 공부를 위해 돈과 정력을 가장 많이 투입하는데, 이러한 공부가 미래에 필요치 않을 지식과 존재하지도 않을 직업을 위해 시간을 허비하고 있는 것이라니. 전형적인 고비용 저효율의 교육이 아닌가. 저효율은커녕 결과는 돈 낭비, 체력과 젊음의 낭비이며, 결국 남는 것은 입시공부로 인한 마음의 황폐화뿐이지 않은가.

능을 충분히 수행했다. 그러나 미래 경제는 공장 근로자들이 이끌어가는 것이 아니라 새로운 아이디어를 내놓는 혁신적이고 창의적인 인재들이 주도할 것이기 때문에 학교가 산업 훈련을 위한 기관으로서의 역할을 해서는 안 된다. 혁신적이고 창의적인 인재가 국가 발전을 주도하는 지식 정보 사회에서는 이러한 교육시스템은 바람직하지 않다. 그래서 현재의 교육제도는 혁명적으로 바뀌어야 한다. 마이크로소프트의 빌게이츠 회장도 미국의 교육에 대해 개혁이 아니라 다른 것으로 대체되어야 한다고 했다.

그런데 현재의 미국, 유럽, 일본의 공교육은 여기서 크게 벗어나지 못하고 있다. 물론 한국의 공교육은 더 말할 것도 없고. 그래서 미래 사회에서 살아남기 위해서는 무엇보다 교육의 혁신이 이루어져야 한다. 이제 교육은 동질성, 획일성이 아닌 이질성, 다양성을 강조하는 교육이어야 하며, 학생 개개인에 특화된 교육을 통해 창의성을 갖춘 인재를 길러내야 한다.

미래는 매우 빠른 속도로 변화하며, 생산 방식도 소품종 대량생산이 아닌 다품종 소량생산으로 전환된다. 고객이 생산과정에 직접 참여하게 되므로 생산자와 소비자의 경계가 없어지고, 대량 생산 방식을 지속하면 소비자의 저항을 받게 된다. 개성과 다양성이 강조되는 개인 맞춤형 생산으로 전환해야 한다. 그래서 변화에 느린 대기업보다는 오히려 변화에 빠르게 대처할 수 있는 중소기업이 유리하고, 규모는 작지만 특정한 기술과 자산을 활용하여 경쟁력을 갖춘 강소국이 유리하다.[2)]

---

2) 유럽 25개국 중에서 강소국인 핀란드, 스웨덴, 아일랜드가 프랑스, 독일, 영국보다도 훨씬 경제적으로 잘 해내고 있다. 한국의 경쟁 상대는 큰 국가가 아닌 이러한 강소국들이다. 그런데 문제는 한국은 소수 대기업에 대한 의존도가 너무 크다는 것이라고 토플러는 지적했다.

미래에는 직업의 개념도 변한다. 직업과 임금 노동자는 농경사회에서 산업사회로 넘어오면서 생겨난 것이다. 직업을 가진 사람, 직장에 다니는 사람은 일정한 시간에 일정한 곳에 출근하여 일을 하고, 일이 끝나면 집으로 돌아온다. 그리고 그 노동의 대가로 임금을 받는다. 그러나 지식정보화 사회에서는 일하는 사람은 많아지는 반면 직업을 가진 사람은 적어지고 있다. 일정한 시간에 일정한 곳에 출퇴근하는 직장은 줄어든다. 그래서 더 이상 산업사회에서와 같은 직장과 직업을 고집해서는 안 된다. 직업과 직장도 다양해진다. 매일 출퇴근하지 않는 재택근무자나 일정한 소속 없이 자유 계약으로 일하는 프리랜서, 토플러가 말하는 프로슈머 등.[3] 미래에는 더 빠른 속도로 기존의 많은 직업들이 사라지고, 대신 다양한 형태의 직장들과 다양한 종류의 직업들이 생겨날 것이다.

또한 미래사회는 정보화와 함께 세계화의 시대다. 토마스 프리드만이 '지구는 평평해졌다'라는 말로 세계화를 표현한 것처럼, 세계화의 흐름은 거스를 수 없는 시대의 흐름이 되었다. 세계화 시대에는 이에 걸맞는 글로벌 인재가 필요하다. 이제 지구촌은 모든 국가와 모든 민족들이 서로 경쟁하면서도 서로 도우면서 살아야 한다. 이제는 인재도 한 사회나 국가에 묶여 있는 것이 아니라 세계를 넘나드는 비즈니스맨이 되어야 한다. 미국 뉴멕시코대학 보버리 교수는 '과거의 훌륭한 인재가 노력형

---

3) 이른바 토플러가 말하는 프로슈머(Prosumer)는 Produce와 Consume의 합성어이다. 판매나 교환을 위해서라기보다 자신의 사용이나 만족을 위해 제품, 서비스, 경험을 생산하는 사람이다. 스스로 생산하면서 소비하는 행위(prosuming), 비화폐 경제의 생산이 특징이다. 제품의 개발과 생산과정에 참여하는 적극적 의미의 소비자이기도 하다. 미래는 이 프로슈머가 출현해 사회 곳곳에서 경계가 허물어진다. 소비자의 요구가 커질수록 생산자는 이를 반영할 수밖에 없기 때문에 생산자와 소비자의 경계가 없어진다. 때문에 미래 기업은 이에 대비해야 생존이 가능하다. 미래에는 프로슈머의 무보수 자가 서비스 활동이 많아진다. 예로 현금인출기에서 돈을 인출하는 것은 과거 은행원이 하던 업무를 소비자가 대신하는 것이다. 자원봉사자, 무보수의 상담활동, 홈스쿨링, 집수리, 페인트칠 등

이라면 21세기의 인재는 무엇보다 창의성을 갖춘 인물이어야 한다며 조만간 세계는 창의적인 두뇌를 유치하기 위한 인재 대란에 봉착할 것'이라고 했다. 선진국의 저출산으로 후진국이나 개발도상국의 노동력이 선진국으로의 이동이 불가피할 것이며, 이 때문에 창의적인 능력과 함께 다민족, 다문화에 적응하고 아우를 수 있는 능력과 의사소통 능력도 필요하다고 했다.

아무튼 미래의 교육은 다가올 미래사회를 대비할 수 있어야 한다. 이러한 미래 사회를 대비하여 거기에 맞는 인재를 양성하는 것, 이것이 교육의 최우선 목표가 되어야 한다. 미래를 대비하여 국가의 역량을 집중해야 할 것은 '무엇으로 먹고 살 것인가'와 함께 '어떤 인재를 길러낼 것인가' 하는 것이다.

2.
지식관의 변화와 교육의 방향

지식정보화 사회, 즉 지식기반 사회는 유형의 자원이 아니라 무형의 지식을 기반으로 부를 창출하는 사회다. 여기서 지식은 통상적으로 교육, 학습, 숙련 등을 통해 사람이 재활용할 수 있는 정보와 기술 등을 포괄하는 의미로 사용되어 왔다. 최근에는 정보와는 그 개념을 구분하여 사용하고 있다. 정보는 필요에 맞게 가공되지 않은 것이고, 지식은 필요에 맞게 가공된 것이다. 즉 정보는 단순한 개별적인 사실을 수집, 정리, 분석하여 일정한 의미와 가치를 부여한 것이라면, 지식은 정보를 유용한 부가가치를 창출할 수 있도록 이용자의 목적에 맞게 재구성한 것이다. 불특정 다수의 정보를 선택하고 조합하여 주어진 문제와 상황에 대한 해결책으로 활용이 가능할 때 비로소 지식이 된다.

이러한 지식에 대한 관점은 역사적으로 변해 왔고, 이에 따라 교육의 목표와 방법도 변해 왔다. 지식에 대한 관점은 객관주의, 구성주의, 사회적 구성주의에 따라 그 입장과 접근 방법이 다르다.

20세기 초반의 행동주의와 중반의 인지주의는 지식에 대한 객관주의적 입장을 견지했다. 이러한 객관주의는 주관적인 견해에 좌우되지 않는 객관적인 지식과 법칙이 존재한다고 전제한다. 객관주의에서는 진실과 거짓이 주체 밖에서 인간의 의식과 의욕에 상관없이 결정된다고 믿는다. 따라서 지식이란 주체의 의도에 상관없이 학문의 논리로 체계화되어 한 가지로 정리될 수 있다고 본다. 아이들의 관심이나 의욕과 상관없이 지식 체계는 사회적으로 존재한다고 본다. 이 지식 체계는 관련 분야의 학자들이나 교사 등의 전문가들이 잘 정리하여 구조화할 수 있다. 이 지식 체계를 순서 있게, 계획적으로, 효율적으로 가르치는 것이 교사의 역할이다. 교사는 잘 정리되고 체계화된 올바른 객관적인 지식을 효과적으로 전달하면 된다고 본다.

이러한 객관주의의 결점은 지식이나 기능의 습득만이 학습 목표가 되어버려서 응용이나 창조가 경시된다는 것이다. 더욱 심각한 문제는 단 하나의 올바른 지식이 존재한다고 착각하여 그것만 외우면 된다고 생각한다. 이에 따라 기존의 서유럽과 미국의 교육은 교과를 통해 객관적인 지식을 전달하는 것을 학교와 교사의 역할로 규정했다. 그러나 단순히 암기된 남의 지식으로 창의적인 아이디어를 생성해 낼 수는 없다.

이에 비해 구성주의는 지식을 어떤 목적과 가치관에 걸맞게 사실에서 분리되어 구성되는 것이라고 본다. 따라서 사실은 하나이지만 지식은 학습자에 의해 다양하게 만들어질 수 있다는 것이다. 학습은 단순히 피동적 지식의 수용이 아니라 지식을 탐구하고 구성하는 주체적 활동이다. 학습은 자신의 인생에 필요한 지식을 스스로 구하고 지식을 구성해 가는 활동이며, 이러한 지식은 학습자가 스스로 사실을 분석하고 탐구해가는 가운데서 얻을 수 있는 것이다. 그러므로 지식은 개개인에 따라서 구성되는 것이므로 다양하게 만들어진다. 그래서 지식의 응용과 창조가 강조된다. 지식에 대해서 진위를 물을 수는 있지만 누군가의 지식을 완전하다고 말할 수는 없다. 개개인의 지식은 교과서보다 나을 수도 있고 그렇지 않을 수도 있다.[4)]

구성주의에서 교사의 역할은 기본적인 지식을 전달하고 개개인에게 맞는 발전적인 지식이 획득되었는지를 평가한다. 학습자의 목적과 의도에 맞게 지식을 새롭게 구성할 수 있어야 창의적인 아이디어를 창출할 수 있으므로 지식을 가르치지 말고 지식을 탐구하고 새롭게 구성하는 방법을 습득하게 해야 한다. 즉 물고기를 잡아주지 말고 물고기 잡는 방법을 안내하고 익히게 해야 한다. 그러므로 교사는 직접 가르치기보다는 배움을 안내하고 지원하는 역할에 충실해야 한다. 구성주의에 와서 교육은 전달을 위한 교사 중심의 교육에서 스스로 배우고 깨우치는 학생 중심의 교육으로 전환되었다. 배움을 안내하고 지원하기 위해서는 교사는 다양한 지식에 대한 경험을 쌓아야 하며, 항상 탐구하고 지속적으로 공부를 계속해 나갈 수 있는 힘을 기르지 않으면 학생들을 제대로 안내하고 지원해 줄 수 없다.

사회적 구성주의는 1990년 이후 구성주의에 대한 비판으로 일어난 교육학 이론이다. 구성주의는 스위스의 피아제가 제창한 이론이고, 사회적 구성주의는 러시아의 비코츠키가 주창하였다. 피아제는 개개인의 학습자가 겪는 생물학적 · 심리학적 메커니즘을 해명하였고, 비코츠키는 학습에 영향을 주는 사회적 요인에 착안하였다.

비코츠키에 의하면, '구성'이란 혼자서 하는 활동이 아니라는 것이

4) 교육 천국 핀란드에서 교과서는 유일하게 바른 지식을 집대성한 것이 아니라 하나의 좋은 자료의 안내일 뿐이다. 때문에 국가의 검정도 필요 없고 어디까지나 자유선택이다.

다. 고립된 개인의 활동이 아니라 사회적인 맥락 즉 인간관계나 사회와의 관계에서 구성이라는 활동이 일어나게 된다고 본다. 그래서 사회적 구성주의에서의 지식은 '협동의 지식'이며, 학습은 서로 가르치고 배우면서 지식을 습득하는 것이다. 여기서 학습의 질을 좌우하는 것은 서로 간의 협동이다.

그러므로 사회적 구성주의에서는 몇 명씩 모둠을 만들어 서로 토론하면서 주어진 과제를 해결해 가는 협동교육을 강조한다. 각자가 자신의 잘하는 부분을 주고받으며 서로 도와가면서 스스로 답을 찾아감으로써 더욱 충실한 지식을 만들어 가게 된다. 이 과정을 통해 이해력을 한층 더 높일 수 있을 뿐만 아니라 지식을 완전히 자기 것으로 소화할 수 있다. 협동교육의 특징은 협동을 통해 아이들의 다양한 지식과 다양한 재능을 통합하고 조화시킴으로써 독창적인 아이디어를 생성해 내면서 문제 해결 능력과 창의성을 계발하게 된다.

협동수업에서 교사는 지시하고 명령하는 것이 아니라 안내하고 도와주는 역할을 통해 원하는 결과(학습 목표)에 도달하게 해야 한다. 정답을 제시하는 것이 아니라 '왜?', 또는 '이렇게 하면 어떨까?'와 같은 질문을 통해 학생 스스로 생각하고 발견하도록 이끌어내는 것. 이것이 한 차원 높은 교수법이 아니겠는가.

한편 사회적 구성주의의 '협동' 교육은 통합교과적 지식과 통합적 사고의 필요를 강조하는 오늘날의 학문적 추세와도 부합된다. 20세기는 학문이 독자적으로 발전하면서 서로 충돌했으나, 21세기에는 학문 간의 융합을 요구하고 있다. 산업사회에서는 분석과 전문화가 대세였지만, 학문 간의 통합과 융합이 화두로 등장한 21세기는 온갖 장르가 넘나들면서 영역이 파괴되는 퓨전시대다. 퓨전 즉 융합을 잘 해야 기술혁신을 이룰 수 있기 때문이다. 지금은 IT(정보기술), BT(생명기술), NT(나노기술)를 거쳐 FT(퓨전기술) 시대로 진입했다. IT, BT, NT가 유기적으로 융합될 FT 시대의 패러다임은 제품 또는 기능의 단순한 결합에서 발전한 이종(異種) 거대 산업 간의 융-복합 개념으로 삶의 질 향상을 위한 새로운 가치를 창조해 나갈 것이다.[5)]

경영에서도 전문지식보다 여러 방면의 다양한 정보와 지식을 요구한다. 오늘날의 경영 혁신의 화두가 잡종(하이브리드)이기 때문이다. 예전에는 경영 지식만 파고들면 답이 나왔지만 지금은 아니다. 기업 내부 참모들에게만 의존해서도 혁신안이 나오기 힘들다. 중세사를 전공하고도 휴렛팩커드의 회장이 된 칼리 피오리나가 그렇다. 이제는 역사나 철학 같은 데서도 피가 되고 살이 되는 경영 지식이 나오는 시대다. 미국의 이름난 수학자도 대부분 다른 나라에서 태어난 사람들이다. 다양한 문화의 접촉을 통해 창의성을 꽃피울 수 있었기 때문이다. 미국의 강점도 다양한 인종과 다양한 문화가 섞임으로써 새로운 것을 창조해 낼 수 있다는 것이다.

비빔밥처럼 섞어서 먹는 음식문화가 몸에 밴 한국인은 기술의 퓨전에도 강하다는 점에서 퓨전시대의 도래는 우리에게는 오히려 기회가 되고 있다. 쉽고 빠르고 간편하게 먹을 수 있는 비빔밥은 퓨전시대에 제격인 먹거리다. 비디오 아티스트 백남준도 자신의 예술 세계를 비빔밥으로 표현했다. "내가 뭐 거창한 예술을 하는 게 아냐. 어릴 때 먹던 비빔밥처럼 마구 섞어놓은 것뿐이지."

---

5) 황창규 삼성전자 사장은 IT(정보기술), BT(생명기술), NT(나노기술) 등 거대 산업이 창조적으로 융합될 'FT(퓨전 테크놀로지)' 시대의 도래로 반도체 산업은 앞으로 과거보다 더욱 큰 기회를 맞이할 것이라고 했다. 삼성전자의 퓨전 메모리 '원낸드'와 퓨전 반도체 '원D램' 개발이 좋은 예다.

학문과 장르가 서로 넘나들면서 영역이 파괴되는 퓨전시대, 순종보다는 잡종이 살아남는 시대에는 교육도 비빔밥처럼 비벼야 하지 않을까.

3.
OECD의 교육목표와 학력관

OECD는 1961년 경제발전과 세계무역의 촉진을 위해 설립한 국제기구다.[6] 경제협력개발기구라는 이름에서 볼 수 있듯이 세계의 경제 선진국들이 회원국으로 가입되어 있다.

OECD는 1968년 교육연구혁신센터를 설립하여 미래를 대비한 교육문제 연구에 착수했다. 목적은 EU회원국 공통의 교육목표를 확립하고 세계 표준의 학력을 정립하기 위한 것이었다.

그리하여 1995년에 OECD 교육연구혁신센터는 교육목표를 '내일의 시민'을 양성하는 것이라고 학정 발표하였다. 이것은 고득점 획득에 치중해 온 기존의 학교 교육이 학생 상호간의 창조성과 비판적 사고, 자

6) OECD(Organisation for Economic Co-operation and Development, 경제협력개발기구). 1996년 현재 회원국은 그리스, 네덜란드, 노르웨이, 뉴질랜드, 덴마크, 독일, 룩셈부르크, 멕시코, 미국, 벨기에, 스웨덴, 스위스, 스페인, 아이슬란드, 아일랜드, 영국, 오스트레일리아, 오스트리아, 이탈리아, 일본, 체코, 캐나다, 터키, 포르투갈, 폴란드, 프랑스, 핀란드, 한국, 헝가리 등 29개국이다. 한국은 1990년 10월 비회원국으로는 처음으로 OECD 조선사업부에 가입했고, 1996년 12월 29번째 OECD 정회원국이 되었다.

기신뢰와 같은 중요한 면을 희생시켜 왔다는 반성에서였다. 즉 주입식 교육이 아이들의 자신감을 상실시켰으며, 저마다 갖고 있는 자질을 신장시키는 데 오히려 해가 될 수 있다는 판단에서였다.

교육목표가 '내일의 시민' 양성으로 제시됨에 따라 유럽을 중심으로 한 선진국의 학력관은 지식 중심에서 사고력 중심으로, 즉 사회에 나와 실제로 적용할 수 있는 능력으로 전환되었다. 기존의 학력관으로는 아이들의 중요한 자질을 간과하기 쉽기 때문이었다. 학교에서 배우고 익힌 교과 지식이나 기능보다는 스스로 자립하여 사회에서 살아갈 수 있는 실천적인 능력을 중요시한 것이다. 1997년을 시점으로 OECD는 지금까지의 전통적인 학력관과 결별하였다. 그래서 1997년 12월에 '역량'의 내용에 대한 합의를 이끌어내기 위해 OECD의 후원 하에 '역량의 정의 및 선택'(Definition and Selection of Competencies) 계획이 수립되었다. 이것은 PISA와 연계하여 2002년에 작업을 완료하여 2003년에 최종 보고서를 발간하였다.[7]

PISA(Programme for International Student Assessment)는 교과의 지식 습득보다는 사회에 나가서 직접 활용할 수 있는 능력을 측정하기로 하고 '학업 성취도 국제 비교 연구'를 위해 기획된 것이다. 2000년부터 시행되어 3년마다 실시하고 있다. PISA의 목적은 각국의 교육정책을 수립하는 데 도움을 주기 위해서였다. 즉 각국의 교육정책 결정에 필요한 학업 성취도 국

---

7) 여기서 핵심 역량은 '이질 집단 속에서의 상호 교류', '자율적인 행동', '상호 교류적으로 도구 사용'으로 정리되었다. OECD 교육국의 지표분석 과장은 이 세 가지 능력을 다음과 같이 설명하였다. '젊은이들이 말이나 기호, 텍스트를 사용하여 정보를 구사하고 기술을 활용하여 상호작용하는 능력', '타인과 잘 화합하고 협력하여 팀을 이루어 작업을 하거나 대립을 해결할 수 있는 능력', '사물을 전체적인 시각으로 파악하여 활동하는 것과 일에 책임을 지는 것, 자신과 다른 사람의 권리와 한계를 인정하는 능력'이라 했다.

제 학력 평가 데이터를 제공하고자 한 것이다.

PISA는 OECD의 교육목표와 학력관을 그대로 반영하여 학생의 능력을 다음과 같이 정의하였다. 다양한 교과 영역 안에서 문제를 찾아내어 해결하고 해석하기 위해 문제를 효과적으로 분석하고 추론하고 커뮤니케이션에까지는 이르는 능력이다. 즉 주어진 것을 읽고 이해하는 것이 아니라 정보를 찾아내고, 그 정보를 해석하고, 해석한 내용과 의미를 성찰하고 평가하여 이것을 표현하는 능력까지 측정하고자 했다. PISA가 측정하고자 한 학력은 이제까지 배우고 익힌 지식이나 기능이 아니라 앞으로 무엇을 할 수 있는가 하는 능력에 초점을 맞춘 것이다. 이것이 역량(competency)이다. 역량은 습득한 지식 · 기능이 아니라 실제적인 능력이라 할 수 있는 응용력이다. 새로운 지식을 창출하고 새로운 상황에 적용하는 능력이다. 지식, 기능, 태도, 동기, 가치를 핵심 역량(key competency)으로 보았다.

PISA와 연계된 '역량의 정의 및 선택' 계획과 관련된 최종 보고서가 2003년에 발간됨으로써 EU회원국들은 2003년에 와서 공통의 교육목표를 처음으로 갖게 되었고, 그간의 깊이 있는 논의와 합의를 바탕으로 학력의 세계 표준을 만들어 세계를 선도하고 있다. 이로써 교육은 보다 전체적이고 광범위한 인간적 제반 문제를 달성하는 것이라는 결론을 이끌어내었고, 학교 교육에서 키워나가야 할 능력, 이른바 학력의 개념도 넓은 범위로 확대되어 인간관계 안에서 협동하면서 교류하는 능력으로 간주되었다. 학력은 교과 지식이나 기능을 습득하는 기존의 교과 학력과는 다르다. 학력은 지식과 기능을 습득하고, 이것을 활용하고 발전시켜 나가는 능력이다. 즉 새로운 지식을 창출하고 새로운 상황에 적용하는 능력, 정보와 지식을 비교, 판단하여 창조적으로 운용하는 능력이다.

이에 따라 학교 교육의 최종 목적은 학교 밖으로 나가서 사회에 적응해서 잘 살아갈 수 있는 힘을 학습자가 기르고 준비하는 것이라고 보았다. 그래서 전달을 위한 교사 중심의 교육에서 학습자 중심의 교육으로 전환할 것을 요구하고 있다. 교사는 기억을 위한 지식을 제공하는 사람이 아니라 학생이 자신의 역량을 구축하는 데 필요한 과정을 지원해주는 사람으로 그 의미가 바뀌었다. 교사는 축적된 지식이나 경험을 기반으로 교과의 특별한 지식을 가르치면서 동시에 학생들이 창조적이고 비판적으로 사고하는 능력을 학습 활동을 통해 길러줄 수 있어야 한다. 교사의 주된 역할은 학생 스스로가 자신의 능력을 발휘해야 하는 새로운 상황에 직면하여 지식이나 기능을 적용하려고 노력할 때 안내와 지원을 해야 한다는 것이다. 이에 따라 EU는 '가르치는 교육'에서 '배움을 지원하는 교육'으로 전환하고 있다.

아무리 사회가 급변해 간다 해도 스스로 과제를 찾아내 배우고, 스스로 생각하고, 주체적으로 판단하여 행동하고, 문제를 보다 잘 해결하려는 자질이나 능력, 스스로를 제어하면서 타인과 협조하고 타인을 배려할 줄 아는 마음을 길러 준다면 어떤 사회에서든지 충분히 살아갈 수 있다. 이것이 '사회에서 살아가는 능력'이다. 교육목표인 내일의 시민을 양성하는 것은 바로 미래 사회에서 제대로 살아갈 수 있는 능력을 길러주는 것이다.

모든 교육은 평가로써 완성된다. 평가는 교육이 실시된 후에 교육목표가 효과적으로 달성되었는가를 확인해 보기 위한 것이다. 교육에서 평가는 학생들의 교육 목표에의 도달 정도를 측정함과 동시에 앞으로의 교육 계획 수립을 위한 교수 지침을 제공하는 양면적인 기능을 수행하게 된다. 이 평가에 의해 교육의 성패가 결정된다. 그러므로 평가는 반드시 교육의 목적 및 목표에 의해 이루어져야 한다. 평가를 위해서는 가치판단의 기준이 있어야 하는데, 처음에 수립한 교육의 목적과 목표가 바로 평가의 잣대가 되어야 한다. 교육의 목적 및 목표와 평가가 따로 놀 때 그 교육은 절름발이식의 파행적인 교육이 될 수밖에 없을 것이다.

앞에서 언급한 PISA는 OECD의 교육목표를 제대로 평가하기 위해 생겨난 것이다. 각국의 교육정책을 수립하는 기초 자료를 제공하기 위해 만 15세(고1) 학생을 대상으로 학력과 생활 실태를 조사한다.[8] 평가 영역은 읽기(reading literacy), 수학(mathematical literacy), 과학(scientific literacy)의 3개 영역으로 구성되어 있는데 2003년에는 문제해결능력(problem solving)을 추가했다. 실시 연도에 따라 각 영역 중 한 개 영역을 집중적으로 조사하는데, 2000년에는 읽기 영역, 2003년에는 수학 영역, 2006년에는 과학 영역이 주된 조사 대상이었다.

PISA의 학업 성취도 국제 비교는 지식 그 자체를 묻거나 지적인 조작이 요구되는 문제보다는 지식과 능력, 경험을 바탕으로 앞으로의 실생활에 관계되는 일에 어떻게 대처할 것인가 등과 관련하여 문장 또는 어구로 표현하는 자유 기술식의 문제로 출제된다. 즉 실천력이나 응용력, 사고력이나 창의력을 중시하여 평가한다. 사회에 나가 구체적인 문제 해결에 적극적으로 활용하는 능력을 측정하고자 한다. 그래서 복잡하게 뒤얽혀 있는 상황을 설정하여 문제를 제시한다. 학생은 우선적으로 문제해결에 필요한 소재나 정보를 구하고, 이를 구성해서 문제 상황을 스스로 판단한다. 이 때 복수의 의견이나 입장을 고려하면서 각각의 의견이나 입장을 장점과 단점으로 나누고, 이를 다면적으로 평가한 후 일정한 해

8) 2003년 6월에 실시된 조사에는 41개국 28만여 명의 학생들이 참여했다. 한국에서는 151개교, 5,612명을 대상으로 2시간 동안 실시했다.

결을 얻는 전 과정이 평가의 중요한 대상이 된다. 한 번에 해결하기 어려운 문제에 대해서는 장기적으로 문제해결을 위한 대안을 모색하도록 유도한다.

한국은 학업 성취도 국제 비교에서 2000년에는 읽기 6위, 수학 2위, 과학 1위를 했고, 2003년에는 읽기 2위, 수학 3위, 과학 4위, 문제해결력 1위를 차지했으며, 2006년에는 읽기 1위, 수학 1-4위, 과학 7-13위를 했고, 2009년에도 읽기 1-2위, 수학 1-2위, 과학 2-4위를 함으로써 매우 우수한 수준으로 나타났다.[9] 주입식 · 암기식 교육으로 비판받아 온 우리 교육이 OECD의 학업 성취도 국제 비교에서 우수한 수준으로 나타난 것은 예상치 못한 의외의 결과들이다. PISA는 학교에서 배운 지식보다 실생활에 필요한 응용력을 조사했기 때문이다. 특히 2003년에 처음 실시된 문제해결력 부분에서 1위를 차지한 것은 문제해결력이 창의력을 주로 평가하는 영역이기 때문에 더욱 그렇다.

이 결과에 대해 당시의 교육부는 7차 교육과정의 도입으로 토론과 쓰기, 독서교육을 강화한 것의 결과라 했는데 반해 학자들은 사교육의 영향 때문이라고 했다. 2000년과 2003년, 2006년, 2009년을 비교해 볼 때 수학은 약간 떨어지거나 그 수준을 유지했고, 과학은 계속적으로 떨어졌다가 2009년에 다시 상승했는데 비해 읽기는 6위에서 2위, 1위로 상승했다는 것이 눈에 띈다. 읽기는 핀란드가 2000년에 이어 2003년에도

9) 2006년에 와서는 국가별로 평균 점수에 따라 정확한 등수를 제공하는 대신 95% 신뢰 수준에서 그 국가가 위치할 수 있는 최고 등수와 최하 등수를 추정하여 산정했다. 즉 각 국가의 평균이 놓일 수 있는 가능한 등수의 범위를 95% 신뢰수준에 의거하여 제공한 것이다. 이러한 2006년도의 순위 산정 및 해석에 따르면, 한국의 읽기 점수(556점)는 1위로서 95% 신뢰수준에서도 최고, 최하 모두 1위라는 것이고, 수학 점수(547점)는 대만, 핀란드, 홍콩과 함께 95% 신뢰수준에서 최고 1위, 최하 4위로 추정했고, 과학 점수(522점)는 95% 신뢰수준에서 등수의 범위가 7-13위로 추정한 것이다.

1위를 했다가 2006년에는 한국에 뒤져 2위를 했다. PISA의 읽기 소양은 개인이 자신의 목적을 달성하고 지식과 잠재력을 발휘하며 사회에서 활동하기 위해 글을 이해하고, 활용하고, 고찰하는 능력을 말하는데 핀란드와 함께 세계 최고 수준에 도달해 있다. 이것은 겉으로는 독서교육을 강화한 교육부의 정책과 무관하지 않은 것으로 보이기도 한다. 그러나 우리의 공교육의 실정과 도서관 등의 독서 환경으로 볼 때 이해가 잘 가지 않는다.

이것은 필자가 보기에는 우리의 문자 환경과 밀접한 관련이 있는 것으로 보인다. 우리의 한글은 워낙 깨치기 쉬워서 한국은 어릴 때부터 혼자 책을 읽을 수 있는 문자 환경이 갖추어져 있기 때문이다. 우리의 경우 만 3세가 되면 거의 모든 아이들이 한글을 깨칠 수 있고, 이 때부터 혼자 책을 읽을 수 있다. 그러나 세계의 어느 나라도 문자 때문에 이것이 가능하지 않다. 이 때문에 취학 전 아이들의 독서능력은 단연히 한국이 세계 최고라고 할 수 있다. 이에 대해서는 4장에서 자세히 살펴볼 것이다.

2003년의 학업 성취도 국제 비교는 겉으로 나타난 결과로는 만족스럽지만 문제점도 많다. 수학의 경우 학업 성취도는 높지만 흥미(31위)와 학습동기(38위)는 최하위권이다. 2006년도까지 변화의 추이를 살펴볼 때 읽기는 계속 상승해서 1위가 되었지만 과학은 1위에서 계속 하향한 것을 알 수 있는데, 그 원인 중의 하나는 과학에 대한 자아개념이나 흥미와 동기가 낮게 나타난다는 것과 무관하지 않은 것으로 보인다. 이것은 입시와 관련해 억지로 배우다 보니 흥미와 학습동기를 유발하지 못함으로써 자기주도적 학습능력이 떨어져 대학에 들어간 후에까지 영향을 미치고 있다. 실제로 대학 평가나 대학생들의 수학능력은 거꾸로 OECD 국가 중에서 하위권에 처져 있다. 고 1학년의 학업 성취도가 학년이 올라가면서 대학으로까지 연결되지 않는다는 것은 앞으로의 국가 경쟁력에 심각한 문제가 아닐 수 없다.

학업 성취도 국제 비교에서 단연히 돋보이는 나라는 핀란드다. 핀란드는 2000년에는 읽기 1위, 수학 4위, 과학 3위였고, 2003년에는 읽기 1위, 수학 2위, 과학 1위, 문제해결력 3위였고, 2006년에는 읽기 2위, 수학 1-4위, 과학 1위를 차지했으며, 2009년에도 읽기 1-2위, 수학 1-3위, 과학 1-2를 차지했다. 이로 보면 핀란드는 모든 영역이 최상위 수준이지만 2000년보다 2003년에 와서 더 향상되었으며, 2006년에는 읽기가 한국에 뒤져 2위를 차지하기 했지만, 전체적으로는 세계 최고의 학업 성취도를 보이고 있다.

이러한 핀란드 교육의 비결은 무엇일까? 사회적 구성주의를 기반으로 하는 핀란드의 교육은 유럽의 교육 개혁 흐름을 선도해 왔으며, 이제는 교육의 성공 모델로서 세계의 벤치마킹[10] 대상이 되고 있다.[11]

---

10) 벤치마킹(Bench Marking): 기업들이 특정 분야에서 뛰어난 업체나 상품, 기술, 경영 방식 등을 배워 자사의 경영과 생산에 합법적으로 응용하는 것. 단순한 모방과는 달리 우수한 기업이나 성공한 상품, 기술, 경영 방식 등의 장점을 충분히 배우고 익힌 후 자사의 환경에 맞추어 재창조하는 것이다. 쉽게 아이디어를 얻어 새 상품을 개발하거나 조직 개선을 위한 새로운 출발점의 기법으로 많이 이용된다.

11) 핀란드 교육에 대해서는 후쿠타 세이지, 『핀란드 교육의 성공』(북스힐, 2008)을 참고 바람.

4.
교육 천국, 핀란드의 교육

1) 미래는 핀란드에 있다

경제 전문지 이코노미스트와 파이낸셜타임스는 '미래는 핀란드에 있다'란 특집 기사를 실었다. 왜 그럴까? 기업 활동 측면에서 세계 최고의 경쟁력을 갖춘 나라는 미국도, 싱가포르도, 일본도 아닌 핀란드이다. 핀란드는 세계경제포럼이 발표하는 국가 경쟁력에서 2001년부터 네 번이나 세계 1위에 올랐다. OECD 학업성취도 국제 비교에서 1위, 대학진학률 세계 1위, 전자금융 사용률 1위, 인터넷과 휴대전화 보급률 1위, 국가별 반부패지수(국가 청렴도) 1위, 1인당 올림픽 메달 수 1위, 국민 1인당 장서 수 1위, 도서관 이용률 1위 등. 이를 보면 핀란드를 잘 모르는 사람도 왜 미래는 핀란드에 있다고 했는지 조금은 수긍이 갈 것이다.

이런 핀란드가 불과 1990년대 초반에는 유럽의 문제아였다. 650년간 스웨덴의 지배를 받았고, 108년간 러시아의 지배를 받았던 핀란드는 자칫하면 지도에서 사라질 뻔한 나라였다. 2차 대전 후엔 유럽에서 가장 가난했던 나라이기도 했다.

국토는 한반도의 1.5배이고, 국토의 1/3이 188,000개의 호수로 되어 있으며, 북위 60도에 위치하여 영하 40도의 혹독한 추위 속에서 살아가는 나라이다. 인구는 2007년 기준 530만 명밖에 안 되며, 산림과 수자원이 유일한 천연 자원이다.

핀란드어는 우랄어족에 속하며, 겸양과 정직을 중요시하는 국민성과 함께 말보다는 행동이 앞서며, 말이 적고 생각을 깊이 하는 아시아적 소통 방식을 갖고 있다.

수출의 20%를 소련에 의존했던 핀란드는 1991년 소련이 붕괴되면서 핀란드의 경제는 끝없는 나락으로 추락했다. 금융 위기와 함께 기업의 연쇄 도산과 절반이 넘는 직원의 구조 조정, 청년 실업률 30%, 주택 가격 50% 하락, 주식 시장 70% 폭락, 식량 부족으로 배급제 실시 등 핀란드는 그야말로 벼랑 끝으로 몰렸다.

1991년 분배와 복지를 강조하던 사회민주당이 참패하고, 중도 우파 정권이 집권하여 사회복지 제도 수술, 건강 비용 축소, 임금 동결, 정보통신 산업 육성, 기업의 수출 확대에 국가의 재정을 투입하면서 경제 살리기에 전력을 투구했지만 임금 감소와 소비 위축으로 경제는 날로 악화되었다.

이에 핀란드는 새로운 선택을 했다. 좌파와 우파의 대타협으로 이념과 상관없는 '무지개 내각'을 구성하고, '분배와 성장 모두 포기하지 않겠다.'고 선언하였다. 산림과 수자원 외에는 아무것도 가진 것이 없으므로 천연자원에 의존하는 대신 과감한 선택으로 미개척지인 정보통신 산업에 집중 투자했고, 이를 뒷받침하는 인재를 양성하기 위해 사람이 가장 큰 자원이라는 인식을 사회 전체가 공유했다.

이리하여 변하지 않는 대원칙이 마련되었다. 그것은 대학원까지 학비는 정부가 지원한다는 무상교육의 원칙이었다. 재원 마련을 위해 소득에 따라 최고 60%까지 세금을 부과했고, 1999년에 정부활동 공개법을 제정하여 누구나 정부 자료를 열람할 수 있게 함으로써 투명 사회를 정착시켰다. 매년 공직자, 기업인, 연예인, 운동선수의 재산변동 내역과 세금납부 내역을 공개했고, 국민 개개인의 소득과 세금도 공개하였다. 막대한 세금에도 핀란드 대표 기업인 노키아는 핀란드를 떠나지 않았다. 무상교육으로 배출되는 고급 두뇌를 기업 성장의 밑거름으로 활용함으로써 기업 경쟁력을 높일 수 있기 때문이었다.

이리하여 10년만에 미국을 앞지르는 나라, 국가 경쟁력 세계 1위의 국가가 되었다. '미국만큼 백만장자는 없지만 모두가 골고루 잘 사는 나라', 분배와 성장의 가치를 동시에 추구하는 나라, 소득과 신분에 따른 차별이 없이 누구에게나 교육의 기회 균등이 완벽하게 보장되어 있는 나라가 된 것이다.

여기서 오늘날의 핀란드를 가능하게 한 것은 국가가 무상교육으로 누구에게나 교육의 기회 균등을 완벽하게 보장해 주었다는 것이다. 이것은 그 어떤 자원보다 사람이 가장 큰 자원이라는 인식의 공유에서 비롯된 아낌없는 교육 투자의 결과이다. 교육받기를 원하는 사람에게는 누구나 대학원까지 무상교육으로 국가가 책임진다는 확고한 원칙 때문이다. 살인적인 사교육비에 시달리는 우리의 현실로 볼 때 핀란드는 가히 교육의 천국이라 할 만하다.

2) 핀란드와 한국 교육의 차이점

핀란드와 한국은 OECD 학업성취도 국제 비교에서 선두를 다투고 있는데, 교육시스템이나 교육의 과정은 판이하게 다르다. 그럼 지금부터 핀란드와 한국의 교육을 교육 경쟁력이란 측면에서 그 차이점을 비교해 보자.

첫째, 핀란드와 한국은 근본적으로 교육철학 및 교육관이 다르다. 핀란드는 수월성이 아닌 형평성을 중시하고, 평가보다는 배움이 우선해야 한다는 것이 핀란드 교육의 원칙이다. 누구나 똑같이 귀하되 각자의 능력과 소질은 다르게 나타날 수 있음을 제도적으로 수용한다. 진정한 국가 경쟁력은 우수한 일부를 위한 수월성 교육보다 모두에게 차별 없이 잠재력을 계발할 수 있는 기회와 여건의 확보에 있다는 교육철학을 갖고 있다.

북유럽 국가들의 특징은 나이, 성별, 경제적 지위 등과 상관없이 누구에게나 동등한 교육 기회가 주어진다. 능력의 우열, 심신의 장애 여부와 같은 특정 잣대로 아동들을 조기 분리시키는 것이 교육적 수월성과 사회 통합의 저해요인이라고 보고 있다. 오히려 함께 섞어서 경쟁하도록 함으로써 진짜 우수하고 경쟁력 있는 인재가 확보될 수 있다는 믿음을 교육제도 속에서 실천하고 있다. 그래서 학교 간 서열화 현상을 낳을 수 있는 '학교의 다양화' 대신 평준화 체제를 유지하면서 '학습의 다양화'를 추구하고 있다. 핀란드에도 성적이 우수한 학생을 위한 교육프로그램이 있지만 학교 안에서 별도의 프로그램을 제공하며, 따로 학교를 세우는 방식이 아니다. 무료 교육 덕택에 부모의 사회 · 경제적 위치는 학생의 성적에 상대적으로 영향을 많이 미치지 못한다. 교육에 관한 한 핀란드는 자유 경쟁보다는 평등의 이념을 제도를 통해 구현하고 있다.

이에 반해 한국은 다양성을 명분으로 평준화를 비난하는 목소리가 높다. 중등과정은 실패한 미국 모델을 본뜨고, 대입제도 등은 30년 전으로 돌아가려 하고 있다. 그나마 제시한 정책 목표와 수단도 서로 충돌한다. 사교육비 절감을 강조하지만, 이들의 정책에 환호하는 것은 사설 학원이다. 교육의 형평성을 주장하지만, 입시를 확대하고 귀족학교와 서민학교를 분리하는 것으로 불평등만 심화하고 있다. 수월성과 평등은 상반되는 것으로 간주하고, 평준화 정책을 시비의 표적으로 삼고 있다. 또한 한국에서 부모의 사회 · 경제적 위치는 학생의 성적에 크게 영향을 미친다. 주택 보유 능력처럼 부모의 교육비 부담 능력에 따라 성적과 대학이 결정되는 사회이다.

둘째, 핀란드는 성적별 · 능력별 분리교육보다는 통합교육을 지향한다. 핀란드에서 통합교육은 한국에서 통용되는 뜻 이외에 성적이 우수한 학생과 그렇지 않은 학생을 함께 교육한다는 뜻도 포함된다. 핀란드 종합학교의 최강점은 특수교육을 모든 학생의 권리로 확대, 실천하고 있다는 점이다. 흔히 특수교육하면 특별한 심신의 장애가 있는 학생을 위한 예외적인 교육적 조치라고 생각하기 쉽지만 핀란드에서 특수교육은 가급적 통합교육을 지지하면서, 특수교육의 영역을 확대하여 학습복지를 실현하고 있다. 상당수 학생에게 제공되는 특수교육은 부진한 영역이나 활동에 대한 보정교육(remedial teaching)의 성격이 강하며, 가급적 빨리 일반 수업에 복귀하도록 돕는데 중점을 둔다. 능력의 우열, 심신의 장애여부와 같은 특정잣대로 아동들을 조기 분리시키는 것이 교육적 수월성과 사회 통합의 저해 요인이라고 보기 때문이다. 오히려 모든 아동들의 가능성을 믿고 조기 선별과 분리교육 대신 함께 섞여서 경쟁하도록 함으로써 진짜 우수하고 경쟁력 있는 인재가 확보될 수 있다는 믿음을 제도 속에 실천하고 있다.

핀란드에서의 통합교육은 성적이 부진한 학생과 우수한 학생을 함께 교육하는 것을 말하지만, 한국에서 '통합교육'은 주로 장애 학생과 비장애 학생을 함께 교육하는 것을 일컫는 말로 쓰인다. 흔히 수월성과 평등은 상반되는 것으로 간주하고 평준화 정책을 논쟁의 표적으로 삼아 우열반 편성을 권장하고 있다.

셋째, 수업방식에서 사회적 구성주의의 지식관에 근거한 협동수업을 하는 핀란드는 등수에 의한 경쟁이 없다. 핀란드의 학교는 교육 협력체이다. 핀란드의 수업 방식은 또래가 협동하는 방식이다. A가 수학을 잘하고 B는 도형을 잘하면 서로 그것을 주고받는 방식이다. 상호작용이 돼서 합쳐지면 창의력이 발생하도록 하는 방식이다. 여러 가지 재능을 동시에 길러질 수 있도록 키운다. 그래서 핀란드의 성적표에는 애당초 '등수'가 없다. 성적 통지표에는 학업 향상 정도, 시험 결과, 수업 시간의 활동이나 관심 정도 등을 구술로 된 평가와 도달한 학업 수준을 10에서 4까지로 기재하고 있다(4는 실패 등급).

점수에 따른 석차가 없기 때문에 다른 아이와의 경쟁도 없다. 꼴찌와 1등이 함께하고 정작 등수와 시험에 의미를 두지 않는다. 핀란드는 시험 시간과 쉬는 시간에 시험 답안을 모르면 선생님에게 해답에 접근하는 방법을 물어본다. 시험은 정답을 매기고 등수를 확인하여 상급 학교로 진학시키는 서열화의 도구가 아니라, 자신이 무엇을 모르는지 확인하는 장치일 뿐이다. 쉬는 시간에 핀란드 교사들은 학생들을 모두 운동장으로 내몰고 문을 잠근다. 절대 공부해서는 안 된다. 잘 놀아야 잘 공부할 수 있다는 그들의 신념 때문이다. 핀란드는 경쟁을 최대한 배제하면서도 학력을 상향 평준화하는 것이 가능하다고 믿는다. 핀란드는 학생들을 경쟁시키지 않는 것 외에도, 우등생만을 위한 영재교육이나 그들만을 위한 특별한 학교도 없다. 다만 뒤처지는 아이들을 배려하기 위한 다양한 교육 프로그램만 있을 따름이다. 학교 밖의 사교육은 더더욱 없다. 방과 후 축구나 농구, 아이스하키, 기타 등을 배운다. 부모가 시켜서가 아니라 모두 '스스로 원해서'이다. 이들이 받는 과외 중에 수학이나 핀란드어, 영어 같은 과목은 없다. 성적을 올리기 위해 과외를 받느냐고 물으면 질문 자체를 이해하지 못 한다.

다만 학습 부진아의 학력을 높이기 위한 특별 프로그램을 운영한다. 핀란드의 경우, 진도를 따라가기 버거운 학생들은 특수교사들과 상의해 1대 1 보강수업을 들을 수 있다. 맞춤교육은 획일적 교육과 대비되는, 1대1 교육을 말한다. 핀란드의 종합학교에서는 같은 학년, 같은 교실에서도 학생별로 학습목표가 다르며, 학업성취도에 따라 나이에 상관없이 '월반'을 할 수 있는 무학년제로 운영한다. 암기식, 객관식에 찌든 한국 학생들과 달리, 핀란드에선 자기 주도형 창의력 · 탐구 학습이 이뤄지고 있다.

이에 반해 한국에서는 교육목표가 점수에 따른 명문대 입학이 지상과제이다. 오로지 점수에 따른 입시에 근거한 우열반, 우열학교를 만들려는 분위기이다. 한국에는 좋은 대학을 보내는 소수의 명문고가 있다. 그 학교에 입학하기 위한 경쟁이 치열하다. 학교에 순위를 매기고, 서로 경쟁하게 만들어 승자와 패자로 나뉜다. 경쟁은 있지만 협력은 없고, 학력은 있지만 행복은 없는 나라이다. 교사들은 학생 나름의 학습 스타일을 인정할 수 없는 교육 구조다. 이로 인해 학생들은 많은 스트레스를 받고 있다. 과목별 점수만 가지고 획일적인 일렬식 수업으로 아이들을 갈

라놓아 여러 재능이 길러질 수 없다. 그나마 있던 재능도 사라진다. 오로지 외워서 점수만 따면 되기 때문에 감수성, 상상력이 사라진다.

연간 30조 원 이상의 사교육비를 지출함에도 불구하고 세계 최고 수준의 청소년 자살률을 기록하고 있다. 중고생 74%는 이른바 '공부 잘하기 위한 약'까지 복용하고 있다. 공부에 지치고, 바뀌는 제도에 허둥대느라 꿈꾸는 시간조차 부족한 아이들이다. 13~19살, 인생에 한 번밖에 없는 시기에 지구 한 편에서는 행복한 마음으로 잠을 자지만 한국에서는 24시간 가운데 20시간을 의자에 앉아 있다. 미래의 행복한 삶을 위해서라면 우선 10대를 포기해야 한다.

낙오자가 되지 않기 위해 경쟁하는 교육. 수업료 이외에 한 달 학원비만 수십만 원이 들고, 심지어는 과외까지 해야 한다. 일제고사 등 점수 따기, 줄 세우기 위주의 시험제도가 점수를 높이기 위해 학생들을 학원으로 내몰고, 특목고, 자율형 사립고, 국제중 · 고 입학시험이 경쟁을 불붙인다. 특목고와 자사고는 '다양한 교육'이 아니라 좋은 대학에 들어가기 위한 입시 교육기관일 뿐이다. 경쟁 위주의 교육제도는 학급 친구도 경쟁자로 만들어 인간관계마저 황폐화되고 있다. 협동수업은 먼 나라의 이야기일 뿐이다.

대학 진학이 가능한 상위권 학생 중심의 수업이 이루어지는 한국에서는 대학 진학이 가능한 상위권 학생을 제외한 나머지 학생들은 학교에서 방치된 상태로 내버려져 있다. 경쟁에서 밀려낸 이들에게도 교육의 혜택이 보장되어야 하나 현실적으로 관심의 대상이 되지 못하고 있다. 지식기반 경제 시대에 지식을 검색하고 정리하고 창조하는 기능은 이전보다 더 중요해지고 있으므로 이에 필요한 최소한의 학력 수준을 보장하기 위해 국가는 여러 정책 수단을 동원해야 마땅하나 국가가 최저 학력의 문제를 방기함으로써 여건이 좋지 않은 저소득층 학생들이 가장 큰 피해를 보고 있다.

넷째, 핀란드는 대학의 서열이 없어 입시 경쟁이 치열하지 않다. 서유럽 선진국 대부분은 대학서열이 없다. 핀란드에서 특정 대학만을 유독 선호하거나, 대학 간의 순위를 매기는 일은 일어나지 않는다. 외국 언론이 핀란드의 몇몇 대학들을 지목하여 순위를 매기며 전 세계 대학순위를 발표할 때 핀란드 사람들은 이런 보도에 관심이 없다. 대학을 비롯한 고등교육기관은 모두 국가재정으로 운영되는 국립대학 체제며, 유치원에서부터 대학까지 '무상 교육'을 실시하고 있다. 모든 대학교가 국립이기 때문에 등록금 및 수업료를 납부하지 않는다.

학생들은 학생회비, 책값, 생활비 등 여비만 부담하면 된다. 이마저도 일부는 정부가 지원한다. 학생들이 지망 대학을 결정할 때 가장 큰 변수로 작용하는 것은 '친구'이다. 함께 어울리는 친구들이 선호하는 대학에 진학하려는 경향이 두드러진다. 물론 어느 대학을 나왔는지, 또는 어떤 전공을 택하여 어떤 직업을 얻었는지에 따른 차이가 작기 때문에 생겨난 현상일 수도 있다. 학교에 '순위'를 부여하는 것은 매우 비교육적이라는 핀란드의 사회 분위기 때문에 대학서열은 존재하지 않는다. 저마다 고유한 특징을 갖고 있기 마련인 학교 교육을 한 줄로 세워 놓고 '순위'를 부여하는 것이 애당초 가능한 일도 아니다.

그러다 보니 핀란드는 입시 경쟁이 치열하지 않다. 핀란드는 무상교육, 통합교육 실시로 '학생 선발'이라는 개념 자체가 우리와 다르다. '너희가 공부를 못하면 대학을 못 간다.'고 말하지 않는다. 원하면 언제든지 무상교육을 받을 수 있는 제도가 정착돼 있기 때문이다. 수학능력 시험이나 본고사처럼 성적순으로 학생을 선발하는 일은 없다. 기초교육(종합학교) 단계에서는 국가수준의 학력평가시험이 없지만 고등학교 졸업단계에서는 대학입학자격시험(Matriculation Exam)이 있다. 대입자격시험은 실업계 학생들도 볼 수 있는데, 네 과목을 공통으로 하며, 이외에 선택과목을 추가로 치르게 된다. 나라에서 치르는 자격시험만 통과하면 어느 대학이든 지망할 수 있고, 대부분의 대학은 이 시험성적을 중심으로 선발하고, 경우에 따라서는 고등학교 내신성적을 고려하기도 한다. 물론 대학은 필기시험, 적성검사, 개인면접을 보기도 한다. 필기시험은 지식의 양을 묻는 것이 아니라 책 한 권을 나누어주고 그것에 대한 자신의 생각을 기술하는 방식이다. 적성검사는 특정 전문직 양성과정(가령 교육학부, 의학부)에서 실시하며, 집단면접의 형태로 이루어진다.

이에 반해 한국에서는 전국의 모든 대학이 서열화되어 한 줄로 줄서 있다. 또한 각각의 대학은 모두 자기 나름의 방식으로 학생을 독자적으로 선발하고 있다. 이것이 현재의 가혹한 입시 경쟁을 부추기고 있다. 전 세계적으로 보아도 미국의 아이비리그나 영국의 사립대학들, 일본의 몇몇 명문대 등을 제외하고는 대학마다 서열이 매겨져 있는 상태에서 대학마다 학생을 독자적으로 선발하는 경우는 흔치 않다. 유럽의 경우에는 대부분 학교 사이에 서열이 없으며, 대학입학 또는 고교졸업 자격고사[12]에 통과한 학생이면 누구나 자신이 원하는 대학에 진학하고, 이후 자유롭게 대학 및 학과의 이동이 가능하다. 그러나 한국의 경우 모든 대학이 한 줄로 서열화되어 있으며, 각각의 대학은 일반전형, 특별전형, 수시모집 등 나름대로의 전형 방식을 갖고 있다. 내신과 수능, 논술 등을 몇 퍼센트 반영할지, 지방 출신과 특목고 출신을 각각 몇 퍼센트 할당할지 등

12) 프랑스의 바칼로레아, 독일의 아비투스, 오스트리아의 마투스 등이 있다.

은 완전히 자율화되어 있다.

그러다 보니 한국에서는 살인적인 입시 전쟁을 치르고 있다. 한국 사회에서 대학입시는 단순히 대학에 진학하는 문제가 아니라 부와 지위와 권력을 획득하는 핵심적인 수단이다. 그 과정은 선의의 경쟁도, 공정한 게임도 아니고 벌거벗은 생존 경쟁이다. 대학 진학을 위해 교육과정도 편법으로 운영된다. 학생들은 자신의 적성과 흥미에 따라 학과를 선택하는 것이 아니라 내신 성적의 유 · 불리, 대학에서 요구하는 선택과목에 따라 결정한다. 이런 상황을 방치한 상태에서는 교육과정을 어떻게 고치든 문제가 생길 수밖에 없다. 한국의 고등학생들이 진학할 대학 및 학과를 결정할 때, 가장 많이 참고하는 것은 입시 배치표이다. 전국의 모든 대학 및 학과가 점수에 따라 서열화되어 있다. 배치표의 위쪽에 있는 대학 및 학과에 진학하기 위한 경쟁이 치열하다. 이들 대학 및 학과를 졸업하면 상대적으로 좋은 대우를 받을 가능성이 높기 때문이다.

다섯째, 핀란드에서는 학생의 기본권과 학교의 자율이 철저하게 보장되어 있다. 핀란드에서는 교육현장에서 학생의 기본권이 침해당하는 상황이 발생하지 않도록 국가는 적극적인 예방책을 시행하고 있다. 만약 실제로 그러한 상황이 발생한다면 이에 적극적으로 개입해 해결한다.[13]

---

13) 학생의 기본권이라는 측면에서 '체벌'의 문제를 생각해 보자. 2010년 서울지역 초·중·고에 체벌을 전면 금지한 곽노현 서울시 교육감이 핀란드와 스웨덴 시찰 중에 학교를 방문할 때마다 체벌 관련 질문을 했다가 '체벌은 구경한 적도, 당해본 적도 없다'는 40-50대 현지 교육자들의 답변에 그만 무색해졌다고 한다. 우리나라에서는 체벌이 일반화되어 있어 체벌 금지가 논란이 되고 있는데 말이다. 사실 학교에서의 집단 체벌은 일제 군국주의 교육의 잔재라는 것을 생각하지 못하고 있는 듯하다. 이것이 해방 후에도 군대식 교육의 군사문화에 젖어 그대로 이어져 오고 있다. 특히 감정적 · 맹목적 집단 체벌은 하루 빨리 청산해야 할 일제 군국주의 교육과 군대식 교육의 잔재들이다. 당사자가 수긍하지 못하거나 깨우침이 없는 체벌은 이미 교육적 의미와 효과를 상실한 것이다. 체벌이라는 물리적 자극이 두려워 어떤 행동을 하지 못하게 하는 것은 교육이라 보기 어렵다. 이것은 전통적인 우리의 회초리 문화와는 엄연히 다르다. 따끔한 경계와 깨우침을 목적으로 하는 우리의 회초리 문화는 자식과 제자를 깨우치게 하기 위해 먼저 자신에게 매를 드는 것이다. 민주화 시대에 더 이상 체

2007년 기준으로 인구 530만 명인 핀란드에는 약 4,000여 개의 종합학교가 있다. 종합학교는 한국의 초등학교와 중학교 수준에 해당된다. 전체 인구대비 학교 수가 매우 많은 점을 알 수 있다. 학급당 20명 정도에 학년별 3개 학급 전후의 조촐한 규모이다. 이는 상대적으로 핀란드의 종합학교 분위기가 매우 가족적이고 인간적인 배려와 지도가 가능한 조건임을 보여준다. 종합학교라는 이름은 대체로 획일화된 교육의 이미지를 풍기지만 실제로 종합학교들 중에는 특정 분야별로보다 세분화하여 언어, 수학, 과학, 음악, 미술 등으로 특성화할 수 있다. 이는 한국의 특수목적학교 개념과는 달리 종합교육의 틀 안에서 과목특성화를 통해 보다 양질의 교육기회를 제공하려는 핀란드식 학교자율의 구현이다.

한국에서 교육은 국민의 '권리'이면서 동시에 '의무'이다. 국가가 교육을 의무로서 강제하고 있다. 강제를 했다면 그 대가로 책임이 따라야 하는데, 국가는 교육과 관련해 아무런 책임도 안 진다. 0교시, 야간자율학습이라는 반인권적 반교육적 행태가 전국적으로 버젓이 자행됨에도 이에 대한 단속과 처벌은 전혀 없다. 오히려 정부가 '학교 자율화'라는 이름으로 0교시 우열반 등의 개설 여부를 시도교육청의 자율적 판단에 맡겨놓고, 국가의 책임을 방기하고 있다. 자율권을 넘겨받은 이들은 교육감과 교장이라는 교육관료들이다. 교육감이나 교장의 자율성은 종종 교사나 학생의 자율성과 충돌한다. 교육감과 교장의 자율적 재량에 따라 0교시와 수준별 이동수업을 실시한다면, 학생 개개인의 입장에서는 자율성이 침해되는 결과가 초래되는 것이다. 결국 자율권을 관료에게 독점적으로 주고, 교육현장에서 대면하는 교사와 학생의 자율권을 확대하지 않

벌을 '사랑의 매'로 미화하거나 합리화하지 않아야 할 것이다.

는 정책을 '학교 자율화'라고 하는 우스운 일이 발생하고 있다. '학교'나 '사학재단'의 자율성은 거론되지만, '교사'와 '학생'의 자율성은 아무도 이야기하지 않는다. 진정한 자율성의 단위는 집단이나 단체가 아닌 '개인'이 주체라는 상식이 통하지 않는다.

여섯째, 핀란드는 교원정책과 교육과정 운영에서 교사의 자율성을 존중하고 있다. 핀란드의 교원정책에는 한국에 있는 교원평가, 장학제도, 성과금이 없다. 교사를 등급으로 나눈다거나 점수로 매기지 않는다. 교장도 교사들을 제도에 따라 평가(근무평정)하지 않는다. 또 교육성과를 A, B, C 식으로 매기는 교원성과금 제도는 없고, 대신 교사들이 자기평가를 하도록 하고 있다. 핀란드의 교사들은 상시적으로 감시나 통제를 받지 않으며, 그들이 원하는 식대로 가르칠 자유가 허용된다. 이런 핀란드의 교원정책이 교육후진국으로 꼽히는 미국 교육학계의 주목을 받기도 했다. 교사가 자율성을 발휘할 수 있는 교육과정이다. 핀란드에서 교과서는 하나의 참고 자료로 활용된다. 교과서보다는 아이들이 수집한 자료와 정보를 적어온 노트가 교재의 역할을 한다.

이에 반해 한국에서는 교원평가, 성과급 도입 등으로 교사를 점수나 등급으로 매겨 경쟁을 유도하려고 한다. 관료적 통제가 뿌리깊이 박혀 있어 교사에 대한 간섭과 통제가 많고, 승진을 위해 눈치와 보신주의가 만연해 있다. 교과서도 붕어빵이다. 많은 검인정 교과서들이 소단원 제목과 순서까지 일치한다. 더욱 기가 막힌 것은, 교사용 지침서에 '이런 것은 가르치고 저런 것은 가르치지 말라'는 내용까지 자세히 적혀 있다. 교육과정의 자율적 운영은 먼 나라의 이야기일 뿐이다. 학생들의 발표니, 토론이니, 수업참여니 하는 것들은 다 교육청 관리들이 행차할 때나 잠깐 흉내내보는 사치일 뿐이다. 입시를 위한 진도에 쫓겨 주입식 교육이 이루어질 수밖에 없다. 교육경쟁력 1위인 핀란드 같은 나라와는 말할 것도 없고, 미국하고만 견줘 봐도 교수학습 방법론에 있어 엄청난 차이를 보인다. 미국 학생들이 남북전쟁의 배경과 의미에 대해 발표와 토론을 진행하는 동안, 한국 학생들은 임진왜란에 대한 지루한 주입식 강의를 들은 뒤 암기해야 할 사건연대와 인물 목록을 보고 한숨을 내쉰다. 미국 학교의 숙제는 수업 내용과 긴밀한 연관을 맺고 있으며, 실제로 발표와 토론거리로 활용되지만, 우리나라의 수행평가 답안지는 교사의 캐비닛 속에서 잠자고 있을 뿐이다.

일곱째, 핀란드는 일제고사 형태의 평가를 하지 않는다. 핀란드에서는 일제고사가 없다. 가르친 교사가 시행하는 수행평가는 있어도 국가수준의 의무적 공통학력시험을 시행하지는 않는다. 핀란드에서는 교사들의 권위가 존중되고 권한이 큰 편이다. 교사들이 학생의 교수-학습과 평가, 학교경영에서 전문적 권위를 행사하도록 하는 것이 핀란드의 장점이다. 외부의 장학감사는 없고 자체적인 평가가 시행되고 있다. 2003년에는 국가교육위원회 산하에 학교의 평가를 지원할 독립기구를 설치하여 5-10% 표집학생을 대상으로 학습결과를 평가하였다. 이 평가결과는 해당학교에 그 결과내역과 전국적 평균 등이 제공되지만 학교 간 서열표 등은 작성하지 않는다. 교사의 학생 평가는 일제고사 형태가 아니다. 매일 매일의 학교생활을 평가하여 기록해 두었다가 학년말에 종합적인 평가기록을 작성하여 제공한다. 국가수준의 의무적 공통학력시험을 시행하지 않는다.

한국에서는 평가는 일제고사 형태이다. 국가수준의 의무적 공통학력시험을 시행한다. 일부 시도교육감이 '학력신장과 교육경쟁력 향상'을 명목으로 중학교 일제고사와 초등학교 고학년 표집평가를 일제고사 방식으로 시행해 왔다.

여덟째, 핀란드에서는 학습자에게 교육비를 부담시키지 않는다. 핀란드의 초 · 중 · 고등학교는 다른 북유럽국가들과 마찬가지로 대부분이 공립학교이다. 무상 공교육의 천국이다. 완전 평준화된 고교들, 공립학교가 전체의 99%이고, 초등학교부터 대학교까지 99%가 공립이며, 모든 과정이 무상으로 이루어진다. 정부의 지원으로 모든 학생에게 골고루 질 높은 교육을 제공하고 있다. 핀란드에서 공교육은 모든 학생에게 똑같이 우수한 교육 서비스를 제공한다. 이 서비스에는 상담, 건강, 영양 상태, 특수 교육 등을 모두 포함하고 있다. 교재비나 생활비의 일부까지 제공한다. 1등과 꼴찌도 없다. 모두가 일정한 수준을 갖출 수 있도록 국가가 지원하고 관리한다. 스웨덴, 덴마크와 핀란드 등에서는 초등학교부터 대학원까지 전 과정에 걸쳐 무상 교육을 받을 수 있다.

핀란드의 공공지출 중에서 교육비는 14%를 차지하며, 이는 국민총생산(GNP)의 7.2%를 차지하는데, OECD 국가 중 최고수준이다. 유아교육에서 대학교육까지 학습자가 부담하는 수업료가 없다. 교육비 예산의 약 80%는 지방정부가, 나머지는 중앙정부가 부담하고 있다. 사립학교는 매우 소수의 음악영재학교가 있는데, 이 학교도 학생으로부터 직접 수업료를 받지는 않으며, 정부가 학교 운영경비를 지원한다.

이에 반해 한국은 막대한 교육비가 지출되지만, 그 효율성은 크게 떨어진다. 교육비에 들이는 돈은 국내총생산(GDP)의 7.06%나 된다. 아이슬란드, 미국, 덴마크에 이어 세계 4위 수준이다. 다른 나라에 비해 교육비 비중이 높은 것은 사교육비 비중이 높아서이다. 사교육비는 GDP 대비 2.88%로 세계 최고 수준이다. 교육열은 높지만 공교육의 역할이 취약하다. 세계에서 둘째로 사교육비 비중이 높은 미국도 GDP의 1.89%

에 불과하다. 경제협력개발기구(OECD) 평균은 0.68%이다. 학업성취도에서 한국을 늘 앞서가는 핀란드도 사교육비 비중은 0.11%밖에 되지 않는다. LG경제연구원의 교육 효율성 지표에 따르면 2006년 한국의 교육 효율성은 89.7이다. OECD 24개국 중 17위이고, OECD 평균(102.8)에도 크게 모자라는 수준이다. 한국의 교육은 고비용 저효율의 전형이다.

아홉째, 핀란드는 지역 간의 학력의 차이가 크지 않다. 핀란드는 지역의 작은 학교에까지 미치는 핀란드 교육의 세심한 배려로, 전 세계 국가 가운데 학교 사이의 학력 차이도 가장 적다. 경제협력개발기구가 2006년 발표한 지표를 보면, 핀란드는 학교 사이의 학업성취도 편차가 4.7%로, 2위인 아이슬란드(9.3%)의 절반 수준이다. 한국의 31.8%와는 현격한 차이를 보인다. 한국으로 치면, 서울 강남지역과 시골 두메 학교 사이에도 학력 격차가 거의 없다는 뜻이다.

한국은 서울의 강남과 강북의 교육차가 크고, 도시와 농어촌과의 교육차도 크다. 강남 지역 학교에 다닌다고 하면 다른 지역 아이들이 선망의 대상으로 본다. 이러한 교육의 지역 간 차이는 사회 통합에 역행하고 있다.

3) 핀란드의 교육경쟁력 세계 1위의 비결

핀란드와 한국은 OECD 학업성취도 국제 비교에서 선두를 다투고 있다. 단순히 그 결과만 두고 본다면 한국은 핀란드에 필적하는 맞수이다. 그런데 결과에 도달하기까지 교육이 이루어지는 과정의 차이는 너무도 대조적이다. 과연 누구의 손을 들어줄 것인가?

여기서 교육 경쟁력이란 측면에서 핀란드와 한국의 교육을 따져볼 필요가 있다. 현재 교육 경쟁력 세계 1위는 단연코 핀란드이다. 한국은 고비용 저효율의 교육을 하고 있다는 점에서 교육 경쟁력 면에서는 도저히 핀란드의 상대가 되지 못한다. 교육의 질을 따져보아도 그렇다. 그럼 교육경쟁력 세계 1위인 핀란드 교육의 특징과 장점을 살펴보자.

핀란드는 산림과 수자원 외에는 아무것도 없는 나라에서 사람이 가장 큰 자원이라는 인식을 공유하여 교육에 국가의 예산을 집중 투입했다. 그 결과 교육의 경쟁력을 확보할 수 있었고, 여기서 배출되는 고급 인재들을 기업의 경쟁력 제고로 연결시켰던 것이다. 교육 경쟁력 세계 1위의 비결이 곧 국가 경쟁력 세계 1위와 직결되어 있는 것이다.

핀란드의 교육 경쟁력 세계 1위의 비결은 '기회의 평등' 개념에서 출발하고 있다. 성별과 나이, 지역, 빈부격차 등에 관계없이 모든 사람들에게 동등한 교육의 기회를 보장하고, 이러한 '교육 기회의 평등'을 제도를 통해 완벽하게 구현하고 있다는 것이다.

이러한 이념이 제도로 구현된 것이 무상교육이다. 이를 위해 핀란드의 초 · 중 · 고등학교는 공립학교로 되어 있다. 초등학교부터 대학까지 99%가 공립이며, 유아부터 대학원까지 전 과정에 걸쳐 무상 교육을 받을 수 있다. 9년간의 의무교육 단계에서는 수업료, 교재비, 급식비까지 정부가 부담한다. 가정형편이 어려운 학생에게는 매달 생활비의 일부까지 지급하기도 한다. 학부모의 부담은 전혀 없다. 학생들의 학용품과 책값 등도 예산으로 지원된다. 학교에서 3㎞ 이상 떨어진 곳에서 다니는 학생들에게는 교통비를 지원한다. 핀란드는 그야말로 무상 공교육의 천국이다.

핀란드는 정부의 지원으로 모든 학생에게 골고루 질 높은 교육을 제공하고 있다. 핀란드의 공교육은 모든 학생에게 똑같이 우수한 교육 서비스를 제공한다. 이 서비스에는 상담, 건강, 영양 상태, 특수 교육 등을 모두 포함하고 있다. 그래서 핀란드의 학교는 종합복지서비스센터 역할도 한다. 학교에는 복지담당관과 심리상담사가 근무하면서 학생들의 학습과 적응의 어려움을 상담하고 진단하여 치료한다. 이것은 태어날 때부터 적용된다.

더 나아가 기회 평등의 개념은 확대되어 우열반이나 특목고 등 가르치는 수준에 차이를 두는 것을 허락하지 않는다. 핀란드는 우열반이나 특목고가 아예 없다. 모두 같은 수준의 학교에서 공부한다. 1등과 꼴찌도 만들지 않는다. 능력의 우열에 따른 분리나 격차는 도리어 사회 통합을 저해한다고 생각한다. 그래서 모두가 일정한 수준을 갖출 수 있도록 국가가 지원하고 관리한다. 다만 학습 부진아의 학력을 높이기 위해 특수교사를 따로 배치해 1대 1 보충수업을 들을 수 있게 한다. 영재 교육에는 관심이 없고, 우수한 학생에게는 좀더 심화된 과제를 주어 수준에 맞는 맞춤교육을 할 뿐이다. 그래서 핀란드의 학생들은 누구와도 경쟁하지 않으며, 학교는 모두가 낙오자 없이 사회구성원으로 성장하도록 도와준다. 교육의 목표가 경쟁에서의 승리가 아니라 공동체 시민으로서의 성장에 중점을 둔다. 이것은 OECD의 교육목표인 '내일의 시민' 양성과 무관하지 않다.

이로 보면 핀란드의 교육 경쟁력은 아이들 간의 치열한 경쟁을 통해서가 아니라 오히려 아이들 간의 비교나 경쟁을 조장하지 않음으로써 세계 최고의 교육 경쟁력을 확보하게 된 것이다. 아이들 간의 치열한 경쟁을 통해 교육 경쟁력을 확보하려고 하는 우리의 교육 현실로 볼 때 다분히 역설적 현상이 아닐 수 없다. 교육은 기회 평등의 개념이 중요하며,

경쟁하지 않음으로써 경쟁력을 확보할 수 있다는 이 역설인 현상을 우리는 어떻게 보아야 하는가? 교육만은 시장 논리로 접근해서는 안 된다는 것을 시장만능주의자들은 어떻게 받아들일 것인가?

핀란드 교육의 성공을 가능하게 한 것은 우수한 교사의 확보이다. 흔히들 교육의 질은 교사의 질을 능가할 수 없다고 말한다. 핀란드에서 교사의 위치는 아주 높다. 대부분 대학원을 졸업한 석사 출신들로 학력이 높고 근무환경이 우수해 아주 인기 있는 직종이다. 유치원 교사를 하려면 최소한 정규대학을 졸업해야 하고, 초·중등학교 교사는 석사학위가 있어야 한다. 종합학교 고학년에는 박사학위 소지자도 상당수이다. 더구나 핀란드의 대학교에서 교사가 되기 위한 과정은 경쟁률이 매우 높아 지원자의 10%만 들어갈 수 있다. 우수한 학생들이 지망하고, 최고 수준의 학력을 갖춤으로써 교사의 질이 높을 수밖에 없다. 그래서 최고 수준의 교사는 최고의 대우를 받는다. 핀란드에서 교사는 의사나 변호사보다 수입이 더 많다.

핀란드의 교사들은 가르치는 일 이외에도 연구자로서의 자질과 활동도 강조된다. 단순히 지식을 전달하는 일에 그치지 않고, 교육이라는 활동 자체를 이해하고 개선하려는 연구자로서의 자세가 핀란드의 교사들을 세계 어느 나라보다 자부심과 긍지로 가득 찬 헌신적인 전문가 집단으로 자리잡게 했다. 그러다 보니 학생에게 영향력도 크고, 학부모도 교사를 신뢰하며, 사회로부터 존경도 받는다. 그래서 핀란드의 교사들은 학교 운영에 영향력을 행사하며, 교육과정 운영의 자율성도 보장받고 있다.

핀란드 교육의 특징은 양질의 무상교육과 우수한 교사의 확보와 더불어 독서와 토론 중심의 협동수업이다. 핀란드가 가장 중시하는 교육은 읽기이다. 어려서부터 책 읽기가 생활화되어 있다. 핀란드는 국가와 사회가 독서를 위한 기반과 환경을 완벽하게 갖추어 놓았기 때문에 핀란드의 10대 학생들은 세계에서 가장 책을 많이 읽는다. 학교 수업도 독서와 토론을 중심으로 이루어지기 때문에 독서가 일상화되어 있다.

핀란드의 학생들은 매주 교사와 상담하여 목표를 정하고, 모둠으로 나뉘어 자신의 과제를 수행하는 방식으로 진행된다. 아이들은 스스로 도서관이나 인터넷을 이용하여 자료와 정보를 수집하여 노트에 적어서 학교에 가지고 온다. 교과서로는 거의 가르치지 않고, 이 노트가 교재의 역할을 한다. 핀란드에서 교과서는 많은 참고자료의 하나일 뿐이다. 아이들은 노트를 가지고 교사의 도움을 받아 다른 학생과 토론하면서 협동수업을 한다. 반 분위기는 활발해서 교사가 억지로 학생을 이끌고 나갈 필요가 없다. 협동수업은 지식의 구성이 혼자서 하는 활동이 아니라 서로 간의 관계 속에서 이루어지는 사회적 활동이라는 사회적 구성주의의 지식관에 근거하고 있다. 몇 명씩 모둠을 만들어 토론을 통해 각자가 잘하는 부분을 주고받으며 서로 도우면서 주어진 과제를 해결해 가는 수업 방식이다. 이런 과정을 통해 이해력을 높일 수 있고, 지식을 완전히 자기 것으로 소화할 수 있다. 협동수업은 아이들의 다양한 지식과 재능을 통합하여 조화시킴으로써 문제 해결 능력과 창의성을 계발하게 한다.

이러한 협동수업의 효과에 대한 사례가 있다. 2008년 9월 분당의 이우학교에서 열린 국제 심포지엄에서 일본의 '배움 공동체 운동'이 소개되었다. 2001년 시즈오카현 가쿠요중학교의 교장으로 부임한 사토 마사키가 사례를 발표했다. 한국과 비슷한 공교육의 문제점을 안고 있는 일본에서 배움 공동체 운동의 핵심은 수업 혁신을 통한 학교 개혁이다. 암기식 공부를, 사건이나 사람과 대화하며 친구들과 함께 문제를 해결하는 방식으로 바꾼 것이다. 교사의 일방통행의 주입식 수업에서는 대부분 이해하고 있는 아이, 반쯤 이해하는 아이, 거의 이해하지 못하는 아이로 나뉠 수밖에 없어 대개는 중간쯤에 맞춰 수업을 진행하게 되는데, 개개인의 배움을 보장해 주기 위한 방책으로 이 방식을 도입했다. 그것은 '소집단 활동에 의한 협동적인 배움'이었다. 주입식 수업이 아니라 친구들과 함께 과제를 검토하고 서로 의견을 교환하도록 하니, 그 과정에서 자연스레 이해도가 높은 아이가 이해도 낮은 아이를 돕게 되더라는 것이다. 그래서 2002년부터는 교실 책상도 소그룹별로 모아놓거나 ㄷ자형으로 배치했다. 이 결과 등교하지 않던 아이들이 학교로 돌아왔고, 학업 수준도 높아졌다. 이 운동은 현재 일본 전역으로 확산되고 있다. 100개의 거점 학교를 비롯해 전국 3,000개 학교에서 이 운동이 펼쳐지고 있다.[14] 사토는 "교사가 바뀌지 않으면 학생을 바꿀 수 없고, 수업시간에 자는 아이들을 바꾸기 위해서는 수업을 바꾸어야만 한다."고 했다.

이 일본의 사례는 이미 핀란드에서는 모든 학교에서 시행되고 있는 협동수업 방식이다. 암기 위주의 주입식 교육으로 교사가 일방적으로 전달하는 우리의 학교 수업에서도 많은 아이들이 책상에 엎드려 잠을 자고 있고, 교사는 애써 못 본 체하고 수업을 진행하고 있다. 수업에 대한 관심과 흥미를 잃어버린 아이들에게 우리도 협동수업 방식을 적용해 보라고 권한다면 그것은 현실을 모르는 한낱 이상론에 불과한 것일까.

독서와 토론 중심의 협동수업과 더불어 핀란드 교육의 특징으로 개

---

14) 2001년 전교생 830명 가운데 4.6%에 이르던 등교하지 않는 학생 비율은 2년만에 1%미만으로 줄었고, 시내 14개 학교 중에서 열 번째 정도였던 학력 수준도 2-3위권으로 뛰어올랐다. 현재 20% 이상의 공립소학교와 10%가 넘는 공립중학교, 5% 가량의 고등학교에서 배움의 공동체 운동이 펼쳐지고 있다고 한다. 이 운동은 수업 방식의 개혁 외에도 수직적이었던 교사-학생 관계를 수평적이고 부드러운 관계로 바꾸기, 서로 배우는 동료성 강한 교사 집단 만들기, 수업연구회 연간 60회 이상 개최와 수업 공개 등을 통해 교사를 교육전문가로 만들기, 아이들의 배움에 학부모 참여시키기 등이 있다.

인별 맞춤교육을 들 수 있다. 핀란드에서는 교사가 아이들의 학습 진도를 보면서 각각의 그룹에 맞게 적절한 과제를 부여하고, 학생들은 교사와 상담을 통해 매주 자신의 학습 과제를 결정한다. 학생들의 수준에 맞게 학생마다 과제가 다르게 부과되는 것이다. 같은 학년, 같은 교실에서도 학생별로 학습목표가 다르며, 학업 성취도에 따라 나이에 상관없이 월반을 할 수 있는 무학년제로 운영된다. 이처럼 수준이 다른 이질적인 학생들을 제대로 돌보기에 가장 적합한 수업지도는 개별화된 지도로 갈 수밖에 없을 것이다. 그래서 학습 부진아에게는 특수교사가 1:1 수업을 진행하기도 한다.

개인별 맞춤교육은 토플러가 말한 이른바 공장식 학교에 대한 대안이라 할 수 있다. 공장식 학교는 산업사회에서 대량생산을 위한 인력을 대량으로 공급하기 위해 일정 수준의 표준화된 인력을 단기간에 양성하는 교육시스템이다. 이 시스템에서는 이미 체계적으로 표준화된 지식과 기능을 단기간에 주입시키는 것이 교육의 효율성을 기하는 한 방법이었다. 그러나 오늘날의 지식정보화 사회나 그 다음의 미래 사회는 매우 빠른 변화 속도에 능동적으로 대처하기 위해서는 소품종 대량생산 방식에서 다품종 소량생산으로 전환되어야 한다. 고객이 생산과정에 직접 참여하게 됨으로써 생산자와 소비자의 경계가 없어지고, 개성과 다양성이 강조되는 사회이기 때문에 개인 맞춤형 생산으로 전환되어야 살아남을 수 있다. 이런 사회에서는 공장 근로자가 아니라 혁신적이고 창의적인 인재들이 국가 발전을 주도할 것이기 때문에 개개인의 다양한 잠재능력을 끌어내어 창의성을 계발할 수 있는 교육시스템으로 바뀌어야 한다. 미래를 대비하기 위한 교육시스템으로 가기 위해서는 필연적으로 현재의 획일적인 주입식의 교육에서 개인별 맞춤교육으로 전환될 수밖에 없다.

이러한 개인별 맞춤교육이 가능하기 위해서는 학급당 인원수가 중요한 변수가 된다. 핀란드의 학급당 학생 수는 25명을 넘지 않도록 권장하고 있는데, 20명 이하의 수업이 대부분이며, 특정 선택과목이나 심화형 수업에는 학생 수가 더 적어 심도 있는 수업을 할 수 있다. 대개의 학급은 16명 정도이다. 교사는 한 학급을 입학부터 졸업 때까지 맡아서 지도한다.

핀란드의 학교에서는 수업을 많이 하지도 않는다. 1, 2학년은 하루 4-5시간, 한 주에 평균 19시간으로 정해져 있다. 3-4학년은 주 평균 23시간, 5-6학년은 24시간이다. 핀란드에는 보습학원도 없다. 학교 수업이 끝나면 집으로 돌아와 숙제를 하고, 운동과 독서 등 취미 관련 활동을 한다.

이상에서 살펴본 바와 같이 핀란드의 교육 경쟁력 세계 1위의 비결은 양질의 무상교육과 우수한 교사의 확보, 독서와 토론 중심의 협동수업, 개인별 맞춤교육 등이 핵심이다.

이와 더불어 핀란드의 아이들은 학습에 대한 흥미와 의욕, 동기가 대단히 높다. 그래서 핀란드의 아이들은 공부하기를 좋아한다. 핀란드에서는 억지로 공부하는 아이들을 볼 수 없다. 아이들은 '공부는 왜 하는가?, 이것은 정말 배워야 할 지식인가?' 하는 질문을 스스로에게 던진다. '시험에 나오니까, 무조건 외워둬'라는 말은 통하지 않는다. 하고 싶어서 하는 공부, 스스로 배우는 공부는 즐겁고, 학습효과도 높을 수밖에 없다. 공부는 스스로 하려고 하는 의지와 동기가 중요한데, 핀란드에서는 성적이나 등수 같은 외적 동기에 의존하지 않는다. 시험이라는 강제 수단을 동원하여 일률적으로 협박해서는 학습 동기를 형성시킬 수 없다. 비교와 경쟁을 시키지는 않는 핀란드 교육의 특징은 스스로의 생각의 싹이 자라

▲ 핀란드 학교의 수업 장면

행동으로 이어지기까지 서두르지 않고 느긋하게 기다려주는 것이다. 이러한 배려와 기다림 속에서 아이들의 개성과 특성이 피어나게 된다. 인성 교육과 창의성 교육도 이러한 바탕 위에서 가능하다. 그래서 핀란드는 개인별 지도와 같은 학습 환경의 개선으로 동기를 유발한다. 교사는 개개인이 공부하는 모습을 파악하면서 적절한 때에 적절한 지원을 해가면서 동기를 유발시킨다. 핀란드는 학습의 주체인 학생들의 태도와 마음가짐부터가 이미 다른 상태에서 출발하고 있다. 아이들뿐만 아니라 어른들도 배우려는 의지가 강하고, 평생교육의 저변이 잘 구축되어 있다.

알고 보면 하나하나가 당연하고 평범한 것들인데 우리의 교육현실과는 너무도 거리가 먼 딴 나라의 이야기로만 들린다. 핀란드는 교육의 기본에 충실하면서 많은 시간과 비용을 투입하지 않고도 높은 학업 성취도를 달성하고 있다는 점에서 아주 효율성이 높은 교육을 하고 있다. 사교육비를 들이지 않고 공교육만으로 세계 최고의 학력을 유지하고 있다는 것. 이것이 바로 핀란드 교육의 경쟁력이다. 고비용 저효율의 교육을 하고 있는 한국과는 아주 대조적이다. 학교와 학원에서 하루의 대부분을, 게다가 막대한 사교육비를 투입한 한국의 교육은 비효율의 극치를 보여주고 있으므로 함께 경쟁력을 논하기조차 무색하다.

새벽부터 한밤중까지 학교에서, 학원에서 공부에 매달리며 건강까지 내팽개친 우리의 교육현실, 미래에 필요치도 않을 지식과 존재하지도 않을 직업을 위해 허비한 막대한 시간과 젊음은 어디서 보상받을 것이며, 천문학적인 사교육비 지출로 가계는 휘청거리고, 심지어 사교육비 마련을 위해 생존의 위기로까지 내몰리며, 과다한 사교육비로 출산마저 꺼리고, 수많은 가정들이 사교육비와 입시교육의 질곡을 피해 해외이민을 떠나고, 대학 진학을 포기한 아이들은 내버려진 채 거리를 떠돌고, 살인적인 입시 경쟁이 아이들을 죽음으로 내모는 이 황폐한 교육현실을 보면서 OECD의 학업성취도 평가에서 세계 최고 수준이라고 자랑하며 위안으로 삼을 수 있겠는가. 올바른 교육, 효율적인 교육, 경쟁력 있는 교육으로 죽이는 교육이 아니라 모두를 살리는 교육을 할 수 있는 방안은 과연 없는 것인가? 핀란드의 교육에서 그 해결의 실마리와 답을 찾을 수는 없는가?

핀란드는 OECD가 제시한 미래의 교육목표와 방향에 그대로 부합되는 교육시스템으로 미래를 대비한 교육을 모범적으로 시행하고 있다. 핀란드의 교육시스템의 목표는 '모든 사람이 자신의 출신과 경제적 배경에 구애받지 않고 자신이 타고난 재능을 발휘할 수 있도록 기회를 제공하는 것'이다. 누구나 똑같이 귀하되 각자의 능력과 소질을 다르게 나타날 수 있음을 제도적으로 수용한 결과이다. 진정한 국가 경쟁력은 우수한 일부를 위한 수월성 교육보다 모두에게 차별없이 잠재력을 계발할 수 있는 기회와 여건을 확보하는 것에 있음을 핀란드의 교육이 보여주고 있다. 이러한 핀란드의 교육시스템은 교육의 수월성과 형평성을 모두 확보한 성공 사례로 세계의 주목을 받고 있는 것이다.[15)]

이러한 핀란드의 공교육의 성공적인 사례는 이런 제도를 요청한 사회적 요구와 사회문화적 맥락을 제대로 이해해야 한다. 핀란드의 학교개혁은 철저한 준비를 통해 점진적이고 지속적으로 추진되어 온 것이다. 오랜 준비와 실험을 거쳐 새로운 제도를 출범시켰다. 제도 도입 이후에도 끊임없이 실태를 분석하고 더 나은 실천과 개선을 위해 주기적인 개혁을 정례화해 왔다. 이 과정에서 충분한 사회적 합의와 교육철학의 공유를 위한 장기간의 노력은 교육개혁이 정쟁의 소용돌이에 빠지지 않고 안정적인 발전을 도모할 수 있었던 것이다. 그 이면에는 국가의 미래가 교육에 달려 있다는 절박함과 절실함이 원동력으로 작용했다.

우리에게 잘 알려지지 않은 북유럽의 강소국 핀란드. 무엇을 배우든, 어디에 살든, 부모가 잘 살든 못 살든 기회의 차별이 없는 나라. 모든 교육비가 무료이고, 심지어 생활비까지 주면서 공부할 수 있게 하면서도 공부에 대한 부담도 주지 않는 나라. 등수도 없고, 그래서 꼴찌도 행복할 수 있는 나라. 입시의 질곡이 없고, 아이들이 행복한 미래의 꿈을 키울 수 있는 나라. 꿈속에서나 생각할 수 있는 그 나라는 그야말로 교육의 천국이다. 그러면서도 교육 경쟁력 세계 1위의 나라이니 더 이상 무슨 말이 필요하겠는가. 우리도 이러한 교육의 천국을 꿈꾼다면 지나친 사치일까.

---

15) 미국 시사주간지 'US뉴스 앤 월드리포트'는 미국이 교육분야에서 가장 배워야 할 나라로 핀란드를 꼽았다. 학생들의 창의력을 계발하고, 자발적인 학습을 유도하는 경쟁력 있는 교육시스템이기 때문이다. 일본 교토와 홋카이도의 몇몇 학교는 핀란드식 읽기교육 도입을 검토하는가 하면 도쿄의 서점가에는 핀란드 교육 관련 서적 특별전이 열리는 등 미국과 일본은 핀란드 교육을 벤치마킹하고 있다.

5.
창의력이 글로벌 인재의 필수요건

지구촌이라는 말이 주는 의미는 각기 다른 문화를 가진 사람들이 함께 어우러져 사는 사회를 의미한다. 그만큼 세계가 좁아졌다는 것이다. 이런 사회에 적응하려면 다른 사람을 포용할 수가 있어야 한다. 자기 것만 주장해서는 안 된다. 세계화 시대에서 살아가기 위해서는 상대방을 이해하고 수용하려는 생각이 앞서야 한다. 수용하고 포용하려는 마음가짐이 없이는 세계화에 적응할 수 없다. 지구촌 시대에는 세계화를 이해하고 대처해 나가는 능력을 갖춘 사람이 필요하다.

미래사회를 대비하여 미래교육의 방향을 정립하고자 한 OECD는 2002년 학력을 '학교에서 아이들이 배우고 익히는 능력'에서 '스스로 자립하여 사회에서 살아가는 능력'에 초점을 맞추면서 학력의 개념을 '지식과 기능을 습득하고, 이것을 활용 · 발전시켜 새로운 지식을 창출하고 새로운 상황에 적용하는 능력'으로 규정했다. 이로써 교육의 방식도 전달을 위한 교사 중심의 주입식 교육에서 스스로 배우고 깨우치는 학생 중심의 자기주도적 학습으로, 가르치는 교육에서 배움을 안내하고 지원하는 교육으로 전환되었다.

미래사회는 희소한 자원이 아니라 무한한 자원인 지식을 기반으로 부를 창출하는 사회라고 한 앨빈 토플러도 앞으로 쓸모가 없어질 수도 있는 지식을 획일적으로 교육받는 현 교육제도에서 벗어나 창의력을 갖추고 스스로 사고하고 혁신할 수 있는 인재를 길러낼 새로운 교육시스템을 만들어야 한다고 했다. 창의력을 갖춘 인재를 길러내는 교육으로 혁신할 수 있는 국가가 미래의 부를 이끌어 갈 것이라는 것이다.

2008년 11월 4일부터 6일까지 3일간 삼성동 그랜드인터콘티넨탈 호텔에서 한국경제신문 주최의 '글로벌 인재 포럼 2008'이 있었다. 세계의 교육전문가들이 한 자리에 모인 포럼에서 세계화 시대의 글로벌 인재의 요건으로 무엇보다 창의력을 들었고, 창의력 교육은 전 세계교육의 화두로 등장했다고 했다.

세계화 시대는 예전과 달리 한 국가에 의지해 성장할 수 없다. 누구나 가릴 것 없이 모두가 참여하고 어우러져 살아가야 한다. 세계 모든 나라와의 관계 속에서 나아갈 길을 모색해야 한다. 그래서 새로운 게임이 시작되고 있다. 세계화 시대의 글로벌 인재는 우선적으로 세계화의 의미를 제대로 알고 무엇을 어떻게 해야 할지를 이해하는 인재가 필요하다. 즉 세계화의 의미를 알고 세계화 추세에 잘 적응하는 인재가 21세기가 요구하는 인재다. 그러기 위해서는 다양한 인종, 종교, 문화 등 이질적인 요소와 환경을 받아들이고 이해하고 포용할 수 있는 열린 마음을 가진 인재가 필요하다. 한 쪽으로 치우치지 않은 균형 잡힌 지식과 자신에게 찬성하지 않은 사람도 이해할 수 마음가짐이 필요하다. 이 또한 창의력을 가진 인재만이 가능하다. 창의적 능력이란 새로운 무엇을 발견하고 만드는 것뿐만 아니라 새로운 환경과 조류에 잘 적응하는 능력이기 때문이다.

미래사회는 정보화와 함께 세계화의 시대이다. 토마스 프리드만이 '지구는 평평해졌다'라는 말로 세계화를 표현한 것처럼, 세계화의 흐름은 거스를 수 없는 시대의 흐름이 되었다. 세계화 시대에는 이에 걸맞는 글로벌 인재가 필요하다. 이제 지구촌은 모든 국가와 모든 민족들이 서로 경쟁하면서도 서로 도우면서 살아야 한다. 이제는 인재도 한 사회나 국가에 묶여 있는 것이 아니라 세계를 넘나드는 비즈니스맨이 되어야 한다. 미국 뉴멕시코대학 보버리 교수는 '과거의 훌륭한 인재가 노력형이라면 21세기의 인재는 무엇보다 창의력을 갖춘 인물이어야 한다며 조만간 세계는 창의적인 두뇌를 유치하기 위한 인재 대란에 봉착할 것'이라고 했다. 선진국의 저출산으로 후진국이나 개발도상국의 노동력이 선진국으로의 이동이 불가피할 것이며, 이 때문에 창의적인 능력과 함께 다민족, 다문화에 적응하고 아우를 수 있는 능력과 의사소통 능력이 필요하다고 했다.

영국의 가렛 밀스(Gareth Mills) 박사는 현재 경제, 사회, 기술적 변화가 그 유례를 찾기 어려울 정도로 빠르게 전개되고 있는 가운데 이에 대응하기 위해서 창의력이 더욱 중요해졌다고 강조했다. 그는 창의력에 대해 "창의력이 있는 사람은 여러 분야를 연결할 줄 알고 실패가 성공을 위한 학습의 중요한 과정이란 것을 알고 받아들일 수 있다."면서 "창의력은 백지에서 나오는 것이 아니라 그에 관한 지식이 쌓여야 발현된다."며 지식의 중요성을 강조했다. 창의력을 위한 교육의 특징으로 주제 사이에 연결을 만들 기회, 계획을 중도 변경할 수 있는 기회, 수정하고 개발 및 개량할 시간을 가질 수 있는 기회, 디자이너와 과학자와 비즈니스를 통해 일할 기회, 목적을 재창조하고 아이디어로의 새로운 접근 기회 등을 들었다. 그리고 "미래에는 학습시간과 교실구조가 바뀔 수 있다."고 전망한 밀스 박사는 "영국의 경우, 지금까지는 60분 수업에 10분 휴식 등으로 이뤄졌지만 앞으론 5분 수업이 될 수도 있고 종일 수업이 될 수도 있다."며 "주제에 따라서 학습시간을 맞추고 세상을 학교 안으로 끌어들여서 24시간 학교를 활용하는 방안도 있다."고 말했다.

'창의력 증진을 위한 사회문화적 접근과 전략'으로 발제한 서울대 문용린 교수는 창의력 개발이 사회의 모든 분야에서 초미의 관심사로 대두된 오늘날 학교 교육도 창의력 교육에 중점을 두어야 한다고 했다. 그러나 '학교가 창의력을 길러낼 노하우를 아직 갖고 있지 못한 가운데 우리나라는 창의력에 있어서 경쟁력이 많이 뒤진 나라'라고 지적했다. 사회문화적 접근을 통한 창의력 교육을 소개한 문 교수는 그 근거로 특이한 소수에게 내린 하느님의 선물이란 특성론과, 창의력은 주어진 사회문화적 체제와의 상호작용에 의해서 발휘되는 한 개인 또는 집단의 능력이란 체제론 등의 두 가지 이론을 비교 설명하면서 "창의력은 사람의 머릿속에서 우연히 나오는 것이 아니며 사회문화적 배경과 사람의 머리가 연결돼 만들어진다."는 견해를 밝혔다.

창의력은 타고난 소질, 교육의 기회, 몰입할 수 있는 환경 등이 갖춰져야 발휘할 수 있다면서 창의력 증진을 위한 교육적 전략으로 선택평가제의 도입, 다양한 경험을 할 수 있는 학생 동아리 활동의 활성화, 국가 공공조직의 개방을 통한 학생들의 체험 쌓기 등을 추천했다. 여기서 선택평가제란 학기당 이수과목 중 3-4 과목에서 우수한 성적을 낸 학생의 경우, 나머지 과목은 일정 수준만 갖추면 인정하는 것을 의미한다. 우리나라의 창의력 교육 패러다임에 문제가 있다고 지적한 문 교수는 창의적 인재를 너무 특별한 능력을 가진 사람들로부터 찾으려고 할 것이 아니라 모든 학생들을 대상으로 창의력을 최대한 활성화시키는 다중중심의 창의력 교육으로 가야 한다고 했다.

그래서 요즘 자녀 교육 프로그램에 단골로 들어가는 말이 창의력 계발이다. 그러나 막상 부모들 입장에서는 자녀들에게 창의력을 가르치려 하여도 무엇을 어떻게 가르쳐야 할지가 막막할 수밖에 없다. 자신들이 학교 다닐 때에 이것이 창의력 계발이라고 배운 내용도 없고, 서점이나 학원 같은 곳에서 창의력 계발을 위한 구체적인 내용을 적은 책이나 프로그램을 제공해 주지도 않는다. 그래서 창의력을 북돋워 주는 것이 중요한 줄은 알지만 막상 실천하는 일에는 엄두를 내지 못하고 있다. 창의력이란 것이 하루아침에 몇 가지 프로그램을 잘 적용시킨다고 이루어지는 것도 아니며, 선천적으로 타고나는 것도 아니기 때문이다.

창의력 계발 교육에 관한 한 세계적인 대가로 손꼽히는 미국 예일대학의 스턴버그 교수는 창의력을 높이는 여섯 가지 요소를 들었다.

첫째는 새로운 것을 끊임없이 추구하는 사고방식이다. 많은 사람들이 으레 하여 오던 기존의 방식이나 환경에 자신을 맞추려 하는데 이런 풍조에 발맞추지 말고, 발상의 전환과 함께 고정관념을 깨뜨릴 수 있어야 한다. 바로 이런 사고방식을 가진 사람들이 창의력을 지닌 사람들이다. 이런 사람들이 많은 사회가 창의력이 높은 사회가 된다.

둘째는 문제 해결에 필요한 지능을 갖추어야 한다. 지금 사용하고 있는 지능검사에 한 가지 부족한 점이 있다. 보통 지능검사에서는 분석력, 종합력, 추리력 등을 검사한다. 그러나 이런 지적 능력 외에도 문제를 해결하는 데에 필요한 실용적 지능으로서의 지적 능력인 문제해결능력이 중요하다. 우리는 일상생활에서 온갖 문제에 부딪힌다. 문제없는 인생도 없고 문제없는 가정도 없다. 어디에서나 부딪치는 문제들을 어떻게 해결하여 나가느냐 하는 것은 우리들 인생살이의 성공, 또는 실패를 결정짓는 중요한 요소이다. 그런데 머릿속에 아무리 지식을 많이 쌓았어도 일상생활에서 문제들을 해결함에는 아무런 소용이 없는 지식들이 있다. 그 많은 지식에 창의력이 더하여지지 못하면 그냥 지식으로 남아 있을 뿐이다. 그래서 창의력을 계발하기 위하여 일상생활에서 부딪히는 온갖 문제들을 합리적으로 해결하여 나가는 훈련을 쌓아야 한다.

셋째는 창의력을 높일 수 있는 경험과 지식이다. 흔히 생각하기를 창의력은 타고 나는 것이어서 지식이 없어도 되는 것처럼 잘못 생각한다. 그러나 에디슨이 "천재가 되기 위해서는 1%의 영감과 99%의 노력이 있어야 한다."라고 말하였듯이 창의력이 높아지려면 전문 분야에 대한 남다른 지식이 필요하다. 한 분야에서 창의적인 작품이 나오려면 그 분야에서 적어도 10년 이상의 경험과 지식이 쌓여야 가능하기 때문이다.

넷째는 자기 자신의 창조적 가능성에 대한 확고한 자신감을 지니고 끈기 있게 기다릴 수 있는 성격이다. 남이 무슨 말을 하든 흔들림 없는 자기 확신으로 도전하고, 기다리고, 다시 도전하기를 마지막까지 계속할 수 있는 성격의 사람들이어야 한다. 그런데 요즈음의 교육 풍토나 사회의식은 이런 성격이나 기질과는 반대로 가는 것 같다. 너무나 즉흥적이고 지구력이 없다. 그리고 도전적이지를 못하다. 이런 풍토에서는 진정한 창의력이 있는 천재가 배출되기 어렵다. 사람들은 흔히 생각하기를 창의력은 타고나는 것이라고 생각한다. 그리고 특정인에게만 있는 특별한 능력이라 생각한다. 그러나 실제로는 창의력은 길러지는 것이요, 누구나 가질 수 있는 능력이다.

다섯째는 창의력 계발의 밑받침이 되는 내적인 동기를 부여하는 일이다. 창의력의 세계는 글자 그대로 자기가 좋아서 인생을 투자하여야 하는 세계이다. 누가 시키지 않고 알아주지 않아도 그냥 자기 스스로 좋아서 그 일을 계속할 수 있어야 한다. 세상만사가 다 동기부여가 없이는 제대로 되지 않겠지만 창의력의 세계야말로 동기부여가 관건이 된다.

여섯째는 환경이다. 아무리 개인이 창의력의 가능성이 있고 동기가 부여되어도 주위 환경이 사기를 높여주고 자질을 높여주고 또 창의력의 산물을 활용하여 주지 않으면 안 된다. 창의적인 생각과 활동을 장려하는 환경적 지원이 없이는 창의력은 꽃피고 열매 맺지 못한다.

그런데 요즘 우리 사회와 같이 입시 위주의 교육이나 암기 위주의 교육에는 이러한 문제 해결의 지능을 길러주는 창의력 교육이 빠져 있다. 가장 바람직스럽지 못한 교육현실이다. 인생은 학력도 아니고, 성적도 아니다. 진정한 인생의 실력은 부딪치는 문제들을 해결하여 나가는 능력에서 결정된다. 우리나라는 좁은 땅에 자원은 없고 인구는 많다. 그래서 우리의 유일한 활로는 사람이다. 그냥 사람이 많은 것만으로 되지 않고, 창의력이 높은 사람들이 많아져야 한다. 그러므로 자원 없는 우리나라는 모든 역량을 창의력 계발에 집중 투자할 필요가 있다.

창의력을 어떻게 측정하고 계발할 것인가로 평생을 바친 조지아대 토렌스 교수는 모든 사회는 영재에게 의지하며, 영재의 핵심은 창의력이라고 했다. 창의력은 가르칠 수 있는 것도 아니지만 동시에 환경에 의해 계발되는 것이라 했다. 지능과 창의력은 큰 관련이 없으며, 지능이 높은 학생 집단과 창의적 학생 집단은 30%만 겹친다고 했다. 어린이는 호기심과 창의력이 왕성한데 부모의 규제가 창의력을 죽이는 것이 문제라 했다.

다음은 토렌스 교수의 창의력 계발을 위한 지침이다.

- 무엇인가에 빠지고 깊이 추구하는 것을 두려워하지 말라.

• 자신의 강점을 알고 자랑스러워하고 익히고 계발하고 쓰고 개척하고 즐겨라.
• 타인의 기대로부터 자유로워져라.
• 자신의 재능을 이용한 자신만의 게임을 즐겨라.
• 도움 받을 스승을 찾아라.
• 모든 것을 다 잘하려고 에너지를 낭비하지 말고, 좋아하고 잘 하는 것을 하라.
• 서로 의존하는 요령을 익혀라.

다음은 크레몬드 교수의 창의력을 키우는 방법이다.

• 부모의 규제가 너무 엄격해서는 안 된다.
• 남과 다르다는 것을 격려해야 한다.
• 블록처럼 능동적이고 스스로 만드는 놀잇감이 좋다. 완결되고 수동적인 놀잇감은 창의력을 키우지 못한다.
• 다양한 문화를 접촉하는 것이 좋다. 미국의 이름난 수학자가 대부분 다른 나라에서 태어났듯 자기가 성장한 문화권 밖에서 창의력을 꽃피운 사람이 많다.

다음은 뇌교육 전문기관에서 발행하는 〈브레인〉에서 제시한 '창조성을 얻기 위한 10가지 열쇠'이다.

① 스스로 창조성이 있음을 믿어라.

자신의 뇌가 창조적 능력을 타고났다는 사실을 믿어라. 누구나 창조적 속성을 가지고 있는 데도 많은 이들이 창조성은 특별한 사람의 재능이라고 생각한다. 당신의 뇌는 충분히 창조적이며 스스로 믿고 시도를 거듭하면 잠자고 있던 창조성이 깨어나 고개를 들 것이다.

② 일단 시작하고 본다.

창조성은 막연히 기다린다고 나타나주지 않는다. 창조성을 끄집어내는 진정한 비결은 시작하는 데 있다. 빈 종이에 한 글자도 나가지 않는 막막함을 어떻게 해야 할지 모르겠다면 낙서를 하거나 그림이라도 그려서 일단 출발하자.

③ 작은 것부터 즐겨라.

창조는 생활 속 작은 발견에서부터 인류의 역사를 바꾼 발명에까지 다양하다. 하지만 처음부터 큰 창조성을 기대하면 창조의 즐거움을 맛보기 전에, 체념이나 자책 등과 같은 부정적인 생각에 빠지기 쉽다. 작은 창조만으로도 뇌는 충분한 자극을 받는다.

④ 지극하게 관찰하라.

모든 지식은 관찰에서부터 시작된다. 관찰을 통해 사물의 패턴을 구분해내고, 유사성과 독창성을 이끌어내면 창조에 도달하게 된다. 관찰의 비결은 끈기와 참을성에 있다.

⑤ 몸을 움직여라.

모차르트는 온몸을 움직이며 곡을 썼다고 한다. 몸의 각 부위들은 뇌와 연결되어 있기 때문에 몸을 움직이면 그 부위에 해당하는 뇌의 기능이 활성화된다.

⑥ 자신만의 창조 도구를 개발하라.

“주머니에 연필이 있으면 언젠가는 그걸 쓰고 싶어질 확률이 높다. 그렇게 해서 나는 작가가 되었다.”라는 어느 작가의 말도 있다. 자신의 창조성을 키우는 도구 없이는 밖에 나갈 수 없을 정도의 필수적인 도구를 만들어라.

⑦ 걷기를 즐겨라.

걸으면서 휴식을 취하면 대뇌피질 인지 영역의 회로가 긴장에서 벗어나 뇌에 창조성을 위한 공간을 마련해준다. 뇌를 이완된 집중 상태로 만들면 뇌파가 안정돼 뇌에 활력이 생긴다.

⑧ 놀이를 즐겨라.

놀이는 우리에게 본능적인 느낌과 정서, 직관, 쾌락을 선사해 창조적인 통찰을 이끌어낸다. 기존의 생각이나 행동이 목표에 장애가 될 때, 놀이는 그 모든 것을 새로운 관점에서 보게 해주는 재미있고 특별한 수단이다.

⑨ 책을 가까이 하라.

책 속에는 일정한 틀 속에서 보여주는 영상 미디어와는 비교할 수 없는 상상의 세계가 들어 있다. 독서는 뇌의 다양한 부위를 자극하고, 여러 분야를 연결하고 응용하며 재창조하는 가능성을 증폭시킨다.

⑩ 뇌파를 조절하라.

우리 뇌는 뉴런이 쉼 없이 활동하며 전기적 파동인 '뇌파'를 만들어 낸다. 뇌파 상태에 따라 우리의 감정, 사고, 행동은 달라진다. 자신의 뇌파를 조절하는 감각은 곧 창조의 힘으로 연결된다.

창의적 사고는 확산적 사고와 집중적 사고가 통합된 것이다. 즉 자유로운 사고와 깊이 있는 사고가 결합되어야 한다. 둘 중에서 확산적 사고가 먼저이다. 확산적 사고는 이것저것 다양하게 시도하고 구속되지 않는 자유분방한 사고이다. 많은 것을 보고 듣고, 거리낌 없이 말하고 행동할 수 있게 해야 한다. 이것이 창의력의 밑바탕이 된다. 창의력은 상상력을 바탕으로 비판력과 접목된 것이다. 그리고 상상력과 비판력은 현실과 밀접한 관련성을 맺고 있다. 현실을 도외시한 상상력은 한낱 공상에 지나지 않으며, 비판력은 현실 세계에 대한 인식이 뚜렷할 때 가능하기 때문이다.

미래사회에서는 새로운 가치를 창출해 내는 것이 매우 중요하며, 새로운 가치를 창출해 내기 위해서는 무엇보다 창의력이 요구된다. 아무리 전공 지식이 풍부하고 두뇌가 좋은 사람이라 할지라도 그러한 지식을 바탕으로 새로운 가치를 창출해 낼 수 없다면 그 지식은 유용한 지식이라 할 수 없을 것이다. 다방면의 폭넓은 지식을 바탕으로 한 상상력과 깊은 사고력을 통해 새로운 가치를 창출해 낼 수 있어야 한다.

요컨대 깊고 넓은 지식과 함께 사람의 마음을 이해하고 좋은 관계를 유지할 수 있는 글로벌 마인드를 지닌 창의력 있는 인재가 앞으로 미래사회를 이끌어 나갈 인재가 될 것이다. 이러한 창의력은 백지에서 나오는 것이 아니라 관련된 지식이 쌓여야 발현되며, 여러 분야의 지식을 연결할 수 있는 통합적 사고력이 뒷받침되어야 한다. 이를 위해서도 역시 다양하면서도 깊이 있는 독서가 밑바탕이 될 수밖에 없을 것이다.

이를 위해서는 어린 시절부터 동화책을 통해 풍부한 상상력을 길러 줄 수 있게 해야 한다. 스필버그가 '나의 영감의 원천은 어린 시절에 읽은 동화책'이라고 한 것처럼 어린 시절의 풍부한 상상력은 곧 창의력으로 이어진다. 상상력으로 무장한 어린이들은 다양한 상황을 창조하며, 그러한 과정을 통하여 미래에 어려운 현실과 마주칠 때 그것을 극복할 수 있는 능력도 갖게 된다. 모든 어린이들은 비록 현실이 어려워도 상상의 날개에 의지해 날 수 있고, 더 나은 날을 꿈꿀 수 있으며, 성공적인 미래를 바라보면서 용기를 얻을 수 있다. 아이들의 상상은 정서를 풍부하게 하고 창의력의 밑거름이 된다. 상상력은 지식만큼이나 중요하다는 아인슈타인의 말처럼 상상력은 과학기술이나 문학, 예술 등 모든 창조적 활동에서 핵심적인 역할을 한다. 창의력의 원천인 상상력은 곧 국가 경쟁력으로 이어진다.

Ⅱ.
독서가 국가 경쟁력의 핵심이다

1. 아이의 두뇌를 깨우는 책 읽어주기의 힘
2. 핀란드의 독서운동과 독서교육
3. 세계는 지금 책읽기 전쟁 중
4. 책맹사회, 한국의 독서 운동
5. 기업의 경쟁력 제고와 독서경영

지금 무슨 책을 읽고 있는가를 보면 그를 알 수 있다.
3년 후, 10년 후 어떤 사람이 될지는 지금 어떤 책을 읽느냐로 결정될 것이다.
우리는 우리가 읽은 것으로 만들어진다.

- 아서 밀러

시간이 없어서 독서하지 못한다고 하는 사람은
시간이 있어도 독서하지 못한다.

- 회남자

책은 위대한 천재가 인류에게 남긴 유산이며,
아직 태어나지 않은 자손들에게 주는 선물이다.

- 에디슨

한 나라의 과거를 알려면 박물관을 가보고, 현재를 알려면 시장을 가보고, 미래를 알려면 도서관을 가보라는 말이 있다. 도서관에서 책을 보고 있는 청소년은 바로 그 나라의 미래이다. 그 나라의 독서량이 곧바로 국력과 직결되기 때문이다. 그래서 책을 많이 읽는 국민은 흥하고, 책을 읽지 않는 국민은 망한다고 한다. 독서는 곧바로 국력이기 때문이다.

정보와 지식이 부를 창출하는 지식 기반 사회에서는 더욱 말할 것도 없다. 정보와 지식은 세계화로 인한 무한 경쟁의 시대에서 경쟁력의 핵심이자 생존을 위한 필수 요건이다. 이제는 개인과 기업, 국가가 무한 경쟁에서 살아남기 위해서는 무엇보다 필요한 정보와 지식을 빠르고 정확하게 찾아내고, 이를 새롭게 창조해 내는 능력을 필수적으로 갖추어야 한다. 이 능력은 곧 독서능력이기도 하다. 그러므로 정보와 지식이 부를 창출하는 미래 사회에서 독서는 개인과 기업과 국가의 경쟁력을 좌우한다. 21세기 지식기반사회에서 독서는 단순한 취미가 아니라 필수 생존전략이다.

- 본문 중에서

1. 아이의 두뇌를 깨우는 책 읽어주기의 힘

1) 읽기는 모든 학습의 기초

1983년 미국 교육부의 재정 지원으로 '읽기위원회'가 만들어졌다.[1)] 이 위원회는 아동의 교육개발, 언어 습득, 읽기 능력 분야의 전문가들로 구성되었다. 학교 교육의 모든 과정이 읽기에 기초를 두고 있기 때문에 읽기가 문제의 중심이라고 본 것이다. 위원회는 지난 4반세기 동안의 1만개 이상의 연구 프로젝트를 2년 간 검토한 결과 가정과 교실에서 책을 읽어주는 것이 핵심이라는 결정적인 증거를 확보하게 되었다. 아이들에게 책을 읽어주는 것이 읽기, 쓰기, 말하기, 듣기 능력을 향상시키고, 무엇보다 읽기에 대한 태도를 개선시켜 준다는 보고서가 많이 발견된 것이다. 그런데 정작 이 보고서를 읽어야 할 사람들이 읽지 않는다는 것이

1) 더 자세한 내용을 알고 싶으면, 짐 트렐리즈, 『아이의 두뇌를 깨우는 하루 15분 책 읽어주기의 힘』(북라인, 2007)을 참고하기 바람.

문제였다. 교사, 장학사, 교장들은 이런 보고서가 있는지조차 모르고 있었던 것이다.

1985년에는 〈책 읽는 국가 만들기〉 보고서가 발간되었다. 이 보고서는 다음 결론에 도달하였다. 아이의 읽기능력을 키우는 최선의 방법은 어릴 때부터 소리내어 책을 읽어주는 것이고, 이는 전 학년 동안 지속적으로 이루어져야 한다는 것이다. 아이들에게 책을 읽어주는 것이 학습지, 과제, 시험, 독후감, 낱말카드보다 훨씬 더 중요하다. 가장 값싸고, 단순하며, 오래된 이 방법이 가정과 교실에서 그 무엇보다 훌륭한 교육방법으로 판명된 것이다. 이유는 많이 읽으면 읽기에 점점 능숙해지고, 능숙해지면 읽기를 더 좋아하게 되며, 더 좋아하게 되면 더 많이 읽게 되기 때문이다. 그리고 많이 읽으면 더 많이 알게 되고, 더 많이 알게 되면 더 똑똑하게 자란다.

그래서 읽기는 모든 학습의 기초이다. 학교에서 배우는 모든 지식은 읽기에서 출발한다. 수학 문제도 풀려면 복잡한 시험 문제를 읽고 이해해야 하며, 과학과 사회도 책을 비판적으로 읽어내지 못하면 질문에 답할 수 없다. 그 동안의 연구결과들을 종합해 볼 때 읽기는 교육의 중심에 있다. 즉 읽기가 최우선이다. 그 이유는 지극히 단순명료하다.

- 많이 읽으면, 더 많이 알게 된다.
- 많이 알면, 더 똑똑하게 자란다.
- 똑똑할수록 학력도 높아진다.
- 학력이 높을수록 더 많은 학위를 얻게 되고, 직장에도 더 오래 다니게 된다. 따라서 평생 동안 더 많은 돈을 번다.
- 부모의 학력과 지식수준이 높을수록 아이의 성적도 높아진다.

• 학력과 지식수준이 높을수록 더 오래 건강하게 산다.

이런 점에서 모든 일은 기초가 중요하고, 기본에 충실하는 것이 가장 빠른 지름길이다. 공부도 무엇보다 기초가 탄탄해야 한다. 바로 독서가 모든 학습의 기초 체력이자 밑바탕이다.[2] 공부를 잘하게 하는 비결도 다름 아닌 독서를 통해 독서능력을 향상시키는 것이다. 아이의 지능을 발달시키는 가장 쉽고 좋은 방법도 아이가 독서를 좋아하게 해서 지속적으로 독서를 하도록 하는 것이다. 그 시작은 어려서 책 읽어주기로부터이다.

그럼 왜 아이들에게 어려서부터 책을 읽어주어야 하는가? 아이가 태어나서 글을 깨쳐서 눈으로 책을 읽게 되기까지는 최소한 몇 년이 지나야 한다. 그러므로 생각과 두뇌 훈련을 하기에 가장 빠른 길은 귀가 될 수밖에 없다. 귀를 통해서 들려주는 소리는 아이의 머릿속에 '생각의 집'을 세우는 기초가 된다. 귀를 통해 들은 의미 있는 소리는 나중에 아이가 글을 배워 눈으로 글자를 보게 될 때 이해하기 쉽게 도와준다. 무엇보다 더 중요한 이유는 책을 읽어줌으로써 얻게 되는 장점이 많기 때문이다. 책을 읽어주면 아이가 책 읽는 것을 좋아하게 되고, 아이의 어휘와 배경

---

2) 월드컵 4강 신화를 이룩한 히딩크의 성공 전략도 기초의 강조와 함께 기본 원칙에 충실한 것이었다. 히딩크는 당시 한국 축구의 문제점에 대한 진단부터 달랐다. 기술과 정신력은 뛰어난데 기초 체력이 부족하다고 진단했다. 그래서 기초 체력 강화 훈련으로부터 시작했다. 체력이 뒷받침되지 않으면 기술도 무용지물이기 때문이다. 월드컵이 1년 5개월밖에 남지 않은 마당에 체력 훈련이 웬 말이냐고 모두들 고개를 저었지만 기초 체력 훈련으로부터 시작했다. 기초를 튼튼히 하는 것이 가장 확실하고 빠른 길이라는 확신을 가졌기 때문이다. 체계적인 체력 강화 훈련과 함께 지연 · 학연 · 연고를 배제한 능력 위주의 선수 선발, 외부의 비판에도 흔들리지 않고 소신껏 일정에 따른 훈련, 과학적인 분석에 의한 치밀한 전략 수립으로 월드컵 4강이라는 기적을 만들어낸 것이다. 공부도 이와 다르지 않다. 당장 눈앞의 성적을 올리기 위해 과외다, 학원이다, 아이를 혹사시키는 임시변통의 방법보다는 차분히 독서부터 체계적으로 시작하는 것이 오히려 가장 빠른 지름길이 될 것이다.

지식을 늘려 주며, 아이에게 독서의 모범을 보여줄 수 있다는 것이다.

여기서 읽기를 성공으로 이끌기 위해서는 두 가지 원칙을 무시해서는 안 된다. 첫째는 '인간은 즐거움을 추구한다.'는 것이다. 인간은 즐거움을 주는 일은 시키지 않아도 스스로 한다. 아이에게 책을 읽어줄 때마다 즐거움과 함께 할 수 있도록 세심한 배려가 필요하다. 둘째는 '읽기는 습득되는 기술이다.'라는 것이다. 자전거 타기나 바느질하기와 같이 읽기도 많이 할수록 더 잘하게 된다. 읽기를 즐겁게 하게 되면 많이 읽게 되고, 많이 읽게 되면 자연적으로 잘 읽게 되는 것이다.

국제교육평가협회를 위해 1990년과 1991년에 국제적인 읽기 연구를 수행했던 워윅 엘리는 읽기 성적을 높이는 요인, 즉 책을 잘 읽는 아이들의 공통점으로 다음 두 가지를 들었다. 선생님이 아이들에게 얼마나 책을 읽어주는가 하는 것과, 학교에서 즐거움을 위해 자발적으로 읽는 책이 얼마나 되는가 하는 것이다. 이것은 읽기의 성공 원칙 그대로다. 책을 읽어주는 것은 아이가 스스로 읽고 싶게 만드는 동시에 아이의 듣기 능력을 길러 읽기의 기초를 다지게 한다. 그래서 독서에 열심인 반은 교사가 아이들에게 규칙적으로 책을 읽어주었다. 책 읽어주기가 아이의 듣기 능력을 높이고, 이를 통해 어휘력을 향상시키고 배경지식을 쌓게 함으로써 읽기 능력도 향상되게 한 것이다. 물론 여기서 책 읽어주기를 통해 책을 읽는 방법보다는 책을 읽고 싶어 하도록 하는 것이 중요하다는 것을 잊어서는 안 된다.

2) 독서는 두뇌를 활성화시키고 발달시킨다

독서는 두뇌를 활성화시켜 두뇌를 발달시키는 가장 값싸고, 편하고, 손쉬운 방법이다. 최근 뇌 촬영기술의 발달로 인간의 뇌 속에서 무슨 일이 일어나고 있는지를 우리는 속속들이 알 수 있게 되었다. 책 읽어주기와 책읽기는 인간의 뇌 속에서 어떤 활동을 일으키고 있는 것일까? 독서는 뇌 발달에 어떤 영향을 주고 있는 것일까?

인간의 정신, 감각, 운동 능력은 모두 뇌에 의해 발휘된다. 뇌가 관여하지 않는 인간의 능력은 없다. 최근 책읽기가 두뇌 활성화와 두뇌 발달에 최고의 효과가 있다는 것이 밝혀졌다. MRI라는 기계로 뇌를 촬영한 바에 의하면 책을 읽을 때에 인간의 두뇌는 가장 붉은색으로 나왔다. 붉은색은 곧 두뇌의 해당 부위에 피가 많이 흐르고 있음을 나타낸다. 독서가 두뇌 전체에 흐르는 피의 양과 속도를 증가시킨 것이다. 두뇌에서도 이마 바로 뒤의 전두연합령과 측좌핵을 활성화시키는 것으로 밝혀졌는데, 전두연합령은 사고력, 판단력, 창조력과 같은 정신 활동을 통제하는 부분이고, 측좌핵은 이런 정신 활동을 다른 뇌의 부분으로 연결시켜주는 부분이다. 독서는 곧 생각을 관장하는 뇌 부분에 피의 양을 늘리고 속도를 빠르게 함으로써 뇌를 활성화시켜 뇌의 활동을 활발하게 하는 것이다. 뇌가 활성화되고 활동이 활발하게 된다는 것은 곧 두뇌가 발달된다는 의미이다. 두뇌의 활성화에는 특히 소리내어 읽는 것이 효과가 컸다고 한다.

독서가 피의 양과 속도를 증가시켜 두뇌를 활성화시킨다는 것은 고도의 집중력을 요하기 때문이다. 그런데 모든 집중 활동이 두뇌를 활성화시키는 것은 아니었다. 컴퓨터나 인터넷 게임에 대한 중독이 오늘날 사회적 문제가 되고 있는데, 게임에 열중하고 있는 모습을 보면 이것도 고도의 집중력이 필요한 것처럼 보인다. 얼마나 열중했으면 옆에서 불러도 알지 못하고, 밥 먹는 것도, 잠자는 것도 잊어버리겠는가. 심지어는 며칠을 게임에 몰두하다 죽기까지 하는 것을 보면 실로 엄청난 집중력이라고 할 수 있을 정도의 몰입이라 하지 않을 수 없다. 그런데 컴퓨터 게임에 집중할 때는 뇌가 별로 활성화되지 않는 것으로 나타났다. 하루 평균 2~7시간 게임에 몰두하는 아이들의 뇌를 조사해 본 결과 놀라운 사실이 밝혀졌다. 그들이 게임에 집중하는 동안 그들의 뇌는 전혀 활성화되지 않았던 것이다. 전두연합령이 작동하지 않는 것이나 마찬가지였다. 전두연합령이 작동하지 않는 것은 게임에서 고도의 사고 작용이 일어나지 않는다는 것이다. 이런 아이들의 행동 특성은 생각하는 것을 싫어했고, 집중력도, 감정 통제 기능도 아주 부족했다. 게임에의 열중은 두뇌의 활성화와 두뇌 발달에 별로 도움이 되지 않는 것이다. 게임에의 열중이 두뇌의 활성화와 발달에 도움이 된다면 수많은 아이들이 벌써 천재가 되었을 텐데 그렇지 못한 것이 애석하다고 해야 할 것인가. 그래서 독서와 달리 게임은 그저 게임일 뿐이다.

이로 볼 때 독서야말로 두뇌를 활성화시켜 두뇌를 발달시키는 가장 값싸고, 편하고, 손쉬운 방법이 아니겠는가. 이런 좋은 방법을 두고 왜 제대로 활용을 하지 않는 것인가. 자녀가 영재가 되기를 원치 않는 사람은 아무도 없을 것인데 말이다. 자녀의 두뇌를 발달시키고, 자녀가 영재가 되기를 원한다면 어려서부터 열심히 책 읽어주고, 혼자 책읽기를 생활화할 수 있도록 이끌어주어야 한다.

뿐만 아니라 나이 들어 치매를 예방하는 가장 좋은 방법도 역시 독서 이상 갈 것이 없다. 1990년대 중반 켄터키의료센터의 알츠하이머병

(치매)에 대한 연구에 의하면, 가장 압축적인 문장, 즉 생각을 한 문장으로 농축한 밀도 높은 문장을 구사했던 사람의 두뇌는 질병의 진척도와 그 손상 정도가 현저히 낮았다. 다시 말하면 젊을 때 더 많은 단어를 알고 더 복잡한 사고 과정을 거친 사람일수록 알츠하이머병에 걸릴 확률이 낮았다. 사고의 밀도는 어휘력과 독해력에 달려 있다. 어휘력과 독해력을 향상시키는 최선의 길은 아주 어릴 때부터 아이에게 책을 읽어주는 것이다. 그래서 부모들이 어릴 때 아기에게 모차르트를 들려줘야 하는지, 비싼 교육용 완구를 사주어야 하는지, 아니면 TV를 못 보게 해야 하는지, 아니면 컴퓨터를 일찍 가르쳐야 하는지를 묻는다면, 그냥 간단히 "아이에게 책을 읽어주세요."라고 말해 주는 것이 가장 현명한 최선의 답변이 될 것이다.

3) 장애아도 정상으로 치유하는 책 읽어주기

책 읽어주기는 정신 지체 및 신체 장애아도 정상 수준으로 치유하였다. 큐슐라는 태어날 때부터 염색체 손상으로 심한 장애를 갖고 있었다. 수시로 근육경련이 일어나서 밤에도 두 시간 이상 자지 못했고, 네 살이 될 때까지 물건도 잡지 못했다. 시력도 좋지 않아서 손가락 끝의 사물도 분간하기 어려울 정도였다. 큐슐라가 네 살이 되었을 때 의사는 '정신 지체 및 신체 장애'로 판정했고, 전문기관에 위탁할 것을 권고했다. 그러나 큐슐라의 부모는 큐슐라가 아기 때부터 책에 보인 반응을 믿었기 때문에 의사의 권고를 거부하고, 큐슐라에 대한 처방으로 매일 14권의 책을 읽어주었다. 마침내 규슐라가 여섯 살이 되었을 때, 심리학자들은 아이가 평균 이상의 지능을 갖추었으며, 사회에도 충분히 적응할 수 있다고 진단했다.

제니퍼는 다운증후군을 갖고 태어났다. 다운증후군은 운동 발달 지체, 정신 지체나 박약으로 지능지수 50 이하가 많다. 제니퍼의 부모는 큐슐라의 이야기에 감명을 받고 매일 딸에게 10권 이상의 책을 읽어주기로 하고 꾸준히 실천했다. 그 결과 다섯 살 때 지능지수가 111이 나왔고, 1학년에 입학한 제니퍼는 반에서 책을 가장 잘 읽는 아이 중의 하나였고, 읽기 시험에도 늘 만점을 받았으며, 평소에도 놀랄 만한 어휘를 구사했다. 고등학교 졸업 후 국가 지원을 받는 장애아들이 고등교육을 받기 위해 치러야 하는 시험에 통과하여 대학에도 입학했다.

스티븐은 18개월이 될 때까지 걷지도 말하지도 못했다. 의사는 소뇌충부발육부전증이라고 진단했다. 두뇌의 메시지 전달 시스템이 발달하지 못하는 병이다. 그래서 의사는 걷는 것은 물론 말하지도 못할 것이며, 근육을 써서 움직이는 것조차 불가능할 것이며, 매우 심각한 수준의 지진아이기 때문에 영구적으로 전문기관에 맡길 것을 권고하였다. 그러나 스티븐의 부모는 의사의 권고를 받아들이기보다는 아이에게 책을 읽어주면 도움이 되지 않을까 하여 매일 저녁 식사 준비를 하는 동안 한 사람씩 스티븐 옆에 앉아서 책을 읽어주기 시작했다. 아이의 머리에 베개를 괴어 책을 볼 수 있게 해준 다음 소리내어 읽어 주었다. 한동안 텅 빈 시선으로 아무런 반응을 보이지 않았다. 3개월이 지난 어느 날 이야기 시간이라고 말하자, 스티븐은 바닥을 기어 책꽂이 쪽으로 가서 책을 한 권 뽑아 펼치고 그 안의 동물을 응시했다. 이 행동은 다음날에도 반복되었다. 같은 책, 같은 면이었다. 마침내 스티븐이 기억을 갖기 시작한 것이다. 이 때부터 더 노력을 기울여 더 많이 읽어주고, 더 많이 근육 운동을 시켰다. 다섯 살이 넘어서 몇 마디의 말을 하게 되었고, 열네 살이 되었을 때에는 걷고, 말하고, 서툴게나마 야구도 하게 되었다. 더욱 놀라운 것은 그가 또래만큼 읽고 쓸 수 있게 되었다는 것이다. 고등학교 1학년 때는 우등상을 받기도 했다. 스티븐 부모는 스티븐의 사례를 기초로 하와이에서 학습장애아를 위한 특수학교를 운영하게 되었다.

이상에서 살펴본 큐슐라, 제니퍼, 스티븐의 경우는 책 읽어주기가 두뇌를 활성화시켜 두뇌를 발달시킴으로써 장애아도 정상적인 수준에까지 이르게 되었다는 좋은 사례가 된다. 그러면 지금부터는 개인의 사례가 아닌 학교의 사례를 들어보자.

미국 보스턴의 솔로몬 르웬버그중학교는 1950-60년대에는 보스턴 중학교의 긍지와 자랑이었으나 도시가 빈민화되면서 추락하기 시작했다. 1984년에는 성적 최하위권의 학교로 전락했고, 보스턴의 교사들 사이에서 '정신병원'으로 불리기까지 했다. 결국 폐교 결정이 내려졌으나, 토마스 오닐 교장의 부임으로 마지막 기회를 주기로 했다. 고등학교 교사였던 오닐은 읽기야말로 교육의 핵심적인 열쇠라고 생각하여 학생들에게 읽기의 즐거움과 중요성을 알게 해주려고 했다. 첫 해에는 400명의 학생과 교사들이 마지막 일과 끝나기 전 일제히 '10분간 혼자 조용히 읽기'를 시행했다. 물론 교사들의 불평이 있었지만 얼마 지나지 않아 모두 지지자가 되었다. 학생들이 학교에서 읽던 책을 하굣길 버스 안에서도 읽곤 하면서 시끌벅적하던 이전의 하교 광경과 비교하면 엄청난 변화가 일어난 것이다. 그 다음으로 학생들의 책 수준을 높이고 '읽어주기'를 도입했다. 교사들이 일과 시작 전에 10분간 책 읽어주기를 했다. 얼마 되지 않아 학생들의 의식이 깨기 시작했고, 학생들은 새로운 책들을 찾아 읽게 되었다. 그 결과 첫 해부터 읽기 성적이 향상되기 시작하더니, 3년 후에는 보스턴에서 가장 높은 읽기 성적을 냈다. 이러한 명성 덕분에 입학 희망자가 줄을 서게 되었다.

오닐은 이 학교에서 10년간 교장으로 일했고, 그의 교육방법은 미국뿐만 아니라 1988년 일본에까지 전파되었다. 고등학교 윤리교사였던 하야시는 오닐의 교육에 감명을 받아 '아침 10분 책읽기' 운동을 시작하였다. 지금 일본에서는 2008년 기준 초등학교 72%, 중학교 71%, 고등학교 37%가 아침 10분 독서운동에 참여하고 있다.

4) 독서 영재로 만드는 책 읽어주기

책 읽어주기와 책읽기가 장애아의 두뇌를 발달시키고, 문제학교의 학생들의 학습능력을 향상시켰다면 책 읽어주기를 보통의 아이에게 그대로 적용하여 시행하면 독서 영재로 키울 수 있다.

에린의 엄마인 린다는 22년간 초등학교에서 아이들에게 헌신적으로 책을 읽어주던 교사였다. 에린이 태어나자 린다는 그 동안 자신이 아이들에게 해주고 학부모들에게 권했던 일을 그대로 에린에게 쏟아붇기로 했다.

에린이 태어난 날 처음으로 린다가 읽어준 책은 『언제까지나 너를 사랑해』였다. 에린은 첫 4개월간 부드러운 재질의 짧은 책과 두껍고 단단한 책, 딱딱한 재질의 펼쳐지는 책들을 보았다. 에린은 이 책들을 읽어주는 소리를 듣는가 하면, 입으로 맛보기도 하고, 장난감처럼 가지고 놀기도 했다.

4개월이 지나자 에린은 유아 점프 운동기를 즐기기 시작했다. 한 번에 45분씩 하루에 두세 번, 시와 노래와 튀어나오는 그림에 맞춰 활기차게 뛰었다. 이 때 영아를 위한 동시집을 줄기차게 읽었다. 8개월이 되자 호기심을 채우기 위해 스스로 무엇인가를 찾으며 기어다니기 시작했다. 이즈음 종이 찢는 것을 좋아해서 튼튼한 잡지를 수북이 쌓아주기도 했다. 10개월이 될 때까지는 같은 종류의 책을 반복해서 읽었다.

그러던 어느 날 책을 찢지 못하게 높은 유아용 의자에 앉히고 이야기책을 읽어주었다. 책을 읽어주며 이유식을 떠 주었지만, 에린은 자기 손으로 먹는 것을 더 좋아했다. 이유식을 먹일 때 전투를 치르는 것 같았던 이전의 모습과 달라졌다. 이야기책 읽어주기와 함께 식사시간은 재미있었고, 식사를 마칠 때면 책꽂이를 가리키며 다른 책을 요구했다. 이후로도 몇 년 동안 지속되었다. 꾸준히 아침과 점심시간에 책을 읽어 주었다. 집중력도 높아져 식후 20-40분간 귀를 기울여 이야기를 듣는 것은 아무 것도 아니었다. 보통 아침 먹고 9권, 점심 먹고 10권과 시 4편, 저녁 먹고 7권을 읽어주었다. 어느 날은 다 읽자마자 또 다른 책을 읽어 달라고 하여 결국 75분간 25권을 읽어주기도 했다. 14개월에 에린은 이야기의 재미에 흠뻑 빠져 내내 집중할 수 있게 되었다. 적극적으로 듣고, 손가락으로 지적하며, 단어를 말하고, 소리를 흉내냈다. 17개월에는 친숙한 이야기에 끼어들어 함께 참여했다. 21개월에 완벽한 문장을 표현했고, 24개월에 1,000단어를 이해하게 되었다. 낱말카드나 반복해서 따라하기의 도움없이 해낸 것이었다. 책을 읽는 동안 집중력이 급격하게 향상되었고, 관심의 폭도 넓어졌다.

다섯 살이 되자 그림책 이외에도 100쪽짜리 소설을 읽어주었다. 여섯 살이 되던 어느 날 에린은 글자와 소리에 대해 알고 싶다고 말하더니 특별히 가르친 것이 없는데도 빠르게 글을 익혀 나갔다. 학교에 갈 나이가 되었을 때 교직 경험을 살려 홈스쿨링을 했다. 1학년이 되자 린다는 에린에게 이제부터 혼자 읽는 것이 어떻겠냐고 물어 보았다. 에린은 펄쩍 뛰면서 "난 애들 책은 읽지 않을 거예요. 소설을 읽게 될 때까지는 혼자 읽지 않을래요."라고 했다. 1학년에서 2학년으로 올라갈 때 에린은 소설을 읽기 시작했다.

3학년 말 에린은 그 동안 학습지 한 장 풀어 본 적이 없었는데도 읽기, 듣기 능력 시험과 어휘 시험에서 상위 1%안에 들었다. 열세 살 때부터는 그 지역 중학교에서 한 주에 5시간씩 음악과 체육 교육을 받게 했다. 에린이 열일곱 살이 될 때까지 652권의 소설을 함께 읽었다. 에린은 책뿐만 아니라 수영, 소프트볼, 노래도 즐긴다. 경연대회에서 대상을 수상하기도 했고, 창의력을 겨루는 국제적인 규모의 대회에도 몇 년째 참가했다.

2002년 미국의 소도시인 켄터키 주의 크리스토퍼 윌리엄스는 40만 명의 학생들과 함께 미국의 대학수학능력시험의 하나인 ACT(American College Test)를 치렀다. 이 시험에서 크리스토퍼는 전 과목 만점을 받았다. 인구 3,645명의 소도시 출신의 아이가 만점을 받았다는 소식이 전해지자 〈뉴욕타임스〉를 비롯한 언론들이 그 부모에게 어떤 프로그램으로 공부했는지에 대해 소나기 같은 질문을 쏟았다. 이 질문에 대해 윌리엄스의 부모는 어떤 프로그램이나 과외학습도 한 것이 없다고 했다. 다만 유아기부터 사춘기까지 아이에게 매일 밤 30분씩 책을 읽어준 것밖에 없다고 했다. 아이들이 글을 읽게 된 후에도 계속해서 책을 읽어준 것이 전부였다. 윌리엄스의 집에는 TV 가이드나, 게임 큐브, 학습 교재 대신 다양한 책으로 가득 차 있었다. 따로 읽기 교육을 시키지도 않았고, 그저 책을 읽어주었다. 아이들은 손쉽게 읽기를 배웠고, 읽기를 좋아했으며, 계속해서 읽었다. 그래서 미국의 최우수 대학의 입학사정관이었던 톰 파커는 "이 세상 최상의 SAT(Scholastic Aptitude Test) 준비는 아이가 어릴 때부터 침대 머리맡에서 책을 읽어주는 것이다. 아이가 이에 행복을 느끼면, 스스로 책을 읽기 시작할 것이기 때문이다."라고 했다. 최우수 수험생들을 면접해 보면 SAT 구술점수가 높은 학생치고 책을 좋아하지 않는 아이를 보지 못했다고 했다. 그러므로 어려서 아이에게 책 읽어주기는 대학 시험을 위한 일종의 보험증권이라 할 수 있다.

책 읽어주기와 책읽기로 독서영재가 된 아이들의 몇 가지 사례를 더 살펴보자. 푸름이는 1999년 영재교육진흥법이 통과될 때 김대중 대통령에게 1호로 보고되었던 대한민국 대표 독서영재이다. 어려서부터 책을 좋아한 푸름이는 책을 많이 읽어 자연스럽게 속독도 하였으며, 이미 3,000여권의 책을 읽고 초등학교에 들어갔다. 고등학생이 될 때까지 학원 한 번 다니지 않았다. 친구들이 학원에 갈 때 시골의 자연 속에서 마음껏 뛰어놀았고, 친구들이 공부에 찌들어 있을 때도 자신이 읽고 싶은 책을 마음껏 읽으며 자신의 관심 분야를 넓혀갔다. 『푸름이 이렇게 영재로 키웠다』는 어려서부터 책 읽어주기와 책 읽기로써 행복한 아이로, 자기주도적인 삶을 사는 아이로 성장하기까지의 과정을 기록한 책이다. 이 책은 좋은 학원을 찾아 강남에 갈 필요 없이, 시골이나 중소도시에서도 마음껏 뛰어놀며 책을 통해 행복한 아이로 키울 수 있다는 가능성을 입증한 사례로서 한국적 독서영재 교육법의 좋은 모델이 된다. 현재 우리의 교육은 오로지 좋은 대학에 들어가는 것이 최대의 목표이기에, 아이들은 자신의 재능과 상관없이 이 학원에서 저 학원으로, 더 좋은 학원을 찾아다니느라 엄청난 사교육비를 지출한다. 하지만 외부에서 주어지는 학습에만 의존하다보니 자신의 인생을 주도적으로 펼쳐나가지 못하는 수동적인 아이로 성장하기 쉽다. 지식정보의 시대에 살면서 산업사회의 교육을 강요하고 있는 것이다. 이런 현실에서 푸름이는 현 교육 문제에 대한 하나의 대안이 되고 있다. 푸름이는 하나의 특수한 상황이 아닌 우리 모두의 자식을 키우는 데 적용이 된다는 것이다. 1999년 이 책의 초판이 출간된 이후, 20만부 이상이 판매되면서 이 책의 독서영재 교육법이 검증되었고, 실제로 우리 주변에서 푸름이보다 뛰어난 독서영재들이 많이 배출되고 있다. 즉 '책을 통해 내적인 성장이 이루어지는, 지성과 감성이 조화된 아이'로 자란다는 것이 확인되고 있다.

지능지수가 200이 넘어 측정이 불가했고, 아홉 살에 미국 최연소 대학 입학과 수석 졸업을 했으며, 열두 살에 시카고 의대에 입학하여 새로운 단백질의 발견으로 특허를 취득했고, '천재소년의 탄생'이라는 수식어로 미국 전역을 떠들썩하게 했던 쇼 야노, 그리고 오빠 못지 않은 천재 여동생 사유리 야노. 이들 남매 뒤에는 한국인 엄마 진경혜 씨가 있었다. 그녀는 남매가 6개월이 되면서부터 아이를 무릎에 앉히고 그림책을 읽어 주기 시작했다. 첫째 서울대 의대, 둘째 서울대 법대, 셋째 서울대 약대, 넷째 한양대 수학과, 다섯째 연세대 의대, 그리고 늘 전교 10등 이내의 성적을 유지하는 막내. 이들 6남매를 과외없이 수재로 키운 김종선 씨는 독서가 공부의 시작이라 믿었고, 아이들이 유아기 때부터 책과 친해지도록 했다.

학원을 기웃거리지 않고도 아이를 '학교 논술왕'으로 키운 초등학교 5학년생 엄마인 조용숙 씨는 아이가 초등학교 1학년 때부터는 설거지도 미루고 하루 세 권씩 책을 읽어 주었다. 누나에게 읽어주다 보니 작은애는 자연스레 따라했다. 그녀의 비법도 아이와 함께 책을 읽으며 아이가 책과 친숙해지도록 한 데 있었다.

다음은 평범한 어느 엄마의 사례이다.

중학교 3학년 엄마이다. 내가 주변 후배들에게 정말 많이, 제대로 강조하는 이야기는 어릴 때 책을 많이 읽어주면, 그것도 제대로 읽어주면 초등학교, 중학교에 가서도 학원 안 보내도 된다고 이야기 한다. 나는 임신 때부터 책은 정말 많이 읽어주었다. 그 덕에 아이는 중 3까지 사교육 별반 없이 잘하고 있다. 임신 때 동화책을 한 질 사서 그 동화를 매일 밤 소리내어 읽었다. 마치 아이가 바로 옆에서 듣고 있는 것처럼, 의성어, 의태어에 호흡을 가다듬어서 실감나게 구연동화를 하며 읽었다. 소리내어 매일 밤 읽어 주었다. 이솝 동화부터 시작해서, 명작 동화, 창작 동화, 그리고 전래 동화까지 읽어주었다.

아이가 태어나서도 목욕을 시키고 누워 있는 아이 머리맡에 앉아서 임신 때 읽었던 그 동화를 읽어 주었다. 기계음의 테이프가 아닌 엄마의 육성으로 들려주면 아이는 그 목소리를 들으면서 잠이 들었다. 책을 읽어주면 아이가 잘 잤다. 그래서 열심히 책을 읽어주고, 또 읽어주고 했던 것 같다.

출산 2개월 후, 일을 다시 시작했다. 아이는 부모님께 맡기면서 아침이면 아이 짐을 한 보따리 들고 시댁에 가서 아이를 맡겨두었다가 저녁이면 또 그 짐을 들고 집으로 왔다. 좀 늦는 날이면 시어른들은 피곤하니 그냥 여기서 재우라고 해도 우리 부부는 한결같이, 끊임없이 데려가고, 데려오고 했다. 왜냐하면 아침에 출근하면서 강보에 쌓인 아이에게 "엄마, 잘 갔다 올게. 저녁에 보자." 하고 나갔기 때문에 아이와 약속을 지키기 위해서였고, 그리고 아무리 어려도 잠을 자다가 한밤중에 눈을 뜨면 엄마, 아빠가 자신의 옆에 있다는 믿음을 주기 위해서였다.

집으로 돌아와서나 시댁에서나 아이에게 책 읽어주기는 남편과 내가 돌아가면서 하루도 안 거르고 했었다. 3개월쯤 되었을 때 하루에 3권 이상 읽어 주었다. 책을 읽어줄 때는 아이를 안고 엄마와 아이가 책을 바라보는 눈의 시각이 같은 방향이 되게, 그리고 큰 소리로 또박또박 의성어, 의태어가 나오면 아주 실감나게 읽어 주었다.

발육이 아주 빨랐는데 한 6개월 이후부터는 책을 가지고 온 것 같다. 그리고 책을 워낙 많이 읽어 준 탓인지, 유아기 때 어눌한 말, 이른바 유아적 발음을 하는 것을 한 번도 못 들었다. 거의 18개월 넘으면서 문장으로 이야기했고, 돌이 지나면서는 그 놈의 책 때문에 전쟁을 치르곤 했었다. 엄마만 보면, 아빠만 보면, 삼촌만 보면 책을 가져 와서 읽어 달라고 하니 주변의 가족들이 도망 다닐 지경까지 되었다. 정확하지는 않지만 돌이 지나서 책을 하도 많이 읽어 달라고 해서 작정을 하고 그래, 네가 그만할 때까지 해보자 했는데, 19권을 읽고 그만 보자고 한 기억이 있었다. 우리 시댁에서 둘 다 독하다고 머리를 흔들었다.

24개월에 잠깐 사고가 있어서 병원에 입원 한 적이 있었다. 그 때는 다른 사람도 아니고 딱 엄마만 책을 읽게 하는 만행(?)을 부리기도 했다. 평균 5권을 읽어줘야 그만 하자고 해서 정말 귀찮고 힘들었던 기억이 있다. 그 때 읽어주었던 '삼보와 호랑이'는 아직도 기억한다, 거의 문장을 외우다시피……. 왜 그렇게 호랑이 관련 책을 좋아하던지, 전래동화에 나온 호랑이 관련 책은 거의 마르고 닳도록 읽어서 책이 누더기가 되기도 했다.

이 때문에 아이는 어휘력이 탁월하여 자신의 의사를 정확하게 표현했고, 의사소통이 원활하니 짜증을 덜 내었다. 통상 말을 배우기 시작하면서 어눌한 유아적 단어를 사용해서 아이가 말하면 엄마나 그나마 알아듣고, 가끔은 엄마조차도 못 알아들을 때가 있다. 그러면 아이는 울고 투정을 부려서 서로 엄청 힘들어진다. 그러나 내 경우는 서로 소통이 안 된 적이 없었다. 너무 정확한 표현으로 자신의 이야기를 하니, 시댁의 형님이 말이 청산유수라고 했었다. 24개월 이전에 거의 완벽한 어휘력이 되었으니까. 지금도 자신의 의사를 정확하게 구사하고 논리가 비교적 정확한 것 같다.

두 번째는 한글은 그냥 거저로 익혔다. 한 번도 학습지 선생님 불러다 한글 교육을 시킨 적이 없다. 30개월 이전에 어느 날, 주유소에서 아주 큰 소리로 갑자기 "엄마, 유공이다." 해서 깜짝 놀랐다. 어떻게 알았냐 하니까, 백설공주에 '공'자와 우유에' 유'라면서 어찌나 좋아하고 박수를 치던지. 그게 아이가 태어나 첫 번째로 읽은 한글이었다. 이렇게 글을 조합하고 유추할 수 있다니. 그래서 나는 자신감이 생겨서 동화, 특히 아이가 아주 좋아해서 여러 번 반복해서 읽었던 동화책을 읽어줄 때는 책의 제목을 손가락으로 하나하나 짚어주는 걸 했다. 그렇게 반복했더니 어느 날 자신의 이름을 썼다. 그게 34개월째이다.

이 덕분에 초등학교, 중학교 사교육 거의 없이 지냈다. 유치원도 병설 유치원 간 게 고작이다. 사교육에 대한 투자는 많이 하지 않았던 같다. 그러나 책은 정말 많이 샀다. 전집이든 단행본이든. 후에 친정 동생과 내 손아래 동서가 비슷한 시기에 결혼을 했고, 비슷한 시기에 아이를 가졌다. 그래서 조금씩 나누어서 책을 물려주었는데 불행히도 내 친정 동생은 별반 관심이 없어서 책 활용을 많이 하지 않아 거의 장식품 수준에 머물렀으나, 내 동서는 미혼 때부터 서방님과 연애하면서 내가 아이에게 책 읽어주는 모습과 아이의 성장 과정을 지켜보아서인지 갓난 아이 때부터 책을 많이 읽어주었다. 지금 초등학교 2학년, 3학년인데 친정 조카와 시댁 조카의 학습 능력은 판이하게 다르다. 집집마다 유아 전집 하나 없는 집이 없다. 그러나 내 동생과 내 동서와의 비교에서 알듯이 제대로 안 읽어주면 그 책은 그냥 장식품이다. 읽어주되 온 마음으로, 그리고 아이에게 책을 읽어주는 것이 아이에게 피가 되고 살이 된다는 믿음을 가지고 읽어 주면 분명 효과가 있다. 그게 학습적인 인지능력이든 정서적인 안정감이든.(2008. 7. 11.)

공식적인 교육 없이도 글을 일찍 떼고 유치원에 입학하는 아이들을 미국에서는 '독서 영재'라고 한다. 이 아이들은 정형화된 교육을 받은 적이 없으며, 상업적인 읽기 교육 프로그램을 거치지도 않았다.

이러한 독서 영재들은 네 가지 공통점이 발견된다.

첫째는 아이에게 규칙적으로 책을 읽어 주었다. 부모가 열성 독자여서 아이에게 본보기가 되었다. 또한 모든 독서 영재는 예외 없이 규칙적으로 책을 읽었다. 국제적인 조사에서도 고득점 학생들에게서 같은 결과가 나왔다. 둘째는 집에 책, 잡지, 신문 등 다양한 인쇄물이 있었다. 가정에 이러한 인쇄물이 많을수록 아이의 읽기, 글쓰기, 수학 성적이 높은 것으로 나타났다. 셋째는 종이와 연필이 항상 아이 주변에 있었다. 거의 예외 없이 글에 대한 호기심은 끼적거리고 그리는 것에서부터 시작되었다. 넷째는 읽기와 쓰기에 대한 아이의 흥미를 다방면으로 자극했다. 부모는 아이의 꼬리를 무는 질문에 답해 주고, 읽기와 쓰기에 대한 노력을 칭찬해 주며, 도서관에 자주 데려가고, 책을 사 주며, 아이가 꾸며내는 이야기를 받아 적어주고, 아이의 작품을 집 안 잘 보이는 곳에 전시해 주었다.

5) 책 읽어주기는 말하기 · 읽기 · 쓰기의 원천이다

어릴 때 책 읽어주기가 중요한 것은 듣기 이해력이 읽기 이해력과 곧바로 직결되기 때문이다. 아이에게 책을 읽어 줄 때 세 가지 중요한 일이 저절로 일어난다. 첫째는 아이와 책 사이에 즐거움이라는 끈이 연결된다. 둘째, 함께 책을 읽으며 부모와 아이가 같이 배운다. 셋째, 단어를 소리와 음절의 형태로 아이의 귀에 쏟아 붓는다. 이 단어가 듣기를 통해 아이의 뇌 속의 어휘의 저수지에 고인다. 저수지는 충분히 차면 넘치기 시작한다. 넘치는 어휘는 말하기, 읽기, 쓰기의 세 갈래로 물고가 터져 흘러간다. 듣기 어휘가 곧 말하기, 읽기, 쓰기의 원천이 되는 것이다.

책 읽어주기는 우선적으로 집중력과 어휘력을 길러준다. 아이에게 책을 읽어주고, 아이가 보이는 반응에 성심껏 귀를 기울이는 것이 학습에 효과적이다. 특히 개별적으로 아이에게 책을 읽어주는 것이 무엇보다 중요하다. 아이가 이해하게 되면 자연적으로 주의를 집중하기가 쉬워지고, 그럼으로써 집중력이 높아진다. 책이나 이야기에 대한 경험이 거의 없을 때 아이들은 이해하기도 어렵고, 이야기가 주는 즐거움도 알지 못한다. 그들에게는 선생님의 이야기가 소리의 덩어리로만 들리기 때문에 집중하기가 힘든 것이다. 어릴 때부터 책을 많이 읽어준 아이는 이야기의 즐거움도 알고, 어휘력도 높아 이해도 가능하기 때문에 높은 집중력을 발휘하게 되고, 그래서 학업 성취도도 높아지게 된다.

책 읽어주기는 글자도 자연스럽게 배우게 한다. 아이를 무릎에 앉히고, 종이 위를 움직이는 손가락을 따라 글자를 보고 듣게 하면, 시간이 지나 때가 무르익으면서 아이는 자연스럽게 단어의 소리와 종이 위의 글자 모양 간의 연관 관계를 알게 된다. 이것은 아이를 앉혀놓고 매일 같이 글자, 소리, 음절을 가르치는 정형화된 교육 프로그램으로 배우는 것과는 다르다. 이런 프로그램으로 너무 일찍부터 억지로 글자를 가르치면 나중에 오히려 역효과를 가져올 수 있으므로 주의해야 한다. 그러나 책 읽어주기를 통해 자연스럽게 글자를 깨쳐서 일찍부터 책을 읽는 것은 부작용이 없다.

또한 책 읽어주기는 자연스럽게 문법을 체득하게 한다. 문법은 배우기보다는 체득하는 것이다. 문법을 올바로 사용하는 길은 감기에 걸리는 것처럼 감염되는 것이다. 올바르게 표현된 문장을 반복해서 듣고 보게 됨으로써 자연스럽게 습득되는 것이다. 어떤 표현이 문법적으로 옳은지 그른지 판단하려면 올바르게 쓰인 표현을 듣거나 읽었어야 한다. 어휘와 문장을 풍부하게 접할수록 말하고 글을 쓸 때 풍부한 어휘와 문장을 구사하게 된다. 언어에는 구어와 문어가 있는데, 문어는 구어에 비해 훨씬 더 구조화되어 있고 복잡하다. 구어인 대화는 글에 비해 부정확하고 두서없으며, 종종 비문법적이고 덜 구조화되어 있다.

따라서 어른과 대화를 자주하고 이야기를 듣거나 책 읽어주는 것을 많이 들은 아이는 또래와의 대화만을 경험하는 아이에 비해 훨씬 더 많은 어휘와 문장에 노출된다. 아이와의 대화에서 쓰이는 어휘는 한정되어 있으므로 책 읽어주기를 통해 아이가 훨씬 더 다양한 어휘에 노출될 수 있다. 더욱이 학교와 사회생활에서 기본적으로 쓰이는 표준어도 책 읽어주기를 통해 배울 수 있게 된다. 책을 읽어주는 것은 아이가 표준어에 감염되게 하는 가장 쉽고 자연스러운 길이다. 뿐만 아니라 책 읽어주기는 아이에게 완전한 문장을 접하게 함으로써 말하거나 글을 쓸 때 문법에 맞는 올바른 문장을 쓸 수 있게 한다.

요즘 한국에서는 대학 입시의 논술시험 때문에 논술에 대한 관심이 높다. 물론 논술 자체의 중요성에 대한 근본적인 인식이라기보다는 순전히 대학 진학을 위한 입시 때문이다. 그래서 입시를 코앞에 둔 입시생들 사이에는 단기간의 고액 논술 과외가 성행하고 있으며, 이 때문에 초등학교에서도 입시를 위한 논술을 준비한다고 난리법석이다. 이것은 사교육비를 증가시켜 사회 문제로까지 비화되고 있다. 과연 논술을 대비하는 가장 좋은 방법은 무엇일까?

글쓰기와 관련하여 미국에는 '빈스 롬바르디 학습법'이라고 불리는 전통적인 방식이 있었다. '쓰고, 또 쓰고, 피를 토할 때까지 또 쓰라.'는 것이다. 아마도 이 방식은 우리나라의 학교와 학원에서도 그대로 적용되는 방식일 것이다. 그런데 미국의 NAEP(국가교육평가원)에 의하면, 지난 15년간 모든 시험과 논술 성적 향상을 위한 시도에도 불구하고 논술 성적에는 변화가 거의 없었다. 오히려 논술에서 가장 높은 점수를 얻는 학생은 매일 같이 가장 많이 쓰는 학생이 아니고, 여유롭게 많은 책을 읽고 수업 시간에 정규적인 글쓰기를 해온 학생이었다.

그래서 자크스 바준은 기존의 논술교육의 잘못이 단순한 사실을 간과했기 때문이라고 지적했다. 글쓰기와 말하기는 복제되는 경험이라는 사실이다. 단어는 귀와 눈을 통해 들어와 혀와 펜을 통해 나간다. 즉 우리는 들은 것을 말하고, 본 것을 쓴다. 그 중에서도 가장 자주 들은 것을 말하고, 가장 자주 본 것을 적는다. 왜냐하면 잘 아는 것을 자신 있게 말하고 쓸 수 있기 때문이다. 잘 모르는 것을 자신 있게 쓸 수는 없다.

그러므로 입력이 없으면 결코 출력도 없다. 듣고 본 것이 있어야 말하고 쓸 수 있다. 이것이 불변의 법칙이다. 좋은 문장을 자주 보고 접해야 좋은 문장을 쓸 수 있다. 그래서 다른 사람이 쓴 좋은 책, 훌륭한 글을 많이 읽고 접하는 것이 중요하다. 읽기보다 쓰기를 우선하는 것은 결코 성공할 수 없다. 문법에 맞는 문장, 즉 좋은 문장을 구사하는 문장력은 배우기보다 체득되는 것이다. 감기와 같이 자주 노출됨으로써 감염되는 것이다. 올바르게 표현된 좋은 문장을 자주 접함으로써 그런 표현을 사용할 수 있다. 읽고 또 읽어야 잘 쓸 수 있다. 그러므로 논술도 독서가 우선이다.

요즘은 사회에서 업무용 이메일이 빠르게 확산되고 있다. 기업에서의 커뮤니케이션도 전화에서 이메일로 바뀌었다. 수많은 업무 보고서의 작성을 위해서도 쓰기 능력을 기본적으로 갖추어야 한다. 그래서 업무 경쟁력을 높이기 위해서는 메시지를 짧고 밀도 있는 문장으로 전달하는 능력이 필요하다. 쓰기 능력은 비단 입시뿐만이 아니라 사회에서의 경쟁력을 키우기 위해서도 필수적으로 갖추어야 한다. 이러한 쓰기 능력도 어려서부터의 책 읽어주기로부터 시작되는 것이다.

왜 어려서의 책 읽어주기를 무엇보다 중요시하고 강조할까? 그것은 어린 시절에 배운 것은 돌에 새겨지고, 어른이 되어 배운 것은 얼음에 새겨지는 것과 같기 때문이다. 어려서부터 시작하는 책 읽어주기의 목표는 조기교육이나 영재교육을 하기 위한 것이 아니라 아이가 책을 좋아하게 하여 학교에 가서나 학교를 졸업한 후에도 책을 즐겨 읽는 사람으로 길러내는 것이다. 학교에서의 독서교육도 아이가 졸업을 하고 어른이 되어서도 꾸준히 책을 읽으며 스스로 평생 학습이 가능한 사람을 배출하는 것을 목표로 삼아야 한다. 가정에서의 독서지도나 학교에서의 독서교육의 최종 목표는 아이에게 평생까지 이어질 독서습관을 길러주는 것이다.

지금까지 살펴본 책 읽어주기의 효과를 간단히 정리해 보면,

① 언어능력 및 두뇌의 발달이다.

책 읽어주기는 아이들의 언어 사용 능력(듣기 · 말하기 · 읽기 · 쓰기)을 향상시킨다. 책을 읽어줌으로써 먼저는 아이들의 듣기능력이 크게 향상된다. 이 듣기능력은 곧 말하기로 연결된다. 많이 들어야 말도 잘할 수 있다.

청각 장애인이 말을 못하는 것도 말을 듣지 못했기 때문이다. 또한 책 읽어주기는 아이들에게 글자에 관심을 갖게 하여 읽기 능력의 향상으로 이어지며, 이 읽기능력은 다시 쓰기로 이어진다. 문장을 많이 보고 접해야 그 문장을 쓸 수 있기 때문이다. 이런 점에서 듣기 · 말하기 · 읽기 · 쓰기는 따로 습득되는 것이 아니라 책 읽어주기를 통해 동시에 습득되는 것이다. 듣기 · 말하기 · 읽기 · 쓰기 등의 언어 사용 능력의 향상은 곧 어휘력, 사고력, 인지능력의 발달로 나아간다. 이것은 곧 두뇌의 발달을 의미한다.

② 배경지식의 축적과 이해력(독해력)의 향상이다.

책 읽어주기를 통해 어휘력이 쌓이고 배경지식이 축적됨으로써 글에 대한 이해력이 향상된다. 그래서 책 읽어주기를 많이 한 아이들은 글자를 깨치게 되는 순간부터 책에 관심을 갖고 폭발적으로 혼자 책을 읽을 수 있지만, 책 읽어주기를 하지 않은 아이들은 글자를 깨쳐도 책에 관심을 별로 보이지도 않으며, 책을 혼자 읽어갈 수도 없다. 이해력이 동반되지 않기 때문이다. 내용을 이해하지 못한 채 글자만 읽어가는 것은 독서라고 할 수 없다.

③ 집중력 및 학습능력의 향상이다.

책 읽어주기는 우선적으로 듣기 능력을 향상시키는데, 잘 듣기 위해서는 집중력을 필요로 한다. 이 때문에 집중력이 향상되게 되며, 이 집중력을 나중에 학습능력의 향상으로 이어진다.

④ 풍부한 상상력과 창의성 배양이다.

〈쥬라기 공원〉을 만든 영화감독 스필버그는 '나의 상상력의 원천은 어린 시절 읽은 동화책'이라고 했다. 상상력은 머릿속에서 이미지를 만들어내는 힘이다. 아이들은 책 읽어주는 소리를 들으면서 머릿속에서 온갖 이미지를 그린다. 책의 내용에 따라 이 이미지를 그려내지 못하면 책을 읽어주는 것이 재미가 없다. 아이가 책 내용에 관심을 갖고 흥미를 느낀다는 것은 바로 이미지를 그려내는 상상력이 작동하고 있다는 것을 말한다. 그래서 아이들은 같은 책을 여러 번 반복해서 읽어주어도 지루해하거나 재미없어 하지 않는다. 읽어줄 때마다 새로운 이미지를 그려내면서 다양한 상상을 하기 때문이다. 이러한 풍부한 상상력은 곧 어떤 현실 상황 속에서 다양한 해결책을 찾아낼 수 있는 창의성으로 연결된다. 책을 읽고 간접체험을 하고 상상력을 기르게 되면 현실 생활에서 앞을 내다볼 수 있으므로 실수를 줄이고 시행착오를 겪지 않게 된다.

⑤ 글자에 대한 관심으로 자연스러운 글 깨치기가 가능하게 된다.

책을 많이 읽어준 아이들은 당연히 글자에 대한 관심을 갖게 된다. 그 속에서 마법과 같은 재미난 이야기가 쏟아져 나오기 때문이다. 그러니 얼마나 글 읽는 것을 배우고 싶어 하겠는가. 이러한 글자에 대한 관심과 흥미가 자연스러운 글 깨치기로 이어지는 것이다. 그런데 글자, 소리, 음절을 가르치는 정형화된 프로그램으로 너무 일찍부터 억지로 글자를 가르치는 것은 오히려 부작용과 역효과를 가져올 수 있다. 그러므로 책 읽어주기를 통해 글자에 대한 관심을 갖게 하여 글자를 자연스럽게 깨칠 수 있게 하는 것이 좋다.

⑥ 완전한 문장 습득으로 쓰기의 토대를 마련하게 된다.

구어와 달리 문어는 훨씬 더 구조화되어 있고 복잡하다. 구어는 문어에 비해 단편적이고 불완전하고 비문법적이어도 의사소통이 가능하지만 문어(글)는 문법에 맞는 완전한 문장을 사용해야 한다. 그래서 쓰기가 더 어려운 것이다. 그러나 책을 읽어주게 되면 문법과 문장을 자연스럽게 습득하게 되고, 이렇게 습득된 문장력은 곧 쓰기로 이어진다. 어떤 표현이 문법적으로 옳은지, 좋은 문장인지 판단하려면 올바르게 쓰인 좋은 문장을 읽고 접했어야 한다. 그러므로 많이 읽어야 잘 쓸 수 있다.

⑦ 아이와의 즐거운 소통을 통한 정서적 유대감 형성 및 풍부한 감성의 함양이다.

아이에게 책을 읽어주는 것은 정서적으로 아주 좋다. 책을 읽어주는 부모와 즐거운 시간을 함께 하면서 책을 통해 이야기를 나누고 대화를 나눌 수 있다. 아이에게는 참으로 즐겁고 행복한 시간이 될 수밖에 없다. 이를 통해 정서적 유대감을 돈독히 할 수 있고, 책을 통해 웃고 울고 떠들면서 감동을 공유하게 됨으로써 풍부한 감성을 함양할 수 있다.

⑧ 책 읽는 것을 좋아하고 즐기게 됨으로써 독서습관을 형성하게 된다.

아이에게 책을 읽어주면 무엇보다 아이가 책 읽는 것을 좋아하고 즐기게 된다는 것이다. 책을 좋아하고 즐기게 되면 지속적으로 책을 읽게 된다. 이렇게 되면 독서지도의 최종 목표인 독서습관이 자연스럽게 길러지게 된다. "세 살 버릇 여든 간다."는 속담처럼 이 시기에 이미 독서습관이 완성될 수 있게 해야한다.

2.
핀란드의 독서운동과 독서교육

1990년대 초반 핀란드는 경제 불황으로 벼랑 끝까지 몰렸던 유럽의 문제아였다. 그런 핀란드가 2000년대에 들어와 연속적으로 국가 경쟁력 세계 1위를 차지했다. 그 바탕에는 교육개혁의 성공, 첨단 정보통신 산업에 대한 집중 투자와 성공 등이 있었다. 교육 경쟁력 1위, 인터넷과 휴대전화 보급률 1위, 전자금융 사용률 1위, 국가 청렴도 1위 등과 함께 인구당 도서관 비율 1위, 국민 1인당 장서 수 1위, 도서관 이용률 1위에서 볼 수 있듯이 국민 독서 운동이 밑바탕이 되었다.

핀란드는 독해력 세계 1위의 국가이다. 즉 국민들의 독해능력이 세계에서 가장 높은 나라이다. 핀란드는 국민 독서운동을 통해 국가 발전의 목표와 방향, 그리고 그 추진 방법에 대한 국민적인 공감대를 형성하였다. 독서가 국력이라 했듯이 독서능력의 향상 없이는 국가의 발전도 없다고 생각했다. 그래서 책을 제대로 읽지 못하거나 그 내용을 제대로 이해하지 못하는 사람, 즉 독서능력이 낮은 사람을 독서 장애자로 규정하였다. 이 독서 장애자를 치료하는 것이 곧 국가 경쟁력을 확보하는 것이라고 생각했다. 왜냐하면 독서 장애자들은 옳고 그름도 잘 분간하지 못하며, 정보 습득에도 뒤처지게 되고, 원활한 의사소통을 통한 사회적 공감대를 형성할 수 없으므로 사회 통합의 장애가 되어 민주주의의 실현을 어렵게 하기 때문이다. 그래서 핀란드는 독서 장애 문제에 대한 연구가 활발하며, 독서 장애자들을 돕기 위한 여러 가지 프로그램을 운영하고 있다.

이러한 배경에서 핀란드의 국민 독서운동이 출발했다. 독서의 기반과 환경을 구축하기 위해 막대한 예산을 투입하여 공공 도서관을 곳곳에 세웠다. 핀란드는 국민 전체의 독서 습관을 아예 국가 경쟁력의 기본으로 삼아 전문훈련을 쌓은 사서들이 지역사회 도서관에 배치되어 국민의 독서습관을 이끌어 준다. 그리고 도서관이 가까이 없거나 도서관을 찾아오기 힘든 아이들을 위해 '북모빌'이라는 이동도서관 버스를 운영하여 언제 어디서나 누구든지 자유롭게 책에 접근할 수 있게 했다.

핀란드는 세계에서 공공도서관 체제가 가장 우수한 국가이다. 국가가 나서서 독서를 통한 국가 경쟁력 확보를 위해 먼저 독서의 기반과 환경을 완벽하게 구축한 것이다. 인구 3,100명당 도서관 1개로 인구당 도서관 비율이 세계 1위이다.[3)] 핀란드의 수도인 인구 56만 명의 헬싱키에 도서관이 38개나 된다.

헬싱키에서는 헬싱키대학 도서관이 핀란드 국립도서관을 겸하고 있다. 북유럽에서는 국립대학의 도서관이 국립도서관의 기능을 아울러 수행한다. 건물은 저명한 독일 건축가 엥겔이 1836년에 설계한 그의 가장

3) 2005년 기준 한국의 공공도서관은 514개로 국민 99,000명당 하나이며, 일본은 48,000명, 미국은 30,000명, 영국은 12,700명당, 독일은 9,000명당, 핀란드는 3,100명당 1개이다. 한국은 OECD 회원국 중에서 최하위권이다.

우수한 작품이자 유작으로 1845년에 완공되었다. 전기가 없던 옛날에 자연광을 최대한 활용하기 위해 아트리움 공간을 도입하였으며, 나중에 지어진 북쪽 도서관 건물과 지하로 연결되어 있다. 2004년 기준 201명의 직원이 근무하며 290만여 권의 장서와 61만여 점의 마이크로필름을 소장하고 있다. 연간 방문자는 33만여 명, 연간 대출 도서는 52만여 권이다. 납본, 도서관 협력 등 국립도서관으로서의 기능과 여러 가지 국가 프로젝트를 수행하고 있다.

헬싱키 시립도서관은 서비스, 운영 방침, 건물 등 핀란드의 공공도서관 전체를 선도하는 곳이다. 도서관법에서도 전국 공공도서관의 중앙관으로 규정되어 있으며, 상호 조정, 정보센터, 다국적 언어자료의 수집 및 제공 센터로서의 역할을 수행하고 있다.

핀란드 제2의 도시 탐페레는 인구 18만 명의 공업도시이다. 유명한 피에틸레가 설계한 탐페레 대성당, 중앙도서관, 칼레바 교회, 현대미술관 등 유명한 건축물이 많은 곳이다. 탐페레 중앙도서관은 기존의 노후화된 건물을 대체하여 설계 공모로 1986년에 세워졌다. 이 도서관은 피에틸레가 설계한 것으로 외관이 특이하고 재미있는 형상을 하고 있어 많은 잡지에 소개되고 있다. 상공에서 보면 새가 날개를 편 채로 내려앉은 모양을 하고 있다. 도서관 입구는 새의 부리이고, 새의 날개 부분에 열람실이 배치되어 있다. 이 도서관에는 설계 단계부터 도서관의 기능을 충분히 고려하여 사각형 방이나 벽이 하나도 없다. 탐페레 중앙도서관은 15개의 분관, 2개의 이동도서관, 병원 도서관, 노인센터 도서관 등을 관할하고 있다. 인구의 50%가 넘는 시민이 도서관 카드를 소지하고 있으며, 연간 대출 권수는 한 사람당 25.3권이라고 한다.

이처럼 핀란드는 도서관을 비롯한 완벽한 독서 기반 시설의 구축으

▲ 탐페레 중앙도서관

로 인구당 도서관 비율 세계 1위, 국민 1인당 장서 수 세계 1위(7.2권)이며,[4] 도서관 이용률 세계 1위(67.8%)를 기록하고 있다. 어릴 때부터 습관화된 독서와 도서관 활용으로 핀란드인은 77%가 매일 1시간씩 독서를 한다. 핀란드는 춥고도 긴 겨울이 10월부터 4월까지 7개월이나 계속되고, 오전 9시쯤에 햇빛이 비치기 시작하여 오후 4시가 되면 어두워지는데, 이 긴 겨울이 바로 독서의 계절이다. 긴 겨울의 휴일이면 가족 모두가 도서관을 찾아 하루 종일 시간을 보내는 일이 많다.

탄탄한 공공도서관 시스템을 바탕으로 한 핀란드가 가장 중시하는 교육은 읽기이다. 단순한 지식 축적이 아니라 생각하는 힘을 기르는 데 중점을 둔다. 핀란드의 부모들은 입학 전에 매일 아이들에게 책을 읽어준다. 어려서부터 아이에게 소리내어 책 읽어주기는 핀란드 교육의 뿌리이다. 그리고 아이들이 문자에 익숙하도록 하기 위해 TV에서 방영되는

4) 2006년 기준 문화부의 보고 자료에 의하면 미국은 3권, 일본 2.8권, 프랑스 2.5권, 영국 1.8권, 독일 1.5권이며, 한국은 0.94권이다.

외국 드라마나 영화를 더빙 없이 자막으로 처리한다. 핀란드 아이들은 TV 시청을 위해 일찍 글을 배우게 되고, 평소의 TV 시청을 통해 어려서부터 이미 문자 읽기에 능숙하게 된다.

초등학교에서는 아이들을 책과 친하도록 하기 위해 도서관에서 하루씩 묵는 프로그램을 운영하며, 도서관에 따라서는 사서가 주 2회 초등학교에 가서 책을 읽어주기도 한다. 교사는 매월 도서관에 아이들을 데리고 가서 책을 빌릴 수 있게 도와주고, 책에 관한 자신의 생각을 가질 수 있도록 지도한다. 도서관은 단순히 자료를 찾는 곳이 아니라 수업의 연장이다. 학생들은 교과서 대신 도서관의 책들을 이용해 수업 준비와 과제를 해결한다. 수업이 교과서로만 진행되지도 않고, 대부분의 수업 준비도 도서관을 활용해 이루어지므로 굳이 참고서 같은 책을 사서 집에 둘 필요도 없다.

가정에서도 저녁 식사 후 부모와 함께 책 읽는 시간을 가지며, 도서관을 비롯한 여러 곳에서 책을 읽고 감상하는 모임이 있다. 각 지역 도서관에서는 1990년대 초반부터 '책의 힌트'(신간 소개, 인기도서 목록, 서평, 펜클럽 결성, 작가와의 만남 등)라는 정보를 아이들이나 지역 주민들에게 제공한다. 학생과 교사, 도서관 사서, 교수 등 사회 각 분야에서 참가하는 인터넷 상의 '북 토크'가 활성화되어 있고, 3, 4개 학교에서 10-15명이 모여 독서 서클을 결성하여 평소에는 인터넷을 통해 교류하면서 1년에 4-8번 정도 함께 모여 작가와 만나서 심도 있는 의견과 감상을 나눈다.

이런 과정을 통해 핀란드 아이들은 어려서부터 책 읽기가 생활화됨으로써 핀란드의 10대 학생들은 세계에서 가장 책을 많이 읽는다. 그래서 핀란드는 OECD의 학업 성취도 국제 평가에서 읽기능력 세계 1-2위를 차지하고 있다. 핀란드는 어려서부터 독서의 습관화와 생활화, 높은 도서관 활용 시스템으로 읽고 쓰는 능력이 세계에서 가장 뛰어난 학생들을 길러내고 있다. 학교 수업도 독서와 토론 중심으로 이루어지며, 시험도 평소의 지식을 토대로 자신의 생각을 서술하는 방식이기 때문에 시험 전날 참고서와 씨름해야 하는 한국 학생과 달리 핀란드 학생들은 시험 전 날도 그냥 책을 읽는다. 다양하고 폭넓은 독서를 통해 깊이 있는 지식을 쌓고, 토론을 통한 협동 수업으로 창의성을 계발해 간다.

이처럼 어릴 때나 나이 들어서나 도서관을 제 집 드나들듯 이용하면서 도서관 가기와 독서가 전 국민적인 취미인 핀란드 사람들은 세익스피어 소설 하나를 두고도 노동자나 교수가 큰 지적 수준의 차이 없이 토론이 가능하기도 하다. 독서를 통해 핀란드는 생활수준, 직업의 차이 없이 커뮤니케이션이 원활하게 이루어지는 것이다.

▲ 도서관에서 책을 고르고 있는 아이

1990년대 초반 경제 불황으로 벼랑 끝까지 몰려 생존의 위기에 직면했던 핀란드가 2000년대에 들어와 연속적으로 국가 경쟁력 세계 1위를 차지한 배경에는 인구당 도서관 비율 세계 1위, 국민 1인당 장서 수 세계 1위, 도서관 이용률 세계 1위에서 볼 수 있듯이 전 국민 독서 운동이 밑바탕이 된 것이다. 독서가 국가 경쟁력을 좌우한다는 것을 핀란드가 그대로 보여주고 있다 할 것이다.

3.
세계는 지금 책읽기 전쟁 중

지구상의 유일한 초강대국 미국은 탄생한 지 200여년밖에 안 된 나라이다. 이런 미국의 힘은 미사일에서 나온 것이 아니다. 미국의 힘은 활자, 즉 종이에 활자로 기록된 지식을 읽고 이해하는 능력이 오늘의 미국을 유지시켜 주는 근본적인 힘이다. 그래서 흔히들 "세계가 어느 날 붕괴하더라도 미국 의회 도서관만 멀쩡하면 복구는 시간문제일 뿐이다."라고 말한다. 미국 의회도서관에는 인간이 이룬 모든 업적이 활자화되어 1억 3,000만 점의 인쇄물에 보관되어 있다. 서가 길이만 해도 850km에 달한다. 한국 관련 자료만 21만권을 보유하고 있다. 한국의 웬만한 공공도서관 전체 장서보다도 훨씬 많다. 미국 의회도서관에는 가공할 핵무기도, 인류를 질병에서 구해낸 의학적 발견도, 고층빌딩을 지어 올리는 건축기술도, 우주개발에 관한 비밀도 모두 종이에 활자화되어 보관되어 있다. 이 활자 속에 담겨 쌓여 있는 지식은 결코 사라지지 않고 확대 재생산된다. 인류의 역사는 기록의 역사였다. 누군가의 기록을 읽고, 그것을 긍정하고 부정하면서 새로운 기록물을 남기고 그것들이 쌓여 이루어낸 것이 바로 현대 문명과 문화이다.

초강대국 미국을 떠받치는 힘은 도서관과 책, 그리고 그 책에 보관된 활자로 기록된 수많은 지식을 바탕으로 새로운 지식을 창조해 내는 독서의 힘이다. 오늘날 세계 최고의 갑부인 빌 게이츠도 "오늘의 나를 있게 한 것은 마을의 도서관이었다."고 하지 않았던가. 빌 게이츠는 해마다 한 달씩 휴가를 내서, 혼자 틀어박혀 독서를 했다고 한다. 이것이 빌 게이츠로 하여금 세계와 미래를 읽게 하는 힘이었다. 개인과 국가의 힘과 경쟁력의 원천이 바로 독서였던 것이다.

21세기의 지식 기반 사회는 지식이 국가 경쟁력이라고 보기 때문에 선진국들은 책읽기 전쟁을 벌이고 있다. 1990년대부터 세계 선진국들은 21세기 국가 비전의 성패가 창의력 있는 국민 개개인에게 있다고 보고 독서교육 및 독서진흥을 위한 각종 정책을 추진하는 한편, '삶의 질' 향상과 평생교육 구현을 위한 독서 환경 조성에 만전을 기하고 있다.

그럼 지금부터 선진국들은 미래를 대비하여 어떻게 독서운동을 전개하고 있는지 살펴보자.

1) 영국의 북스타트 운동

널리 알려진 영국의 대표적인 독서운동이다. 태어나면서부터 "책과 함께 인생을 시작한다."는 의미이다. 아이들의 읽고 쓰는 능력의 저하, 상상력의 부족, 부모 자식 관계의 문제를 해결하기 위한 해결책의 하나로 1992년 독서 단체 '영국 북 트러스트 협회'를 중심으로 영국의 버밍햄 도서관, 보건국, 대학 교육학부가 주축이 되어 시작된 운동이다.

영국은 0-1세의 영아들에게 책을 나누어 주는 북스타트 운동으로 갓난 아이 때부터 책 읽는 습관을 길러주고 있다. 출생 후 7-9개월이 되어 보건소에서 건강 진단을 받을 때 2권의 유아용 도서와 책 관련 정보가 들어 있는 안내 책자와 지역 도서관 초청장이 들어 있는 책 꾸러미를 무료로 제공한다. 매년 65만 명의 신생아가 이 프로그램에 참여한다.

이와 함께 0세부터 4세까지의 어린이들이 도서관을 이용하는 습관을 기르도록 유도하기 위한 '북스타트 책에 다가가기'(Book start Book crawl) 사업도 추진하고 있다. 또한 시각장애를 겪는 어린이를 위해서 '책을 만지자'(Book touch)라는 프로그램도 운영하는데, 이 프로그램은 2권 이상의 책과 안내서가 들어 있는 꾸러미를 4세 이상의 시각 장애 어린이의 부모나 보호자에게 무료로 제공한다.

북스타트 운동은 이 운동의 직접 대상인 영·유아는 물론, 부모가 자녀의 독서지도에 관심을 갖도록 함으로써 가정에서의 독서운동으로 발전할 수 있도록 유도하며, 독서관련 기관 및 단체가 협력하여 추진함으로써 시너지 효과가 창출되도록 하고 있다. 2000년 여름까지 210개소 이상에서 이 운동을 진행하고 있으며, 매년 10만권 이상의 책을 아이들에게 제공하고 있다.

5년이 지난 1992년의 북스타트 운동의 효과에 관한 연구 결과에서는 부모들에게서는 도서관 회원 가입, 도서 구입 증가, 책을 통한 소통 활성화 등의 변화가 나타났고, 이 프로그램에 참여했던 아동에게는 읽기와 계산 영역 등 학습 전반에 걸쳐 뛰어난 높은 점수를 획득한 것으로 나타났다. 이밖에도 생후 6개월 된 영아에게 책을 보급함으로써 책을 통해 부모와의 상호작용 뿐 아니라 영아의 인지발달, 언어발달, 사회인지 발

달, 사회성 발달 등 전반에서 긍정적 효과가 있는 것으로 확인되었다.[5)]

북스타트로 시작된 독서 운동은 초등학교로 이어져 국가 교육지침에 읽기 교육을 강조하여 아이들이 책을 즐겨 읽도록 하고 있고, 학교는 물론 학급별로도 도서관을 갖추고 있으며, 교사와 학생이 매일 책을 읽고 함께 토론한다.

영국에서는 정부에서 뿐만 아니라 여러 단체들도 독서운동을 다양하게 추진하고 있다. 대표적인 것으로 '북토큰 운동'이 있다. 서적상연합이 주관하는 이 운동은 '세계 책의 날'[6)]인 4월 23일을 기념하여 어린이에게 책을 구입할 수 있는 1파운드의 북토큰을 나누어주는 행사이다. 행사 두 달 전에 학교를 통해 모든 어린이에게 배포하여 할인 가격으로 책을 구입하게 한다. 어릴 때부터 책읽기에 대한 관심을 길러주는 것이 목적이다.

영국의 독서운동과 관련하여 1년에 50만 명이 방문하는 리차드 부스의 '책마을'도 관심거리이다. 책마을은 리처드 부스라는 사람이 낡은 성을 사서 헌 책방을 열면서 시작되었다. 리처드 부스는 세계 곳곳에서 중요한 헌책을 사 모았다. 책과 관련된 사람들 사이에 그곳에 가면 필요

---

5) 영국의 북스타트 운동은 현재 미국, 일본, 태국, 대만, 벨기에, 뉴질랜드, 호주, 독일 등 세계 각국으로 확산되고 있으며, 한국의 경우에는 2008년 5월 현재 모두 57개 기관에서 시행하고 있다.

6) 1995년 유엔총회에서 국제연합교육과학문화기구(UNESCO)가 세계인의 독서 증진을 위해 정한 날로 정식 명칭은 '세계 책과 저작권의 날'이다. 4월 23일로 정한 것은 에스파냐의 카탈루냐 지방에서 책을 읽는 사람에게 꽃을 선물하던 '세인트 조지' 축일과 1616년 세르반테스와 셰익스피어가 동시에 사망한 날이 바로 이 날인 데서 유래했다. 현재 에스파냐를 비롯해 프랑스 · 노르웨이 · 영국 · 일본 · 한국 등 전 세계 80여 개 국가에서 이 날을 기념하고 있다. 에스파냐에서는 책과 장미의 축제가 동시에 진행된다. 영국에서는 이 날을 전후해 한 달간 부모들이 취침 전 자녀들에게 20분씩 책을 읽어 주는 '잠자리 독서 캠페인'을 전개하기도 한다. 우리나라도 정부 및 출판 관련 단체와 대형 서점들을 중심으로 책과 장미꽃 선물하기, 사진 공모전, 소외계층에 책 보내기 운동 등을 전개하고 있다. 우리나라 책의 날은 10월 11일이다. 팔만대장경 완간일을 기념하기 위해 이 날로 정했다. 출판계를 중심으로 책과 관련된 다양한 행사를 추진하고 있다.

한 책을 구할 수 있다는 소문이 나기 시작하면서 세계 곳곳에서 사람들이 모여들기 시작했고, 리처드 부스는 헌 책방으로 성공하게 된다. 그러자 마을에 하나둘 헌 책방이 생겨나기 시작했고, 이리하여 마을 전체에 헌 책방이 조성되었다. 이 마을에서는 해마다 축제가 열린다. 세미나, 강연회, 작가와의 대화 등 크고 작은 책과 관련된 이벤트에 참여하기 위해 전 세계에서 수많은 사람들이 영국의 작은 마을 헤이 온 와이를 찾는다. 2000년에는 5월 26일부터 6월 4일까지 축제가 열렸다.

이러한 독서운동의 바탕에는 책읽기와 이야기 만들기를 좋아하는 영국의 전통이 깔려 있다. 영국은 어릴 때부터 아이들에게 이야기책을 읽어주고, 어머니가 지어낸 이야기를 들려주기도 하는 것이 하나의 문화적 전통으로 자리잡고 있다. 이런 책읽어주기와 이야기 들려주기로 영국은 '이야기의 나라'가 되었다. 이런 배경 속에서 세계적인 판타지 소설 작가들이 탄생되었다. 출간 이후 50년이 넘는 시간 동안 판타지 소설의 바이블로 자리를 지키고 있는 〈나니아 연대기〉의 C.S. 루이스, 또 그와 함께 문학을 공부했던 〈반지의 제왕〉의 J.R.R. 톨킨, 그리고 〈해리 포터〉의 롤링 등의 상상력은 이런 풍토 속에서 배태된 것이다.

2) 미국의 독서운동

미국의 독서운동으로는 우선 ROR(Reach Out and Read) 운동이 있다. 만 6개월부터 5세까지 어린이를 대상으로 한 프로그램이다. 아이들이 소아과를 찾으면 자원봉사자들이 아이의 단계별로 알맞은 책을 골라주고, 부모에게는 책 읽어주는 법을 설명해 준 후 책을 나누어 준다. 이 프로그램은 1989년 보스턴의대 소아과에서 시작된 미국판 북스타트 운동으로 현재 미국 50개 주 전역으로 확산되었다. 미국 대통령 부인 로라 부시 여사는 "ROR 운동이 가난한 아이들에게도 책을 전해줌으로써 독서를 할 수 있도록 하는 것은 국가의 미래를 밝히는 일"이라고 언급한 적이 있다. 1989년 시작된 이래 이 운동은 해마다 150만 명의 어린이들에게 300만 권의 책을 나눠주고 있으며, 16,000명 이상의 소아과 의사와 간호사가 ROR의 조기 문맹퇴치전략에 의해 특별훈련을 받아 이 운동을 추진하고 있다. 아이들에게 책을 읽어주는 것이 인지와 언어발달 그리고 정서 발달에 큰 도움을 준다는 사실에 근거하여 미국 내에서 의미 있는 운동으로 평가받고 있다.

퍼스트북(First Book)은 저소득 가정의 어린이들에게 그림책을 나누어 주는 비영리 민간단체로 1992년 카일 짐머(Kyle Zimmer)가 설립하였다. '퍼스트북 책 은행'(Fisrt Book National Book Bank)을 통해 저소득층 아이들에게 새 책과 교육자료를 나누어주며, '퍼스트 북 시장'(First Book Marketplace)을 통해 새 책을 저렴한 가격으로 판매한다. 첫해 3곳에 약 12,000권을 나누어 준 것을 시작으로 최근에는 매년 400만 권 이상의 책을 배포했고, 현재 3,000곳 5,000만 권 이상의 책 배포 실적을 기록하고 있다. 어린이 책 출판사의 후원과 교회 · 도서관 · 방과 후 학교 등과 관련된 각 지역 자원봉사자들의 도움을 받아 운영하며, 현재 전국적으로 교육의 질을 변화시키는 주도적 역할을 하고 있는 것으로 평가받고 있다. 이 운동으로 미국 교육부(the U.S. Department of Education) 등에 의해 수행된 연구에 따르면, 14개월 이상 2,564명에 대한 조사 결과, 55% 이상이 독서에 대한 흥미를 더 가지게 되었으며, 많은 사람들이 퍼스트북 사업으로 인해 지역사회가 더욱 살기 좋아졌다고 평가하고 있다.

어린이를 위한 책(Book for Kids) 운동은 저소득층 초등학교 아동의 문자 해독능력 증진과 올바른 독서습관 형성을 지원하기 위한 운동이다. 9세 미만 아동을 주 대상으로 책을 전달하며, 도서보급 대상 아동 중 50%가 흑인, 히스패닉 등 소수민족이다. 책을 전달한 이후에는 부모와의 협력 프로그램 등을 통해 지속적인 관계를 유지한다. 교육당국과 WRC(Washington Reading Corps)의 협조로 1990년부터 시작되었으며, 대기업이 참여하고 교육부가 재정 지원을 하고 있다. 이 사업의 결과 아동의 89%가 독서에 대한 관심이 증가했고, 85%는 독서량이 증가했으며, 46%는 도서관 이용률이 증가하는 등 긍정적인 효과가 나타난 것으로 조사되어 성공적인 독서 프로그램으로 평가받고 있다.

북크로싱 운동은 독서(Read), 기록(Register), 책 해방시키기(Release) 등 '3R'을 모토로 하는 '책 돌려보기' 운동이다. 2001년 3월 미국의 론 베이커가 처음으로 시도한 새로운 독서운동이다. 베이커는 일회용 카메라나 특정 고유번호가 찍힌 지폐를 추적하는 홈페이지를 접하고 사람들이 좇을 만한 다른 아이템은 어떤 것이 있을지 고민하다, 한번 읽고 보지 않는 책이 추적하기 적당한 물품이 될 것이라고 생각해서 시작했다. 북크로싱 홈페이지(www.bookcrossing.com)는 개설 이후 꾸준히 성장하고 있으며, 현재는 전 세계에 걸쳐 수 십만 명의 회원이 참여하고 있으며, 개설 후 3년간 85만 권의 책을 해방시켰다.

회원은 자신이 돌리고 싶은 책과 이 활동의 취지를 적은 메시지를 공공장소에 두면(이를 두고 '책을 해방시킨다'고 함), 이 책을 습득한 사람은 그 메시지에 따라 책을 읽고 다른 사람에게 넘기는 방식으로 전개된다. 책을 습득한 사람은 북크로싱 운동에 동참할 것인지 그만둘 것인지를 선택할 수 있다. 책을 단순히 가져 가 버린다면 놀이는 거기서 끝나지만 발견자가 사이트에 접속해 기록(Register)을 남기고 책을 읽은(Read) 후 다시 공공장소에 두면(Release) 책은 계속해서 새로운 독자를 만나는 여행을 할 수 있다. 대체로 풀어놓은 책의 약 20~25% 정도가 꾸준하게 여행을 하고 있다고 한다. 책과 독서라는 놀이를 통해 사회적 소통을 하고, 나눔 문화를 실천하는 운동으로 추진되고 있다.

한 도시, 한 책 읽기(One City, One Book) 운동은 한 도시의 시민들이 같은 책을 읽고 토론 등의 과정을 통해 소통하며 독서 열기를 높인다는 취지이다. 1996년 시애틀도서관의 사서 낸시 펄이 "문학과 책을 통하여 시민들을 응집시킬 수 있는 방법이 없을까?"라고 생각한 끝에 착안하게 된 운동이다. 이 운동은 시 당국과 도서관, 시민, 기업의 유기적인 협조에 성공 포인트가 있다. 도서관을 중심으로 출판계와 비영리단체의 지원 속에 주 정부, 시 기관들이 함께 참여해서 모든 도시민들이 선정한 한 권의 책을 읽고 토론하는 과정을 통해 독서 열기를 불러일으키고 지역 공동체성을 회복하는 중요한 운동으로 발전했다. 이 운동을 전 세계적인 운동으로 확산시키는 데 중요한 계기를 만든 '한 권의 책, 하나의 시카고 (One Book, One Chicago)' 운동은 1961년 퓰리처상을 수상한 여류작가 '하퍼 리'의 소설 「앵무새 죽이기」를 선정하고, 이를 중심으로 다양한 프로그램을 전개함으로써 성공적인 프로그램으로 정착되었다. 현재 38개 주 90개 도시로 확산되었다.

미국은 1998년에 '읽기 진흥법'을 제정했다. 그리고 2002년에는 낙제학생방지법을 제정하여 수학교육과 함께 읽기 교육을 대폭 강화했다. 이 법은 9,100개에 이르는 공립학교 초·중학생을 대상으로 해마다 영어와 수학시험을 의무적으로 치르고, 학생들의 성적이 일정 수준에 도달하지 못한 학교에 대해서는 주 정부 보조금 삭감 등의 조치를 취하는 내용을 담고 있다. 이 법의 시행 이후 학생들의 읽기와 수학 점수는 1970년대 조사가 시작된 이래 가장 높은 것으로 나타났다.

게다가 미국은 기본적으로 공동도서관과 운영시스템이 잘 갖추어져 있다. 책 30권, 비디오테이프 10개를 최대 6주 동안 대출이 가능하다. 뉴욕 공공도서관은 하루 평균 5만여 명의 이용자에 장서는 1,160여만 권에 이른다. 80여 개의 지역도서관과 연계되어 있어 원하는 책을 80여 개의 도서관 어디서나 대출하고 반납할 수 있다. 소장하고 있지 않은 자료는 국회도서관에서 빌려와 이용자에게 전달한다. 미국의 국회도서관은 인간이 이룬 모든 업적이 활자화된 책으로 보관되어 있다. 그래서 어느 날 세계가 망하더라도 미국의 국회도서관만 남아 있으면 언제든지 즉시 복구가 가능하다고 말한다. 세계 최고의 갑부라고 하는 빌 게이츠가 "오늘의 나를 있게 한 것은 마을의 도서관이었다."고 말한 것처럼 미국은 곳곳에 도서관 시설이 잘 갖추어져 있으며, 이런 도서관에서 실시하고 있는 독서 프로그램들은 거론하기 힘들만큼 다양하다. 세계의 중심으로 우뚝 서기 위해서는 제대로 된 도서관을 갖추는 것이 필수라고 말하는 미국의 힘이 어디서 나오고 있는지 말해 준다.

개인으로서 미국의 독서운동을 주도하며 커다란 영향력을 발휘하는 사람으로 오프라 윈프리가 있다. 오프라 윈프리는 미국 방송가에서 가장 비싼 출연료를 받고 있는 대표적인 토크쇼 진행자이다. 미혼모의 딸로 태어나 사춘기인 14살 때 조산아를 낳았고, 마약을 복용하기도 했으며, 삼촌에게 성폭행을 당하기도 했다. 그녀가 이러한 불우했던 시절을 이겨낼 수 있었던 힘은 바로 책이었다. 그녀의 아버지는 어린 시절 1주일에 책 한 권을 꼭 읽게 했다. 이런 환경 속에서 자란 덕택에 윈프리는 위인들의 이야기를 읽으며 꿈과 희망을 키우면서 어린 시절의 가난과 불행,

그리고 흑인이라는 인종적 콤플렉스에서 벗어날 수 있었던 것이다.

그녀는 북클럽을 조직해 책 읽는 운동을 이끌고 있다. 그녀는 방송에서 '오프라의 북클럽'을 진행하면서 책을 소개해 왔다. 1주일에 두 번은 자신이 직접 읽어본 책의 저자를 자신의 쇼에 출연시켜 책과 관련된 이야기를 한다. 여기서 그녀가 읽고 추천하는 책은 순식간에 베스트셀러가 된다. 책에 대한, 그리고 독자들에 대한 그녀의 엄청난 영향력으로 그녀는 '출판업계의 마이다스'로 불린다. 이를 통해 그 동안 연속적으로 총 30권이 넘는 베스트셀러가 탄생했으며, 그녀가 출판업자들에게 안겨준 매출은 2억만 달러에 달한다고 한다. "독서가 내 인생을 바꿨다."는 윈프리는 여전히 독서운동에 앞장서고 있다. 공공도서관에 자신이 읽은 책 코너가 따로 마련되어 있기도 한 오프라 윈프리의 희망은 미국을 다시 책 읽는 나라로 만드는 것이다. 2007년 미국 포브스지의 엔터테인먼트 업계 여성 갑부 20인으로, 연예 · 스포츠 파워 1위로 선정되었다.

3) 프랑스의 '읽기와 읽히기' 운동

프랑스는 읽기와 읽히기 운동을 펼치고 있다. 5~8세의 어린이들을 대상으로 일찍부터 독서의 즐거움을 안겨주자는 운동이다. 인기 소설가 알렉상드르 자르댕(Alexandre Jardin)이 1999년 정년 퇴직자들로 구성한 시민단체 '읽기와 읽히기'(Lire et faire lire)가 추진한 운동이다. 현재 3,000명의 은퇴자를 자원봉사 회원으로 두고 있으며, 이 단체에 대한 노년층 호응이 날이 갈수록 높아지고 있다. 이 프로그램은 프랑스 교육부의 지원을 받으며, 인기 작가를 비롯한 120명의 작가들로 구성된 후원회도 있다.

현재 프랑스 전역의 2,000여 개 초등학교의 5~8세의 어린이들을 대상으로 하는 읽기와 읽히기 운동은 할아버지 할머니들의 자원봉사에 의해 추진되고 있다. 학교 측은 교실 수업 수준과 내용에 맞도록 자원봉사자들이 읽어 줄 책을 제공하고, 학생들을 2~5명씩 소규모 그룹으로 나눠 대화식 독서 지도가 될 수 있도록 준비한다. 시간이 부족한 교사들을 대신해서 할아버지와 할머니들이 '읽기와 읽히기' 자원봉사를 하는 것이다. '읽기와 읽히기' 자원봉사자들은 아이들에게 동화책을 읽어주는데 그치지 않고, 아이들이 직접 책을 큰 소리로 읽도록 하면서, 표현력과 발표력, 의사소통력을 키워준다. '읽기와 읽히기'에 신규 회원으로 가입한 노인들은 전문가로부터 간단한 독서지도 교육을 받는다. 교육내용은 천천히 책을 읽으면서 아이들이 따라 오는지 확인하고, 어려운 단어는 설명해주고, 목소리의 톤은 수시로 바꾸며, 때때로 시각 자료를 이용하라는 등등의 기본 요령을 익히는 것이다.

프랑스에는 매주 2시간씩 20년 이상 지속해온 저자 초청 독서 토론 프로그램, 즉 책과 방송의 아름다운 공존이라 불리는 '부이용 드 컬튀르(Bouillon de Culture)'가 유명하다. 프랑스 2TV에서 프라임 시간대에 이 프로그램이 방영된다. 비슷한 주제로 책을 쓴 5-6명의 저자들을 초청해 저자들의 생각을 듣고 토론하는 프랑스 최고 권위의 독서토론 프로그램이다.

4) 일본의 아침 10분 독서운동

일본의 독서운동으로 아침 10분 독서운동이 잘 알려져 있다. 매일 아침 학교에서 수업 시작하기 전 10분 동안 모든 학생과 교사가 교실에서 자기가 읽고 싶은 책을 읽는다. 고등학교 윤리교사였던 하야시가 미국 보스턴의 중학교 교장 토머스 오닐의 교육에 감명을 받아 1988년부터 시작한 운동이다.

아침 독서운동은 네 가지 원칙이 있다. 첫째, 모두가 한다. 둘째, 매일 한다. 셋째, 좋아하는 책을 읽는다. 넷째, 단지 읽기만 한다. 즉 독후감 쓰기 등을 강요하지 않는다는 것이다.

일본의 초 · 중 · 고(전체의 67%인 25,609개교 실시)에서 확산되고 있는 독서운동이다. 1988년 일본 지바현의 한 여자 고등학교에서 시작되어 2008년 기준으로 일본 초등학교의 72%(16,006개교), 중학교의 71%(7,744개교), 고등학교의 37%(1,859개교)가 참여하고 있다. 이 아침 10분 독서운동은 책을 읽는 효과뿐만 아니라 집중력을 향상시켜 수업태도를 바르게 하는 효과가 있어 한층 더 열기가 높아지고 있다.

일본의 가정 독서운동은 집에서 가족과 함께 독서습관을 공유하면서 책을 매개로 가족과 대화내용을 심화하는 일본의 새로운 독서운동이다. 가정 내에서 행해지는 운동이라 실태 파악은 어렵지만, 책을 서로 추천하고 읽은 책에 대하여 가족과 함께 이야기하는 등 일상적으로 행하는 가족이 많으며, '아침독서'를 경험한 아이들을 중심으로 각 가정에 확대 보급되고 있다. 가정 독서운동의 기본 원칙은 ① 가족 모두 같은 책을 읽자, ② 읽은 책에 대해 이야기 하자, ③ 감상 노트를 만들자, ④ 자신의 페이스로 읽자, ⑤ 가정 문고를 만들자는 것이다.

가정 독서운동은 감상노트 작성하기, NO 텔레비전, NO 게임 DAY 등을 통해 성과를 올리기 시작하고 있다. 지방자치단체는 가정 독서를 위한 예산을 조성하는 한편 지역구민이 함께 노력하여 독서를 통한 가족 간의 대화를 늘리고 인재를 육성하는 데 힘쓰고 있으며, 가족 간의 유대감이 중요하게 인식되는 요즈음 이러한 움직임은 확대되고 있다.

한편 일본은 2005년 문자활자문화 진흥법 제정했다. 도서관을 늘려 모두가 문자 · 활자 문화의 혜택을 누리는 환경을 조성하고, 학교 교육 전 과정에서 읽는 힘과 쓰는 힘을 기르도록 하겠다는 것이다. 이를 위한 대책 마련을 국가와 지방자치단체의 책무로까지 못 박았다. 이 법안은 10월 27일을 문자활자의 날로 정하고, 공공도서관 확충, 교육기관 도서관의 개방, 사서 교사와 도서관 직원 배치 확대, 학교 도서관과 공공도서관의 네트워크화, 출판 지원 등의 세부 정책도 제시했다. 일본은 이 법안의 제정으로 체계적인 독서교육을 정책 목표로 제시함으로써 세계와의 책읽기 전쟁에서 패배자가 되지 않겠다는 각오를 다지고 있다.

책 읽기 전쟁에서 앞서 가기 위해 일본의 도서관은 이용자의 편의를 위해 연중무휴, 밤 10시까지 열려 있다. 밤 10시까지 문을 열어둘 수 있는 것은 무인 관리 시스템 때문이다. 밤 7시가 넘으면 관리하는 사람이 없이 이용자 스스로 자기 카드로 출입하고 자동 대출 반납기를 통해 편리하게 빌릴 수 있다. 이용자의 편리를 최대한 배려하는 일본 공공도서관의 모습이다.

5) 그 외 나라들의 독서운동

독일은 1988년부터 독서진흥재단을 만들어 지속적인 독서운동을 펼쳐 왔다. 독일에서는 TV와 인터넷으로 독서량이 줄어들자 도리어 이러한 매체를 학교의 독서수업에 적극 활용하고 있다. 또한 세계 책의 날엔 40명의 작가가 모여 12시간 안에 96쪽 분량의 책 한 권을 만들어 내는 신기록에 도전하는 이벤트를 열기도 했다.

독일의 슈투트가르트 도서관은 '귀로 읽기' 운동을 하고 있다. 2002년, 160명의 자원봉사자로 시작하였다. 주의력과 집중력을 높이기 위해 귀를 잡고 비빈 후 인디언 천막에 들어가 아늑한 분위기에서 책을 읽어준다.

이스라엘의 탈무드에는 '돈을 빌려주는 것은 거절해도 좋지만, 책을 빌려주는 것은 거절해서는 안 된다.', '아이를 무릎에 앉히고 책을 읽어주라.'고 하여 독서의 중요성과 함께 아이에게 책 읽어주기를 강조하고 있다. 베드사이드 스토리(bedside story)라 하여 신생아 때부터 침대 곁에서 책을 읽어주거나 이야기를 들려주면서 아기를 잠재운다. 심지어는 아기가 책과 친해지도록 하기 위해 책에 꿀을 발라 놓기도 했다. 이것은 무엇이든지 입으로 가져가 빠는 시기에 아기에게 책이란 달콤한 것이란 인식을 심어줌으로써 아기 때부터 책과 가까워지도록 하기 위해서다. 아이를 남과 다르게 키우는 유태인의 자녀교육에는 어려서부터 책 읽어주기가 생활 속에 깊이 뿌리내려 있다.[7)]

또한 이스라엘은 학교 교육에서 독서 지도를 중요시하여 학생들이 아침에 등교할 때에 아예 도서관에 들러 그날에 읽을 책 3권을 선택하여

---

7) 한 유태인의 가정의 모습을 보자. 토케이어 씨의 아들은 다섯 살밖에 되지 않았는데도 아버지의 흉내를 내면서 책을 본다고 한다. 의자에 조용히 앉아 책꽂이에 있는 두꺼운 책을 꺼내서 아버지처럼 눈썹을 치켜뜨면서 책장을 넘기는 흉내를 낸다. 물론 아직 글을 모르기 때문에 책을 읽지는 못하겠지만, 아버지의 책 읽는 모습이 마음 속에 깊이 뿌리박혀 있어 그 모습을 흉내내고 있는 것이다. 유태인의 가정에는 아버지의 서재가 있다. 서재에는 높다란 책장에 책이 가득 차 있다. 이런 유태인들은 한국의 가정에 와서 아버지의 서재가 없는 가정을 보고 놀라게 된다. 그들에게는 한국의 아버지들이 아이들에게 서재에서 책상 앞에 앉아 책 읽는 모습을 보여주는 역할 모델을 하지 않는다는 사실에 일종의 문화적 충격을 받기도 한다. 유태인 못지 않게 자녀교육에 열성적인 한국의 부모들, 자녀를 위해 물불을 가리지 않는 교육열을 가지고 있으면서도 막상 어려서부터 아이들이 본받을 모범을 보여주지 않는다는 점에 대해서는 어떻게 생각해야 할까.

가져오게 한다. 하루 동안에 세 권의 책을 읽고 독서카드에 줄거리를 적어내게 한다. 한 학기가 마무리 될 무렵에 도서관 사서 교사가 학생 한 명 한 명의 독서카드를 분석 검토하여 개별적으로 독서습관을 지도하여 준다. 독서습관이 부진하거나 한편으로 치우쳐 있는 경우 등을 꼼꼼히 지적하여 바로 잡아주기도 한다. 이처럼 꾸준하게 책을 읽혀 13년간의 의무교육기간을 마치게 되면 수천 권의 책을 읽게 된다.

캐나다는 공공도서관의 프로그램을 통해 독서활동을 지원한다. 거의 모든 도서관에서 또래 아이들을 모아 책을 읽는 '이야기 시간'을 운영하며, 혼자 책을 읽을 수 없는 아이들에게는 전화를 통해 책을 읽어주는 '이야기 전화'도 운영하고 있다.

지금 세계에는 책읽기 전쟁이 벌어지고 있다. 21세기의 변화는 변화 자체가 변했다. 이제 변화는 더 이상 점진적이지 않다. 더 이상 단선적으로 움직이지도 않는다. 21세기의 변화는 불연속적이고, 돌발적이며, 선동적이다. 혁명의 시대에 기회는 광속으로 왔다가 광속으로 사라진다. 이러한 급변의 시대에 살아가는 것 자체가 곧 전쟁이다. 선진국들은 급변의 21세기에 경쟁에서 살아남기 위해 책읽기 전쟁을 벌이고 있다. 21세기의 지식 기반 사회에서는 지식이 국가 경쟁력이라고 보기 때문이다.

4.
책맹사회, 한국의 독서운동

1) TV, 책을 말하다

한국에서도 최근 독서에 대한 필요성과 중요성이 새삼 다시 강조되고 있다. 2001년 3월 공영방송인 KBS가 공사 창립 특집으로 'TV, 책을 말하다'라는 특별 프로그램을 제작 · 방송했다. 1편 '그들은 책을 읽었다'와 2편 '책읽기의 유혹'이 3일과 4일 이틀에 걸쳐 방송되었다. 그 핵심 메시지는 책읽기가 단순히 즐거움을 주는 행위를 넘어 개인과 사회, 국가의 경쟁력을 좌우하는 원천이 된다는 확신 아래 선진국들은 책읽기로 끌어들이기 위한 전방위적 운동을 펼치고 있다는 것이다. 그리고 책의 힘은 무한하고, 영원히 계속될 것이므로 이제 그 절대가치를 TV가 말하겠다는 것이었다.

21세기의 문턱에서 이 특집방송은 모처럼 시의적절한 공영방송다운 프로그램이었다는 좋은 평가를 받았다. 이것이 계기가 되어 KBS는 그 후속으로 매주 목요일 10시에 'TV, 책을 말하다'라는 고정 프로그램을 편성하게 되었다. 아무튼 이 특집 프로그램은 지식 경쟁력이 곧 국가 경쟁력으로 직결된 21세기에 지식 경쟁력의 핵심인 책과 책읽기에 있어서 선진국과 우리의 현재를 비교함으로써 앞으로 나아가야 할 방향을 모색하고 제시했다는 점에서 그 의의가 컸으며, 독서에 대한 관심과 중요성을 부각시킴으로써 우리나라의 독서 운동에서 하나의 전기를 마련했다.

2) 교육받은 책맹과 책맹사회

2001년 6월 2일에는 서울 국제 도서전이 열렸던 삼성동 코엑스 앞마당에서 민간단체인 '책읽는 사회 만들기' 국민운동이 출범했다. 여기서 '책맹'(冊盲)이라는 신조어가 생겨났다. 문자도 알고, 교육도 받았고, 그래서 책을 읽을 수 있으면서 학교 다닐 때 교과서와 참고서 읽은 것 말고는 책을 읽지 않는 사람들을 '책맹'이라 했다. 문자를 읽지 못하는 것을 문맹(文盲)이라 한다. 문맹은 글자를 모르기 때문에 책을 읽을 수 없으나, 글자도 알고, 교육도 받아 책을 읽을 수 있으면서 책을 읽지 않은 사람들을 '교육받은 책맹'이라 했다. 교과서나 참고서 외에는 도대체 책을 읽을 줄 모르는 교육받은 책맹들로 가득한 한국 사회를 '책맹 사회'(aliterate society)로 규정했다. 책을 읽지 않는 사회가 책맹사회이다. 이러한 책맹사회"는 위험한 사회라 했다. 책맹인 사람은 자기도 모르게 이용당하고, 정치적 · 상업적 조작의 대상이 될 수 있기 때문이다. 현대사회는 사람들을 책맹이 되도록 부추기고 유도한다. 그래야 속여 넘기기가 쉽기 때문이다. 그래서 책맹이 되는 것은 개인적으로나 사회적으로 매우 위험한 일이다. 스스로 바보 되기를 선택하는 것이다. 그래서 책맹사회는 문맹사회 못지않게 위험하다. 그것은 기본이 허약한 사회, 경박하고 천박한 사회, 현대판 우중(愚衆)사회가 되기 때문이다. 그런 사회는 치매에 걸려 내부로부터 쉽게 허물어진다. 더구나 지식 경쟁력이 곧 국가의 경쟁력이 되는 21세기의 지식기반사회에서는 더욱 그렇다. 그러므로 책맹사회를 방지하는 일이야말로 미래를 위한 가장 좋은 투자이다.

그래서 책맹사회의 타파를 위해 기존 도서관의 장서 확충과 함께 공공 도서관 시설의 확대를 정부에 촉구했다. '도서관 없는 나라, 책 없는 도서관'의 현실에 대한 개선을 촉구했다. 더 나아가 궁극적으로는 세계적인 교육열에도 불구하고 교과서나 참고서 외의 책읽기를 등한시하는 중등교육제도의 개혁을 끌어내는 데까지 목표를 두었다. 바로 한국의 학교교육이 아이들을 교육받은 책맹으로 만들고 있기 때문이다. 최고의 교육환경은 책 읽는 분위기를 조성하는 것이라고 선언한 국민운동 본부에서는 책읽는 사회를 만들기 위해 인사말부터도 "요즘 어떤 책을 읽고 계십니까?"로 바꿀 것을 제안했다. 이밖에도 책 읽혀 똑똑한 아이로 키우기, 아이에게 책 읽는 모습 보여주기, 책읽기의 생활화를 우리 집 문화정책으로 만들기, 책읽기로 치매 예방하기, 취침 전 15분 독서하기, 전철에서 책읽기, 책 읽히는 학교 교육으로 전환하기, 책 읽히는 대학 만들기, 공공도서관 활용하기 등을 제안했다.

3) 교육부의 '좋은 학교도서관 만들기'

'교육비전 2002년 새 학교문화 창조'에서 학교 교육의 정상화 방안의 하나로 독서교육 강화를 제시했고, 이에 따라 2002년 8월 교육부는

'좋은 학교도서관 만들기'라는 이름으로 학교도서관 활성화 종합방안을 확정했다. '좋은 학교도서관'이란 교수-학습센터(Learning Resource Center) 기능을 수행하면서 독서, 정보, 문화, 레크레이션 기능까지 수행할 수 있는 시설을 말한다.

정책 목표는 모든 학생들이 자기 주도적 탐구학습을 할 수 있는 환경을 조성하기 위하여 2007년까지 '좋은 학교도서관 만들기' 4대 과제를 중점 추진한다는 것이다.

4대 중점 과제는 다음과 같다.

첫째, 도서관 기본시설 및 장서 확충이다. 1학교 1도서관(실)을 구비하고, 학교도서관의 위상과 기능에 부합하는 공간적 구조를 구현하며, 학생 1인당 장서량을 5.5권에서 10권으로 확대하고, 장서의 내용을 새로운 교육과정에 맞게 일신한다는 것이다. 이를 위해 2003년부터 2007년까지 5년간 총 600억원의 예산으로 매년 1500개 학교에 5000만원을 지원하고, 학교 도서관 디지털 자료실 구축을 위해 학교당 4200만원을, 2007년까지 전체 학교의 10%인 1,016개의 학교에 지원토록 했다. 또한 매년 학교 경상 운영비의 3-5%를 도서 자료구입비로 학교 예산에 반영하게 했다.

둘째, 도서관 활용 프로그램 강화이다. 이를 위해 도서관 활용 수업(Library-Assisted Instruction)이 단위학교 교육과정에 반영되도록 하고, 학교도서관을 거점으로 하는 학생, 교사 또는 학부모 참여 프로그램을 다수 개발 · 운영하도록 했다. 또한 학교 교육계획의 필수사항으로 독서교육의 강화를 위해 책의 날, 독서인증제 등 책읽기 프로그램을 운영하고, 독서교육 프로그램을 실시하며, 도서관을 이용한 특별활동, 재량활동, 선택교과를 개설하여 운영하도록 했다.

셋째, 전담 관리인력 배치 및 전문성 제고이다. 학교 여건에 따라 다양한 형태의 전담 관리 인력을 배치하도록 하며, 학교도서관이 적절하게 훈련된 인력에 의해 관리되도록 하고, 책임자 또는 담당교사의 역할을 규정하도록 했다. 학교도서관이 설치된 모든 학교에 최소 1명 이상의 관리 인력을 배치하고, 매년 사서교사를 신규 채용하며, 대학 등 전문기관에 위탁하여 사서교사의 연수를 실시하게 했다.

넷째, 학교도서관 지원 민관협력체제 구축이다. 민간에서 시작된 '학교도서관 살리기 운동'이 학교도서관 지원을 위한 '민 · 관 협력체제'로 정착될 수 있도록 민관 협력을 연계시키도록 했다. 학부모 및 시민단체와 공동 협력 사업을 추진하고, 자치단체의 협조에 의한 인력, 시설, 장서 확충 등을 지원받도록 했다.

이 밖에도 학교도서관 활성화를 지원하기 위한 체제를 정비하게 했다. 2003년부터 교육청 평가 시 독서교육 1점을 15점으로 상향하고, 도서관 및 독서진흥법을 개정하여 관련 법과 제도의 개선을 추진하도록 했다. 그리고 교육청 단위의 학교도서관 사업 추진을 위한 재원을 확보하여 지원하며, 한국교육학술정보원에 학교도서관 지원팀을 운영하고, 전국 단위의 독서 캠페인을 전개하기 위해 민간단체에 재정지원을 하도록 했다.

그리고 추진 주체별 역할을 다음과 분담하게 했다. 단위학교는 학교도서관 운영계획을 수립 · 추진하며, 학생 · 교사 및 지역주민을 위한 프로그램을 운영하고, 시 · 도교육청은 교육부의 종합방안 및 단위학교별 계획을 고려, 자체 여건에 맞는 '학교도서관 활성화 계획'을 수립 · 추진하며, 학교도서관 활용을 위한 장학지도, 도서관 관리인력 확보 및 연수 등을 실시하며, 교육부는 '학교도서관 활성화 종합방안' 수립 · 시행 및 관리 체제를 구축하고, 교육청에 대한 정책적 인센티브 및 평가체제를 마련하며, 한국교육과정평가원 및 한국교육학술정보원에 지원팀을 구축하도록 했다. 시민단체 등 민간부문은 '좋은 학교도서관 만들기 운동'을 지속 추진하며, 학교에 책 보내기, 학교도서관 도우미, 학교-기업 자매결연, 책 읽기 캠페인 등을 전개하도록 했다.

2004년 10월에 교육부는 2007년부터 학생부에 독서 이력 및 활동 기록, 대학 전형 자료로 활용하도록 했고, 2005년 3월 서울시 교육청은 초 · 중 · 고 독서 지도 지침서를 발표했다. 교과 연계 도서목록, 교과별 독서 지도안 제공, 독서 이력철, 독서인증제 실시 등을 시행하도록 했다.

4) 문화부의 청소년 도서교환권 나누어주기

2002년 11월 5일부터 11월 9일까지 문화관광부는 청소년들이 책 읽는 습관을 통해 창의력과 감수성을 배양하여 이들을 21세기 지식기반 사회에서 시민의식과 국제경쟁력을 갖춘 역량 있는 인재로 육성하기 위해 각 시 · 도교육청과 협조하여 전국 9개도의 중1 청소년 32만 7,000여 명에게 5천원권의 '청소년 도서교환권'을 배부했다. 이것은 영국의 북토큰 운동과 같은 것이다. 청소년 도서교환권 배부사업은 일생 중 창의력과 감수성이 가장 예민한 시기인 중1 청소년에게 배부하여, 이들이 부모 또는 친구와 함께 가까운 서점을 찾아 스스로 읽고 싶은 책을 직접 골라 읽을 수 있도록 함으로써 평생 책읽기 습관의 출발점으로 삼는 동기를 제공하는 데 그 뜻이 있다.

교육부와 협조하여 청소년이 읽고 난 책은 학생들이 돌려볼 수 있도록 학교도서관이나 학급문고 등에 기증하는 운동을 병행 추진할 계획을 세웠고, 아울러 2003년에는 '청소년 도서교환권'을 전국 16개 시 · 도 중 1 청소년 전원(61만여 명)에게 확대 배부하고, '청소년 독서토론회', '청소년 독서대회' 등 독서 진흥을 위한 부대행사도 개최하여 청소년 책읽기운동이 지역사회, 학교 등 전 국민 독서운동으로 확산될 수 있도록 다양한 사업을 펼칠 계획을 세웠다.

5) 대구시교육청의 아침독서 10분 운동

독서습관 형성 없이는 학교 교육의 성과도 거둘 수 없다는 전제에서 대구시교육청은 2005년 3월부터 대구의 모든 학생들이 독서에 흥미를 갖고 일상생활 속에서 독서를 즐길 수 있도록 하기 위해 초 · 중 · 고등학교를 대상으로 매일 아침 시간에 교사와 학생이 함께 10분간 책읽기로 시작하고 있다.

4년째 아침독서 10분 운동을 전개한 결과, 학교에서 사라졌던 아침의 고요와 집중의 시간이 살아나고, 학생들의 독서습관이 자연스럽게 정착되면서 책맹이 퇴치되는 효과가 나타나기 시작한 것으로 평가하고 있다. 2006년 연간 독서량 조사에서도 대구 학생들의 독서량이 전국 평균 독서량보다 2배 이상 많은 것으로 나타났다.

아침 독서 10분 운동을 '북모닝! 대구'로 브랜드화하고, 대구를 책 읽는 문화 도시로 만들기 위해 노력하고 있다. 이 일환으로 2007년 4월부터 6-24개월 된 영아 1만 명을 대상으로 10개 공공도서관에서 북스타트 가방 꾸러미를 나누어주고, 영아 부모를 대상으로 육아교육, 책읽기

교육 등의 후속 프로그램도 진행하고 있다.

6) 독서문화진흥법과 독서문화진흥 기본 계획

2006년 12월 28일 '독서문화진흥법'이 공포되었다. 2007년 4월 5일부터 시행에 들어간 '독서문화진흥법'은 기존의 '도서관 및 독서진흥법' 중 독서문화 진흥에 관한 내용을 분리 · 구체화하여 별개의 법률로 만들어졌다.

이 법의 제정 목적은 독서는 국민의 당연한 권리라는 인식 하에 국민의 지적 능력을 향상시키고, 건전한 정서를 함양하며, 평생교육의 바탕을 마련함으로써 국가 경쟁력을 강화하고, 국민의 균등한 독서활동 기회를 보장하며, 삶의 질을 개선하는 데 있다.

주요 내용은 독서진흥위원회 설치, 5년 단위의 독서 정책 수립, 국가와 지방자치단체의 독서 진흥책 수립, 독서의 달 행사, 연차보고서 국회 제출 등이다. 여기서 14명의 전문가로 구성된 독서진흥위원회는 독서문화 진흥을 위한 정책, 기본계획의 수립과 변경 및 평가, 독서문화 진흥을 위한 제도 개선, 독서 문화 진흥을 위한 단체의 육성 및 지원 등을 심의한다.

이에 따라 2008년 6월에 문화부는 독서문화진흥 기본계획을 수립하여 발표하였다. 독서문화 활성화로 국민의 건전한 정서를 함양하고 삶의 질을 향상시키며, 독서를 통해 평생교육의 바탕을 마련함으로써 국민의 지적 능력을 향상시키고, 국가의 지식 경쟁력을 강화하기 위해서이다.

이 기본계획은 향후 5년간 관계부처와 시 · 도가 추진하게 될 독서

문화 진흥 정책에 관한 기본방향과 예시사업을 제시하고 있으며, 교육과학기술부, 보건복지가족부, 국방부, 법무부 등 관계부처와 시 · 도는 이 기본계획을 기반으로 '독서문화진흥시행계획'을 수립하여 각각 실정에 맞는 독서진흥사업을 시행하게 된다.

독서문화진흥 기본계획은 독서환경 조성, 독서의 생활화를 위한 사업 추진, 독서운동 전개, 소외계층 독서활동 지원 등 4대 과제와 이 과제에 대한 52개 세부과제로 이루어져 있으며, 독서 활성화를 통해 국민의 행복지수를 높이고 국가의 지식경쟁력을 강화하는 것을 기본 목표로 하고 있다. 독서문화진흥 기본계획의 4대 과제별 추진전략은 다음과 같다.

① 독서환경 조성

어린이집과 유치원, 학교, 직장, 가정, 지역 등 우리의 생활과 밀접한 공간에서 자유롭고 편안하게 독서활동을 할 수 있도록 시설을 개선하고, 장서를 확보하며, 독서 프로그램을 운영한다. 어린이집 · 유치원의 독서환경 조성, 학교(초 · 중 · 고)의 독서환경 조성, 직장의 독서환경 조성 등을 통해 생애주기별로 달라지는 생활공간에서 평생 동안 독서활동을 하는 데 불편함이 없도록 한다. 또한 가정의 독서환경 조성, 지역의 독서환경 조성 등 사회의 구성단위별 독서환경 조성을 통해 범사회적으로 책 읽는 문화를 확산한다. 그리고 독자들이 다양하고 좋은 책을 접할 수 있도록 우수도서에 대한 출판 지원사업도 지속적으로 추진한다.

② 국민 독서생활 지원을 위한 사업 추진

국민들이 자유롭고 편안하면서도 다양하고 흥미롭게 독서생활을 할 수 있도록 소프트웨어를 개발 · 보급하고, 독서교육을 실시하는 등 지원

사업을 추진한다. 국민들의 연령별 수준에 맞는 생애주기별 독서 프로그램 및 매뉴얼을 개발 · 보급하여 평생 동안 독서에 관심을 갖고 지속적인 독서활동을 할 수 있도록 지원하고, 전 국민을 대상으로 하는 독서교육을 통해 독서의 기능과 효율적인 독서방법 등에 관한 지식을 전파하며, 독서관련 민 · 관 네트워크를 구축하여 독서 관련 인적 · 물적 자원을 효율적으로 활용하도록 한다.

또한, 독서정보 종합 DB를 구축하여 신간도서 정보, 독서교육 자료, 국내 · 외 독서운동 사례, 독서에 관한 전문지식 등 독서정보 · 자료에 관한 원스톱 서비스를 제공한다.

③ 독서운동 전개

독서의 달(9월)에는 '독서문화상' 시상식과 함께 독서캠페인을 전개하고, 세계 책의 날(4월 23일)에는 책과 장미꽃 나누어 주기 행사 등 각종 계기를 활용한 독서운동을 광범위하게 전개하며, 북스타트 운동, 1인 1책 쓰기 운동, 아침독서 10분 운동 등 국내 · 외 우수 독서운동 사례를 참고하여 다양한 독서운동을 전개해 나간다.

④ 소외계층 독서활동 지원

독서 장애인을 위한 대체자료 제작 · 보급, 노인들의 독서활동 지원을 비롯하여 병영, 교도소 및 각종 복지시설 등을 대상으로 소외계층의 독서활동을 지원함으로써 모든 국민이 차별 없이 독서활동을 할 수 있도록 지원한다.

한편, 독서문화 진흥을 위한 문화체육관광부의 중점 추진사업은 다음과 같다.

① 전 국민을 대상으로 하는 무료 독서교육 실시

교사, 학부모, 직장인 및 일반인 등을 대상으로 2007년 서울에서만 시범적으로 실시한 '독서아카데미'를 전국적으로 확대하여 시행한다. 지방의 경우 전국 8개 도시(대구, 대전, 충주, 춘천, 순천, 군산, 진해, 제주)에서 찾아가는 독서 아카데미를 운영하고, 인터넷을 통해 독서교육을 받을 수 있는 사이버 독서 아카데미 시스템을 개발 · 운영하며, 직장에서의 독서 분위기 조성과 책을 통한 메세나 운동의 활성화를 위해 기업의 CEO를 대상으로 하는 독서 특강도 실시한다.

② 정부, 지자체 및 민간단체 공동 독서운동 전개

금년부터 영 · 유아를 대상으로 하는 '북스타트 운동'과 학생 및 직장인을 대상으로 하는 '아침 독서운동' 등 민 · 관 협력에 의한 독서운동을 확산시킨다. 북스타트 운동은 2003년부터 도입하여 2007년 신생아(약 48만 명)의 6.3%(약 3만 명) 지원하고 있다.(영국은 신생아의 98%, 일본은 34% 각각 지원)

③ 독서정보 원스톱 서비스 제공

2007년부터 시범적으로 운영하고 있는 한국간행물윤리위원회의 독서정보 DB를 중심으로 신간 도서정보, 독후활동, 독서교육, 국내 · 외 독서운동 사례, 독서에 관한 전문지식 및 정보 등 각종 도서정보를 연계한 독서정보 원스톱 서비스 체제를 구축 · 운영한다. (www.rdcenter.or.kr)

④ 소외계층 독서활동 지원

단기적으로는 독서 장애인용 대체자료 제작 · 보급 사업을 연차적으로 확대해 나가고, 중장기적으로는 2012년까지 완공 예정인 '국립장애인도서관지원센터' 내에 '독서 장애인용 대체자료 제작실'을 설치 · 운영할 예정이다. 또한 농산어촌 어린이 등 소외계층 독서활동 지원사업도 지속적으로 추진한다.

7) 거실을 서재로 운동

TV와 컴퓨터를 안방으로 물리고, 거실에 서가를 마련해 온 가족이 함께 책 읽고 대화를 나누는 거실문화, 새로운 가족문화를 만들자는 독서운동이다. 2007년 3월부터 2008년 2월까지 1년간 조선일보사와 대한출판문화협회가 공동으로 추진했다. 인터넷 홈페이지 및 우편을 통해 신청한 사람 중에서 당첨된 전국 9,510 가구에 서가 및 도서(10만 여권)를 지원했다.

가정의 독서환경 조성, 독서대화 등 책을 중심으로 하는 가족문화 확산, 독서 중심의 주거문화 확산, 일부 건설사의 거실을 서재로 한 아파트 평면도 등장, 공공분양 아파트에 '거실서재'를 옵션으로 권장(경기도), 기업 및 복지재단의 동참으로 도서 기증 운동 확산 등의 성과를 거두었다.

같은 시기에 이와 비슷한 독서운동을 중앙일보와 동아일보에서도 실시했다. 중앙일보는 동원그룹과 함께 '책꾸러기'이란 이름으로 만 6세 이하 어린이를 키우는 1,000 가정을 선발하여 1년 동안 매달 1권씩 총 12권의 그림책을 무료로 보내주었다.

이상에서 한국의 독서운동에 대해 부분적이나마 살펴보았다. 민간에 의한 것도 있고, 정부의 정책에 따른 것도 있다. 물론 독서운동이 현장 깊숙이 들어가 뿌리를 단단히 내리기 위해서는 민간 부분의 다양한 독서 운동이나 활동이 반드시 필요하지만 이것이 지속적이고 장기적으로 펼쳐지기에는 한계가 있다. 독서 기반의 조성은 국가의 몫이기 때문이다. 독서가 국가의 경쟁력을 좌우하며, 국가의 미래가 독서와 직결된다는 것에 인식을 공유한다면 국가적인 비전과 전략에 따라 예산과 인력이 뒷받침되어야 한다.

이런 점에서 5년간 진행된 교육부의 '좋은 학교도서관 만들기' 정책이 주목되는 점이다. 정책 목표와 함께 어느 정도의 예산 지원이 뒤따랐기 때문이다. 그러나 이것도 독서에 대한 구호만 요란했을 뿐 학교 현장에서 실질적인 효과를 끌어내어 학생들의 독서능력의 향상과 독서습관의 형성으로 이어져 독서의 생활화로까지 정착되기 위해서는 앞으로도 가야할 길이 너무도 멀다. 사실 지금까지의 예산 지원이라는 것도 언 발에 오줌 누기에 지나지 않을 뿐만 아니라 독서운동과 독서교육이 교육부만의 업무에 한정되어 있지 않은, 사회의 여러 부문과 얽혀 있는 구조적인 문제이기 때문이다. 이것이 성공하기 위해서는 국가적인 차원에서 정부의 여러 부서와 사회 각 부문의 유기적인 협조가 이루어져야만 성공을 이끌어낼 수 있다. 단기적이고 일시적인 처방은 어차피 그 효과가 제한적일 수밖에 없다.

근본적으로는 교육철학의 전환과 더불어 입시에 매몰된 학교교육의 제도적 혁신이 이루어지지 않으면 백약이 무효할 것이다. 이 점에서는 앞에서 살펴본 핀란드의 사례를 참고할 수 있을 것이다. 현재의 점수 경쟁에 내몰려 아이들에게 책 읽을 시간도, 동기도 줄 수 없는 환경 속에서 입으로 부르짖는 독서교육의 강화는 공염불에 지나지 않는다. 당장의 입시 준비와 눈앞의 점수 올리기에 급한데, 그래서 학원 다니기에도 바쁜데 언제 책을 읽을 시간조차 가질 수 있느냐고 반문한다면 독서는 한낱 먼 나라의 이야기가 될 뿐이다. 그래서 대학 논술시험을 위해 독서가 반드시 필요하다고 강변해 보지만 이런 식으로 독서를 강요하는 것은 진정한 독서의 길이 아니기에 답변에 맥이 빠질 수밖에 없다.

그래서 2007년에 제정된 독서문화진흥법에 기대를 했다. 물론 이것은 1998년의 미국의 '읽기 진흥법'과 2005년 일본의 '문자활자문화 진흥법'을 참고한 것이겠지만 독서와 관련한 것을 법으로 명시하여 강제하고 보장했다는 점에서 나름대로 의의를 찾을 수 있겠다. 정쟁만 일삼으며 눈앞의 정치적 이득만 챙기기에 바쁜 이른바 우리나라의 위정자들이 국가의 미래를 위해 얼마나 머리를 맞대고 고민하며 만들었을까 반신반의하면서도 관련된 일을 하는 한 사람으로서 그래도 기대가 컸다. 그런데 아니나 다를까 이번에 제정한 독서문화진흥법과 독서문화진흥 기본 계획은 언뜻 보기에는 의욕적으로 보이지만 실상은 허울 좋은 명분으로 계획만 나열했을 뿐 그 실천 의지에 대해서는 의문이 든다.

이미 전문가들이 지적한 바와 같이 총 15조로 되어 있는 독서문화진흥법에서 본 조항은 8개에 불과하고 그것도 형식적이고 선언적이다. 얼마나 조심스러웠으면 조문 자체가 '노력하여야 한다', '강구하여야 한다', '할 수 있다', '둘 수 있다' 등으로 되어 있어 구속력이 없다. 시행령도 독서문화진흥 기본계획의 수립 위주로 되어 있어 실효성에 의문이 있다. 강제성이 없는 법 조항이라면 굳이 법으로 제정할 필요가 있었을까 하는 생각이 들 정도다. 강제 조항이 없이 선언적인 권고 조항으로 얼마나 실천력을 담보할 수 있을까. 이 법에서는 독서문화 진흥을 위한 정책,

기본계획의 수립과 변경 및 평가, 독서문화 진흥을 위한 제도 개선, 독서문화 진흥을 위한 단체의 육성 및 지원 등을 심의하기 위해 독서진흥위원회를 두도록 했는데, 독서진흥위원회는 업무 추진 주체가 아니라 단순히 심의기구일 뿐이다. 그 동안의 정부의 독서진흥 정책이 실효성이 없었던 것은 예산과 조직을 갖춘 추진 주체가 없었기 때문이었다. 이 법에 따라 2008년에 독서문화진흥 기본계획은 수립되었지만, 독서문화 진흥 업무를 총괄할 주체가 모호한 상태에서 실행을 담보하기 어려울 것은 불을 보듯 뻔하다.

독서진흥 실상이 이러니 출판계도 말할 것이 없다. 등록 출판사는 3만개에 이르지만 한 달에 한 종이라도 책을 내는 곳은 400-500 곳에 불과하다. 개점휴업 출판사는 갈수록 늘고 있다. 웬만한 책은 발행부수가 백 단위로 내려앉았다. 출판해 보아야 종이값도 안 나오는 실정이다. 출판사의 불경기는 자연 서점과 인쇄소, 제본소의 불황으로 번짐으로써 출판 관련 산업의 추락이 끝없이 이어지고 있다.

지금까지 조사된 우리 국민의 독서 실태를 보면, 성인 4명 가운데 1명은 책맹이다. 주당 독서시간도 2005년 30개 조사대상국 중 꼴찌였다. 국민 독서율이 세계 최하위권이다.[8] 성인 10명 중 2-3명은 1년에 한 권도 책을 안 본다. 책으로 얻어지는 지적 능력과 창의력, 감성이 그만큼 떨어질 것이란 우려가 나오지 않을 수 없다.

이로 보면 21세기 지식기반사회에서 위정자들은 경제 선진국 진입을 외쳐대고 있지만 우리의 현실을 되돌아볼 때 아직도 갈 길은 멀다. 독

8) 2005년 다국적 여론조사기관 NOP월드가 세계 30개국 3만 여명을 심층 면접한 결과 우리 국민이 책과 잡지 등 활자매체를 읽는데 쓴 시간은 주당 3.1시간, 조사대상국 중 꼴찌였다. 당시 30개국 평균은 6.5시간이었으니 그 절반에도 못 미친 것이다. 1년으로 환산하면 우리는 1인당 170시간, 4,000만 국민으로는 68억 시간을 '세계인들보다 깜깜히' 활자와 담 쌓고 지낸 셈이다.

서문화진흥법이 제정되기 전에는 '도서관 및 독서진흥법'의 한 장에 독서조항이 뭉뚱그려져 있었다. 2007년 4월에 도서관법과 떨어져 '독서문화진흥법'이란 독립법이 생겨난 것이다. 그러나 독립법이 생겨났다고 해서 정부의 활동과 지원이 좋아진 것도 아니다. 국민 독서문화 진흥을 위한 연 예산이 20억 원대에 불과하다. 예산당국은 그것마저 깎아보려고 문화부를 닦달한다. 그뿐인가. 새 법에 따라 작년 12월 발족했던 '독서진흥위원회'는 2008년 정권이 바뀌면서 정부의 위원회 통폐합 방침에 따라 자동 소멸해버렸다. 5개월 반짝 있다 사라져 버렸다. 회의라곤 상견례 포함 두 번밖에 열리지 않았으니 실적이란 것이 있을 리도 없다. 한 위원은 "만나자 이별이라더니 정부가 이렇게 책과 이별하자는 건가."라고 불만을 터뜨렸다. 정부의 정책입안자들의 인식의 변화가 전제되지 않는 한 독서문화진흥 계획도 한낱 공염불로 끝나고 말 것이다.

5.
기업의 경쟁력 제고와 독서경영

1) 21세기 경영전략으로서의 독서경영

헐리우드 영화배우의 대부격인 헐리우드 명예시장인 자니 그랜트는 '하루 일과 중 30-40%의 시간을 책읽기에 투입하지 않으면 헐리우드에서 살아남을 수 없다.'고 했다. 헐리우드의 경쟁력은 바로 독서에서 비롯된다는 말이다. 스필버그, 제임스 카메룬, 레니 할린 등 헐리우드의 유명한 감독들도 영감과 상상력의 원천은 독서라고 말한다. 독서는 헐리우드를 움직이는 원동력인 것이다.

21세기의 기업의 경쟁력을 좌우하는 힘도 독서에 있다. 일본의 디지몬은 1998년 일본 반다이사의 게임으로 출발했다. 이후 만화, 잡지, TV 애니메이션, 극장판 애니메이션을 선보이면서 포켓몬의 아성을 위협하고 있다. 110여종이나 되는 캐릭터 상품으로 열광적인 선풍을 일으키고 있는 디지몬을 탄생시킨 것은 반다이사의 한 외주 제작업체였다. 기발한 아이디어와 기획력을 자랑하는 이 업체의 경쟁력의 배경은 바로 끊임없이 책을 읽는 습관이었다.

삼성그룹의 창업자인 이병철 회장은 도쿄 신년 구상으로 유명했다. 신년이면 해마다 토쿄에 머물면서 경영과 첨단기술 관련 책을 구입하여 직접 읽고, 세계 경제의 동향을 미리 파악하여 기업의 경영과 투자 전략에 반영하였다. 오늘의 삼성이 있기까지는 이러한 창업자의 남다른 독서가 밑바탕이 되었던 것이다.

독서는 세상의 온갖 정보와 지식, 지혜를 내 것으로 만들 수 있는 가장 좋은 방법이다. 이러한 독서는 개인의 경쟁력뿐만 아니라 기업의 경쟁력을 높이는 효과적인 방법이기도 하다. 2000년대 들어 많은 기업들에서 직원들의 자기계발이 회사의 미래를 좌우한다는 것을 깨닫고, 경영과 독서를 결합한 독서경영이라는 새로운 경영 기법을 펼쳐나가면서 독서가 세계화와 정보화 시대의 경영 전략의 하나로 급부상하고 있다.

독서경영은 책을 읽고 기술과 정보, 지식을 얻어 조직이나 개인이 활용하는 것을 넘어서 독서와 독서 활동을 경영에 적극 활용하려는 하나의 경영기법이다. 이는 경영 성과와 생산성 향상을 위하여 기업이 의도적으로 개인 또는 단체의 독서 활동에 개입하고, 여기서 얻은 기술과 정보, 지식, 아이디어, 영감 등은 다른 구성원이나 기업조직으로 전파하고, 공유하고, 축적하여 새로운 가치와 지적 자산을 만들어 내는 데 활용할 수 있다.[9)]

이러한 독서경영은 독서를 통해 얻은 정보와 지식을 함께 나누고 공유함으로써 생산성을 향상시키는 데 그 목적이 있다. 세계화의 무한 경

9) 박희준 외, 『독서경영』, 위즈덤하우스, 2006.

쟁 속에서 독서경영은 직원들의 자기 계발과 기업의 핵심 가치의 공유와 더불어 기업의 경쟁력을 높여 지속적인 성장을 이루기 위한 경영 기법이자 전략이 되고 있다.

이와 같은 독서경영은 지식 경영[10)]과 크게 다르지 않다. 지식 경영은 경험을 통해 습득하고 축적된 모든 지식을 경영에 접목하는 것을 목표로 하는 하나의 경영 기법이다. 지식은 무형자산으로서 기업의 생존과 성장을 위한 밑바탕이자 원천이라 할 수 있다. 우리나라에서는 1990년대 후반부터 도입되었으나, 도입 과정에서 회사 내의 직접적인 업무 경험을 모아 경영에 접목하는 것으로 의미가 축소되어 지식 관리 수준으로 전락하고 말았다.

책을 통해 얻은 정보와 아이디어를 업무에 적용하고, 그것을 토론을 통해 서로 공유하면서 새로운 지식을 창출하는 독서경영은 지식 경영과 맞닿아 있다. 지식 경영은 직접 경험과 간접 경험을 통해 축적된 지식을 경영에 접목하는 것인데, 독서는 간접 경험에 해당되므로 독서경영은 지식 경영을 보완하는 구체화된 지식 경영의 한 형태라 할 수 있다. 독서경영은 지식 경영을 쉽게 접근할 수 있게 하는 구체적이고 효율적인 방법의 하나이다. 이러한 독서경영은 기업 조직의 비전과 가치를 공유하고, 기업의 핵심 역량을 강화하는 가장 효과적인 경영 전략이다.

최근 여러 조사에 의하면, 현대인이 좋은 아이디어를 떠올리거나 자

10) Garter Group은 '지식 경영은 기업의 모든 정보 자산을 식별하고, 수집하고, 평가하고, 검색하고, 공유하기 위한 통합적 접근을 촉진하는 분야이며, 이러한 정보 자산은 데이터베이스, 문서와 문헌, 정책, 전략, 그리고 과거에는 획득하지 못한 개개 종업원의 전문지식과 경험을 포함한다.'고 정의했고, Leibowitz는 '지식 경영은 기업의 목표를 달성하기 위하여 조직 내에서 이루어지는 지식의 명시적 통제와 관리를 의미하며, 지식 경영은 지식을 체계적이고, 명시적이며, 신중하게 구축하고, 갱신하고, 응용하여 기업의 지식 관련 효율성과 지식 자산으로부터의 보상을 최대화하는 것'이라고 정의하고 있다.

기계발을 위한 수단으로 이용하는 것이 텔레비전이나 인터넷이 아닌 독서인 것으로 밝혀졌다. '우리는 우리가 읽는 것으로 만들어진다.'는 말처럼 독서를 경영에 접목하는 독서경영은 기업의 핵심 역량 및 변화와 혁신 전략을 강화하는 조직 경영의 새로운 패러다임이다. 개인의 생존과 경쟁력 향상만이 아니라 기업의 생존과 경쟁력 향상을 위해 독서경영은 필요하다. 독서를 통해 빠르게 변화하는 미래사회에 대한 새로운 정보와 지식을 습득하고, 이것을 업무에 적용하는 것은 곧 자신의 생존과 동시에 기업의 생존을 도모하는 길이다.

2000년대 들어 많은 기업들이 앞 다투어 도입하고 있는 독서경영은 일시적인 유행을 넘어 기업의 비전을 제시하고, 핵심 가치를 공유하며, 생산성을 향상시키는 중요한 패러다임으로 자리매김해 가고 있다. 대기업은 물론 중소기업들에 이르기까지 많은 기업들의 21세기 생존 전략으로 부상하고 있는 것이다.

2) 독서경영의 사례

우리나라 기업들의 독서경영의 현장을 직접 탐방하고 취재한 기자들이 쓴 『독서경영』이라는 책은 많은 최고경영자들이 책 속에서 기업의 비전과 경영의 해법을 찾고, 직원들의 자기계발과 핵심 가치의 공유를 통해 기업의 경쟁력을 높이려고 애쓰는 상황들을 생생하게 전해주고 있다. 독서경영이 최고경영자와 직원들을 이어주는 매개체로서 업무 효율을 높이고 핵심 역량을 강화하는 강력한 무기가 되고 있기도 하지만, 그 개념이나 의미, 방향성 등에 대해 아직까지 명확한 기준이나 체계가 없어 그 중요성은 인정하면서도 구체적이고 효과적인 실행 방안에 대한 시행착오로 제대로 된 성과로 이어지지 못하고 있음도 동시에 보여주고 있다.

한국의 독서경영은 대체로 최고경영자의 독서에 대한 관심과 열의로 시작되었다. 금호그룹의 박성용 명예회장은 소문난 독서가였다. 본사 1층 현관과 2층 복도에 도서실을 마련하여 직장 내의 독서분위기를 조성해 왔다. 직원들의 자기계발과 기업 경쟁력을 위해 8시에 출근하여 9시까지는 전 직원이 독서를 하게 했다.

한국의 대표적인 IT기업인 '안철수연구소'의 최고경영자였던 안철수도 어렸을 때부터 독서광이었다. 그는 다양한 방면에 관심을 갖고 폭넓은 독서를 하였는데, 우리나라에서 출판되지 않은 분야의 책들은 미국의 대표적인 인터넷서점인 '아마존'에서 직접 책을 자주 구입하기도 했다. 안철수는 2005년 연구소를 떠나면서 사내 경영전략실에 미니 도서관을 만들고, 자신이 본 책 가운데 가장 유익한 책 15권을 비치해 놓기도 했다. 안철수는 최고경영자로 있으면서 가치관과 인생관이 저마다 다른 직원들이 한 목소리를 내도록 하기 위해 '핵심가치'를 강조했다. 이 핵심가치를 이해하고 공유하기 위해 독서를 접목했다. 핵심가치를 전할 수 있는 책을 선정하여 읽게 하고, 승진 면접 때 핵심가치와 비전을 실제 업무에 적용했는지를 평가했다. 안철수연구소는 인터넷 상에 도서관리 시스템이 잘 구축되어 있으며, 책 읽는 문화가 정착되어 강요하지 않더라도 직원들 스스로가 책을 통해 자신의 업무 능력을 향상시키고 있다. 안철수연구소의 독서경영은 회사의 핵심가치와 비전을 구체화하는 유효한 수단으로 활용한 사례가 되고 있다.

기업의 브랜드 이미지 창출을 위한 컨설팅을 주로 하는 벤처기업 메타브랜딩은 독서경영을 성공적이면서 모범적으로 실시하고 있는 사례에 해당된다. 메타브랜딩은 브랜드 이름짓기와 이미지 컨설팅을 하는 업무 특성상 새로운 아이디어와 지식의 창출이 곧바로 기업의 경쟁력과 직결된다. 이 때문에 그들은 독서를 피해 갈 수 없었다. 그들은 참신한 아이디어 개발에 도움이 될 만한 책이 국내에서 부족해지자 외국 책을 읽기 위해 번역 공부에도 몰입했다. 메타브랜딩은 독서를 통해 회사의 전략과 업무의 효율성 향상을 이뤄내고 있다. 책을 읽고 토론하는 수요스터디, 지식타임이라는 푯말을 붙이고 하루 1시간씩 자율적으로 책을 읽는 지식타임제, 월요시네마, 10시 출근제 등을 실시하고 있다. 특히 수요스터디는 3시간에 걸쳐 진행되며, 업무와 관련된 책이나 글을 읽고 토론하는데, 단순한 토론으로 끝나지 않고, 글쓰기, 강연 청취, 업무 발표와 제안 등 다양한 형식이 결합되어 있다. 수요스터디를 통해 얻은 지식과 성과물은 사내 자산으로 축적되고 관리된다. 구성원들은 네이밍 보고서, 브랜드 리포트 등의 축적된 자료들을 수시로 공유하면서 업무에 활용하고, 이것을 바탕으로 새로운 지식을 창출한다. 메타브랜딩은 사내 조직을 통해 지식을 습득 · 전파하고, 새로운 지식을 창출해 업무에 능동적으로 적용하고 있다는 점에서 독서경영의 좋은 사례가 되고 있다.

지식형 건설회사를 지향하고 있는 우림건설은 월례회의에서 직원들의 연령층을 고려하여 다양한 주제와 장르의 책을 소개한다. 여기서 소개된 책을 단체로 구매하여 전 직원이 읽은 후에 독후감을 써서 제출한다. 임직원 6명으로 구성된 독후감 선정위원회는 독후감을 선정하고, 최고경영자는 월례회의에서 우수한 독후감을 시상하고, 발표도 시키며, 고과 점수에 반영한다. 우림건설은 독서와 독후감 쓰기를 의사소통의 수단으로 활용하고 있다. 최고경영자와 직원, 직원과 직원, 본사와 현장 간에 공동의 가치를 형성해 주고, 서로의 정보와 아이디어를 전달해 주는 가교 역할을 한다. 최고경영자는 각 도서별 편지 형식의 추천사를 통해 책을 읽은 소감과 권하는 이유, 임직원에게 하고 싶은 이야기를 전달하고, 직원은 책에서 느낀 점이나 생각한 것, 경영자나 상사에게 하고 싶은 이야기를 독후감에 적고, 제도 개선에 대한 건의도 한다. 최고경영자는 자신의 철학과 생각을 전하고, 직원들은 독후감을 통해 생각과 건의 사항을 올리는 양방향 대화 채널로 독서가 활용되고 있다. 1996년부터 벌이고 있는 책 나누기 행사는 2003년에 정례화되어 우림건설 임직원, 협력업체, 고객, 군부대 장병에게 약 5000권의 책이 전달되고 있다. 우림건설의 독서경영은 임직원들에게 자긍심을 심어주고 회사에 대한 충성도를 높여줌으로써 이직률을 크게 낮추고 회사의 분위기를 좋게 만들어 생산성도 높여주는 성과를 내고 있다. 최고경영자의 취미에서 시작된 독서가 전사적 문화로 확대되어 하나의 기업 문화로 정착되었다.

이외에도 이랜드와 서린바이오사이언스는 신입사원에게 입사 후 3개월간 12권의 책을 읽게 하고 독후감을 써내게 하고 있으며, 동양기전은 전 직원이 선정 도서를 읽고 독후감을 제출하고 12명 단위로 토론회를 가지며, 사내에 독서대학을 운영하고 있다. 아무튼 독서경영은 21세기 지식정보화 사회에서 기업의 경쟁력을 높이기 위한 경영전략으로 확산되어 가고 있는 추세이다.

한양대 교육공학과 유영만 교수는 학습조직 없이 지식경영이 구축되기 어려우며, 이 경우 지식경영은 지식관리 시스템적인 접근을 하게 된다면서 현재 기업들의 독서경영은 독후감을 써서 발표하고, 이를 공유하고 데이터베이스화해서 저장하는 식이 대부분이라고 했다. 이는 경영전략과 연결되지 않는 이른바 따로 독서경영일 뿐이다. 단순히 책 내용을 요약해서 발표하고 공유하는 독서경영은 필요조건에 해당할 뿐이다.

독서경영의 진정한 성과는 책을 읽고 그 시사점과 의미를 찾아내는 노력에 있지 않고, 책을 통해 얻은 작은 깨달음이라 할지라도 일상적인 업무 현장에 적용하여 작은 변화를 몸소 체험하는 노력이 중요하다고 했다. 이런 점에서 독서경영은 기업에만 적용되는 경영전략이 아니라 모든 사람이 실천해야 될 삶의 경영전략의 하나라고 볼 수 있다.

지금 기업에서 실시하고 있는 독서경영은 일정한 성과도 있지만 한계와 문제점도 가지고 있다. 독서경영은 조직문화를 변화시키고, 구성원 간에 지식과 아이디어를 공유함으로써 기업의 업무 능력과 생산성 향상의 효과를 내고 있다. 조직 내에 토론문화를 활성화시킴으로써 사고능력과 업무에 대한 이해도를 높이고, 부서 간에도 이해의 폭을 넓히는 기회를 제공한다. 자발적 학습문화를 형성하여 자기계발을 유도함으로써 개인과 기업의 경쟁력을 높인다. 그러므로 독서경영은 독서가 단순한 취미생활의 수준에 머물러서는 안 되며, 기업의 경영 전략으로서 독서가 기업의 비전과 가치를 실현하는 차원에서 이루어져야 한다.

이를 위해서는 최고경영자의 강력한 의지와 신념뿐만 아니라 뚜렷한 방향설정과 전략적인 접근이 필요하다. 최고경영자가 추천하는 책뿐만 아니라 도서선정위원회를 통한 적합한 도서선정과 체계적인 관리가 있어야 한다. 독서를 통한 정보와 지식, 아이디어 등은 개인이 아니라 조직 차원에서 이해되고 정리되고 공유되어야 하므로 이를 뒷받침할 프로그램을 구축해야 한다. 독서한 내용을 리포트로 작성하고, 토론을 통해 이해도를 높이는 과정은 반드시 필요하다. 성과물은 지적 자산으로 축적하여 체계적으로 관리하면서 모두가 공유하는 시스템을 구축해야 한다. 그리고 적절하고 공정한 평가로 승진, 인사, 연봉, 복지 등에 반영하는 유인책을 제공할 필요도 있다. 독서를 통해 구성원의 지적 수준이 높아지고 토론과 공유를 통해 조직 전체가 하나의 학습조직으로 거듭나면서 창의적인 기업문화가 만들어질 때 독서경영은 기업의 경쟁력 향상으로 이어지게 될 것이다. 독서경영은 기업 조직의 비전과 가치를 공유하고, 기업의 핵심 역량을 강화하는 가장 효과적인 경영 전략이다.

그 동안 우리 기업은 외국의 경영 기법을 배우고 뒤따라가기에 바빴으나, 독서경영은 지식 경영의 한 방법으로서 국내 기업들이 도입하여 개념과 모델을 만들어가는 경영 기법이다. 독서경영이 지식 경영, 감성 경영, 윤리 경영 등과 같이 하나의 기업 문화로 정착되어 21세기 세계화 · 정보화 시대의 기업 경쟁력 제고로 이어져 기업의 강력한 성장 엔진으로 자리매김할 수 있어야 한다.

Ⅲ. 한글이 국가 경쟁력의 원천이다

1. 문맹률 0%, 모든 언어가 꿈꾸는 최고의 문자
2. 언어는 곧 사고이다
3. 한국은 독서를 위한 최상의 문자 환경을 갖추고 있다
4. 유아기 독서교육에서 국가 경쟁력이 결정된다
5. 한글의 세계화를 위한 비전과 전략이 필요하다

세상의 어떤 알파벳도 한글만큼 아름답고 합리적인 문자는 없다.

-레이야드

글자 자체가 음의 자질까지 나타내는 한글은
표음문자 중에서 새로운 차원의 자질문자이다.

-제프리 샘슨

한글은 모든 언어가 꿈꾸는 최고의 알파벳이다.

-존 맨

음소문자이면서 음절문자인 한글은
디지털 시대에 적합한 디지털 문자로서
정보화 사회에서 국가 경쟁력을 높이는 핵심 자원이자
세계화 시대에서 우리의 생존을 지키는 첨단무기이다.

-본문 중에서

언어가 인류의 최고 발명품인 것처럼 우리의 최고 발명품은 한글이며, 이것은 우리의 자랑스러운 문화유산이자 곧 인류의 문화유산이다. 문맹률 0%의 한글은 모든 언어가 꿈꾸는 꿈의 문자이다. 이제는 훈민정음, 즉 한글을 세계에 떳떳하게 내세워 자랑하면서 우리글에 대한 자부심과 긍지를 가져야 한다. 이 자부심과 긍지로 우리글을 더욱 아끼고 다듬어서 국가 경쟁력을 높이는 무기로 활용해야 한다.

-본문 중에서

1.
문맹률 0%, 모든 언어가 꿈꾸는 최고의 문자

흔히 한글을 '아침글자'라 한다. 옛 사람들이 너무 쉬운 글이라는 뜻에서 그렇게 불렀다. 세종대왕도 훈민정음을 발표하면서 '총명한 이는 아침나절이면 깨칠 것이고, 무지한 백성들도 열흘이면 깨칠 수 있다'고 했다. 예전에는 한자와 비교해 주로 깔보는 의미로 사용했지만, 이제는 한글의 우수성을 대변하는 말이 되었다. 한글은 매우 쉽고 빠르게 배울 수 있기 때문에 우리나라는 문맹률 0%라는 경이적인 기록에 도달하고 있다. 참고로 미국을 비롯한 유럽의 문맹률은 20%가 넘으며, 특히 중국은 20세기 초에는 90%였지만, 지금은 부단한 노력에도 불구하고 아직도 문맹률이 50%에 육박한다. 이로 보면 문맹률 0%라는 것이 왜 경이적인 기록인지 납득이 갈 것이다.

그래서 유네스코는 문맹퇴치에 공헌한 개인이나 단체에 주는 공로상으로 1989년에 '세종대왕상'을 제정하여 1990년부터 문맹퇴치의 날인 매년 9월 8일에 수여하고 있다. 어느 나라에서나 글을 모르고서는 문명의 혜택을 받을 수도 없을 뿐만 아니라 사회 구성원으로 제대로 사회생활을 할 수 없다는 것은 두 말할 필요가 없을 것이다. 그래서 문맹퇴치는 인류의 최우선 과제이다. 이런 점에서 문맹퇴치상의 이름을 문맹률 제로의 문자를 창제한 세종대왕의 이름을 붙이는 것은 너무도 당연하다 할 것이다. 더 나아가 유네스코는 1997년 『훈민정음 해례본』을 세계기록유산으로 지정함으로써 이를 인류의 문화유산으로 등재하였다.

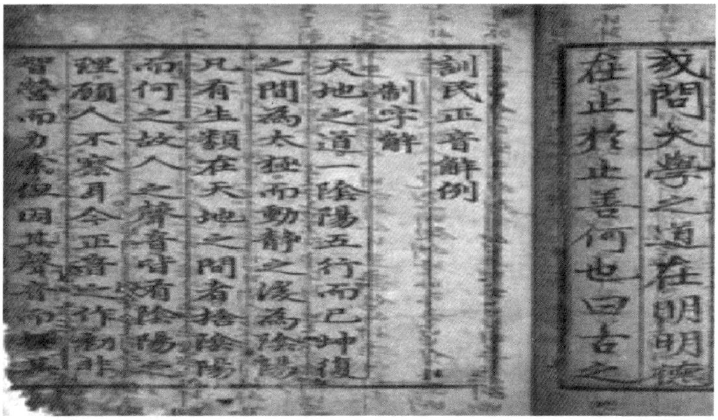

▲ 국보 제70호로 지정된 훈민정음해례본

1) 혁명적 발상과 탁월한 창조정신의 산물

세계 역사상 유례가 없는 유일무이한 한글을 누가 만들었을까? 대개는 세종대왕과 집현전 학자들이 만든 것으로 알고 있는데 사실은 다르다. 실록의 기록을 자세히 검토해 보면, 1443년 12월 세종대왕이 한글을 창제했을 때까지 집현전 학자들조차 그 사실을 모르고 있었다는 것을 알 수 있다. 한글 창제 이후 가장 심하게 반발하며 언문 제작의 부당함을 상소한 것이 바로 집현전 학자들이다. 세종의 한글 창제 2개월 후, 집현전 부제학 최만리를 비롯해 김문 · 정창손 · 하위지 등이 올린 상소문을 보면 그와 같은 정황이 잘 드러난다.

> 만일 언문을 할 수 없어서 만드는 것이라면 이것은 풍속을 바꾸는 큰일이므로 마땅히 재상으로부터 백관에 이르기까지 함께 의논하여 의혹됨이 없는 연후에야 시행할 수 있는 것이옵니다.

이 상소문의 내용을 뒤집어 생각하면 한글 창제 작업 전에 재상을 비롯한 문무백관과 일절 상의하지 않았다는 말이 된다. 또한 집현전 학자 중 대표적인 인물인 성삼문과 신숙주의 경우를 살펴봐도 한글 창제와 별 연관이 없다. 성삼문은 한글이 거의 창제되었을 무렵에 집현전에 들어왔고, 창제 2개월 전에 들어온 신숙주는 그 다음해 일본으로 갔기 때문에 한글 창제에 관여할 시간이 없었다. 정인지, 신숙주, 성삼문 등은 한글 창제 후 한글의 운용을 시험하기 위한 한글 서적의 편찬사업에 참여했을 뿐이다.

더구나 당시에는 유학자들이 모화사상에 깊이 빠져 있을 때라 미리 알렸더라면 더 극심한 반대에 부딪혔을 것이 뻔했다. 이 같은 사실을 잘 알고 있었던 세종으로서는 한글 창제 작업을 극비리에 진행할 수밖에 없었다. 한글은 세종의 비밀 프로젝트였던 것이다.

이런 정황들로 보아 집현전 학자들이 한글 창제에 관여하지 않았다는 것이 거의 정설로 굳어지고 있다. 그렇다면 한글 창제 작업은 누가 했을까? 이에 대한 해답은 1443년 12월 30일자의 『세종실록』에 기록되어 있다.

이 달에 임금이 친히 언문 28자를 지었는데, 그 글자가 옛 전자(篆字)를 모방하고, 초성 · 중성 · 종성으로 나누어 합한 연후에야 글자를 이루었다. 무릇 문자에 관한 것과 상말에 관한 것을 모두 쓸 수 있고, 글자는 비록 간단하고 요약하지마는 전환하는 것이 무궁하니 이것을 훈민정음이라고 일렀다.

임금이 친히 지었다는 것은 세종 혼자서 창제했다는 것이다. 이것은 집현전 학자들이 관여하지 않았다는 것을 말해 준다. 집현전 학자들도 모르는 상황에서 세종이 비밀리에 추진했다는 말이 된다. 물론 극히 일부의 인물만이 창제 과정에 참여했다. 여기에 꼽히는 인물들이 문종과 수양대군 · 안평대군 · 정의공주 등이다. 비밀을 유지할 수 있는 세종의 자녀들이 참여하기는 했지만, 한글의 창제 원리가 이론적으로 한 점의 흐트러짐 없이 처음부터 끝까지 일목요연함을 유지하고 있다는 점에서 세종이 주도하여 만든 것으로 볼 수 있다.

게다가 당시의 지배층은 누구도 새로운 문자의 필요성을 느끼지 않았다. 한자는 오히려 그들의 기득권을 유지할 수 있는 수단이기도 했기 때문에 더욱 그랬다. 배우기 어려운 한자가 일반 백성들의 접근을 막아 그들만의 특권을 보호해 주었기 때문이다. 그래서 당시의 지배층은 한글의 창제에 대해 극구 반대할 수밖에 없는 입장이었다. 오히려 한글은 그들의 기득권을 위협하는 아주 위험한 물건이었다. 그래서 한글 창제 후에도 그들은 '언문'이라 천시하고 한글을 사용하지 않았다. 그나마 당시의 상황에서 한글이 세상에 나와 명맥을 유지할 수 있었던 것은 절대 권력을 가진 군주에 의해 의욕적으로 추진되었기에 그나마 가능할 수 있었던 것이다. 이러한 상황이었기에 한글은 거의 500년 동안 지배층에게는 외면당한 채 주로 여성이나 일반 백성들 사이에서만 제한적으로 사용되어 왔다. 만약 창제 당시부터 문화의 주도층인 이들이 한글을 적극적으로 사용하면서 발달시켰다면 우리의 역사와 문화는 아마 크게 변했을 것이다.

이런 점에서 한글은 세종이라는 걸출한 한 천재의 혁명적 발상과 탁월한 혜안에 의해 생겨난 것이다. 세종은 당시의 지배층과는 백성을 보는 관점이 달랐다. 세종은 말로만이 아닌 진정으로 백성을 나라의 주인으로 섬겼던 군주였다. 당시의 지배층인 관리들은 자신들을 통해 군주와 백성이 연결되기를 원했고, 이를 통해 자신들의 기득권을 유지하려고 했지만, 세종은 관리들을 통해 전달되는 백성들의 제한적인 정보에 만족할 수 없었다. 진정으로 백성을 위하는 정치를 펼치고 나라의 통치 이념을 구현하기 위해서는 백성들과 직접 소통할 수 있어야 했다. 백성들 누구나가 쉽게 배우고 쓸 수 있는 한글은 군주와 관리와 백성들 사이의 원활한 의사소통을 가능케 함으로써 진정한 사회통합을 이루는 수단이자 매개체였던 것이다. 한글은 군주의 통치 이념을 전파하고, 백성들의 뜻이 군주에게 상달되는 통로였다. 그 밑바탕에는 유교적 민본 사상에 의거한 세종의 지극한 애민정신이 깔려 있다. 이러한 백성을 위하는 마음이 있었기에 당시 지배층의 무수한 반대를 무릅쓰고 한글이 탄생될 수 있었던 것이다.[1] 세계 역사상 군주가 일반백성을 위해 문자를 만든 유례는 그 어

1) 집현전 부제학 최만리의 상소문을 받아본 세종은 크게 진노하여 상소에 참여한 최만리 등 7명의 집현전 관리들을 불러다 호통을 친 뒤 의금부에 가두도록 했다.(그러나 다음 날 석방했다.)
당시 세종이 상소에 참여한 관리들에게 한 말을 요약하면 다음과 같다.
- 또 이두를 만든 본 뜻이 곧 백성들을 편하게 하기 위한 것이 아니냐. 백성들을 편하게 하기 위한 것으로 말하자면 지금의 언문도 또한 백성들을 편하게 하기 위한 것이 아니냐. 그대들이 설총은 옳게 여기면서 그대들의 임금이 한 일을 옳지 않다고 하는 것은 무슨 까닭이냐?
- 또 그대들이 운서(韻書)를 아느냐? 사성(四聲)과 칠음(七音)을 알며 자모(字母)가 몇인지 아느

디에도 없다. 한글 창제는 당시로서는 누구도 생각할 수 없었던 혁명적 발상이었고, 그 속에는 시대를 꿰뚫어보는 세종의 탁월한 통찰력과 창조 정신이 담겨 있다.

2) 가장 배우기 쉬운 과학적인 문자

세종은 당시 3만 자도 넘는 한자 때문에 문맹이 많을 수밖에 없는 나라의 현실을 주목하고, 백성들 누구나 쉽고 편하게 쓸 수 있는 문자를 만들기로 했다. 백성들을 문맹인 상태로 방치하고서는 의사소통의 부재로 사회 통합을 이룰 수 없어 나라를 제대로 통치할 수 없다고 생각한 것이다.

세종은 새로운 문자를 만들면서 당시 지배계층의 문자인 한자를 버리고 당시 우리말을 완벽하게 표기할 수 있는 표음문자를 만들었다. 28자만으로 모든 소리를 표기할 수 있는 문자를 만든 것이다.

이렇게 만들어진 한글은 무엇보다 그 제자 원리가 과학적이라는 것이다. 과학적이라는 것은 논리성과 실용성 때문이다. 그래서 한글을 예찬하는 외국의 언어학자들이 강조하는 것도 바로 논리적이고 배우기 쉽다는 것이다. 네델란드 라이덴대학의 언어학자 포스 교수는 "한국인들은 세계에서 가장 좋은 알파벳을 발명했다. 한글은 간단하면서도 논리적이며, 게다가 고도의 과학적인 방법으로 만들어졌다는 사실은 분명하다."며 한글

냐? 내가 운서를 바로잡지 않는다면 누가 바로잡는단 말이냐?
- 상소문에 말하기를 '하나의 새롭고 신기한 재주'라고 하였는데, 내가 늘그막에 소일거리가 없어서 책을 벗삼고 있는 것이지, 어찌 옛 것을 싫어하고 새 것을 좋아해서 이 일을 하는 것이겠는가?

의 과학성을 강조했다. 독일 함부르크대학의 베르너 잣세도 한글의 과학성을 실용성과 관련하여 자신의 경험을 다음과 같이 말하고 있다.

> 처음 볼 때는 한글이 어렵다고 느꼈지만 실제로 배워보니까 하루 만에 익힐 수 있었다. 특히 한글 글자 모양이 입 모양이나 발음 모양을 본떠서 만들었다는 사실이 인상적이었다. 열 살도 안 된 우리 아이들도 취미로 한글을 금세 깨치고 나서는 자기들끼리 비밀 편지를 쓸 때 한글을 쓴다. 독일어를 한글로 적는 것이다. 그만큼 한글은 쉽게 익혀서 쓸 수 있는 글자다.

이로 보면 한글은 외국 아이들도 쉽게 깨쳐서 쓸 수 있다는 것을 알 수 있다. 그래서 한글을 가장 배우기 쉬운 과학적인 문자라고 하는 것이다. 그것은 글자 자체가 논리적이고 과학적이기 때문이다.

한글의 과학성을 논할 때 가장 먼저 언급하는 것이 발음기관의 모양을 본뜬 글자라는 것이다. 우주의 시작이건, 만물의 시작이건, 도량의 시작이건 그 근간이 논리적이어야 이해하기 쉽다. 그런데 알파벳은 각 글자가 어떤 이유로 생겼고, 글자의 구성 원리가 무엇인지 알 수가 없다. 그 어느 문자도 한글처럼 명확하고 확실한 제자 원리를 제시하는 문자는 없다. 발음기관은 음성을 발생시키는 원천으로서 물리적 근거와 논리성을 확실하게 부여한다.

> "어금닛소리 글자인 ㄱ은 혀의 안쪽이 목구멍을 닫는 모양을 본떴다."
> "혓소리 글자인 ㄴ은 혀끝이 윗잇몸에 붙는 모양을 본떴다."
> "입술소리 글자인 ㅁ은 입의 모양을 본떴다."
> "잇소리 글자인 ㅅ은 이의 모양을 본떴다."

"목청소리 글자인 ㅇ은 목구멍의 모양을 본떴다."

여기서 어금닛소리, 혓소리, 입술소리, 잇소리, 목청소리 이 다섯 소리가 입에서 나는 모든 자음 소리의 기본이다. 이 다섯 글자꼴 중 어금닛소리 ㄱ과 ㄴ은 입 속 혀의 작용을 본뜬 것이고, 입술소리 ㅁ, 잇소리 ㅅ, 목청소리 ㅇ은 각각 발음을 내는 입술, 치아, 목구멍의 모습을 본뜬 것이다. 이로 보면 자음의 기본글자인 'ㄱ ㄴ ㅁ ㅅ ㅇ'은 발음할 때의 혀나 입의 구조, 즉 발음기관을 형상화했다.[2] 제자의 이유와 원리가 분명하다. 이 다섯 기본글자에 획을 더하여 'ㅋ ㄷ ㅌ ㅂ ㅍ ㅈ ㅊ ㅎ' 등의 나머지 자음들이 만들어진다. 나머지 자음들이 만들어지는 과정도 지극히 단순 명료하고 논리정연하여 이해가 쉽다. 게다가 획의 추가는 단순히 글자만 만드는 것이 아니라 획의 추가에 따라 소리의 세기도 강해짐을 나타내고 있으니 이 또한 얼마나 과학적인가.

자음이 발음기관의 모양을 형상화했다면 모음의 창제는 동양의 철학과 우주관이 오롯이 녹아들어 있다. 동양에서 3은 완전이나 완성을 의미하는 숫자였다. 우주와 세계도 하늘, 땅, 사람으로 구성된다고 했다. 세종대왕은 기본 모음의 글꼴을 하늘, 땅, 사람의 모양을 형상화했다. ·는 하늘, ㅡ는 땅, ㅣ는 사람을 형상화한 것이다. 아주 간단한 천지인을 형상화한 기본 모음 글꼴은 매우 심오한 철학적 의미를 담고 있다. 제자 원리가 단순한 사물의 형상이 아닌 추상적인 우주관을 담아낸 창의력에 감탄할 수밖에 없다. 역시 제자의 이유와 원리가 분명하다. 이 기

---

2) 기본글자 ㄱ ㄴ ㅁ ㅅ ㅇ 외에 ㄹ ㅿ이 있었다. ㄹ은 반설음(반혓소리)으로 혀가 떨리는 소리이고, ㅿ은 반치음(반혓소리)으로 ㅅ보다 여린 발음이며 울림소리 사이에서 쓰이던 소리이다. ㄹ ㅿ은 획을 더한 의미는 없다고 했다. ㅸ은 유성 양순 마찰음으로 ㅂ보다 여린 발음이며 울림소리 사이에서 쓰이던 소리였다.

본 세 글자와 그 조합으로 'ㅏ ㅑ ㅓ ㅕ ㅗ ㅛ ㅜ ㅠ ㅡ ㅣ'의 10개의 단모음은 물론 'ㅐ ㅒ ㅔ ㅖ ㅚ ㅘ ㅙ ㅟ ㅝ ㅞ ㅢ'의 11개의 복모음이 만들어진다. 이것은 하늘과 땅, 하늘과 사람, 땅과 사람이 서로 만나 어울리면서 생겨난다. 모음이 만들어지는 과정도 역시 단순명료하고 논리정연하다. 단 세 개의 기본글자만으로 모든 모음이 조합될 수 있다는 것은 단순함의 극치이다. 이 단순함 속에도 글자 구성의 과학적 법칙이 담겨 있다. 그러면서 그 운용의 법칙은 주역이라는 동양철학을 바탕에 깔고 있어 심오함과 오묘함을 더하고 있다.

그리고 한글의 모음은 글자의 구성 원리 못지않게 중요한 것이 음운학적 원리다. 한글의 모음은 체계적이고 과학적인 음운 분석으로 탄생한 것이다. 초성, 중성, 종성으로 구성되는 음소 단위의 조합은 기존의 학문적 성과를 바탕으로 발전시킨 것이다. 음소의 구분은 이미 중국과 몽고의 언어에서 찾아볼 수 있다. 음성학적으로 볼 때 중국어는 한글의 초성과 중성을 합한 성(聲)과 한글의 종성에 해당하는 운(韻)으로 구성되어 있고, 몽고의 파스파 문자에서는 중성이 독립적으로 분리되어 나왔다. 이로써 음성이 초성, 중성, 종성으로 이루어져 있다는 것이 밝혀진 것이다. 이로 보면 당시 중국과 몽고에서는 음성학이 꽤 높은 수준으로 발달해 있었다. 세종대왕은 파스파문자에서 한 걸음 더 나아가 중성인 모음을 표기할 수 있는 별도의 글자를 만들었다. 이 점이 한글이 그 이전의 문자와 질적으로 달라진 점이다. 20세기 이후 언어학에서 모음이 음절을 구성하는 핵심이며, 문자 표기에서도 모음이 매우 중요한 역할을 한다는 것을 알게 되었는데, 세종대왕은 이미 15세기에 이를 반영하여 문자를 창제했던 것이다. 이로써 한글은 완벽한 모음을 갖춘 최초의 문자가 된 것이다. 이 점은 이집트 문자와 페니키아 문자에는 모음을 표기하는 글자가 아예 없었고, 페니키아 문자를 들여온 그리스 알파벳이 일부 글자를 모음 표기로 사용했으나 모음을 충분히 표기할 수 있을 만큼 완전하지 못했다. 이에 비해 음절 구성의 핵심이 모음인 것을 통찰한 세종대왕은 당시 필요한 모든 모음을 표기할 수 있는 문자를 만들었다는 점에서 획기적인 것이다. 게다가 서로 다른 음소인 초성과 종성의 소리값을 동일한 것으로 간주해 하나의 자음으로 통일했다는 점도 한글의 위대한 과학적 업적이다. 한글은 글자의 제자 원리뿐만 아니라 음운학적인 분석을 통해 당시의 음운학의 성과를 바탕으로 더욱 발전시켜 모음을 분리하고 초성과 종성을 동일 소리값으로 묶은 것은 기존의 음운 체계의 수준을 질적으로 한 차원 높인 학문적인 성과였다.

또한 한글은 자음과 모음의 차이를 확연히 구분될 수 있도록 디자인했다. 한글에서 자음은 1획, 2획 등 꺾은 획수로 글자 모양을 디자인했고, 모음은 수평선과 수직선이라는 두 개의 기본선으로 표시했다. 단순하면서도 세련된 문자 디자인이다. 이에 반해 알파벳은 자음과 모음의 구분이 없이 알파벳 순서를 나열하고 있으며, 자음과 모음 사이에 어떤 형태상의 차이가 없다.[3)]

이처럼 과학적인 제자 원리를 바탕으로 만든 한글의 글자꼴 디자인은 매우 논리적이고 체계적이며, 아름답기까지 하다. 자음의 글자 모양은 발음할 때의 혀나 입의 구조가 디자인되어 있고, 획의 추가로 만들어지는 자음은 소리의 세기를 나타내고 있으며, 천지인을 형상화하여 그 만남과 어울림으로 만들어진 모음의 글꼴은 발음할 때 입의 모양과 함께

---

3) 이집트 문자, 페니키아 문자, 히브리 문자, 아랍 문자에는 아예 모음을 표시하는 글자가 없다. 자음만으로 표기했기 때문에 표기를 보고 정확한 발음을 하기도, 의미를 파악하기도 매우 어렵다. 페니키아 문자를 도입한 그리스 알파벳은 페니키아 문자 중에서 그리스 발음에 없는 6개의 자음글자를 모음을 표기하는 데 사용함으로써 알파벳 역사에서 획기적인 전환점이 되었다.

소리의 방향을 나타내고 있다. 자음의 글꼴이 모음의 글꼴과 전혀 다를 뿐만 아니라 자음과 모음의 글꼴과 기능이 긴밀하게 대응하고 있다. 그래서 레이야드는 형태와 기능 사이의 관계에 대한 개념을 정립하고, 그것을 시각적으로 표현한 방법에 그저 감탄할 수밖에 없으며, 세상에 어떤 알파벳도 한글만큼 아름답고 합리적인 문자는 없다고 했다.

게다가 글자 하나하나가 아무 이유 없이 만들어지지 않았다. 그 속에 나름대로의 원리와 법칙이 담겨 있다. 한글은 발음기관의 움직임과 작용, 음성학적 특질을 본떠 만들었으며, 음양오행의 철학적 원리와 하늘 · 땅 · 사람의 존재론적 구조를 담고 있는 문자이다. 그래서 글자의 구성과 디자인이 논리적이면서 체계적이고, 합리적이면서 효율적이며, 과학적이면서 철학적이고, 독창적이면서 예술적이기까지 하다. 세상에 이런 문자는 어디에도 없다.

이러한 한글의 논리성과 과학성 때문에 외국인들에게 한글을 가르쳐 보면 한글을 빠르게 배운다. 한국말 자체는 복잡해 배우기 어렵지만 문자인 한글은 음소글자라 발음을 쉽게 익힌다. 한국말을 전혀 접해 보지 않은 외국인들도 한글의 구조적 원리에 대한 설명을 한 시간만 듣고 나면 곧바로 한글을 읽기 시작한다. 한글의 구조적 원리가 너무 인상적이어서 한 번만 듣고도 잊어버리지 않는다. 한글의 발음 원리는 음소로 이루어진 세계 어느 나라의 말과도 같기 때문이다. 이것이 한글의 우수성이다.

그래서 『세계의 문자 체계』의 저자인 영국 리스대학의 음성언어학과 제프리 샘슨(Geoffrey Sampson) 교수는 한글이 발음기관을 상형하여 글자를 만들었다는 것도 독특하지만 기본글자에 획을 더하여 음성학적으로 동일계열의 글자를 파생해내는 방법은 대단히 체계적이고 과학적이라면서 글자 자체가 음의 자질까지 나타내는 한글은 표음문자 중에서 새로운 차원의 자질문자(feature system)로 분류했다. 즉 자음의 가획은 발음 방법을 나타낸다는 것이다. 기본자음에 한 획을 더한 소리는 닫힌 소리(폐쇄음)임을 표시하고, 두 획을 더한 소리는 거센소리임을 표시한다. 여기서 획을 더하는 것은 음소의 변별적 자질을 기준으로 글자를 만들었다는 것을 의미한다. 그래서 자질문자라고 한 것이다. 세계의 문자는 상형문자에서 음절문자, 음소문자, 자질문자로 발전해 왔는데, 세계의 문자 중에서 자질문자는 오로지 한글이 유일하다. 그는 아울러 한국은 매우 작고 아주 먼 나라이지만, 두 가지 점에서 언어학자에게는 아주 중요한 나라이라면서, 13세기에 금속활자 인쇄술을 세계 최초로 발명했다는 것과, 15세기에 세종이 완전히 독창적이고 훌륭한 음운표기 문자를 창조한 것을 들었다.[4)]

한글의 이러한 우수성 때문에 미국 캘리포니아 대학 레어드 다이아몬드 교수는 기호 배합 등 효율면에서 가장 합리적인 문자라 했고, 한글이 세계 문자 가운데 가장 훌륭한 글자여서 한국이 세계에서 문맹률이 가장 낮다는 논문을 1998년 과학잡지 『디스커버』 6월호에 발표하기도 했다. 〈대지〉의 작가로 우리에게 잘 알려진 펄벅도 한글을, 가장 단순하고 가장 훌륭한 글자라 했다.

그리고 중국의 초대 총통을 지낸 위안스카이(원세개)는 구한말에 임오군란이 일어난 후부터 청일전쟁이 끝날 때까지 여러 차례 조선에 파견되어 머물렀는데, 이 때 한글의 우수함을 알게 되었다. 중화민국의 초대 총

---

4) 샘슨 교수의 이러한 지적은 뒤집어 보면, 과거 한국이 세계 최초의 금속활자 인쇄술을 발명하고도 구텐베르크만큼 그 기술을 충분히 활용하지 못했다는 점과 세계 최고의 문자를 발명하고도 500년간이나 한글을 활용하지 않았던 무지를 지적했다는 점에서 우리를 부끄럽게 한다. 과거의 한국은 정보 기술의 측면에서 최고의 창의성을 발휘해서 세계 최고 수준의 도구를 발명하고도 그 가치를 제대로 이해하지도 못하고 활용하지도 못했다. 이 점은 지금도 마찬가지는 아닌지 반성해 보아야 한다.

통이 되었을 때 중국 사람들이 어려운 한자 때문에 문맹률이 매우 높다고 하자 조선의 한글을 도입하여 중국인에게 가르치자고 제안했으나 소국의 문자를 쓸 수 없다는 반대에 부딪혀 결국 실현되지는 못했다. 중국은 21세기 지식기반사회에 와서 문자 때문에 극심한 불편과 어려움을 겪고 있다. 한자를 가지고 어떻게 컴퓨터와 휴대폰 자판으로 문자생활을 할 수 있을지 한 번 생각해보면 금방 이해가 갈 것이다. 중국 정부도 21세기 미래 문자로서의 한자의 약점과 한계를 인정했다. 한때 중국정부는 은밀히 학자들을 미국에 파견해 한자의 알파벳화를 연구한 적도 있다. 그것은 한자가 너무 어렵기 때문에 문맹률이 높고, 이것이 국가 경쟁력 약화를 초래한다고 생각했기 때문이다

이런 점에서 단순하면서도 효율적이고 세련된 디자인을 갖고 있는 한글은 가히 문자의 대표적 전형이며, 문자가 어디까지 발달할 수 있는지를 보여주는 인류의 위대한 문화유산이다. 이것이 세계 언어학자들의 한글에 대한 평가이다. 그런데 막상 한글을 사용하는 우리는 한글의 우수성에 대해 잘 모르고 있지 않은가.

3) 인류 역사상 가장 위대한 표음문자

한글은 애초부터 자음과 모음의 차이를 확연히 구분될 수 있도록 디자인했다. 한글에서 자음은 발음기관의 모양을 본뜬 기본글자와 이에 가획을 하여 만들었고, 모음은 수평선과 수직선이라는 두 개의 기본으로 만들었다. 단순하면서도 세련된 디자인이다. 그런데 알파벳은 자음과 모음의 구분이 없이 알파벳 순서를 나열하고 있다. 모음인 a, i, o, u, e 등과

나머지 자음 사이에 어떤 형태상의 차이가 없다. 히브리문자나 아랍문자에는 아예 모음을 표시하는 글자가 없다.

그리스, 로마 알파벳은 기원전 9-10세기경에 페니키아 문자로부터 파생된 문자이다. 페니키아 문자는 기원전 2000년경에 동부 지중해 연안에서 상업과 무역에 종사하던 페니키아인들이 사용하던 문자로 22개의 자음만으로 구성된 문자였다. 자음만으로 표기했기 때문에 표기를 보고 정확한 발음을 하기도, 의미를 파악하기도 매우 어려웠다. 그래서 그리스인들은 22개의 페니키아 문자 중에서 그리스 발음에 없는 6개의 자음글자를 그리스어의 모음을 표기하는 데 사용했다. 현재의 a, e, i, o, u, y는 원래 페니키아 문자에서는 자음을 표시하는 부호였는데, 그리스인들은 이 글자를 그리스어의 모음을 표시하는 기호로 대체하고, 페니키아에 없는 그리스어 자음 표기를 위하여 ph, kh, ks, ps 등의 기호를 첨가하여 기원전 4세기 중엽에 자음 17개, 모음 7개의 고대 그리스알파벳을 정착시켰다.[5)] 월터 옹 박사는 그리스알파벳에 모음이 첨가된 것은 알파벳 역사에서 일대 비약이며, 이로 인하여 고대 그리스 문화는 다른 여러 문화에 비해 지적인 우위를 확보할 수 있게 되었다고 말한다. 언어학에서 모음이 음절을 구성하는 핵심이며, 문자 표기에서도 매우 중요한 역할을 한다는 것은 알게 된 것은 20세기 이후의 일이다. 그런데 세종은 500여 년 전에 이미 이를 알고 제자 원리와 글자의 디자인에 반영했다. 한글은 애초부터 당시 발음되던 모든 모음을 글자로 표기할 수 있게 만들었다. 이 때문에 다양한 모음을 글로 표기해 낼 수 있다.

---

5) 현대 그리스어는 아직도 고대 그리스어와 같은 알파벳을 사용하며, 단지 몇 개의 글자의 발음이 조금 다를 뿐이다. 현재 세상에서 가장 많이 사용되는 로마알파벳이나 슬라브계 언어 문자인 키릴문자와 글라골문자 등은 모두 고대 그리스문자에서 파생된 문자들이다.

그래서 한글은 지구상의 거의 모든 발음을 표기해 낼 수 있게 되었다. 비록 현재는 4글자가 없어져 24글자만 남았지만, 현재의 10개의 모음과 14개의 자음을 조합하여 표기할 수 있는 소리는 무려 11,172개나 된다. 일본이 약 300개, 중국이 400개 정도의 소리만 표기할 수 있는 것과 비교해 보면 실로 놀랍다고 하지 않을 수 없다. 한글은 세계에 가장 많은 발음을 표기할 수 있는 문자인 것이다.

게다가 한글은 자연계의 다양한 소리도 비교적 정확하게 표기할 수 있다. 흔히 우리말의 특징의 하나로 소리와 움직임을 나타내는 의성어와 의태어가 매우 발달되어 있다는 것도 이 때문이다. 인간은 언어를 통해 인식하기 때문에 다양한 소리들이 언어로 표현이 되지 않으면 결국 인식도, 표현도 어렵게 된다. 우리말에서 다양한 소리에 대한 표기가 가능했기 때문에 의성어가 풍부하게 발달될 수 있었던 것이다. 영어와 같은 로마 알파벳을 사용하는 언어에서는 의성어가 풍부하지 않으며, 의태어라는 용어조차 찾기 힘들다. 이 때문에 말을 할 때 제스처를 많이 쓰는 것을 볼 수 있는데, 이는 그만큼 언어로 잘 표현할 수 없기 때문이기도 하다.[6)]

그래서 유네스코에서는 한글을 글자가 없는 소수 민족의 문자로 사용하게 하자고 제안했다. 언어학자들에 의하면, 1만 년 전에는 약 12,000개의 언어가 사용되었으나 고립된 생활을 하던 수렵시대가 끝나고 농경생활과 함께 모여 살게 되면서 언어의 수는 줄어들기 시작했다.

6) 최근 실험에 의하면, 의성어나 의태어와 같은 단어를 보았을 때 대뇌의 브로드만 영역이 공통적으로 활성화된다는 것이 보고되었다. 이 부분은 얼굴 인식에 중요한 역할을 하는 곳인데, 이는 의성어나 의태어로 된 글자만 보아도 뇌에서 영상을 떠올린다는 것을 의미한다. 예를 들면 '부들부들'이라는 단어만 보아도 사람이 몸을 떨고 있는 장면을 곧바로 연상한다는 것이다. 이처럼 의성어와 의태어의 발달은 감성과 감각을 풍부하게 하고, 영상의 이미지화 능력을 향상시킬 수 있다. 이를 잘 활용하면 일찍부터 아이들의 두뇌 계발에도 도움이 될 수 있을 것이다.

최근에는 세계화와 통신기술의 발달로 지배적인 언어가 급속한 세력을 확장하면서 언어의 소멸 속도가 급격하게 진행되고 있다.

『이코노미스트』는 지금까지 살아남은 언어는 약 6,800개인데, 이 중에서 이미 400개의 언어는 극소수의 노인들만이 사용하고 있어 소멸 직전의 위기에 처해 있다고 한다. 더욱이 약 3,000개의 언어가 어른들만 사용하고 어린이들이 더 이상 배우지 않는 소멸 위기에 직면한 언어로 분류되어 있다. 14일만에 하나 꼴로 소수 언어가 사라지고 있어 100년 후에는 전체 언어의 90%가 사라질 것으로 보고 있다. 현재 지구촌에서 살아남은 세계의 언어 중에서 100개 정도의 말만이 글자를 가지고 있고, 6,100개의 언어는 아직 문자가 없다. 2주마다 1개의 언어가 사라지고 있어 조만간 수많은 언어가 지구상에서 사라질 위기에 놓여 있다.

그래서 유네스코에서는 '바벨계획'을 제안하여 언어의 다양성과 정보 이용의 공평성을 높이는 운동을 벌이고 있다. 말은 있으나 이 말을 적을 글자가 없는 소수민족에게 그들의 말을 한글로 기록하게 함으로써 소수 민족의 언어의 사멸을 막고, 그들의 언어문화를 보존하자는 것이다. 이것은 한글이 세계의 거의 모든 발음의 표기가 가능하기 때문에 나온 제안이다. 한글의 유용성은 세상의 모든 언어를 90% 이상 기록할 수 있다는 점에 있다. 이러한 한글의 우수성에 대해서는 이미 세계의 언어학자들에게서도 인정받고 있다. 국어정보학회나 한글 세계화 운동본부 등에서 국제 음성기호를 한글로 채택하자는 움직임을 보이고 있는 것도 이런 맥락에서이다.

이로 볼 때 표음문자로서 한글처럼 완벽함을 자랑하는 문자는 아직 세상에 없다. 특히 한글이 갖고 있는 뛰어난 자음과 모음 조합 시스템은 인류가 멸망할 때까지 다시 개발되지 못할 정도로 완벽하다.

발음을 정확하게 그대로 표기해 낼 수 있는 글을 가진 한국말은 말과 글, 발음과 표기가 완벽하게 일치한다. 대개 세계의 모든 문자의 경우는 이미 생겨난 불완전한 문자를 빌어다 자국의 말을 표기하면서 오랜 세월 동안 다듬고 발전시켜 온 반면에 한글은 애초부터 창제 과정에서 당시 우리말의 모든 소리를 완벽하게 표기할 수 있는 문자를 염두에 두고 만들었기 때문에 처음부터 발음과 표기가 1:1로 대응되는 완성도가 높은 문자가 탄생된 것이다.

이에 비해 라틴 계열의 알파벳들은 자국의 말을 표기하기 위해 만들어진 것이 아니다. 미국은 물론이고 영국, 프랑스, 독일 등 유럽의 많은 나라들은 자신들이 직접 만든 문자가 없다. 로마 알파벳을 빌어다 쓴 것이다. 그래서 우리는 우리만의 문자를 가지고 있다는 것을 별로 대단하게 여기지도 않는데, 한국을 처음 방문한 외국 사람들은 우리만의 문자를 가지고 있다는 사실에 대단히 놀란다. 세계에서 자국만의 문자를 가지고 있는 나라는 극소수이기 때문이다. 대개의 경우는 이미 생겨난 문자를 빌어다 쓰고 있다. 미국인에게 자신들의 문자가 있는지 어디 한 번 물어보라. 영어 알파벳이 어디 자기들이 만든 문자인가.

이러한 사정 때문에 영어의 경우만 하더라도 발음과 표기가 일치하지 않은 것이 많다. 그것은 사전을 보면 금방 알 수 있다. 우리 국어사전에는 별도의 발음 표시가 거의 없다. 이것은 표기 그대로 읽으면 발음이 된다는 것을 말한다. 그러나 영어사전을 보면 단어마다 별도의 발음기호를 표기한 것을 보게 될 것이다. 이것은 표기와 발음이 다르기 때문이다. 단적인 예를 들면, 우리의 'ㅏ'는 '아'로만 발음되지만, 영어 알파벳 'a'의 경우는 '에이, 아, 애, 어, 에' 등의 다양한 발음으로 읽힌다. 그래서 표기에서 'a'가 나오면 어느 발음인지 발음기호로 표시할 수밖에 없다. 그래서 우리는 말하는 것을 듣고 그대로 정확하게 글로 표기를 할 수 있지만, 영어로 하는 말은 그냥 들어서 정확하게 표기하기가 어렵다. 영어는 불러 줘도 못 받아쓰는, 써 놓고도 정확하게 읽지 못하는 표음문자이다. 그래서 특히 지명과 같은 것을 전화로 불러줄 때 영어는 's, e, o, u, l'처럼 철자 하나하나를 불러주는 것을 보게 된다.

이에 비해 한글은 뭘 불러줘도 바로 받아쓰는, 써 놓으면 누구나 똑같이 읽을 수 있는 표음문자이다. 이런 표기와 발음의 불일치 때문에 영어권에서는 대학 졸업자는 물론이고 교사들까지도 자주 철자를 틀리게 쓰는 것을 보게 된다. 이것은 표기와 발음이 그대로 일치하지 않는 영어에서는 철자를 일일이 외워서 써야 하기 때문이다. 영어를 배울 때 단어의 철자(스펠링)를 외우기 위해 연습장에 수백 번씩 까맣게 썼던 것을 기억할 것이다. 그런데 우리말의 맞춤법 철자를 외우기 위해 그렇게 하지는 않았을 것이다. 간혹 까다로운 철자는 굳이 써 가면서 외울 필요 없이 몇 번 확인하는 것만으로도 족하다. 이런 점에서 우리의 한글 맞춤법이 까다롭고 어렵다고 하는 것은 무지의 소치가 아닐 수 없다. 우리는 표기와 발음이 일치하는 가장 이상적인 언어를 갖고 있다.

영어의 표기와 발음이 일치하지 않는 것은 라틴 계열의 알파벳이 애초부터 발음과 표기가 1:1로 대응되지 않았기 때문이다. 그래도 라틴어에서는 비교적 발음과 표기가 일치했다. 그런데 영어는 15-17세기에 와서 모음체계의 변화를 겪으면서 발음과 표기가 더욱 벌어지게 되었다. 즉 단음절로 끝나는 모음이 장음과 연음으로 바뀐 것이다. 예를 들면 'name'의 중세 발음은 '나메'였으나, 모음체계의 변화로 '네임'으로, 'ride'는 원래 '리데'에서 '러이드'로, 다시 '라이드'으로 바뀌었다. 'house'는 원래 '호우제'에서 '하우스'로 바뀌었다. 이러한 모음의 변화를 거치면서 영어는 엉망이 된 것이다.

영어는 애초부터 'a e i o u' 5개의 모음 체계가 워낙 빈약하기도 했다.[7] 반면에 한국은 세 개의 기본모음의 조합으로 단모음 10개, 복모음 11개를 갖고 있어 다양한 발음과 표기가 가능하다. 영어는 원래부터 모음이 빈약하여 다양한 발음을 표기하기도 힘든데 그나마 변화를 겪으면서 더욱 혼란스럽게 된 것이다. 게다가 영어는 지금도 많은 나라와 지역에서 쓰이고 있어 더욱 혼란스럽다. 영국과 미국의 발음이 다른 것처럼 나라와 지역마다 같은 표기를 놓고 발음을 달리하는 경우가 많기 때문이다. 이에 비해 우리나라는 발음의 변화를 거의 겪지 않았다. 한글의 모음은 다른 언어와 달리 어떤 환경에서도 언제나 일정한 발음으로 사용되는 유일무이한 언어이다. 그래서 우리나라에서는 초등학교 교육만 충실히 받으면 한글 맞춤법을 거의 틀리지 않을 수 있다.

4) 디지털 시대에 적합한 디지털 문자

음소문자이면서 음절문자인 한글은 음절을 구분하는 데에 탁월하다. 한글의 자음과 모음이 붙어 있으면 이것이 그대로 음절이 된다. 이것은 세계 어떤 표음문자에서도 발견되지 않는 독특한 특징이다. 유럽어, 아랍어, 일본어……. 어디에서도 음절을 한국어처럼 정확히 끊어서 표기해 주지 않는다. 영어의 syllable의 음절을 끊으면 syl-la-ble 이렇게 따로

7) 모음체계의 빈약은 일본도 마찬가지이다. 일본은 메이지 시대부터 영어에 힘써왔지만 빈약한 음운체계 때문에 이미 실패했다. 도대체 트럭을 '도라쿠', 홈런을 '호므랑', 맥도널드를 '매그도나르도' 식으로 발음하고 표기하는 일본말로는 영어를 제대로 발음할 수조차 없다. 이에 비하면 한글의 발음체계는 어떤 영어든지 발음과 표기가 가능하다.

나눠야 하지만 syllable로 표기됨으로써 음절이 표기 자체로서는 음절이 구분되지 않는다. 그런데 한글은 실러블, 이렇게 글자 하나가 음절 하나로 떨어진다.

한글은 음소문자의 장점과 음절문자의 장점을 동시에 갖고 있다. 음소문자이기 때문에 인간의 발음을 그대로 글로 표기해 낼 수 있다. 더욱이 발음과 글자가 1:1로 대응되는 이상적인 문자다. 동시에 음절문자이기 때문에 글을 빨리 효과적으로 읽을 수 있다. 인간은 말소리를 들을 때 음절을 기본 단위로 인식한다. 한글은 음성 인식의 단위인 음절 단위로 표기함으로써 글의 가독성을 높여 빨리 쉽게 읽을 수 있다.

또한 한글의 음절은 단순한 알파벳의 나열인 영어와 달리 세모, 네모, 동그라미, 수직선, 수평선 등의 조형적 요소와 초성, 중성, 종성 등의 건축학적 구조를 가지고 있어 다양한 글꼴이 가능해 컴퓨터에서 약 240여 개의 글꼴이 가능하다.

더구나 음절문자인 한글은 단순한 음소문자인 로마알파벳에 비해 컴퓨터에서 문자 인식이 잘 되어 검색이 훨씬 쉽다. 영어에서는 알파벳 단위로 읽게 되면 글자 획이 너무 단순해서 다른 글자와 구별이 안 되는 경우가 많고, 단어 단위로 인식하게 하려면 기억하고 있어야 할 단어가 수십 만 개가 되어 비현실적이다. 그러나 한글에서는 글자 하나하나가 적당히 복잡하여 다른 글자와 구별이 잘 된다. 또한 한글에서는 모아쓰기라는 특징이 있기 때문에 한글 자모로 이루어지는 글자가 많지 않아 컴퓨터가 기억하기도 쉽다. 이 때문에 동일한 수준의 문자인식 프로그램을 이용하여 검색하면 한글의 인식률이 훨씬 높다. 그래서 마이크로소프트도 한글이 가장 효율적이고 적합한 언어라는 것을 알고 한때 컴퓨터 프로그램 언어로 한글을 도입하려고 검토하기도 했다고 한다.

한글의 위력은 21세기가 되면서 더 커졌다. 바로 디지털 코드와 한글은 너무나 잘 맞기 때문이다. 한글은 컴퓨터에 적합한 자음과 모음의 조합형 문자이다. 컴퓨터 자판에서 글자를 칠 수 있는 자판은 30개이나 많이 사용되는 문장부호도 넣어야 하므로 한국어나 영어 자판은 26개가 사용되고 있다. 중국의 한자는 컴퓨터의 자판으로 수 만자의 글자를 구현하는 것은 애초부터 불가능하며, 극히 제한적인 일상적인 문자생활조차도 한계를 드러낸다. 뜻글자인 한자는 정보화시대의 컴퓨터에 전혀 적합하지 않은 문자다. 일본도 가타카나 50글자와 히라가나 50글자에 한자 1,800자를 사용해야 정상적인 문자 생활을 할 수 있다. 이것을 컴퓨터로 구현하려고 하니 정보 처리가 느려 터질 수밖에 없다. 더구나 일본의 가나문자는 신라의 이두처럼 한자에서 음과 훈을 따온 것인데, 일관된 체계가 없어 음독과 훈독의 혼란으로 이중적 해석을 하는 원인이 되고 있다.[8] 그래서 읽기 능력에서 한국의 1 · 2학년은 일본과 중국의 5 · 6학년 수준과 비슷하다. 그래서 디지털 시스템에서는 한글의 업무능력이 중국이나 일본에 비해 엄청나게 빠르다. 컴퓨터와 인터넷에서의 한글의 빠른 입력 속도는 그대로 스피드를 요구하는 디지털 시대의 경쟁력으로 이어져 한국과 중국, 일본의 정보기술 산업의 경쟁력 차이로 이어진다. 이를 보면 한글이 지식정보화 시대에 어울리는 얼마나 편리하고 뛰어난 첨단 문자인지 알 수 있다.

---

8) 이러한 이중적 해석은 일본인의 혼네(속마음)와 다테마에(겉마음)를 가능케 하고 일본인에게 이중성이라는 성격을 만들어낸 원천이 되었다고도 한다. 일본인은 그 속내를 알기가 힘든 민족이라 한다. 혼네를 드러내지 않은 채 다테마에로 남을 대하는 것이 일종의 그들의 민족성이다. 혼네를 숨기고 다테마에로 듣기 좋게 말하다보니 사업상 교류 등에서는 어려움이 생길 수밖에 없다. 확실하게 자신의 입장이나 생각을 표현하지 않기 때문에 정확한 의사소통이 어렵고, 따라서 일의 진행에 있어서 효율성이 떨어지게 된다. 이러한 이중성은 바로 그들이 사용하는 일본어의 언어적 특성과 무관하지 않다는 것이다.

이런 점에서 한글은 디지털 문자이다. 디지털은 연속적인 값을 가지는 현상을 '0'과 '1'이라는 수치로 바꾸어 처리하거나 나타내는 것이다. 문서와 통계 자료 뿐만이 아니라 음성 자료도, 영상 자료도 '0'과 '1'이라는 수치로 바꾸어 처리한다. 디지털 자료는 복제, 삭제, 편집이 간편하며, 복사물과 원본의 차이가 없다는 특징을 갖는다. 한글은 24개의 자음과 모음을 조합하여 무한히 거의 모든 발음을 표기할 수 있는 무한한 잠재력을 가지고 있다.

이런 한글이 아날로그 시대에는 불편한 점이 많았다. 불과 얼마 전 타자기를 사용하던 시절에는 한글의 기계화에는 큰 어려움이 있었다. 자음과 모음을 모아서 음절을 구성하는 한글의 특징 때문에 같은 자음을 초성과 종성으로 구분해서 타자기 자판에 배치해야 했기 때문에 타자기로 한글의 글자를 제대로 구현할 수가 없었다. 그래서 받침의 자음은 또 다른 자판을 눌러서 쳐야 했고, 그래도 구현되지 않은 글자는 손으로 그려 넣어야 했다. 반면에 풀어쓰기를 하는 영어는 타자기 자판으로 충분하게 구현되었고, 치는 속도도 한글보다 훨씬 빨랐다. 당시 연구자들은 한글의 구조적인 결함 때문에 한글의 기계화에 절망하기도 했다. 그래서 어떤 사람은 한글도 영어처럼 풀어쓰기를 하자고 제안하기도 했다. 하지만 한글을 영어처럼 풀어쓰기를 하는 것은 우리글의 음절 구성 원리에도 맞지 않고, 또한 글자의 가독성이 떨어지는 문제점이 있어 채택될 수 없었다.

그런데 이러한 불편한 점이 얼마 후 전동 타자기와 컴퓨터가 나오면서 깨끗하게 해결되었다. 약간의 인공 지능을 가미함으로써 초성의 자음과 받침의 자음을 알아서 인식하게 함으로써 간단하게 해결되었다. 컴퓨터 자판을 보면 왼쪽에는 자음이, 오른쪽에는 모음이 배열되어 있다. 그래서 양손으로 음절을 구성하는 자음과 모음을 리드미컬하게 치기만 하면 모든 글자를 자유롭게 조합해 낼 수 있다. 게다가 초성과 받침의 자음도 그냥 하나의 자음을 치면 컴퓨터가 알아서 글자를 구성하므로 타자기처럼 자판도 복잡하지 않아도 되었고, 속도도 훨씬 빨라지게 된 것이다. 특히 왼손은 자음을, 오른손은 모음을 번갈아 치므로 속도가 빠를 수밖에 없다. 컴퓨터 자판에서 자음은 왼손으로, 모음은 오른손으로 분리하여 효율적으로 칠 수 있는 유일한 문자는 한글뿐이다. 영어 자판을 보더라도 자음과 모음을 구분하여 배치되어 있지 않으며, 영어는 단어의 구성도 자음과 모음이 순서대로 되어 있지 않다. 자음과 모음이 겹쳐서 나오는 경우가 많고, 게다가 모음의 숫자가 많지 않아 한글처럼 자음을 왼쪽에, 모음을 오른쪽에 배치하여 효과적으로 글자를 칠 수가 없다.

컴퓨터에서 휴대폰으로 오면서 한글의 디지털 문자로의 장점은 극명하게 드러난다. 휴대폰의 자판은 12개에 불과하다. 이 한정된 자판 때문에 영어는 한 개의 자판에 알파벳을 3개씩 배치했다. 그러니 어떤 알파벳은 자판을 세 번이나 눌러야 한다. 그런데 한글은 창제 당시의 모음 구성 원리대로 이른바 천지인 자판을 사용하면 모음은 세 개의 자판만으로 족하며, 자음은 기본 자음 5개에 획 추가 자판, 겹자음 자판 등 7개만으로 구현이 된다. 그러면 모두 10개의 자판만으로 구현이 가능하다. 우리나라에서 휴대폰 문자 메시지가 생활의 한 부분이 된 것도 이를 가능하게 해준 한글 때문이다. 이것은 오로지 한글만이 가능한 일이다. 가까운 일본이나 중국은 도대체 가능할 수가 없다. 한국에서 정보기술이 발달할 수 있었던 것도 실은 한글이라는 디지털 문자 때문이다.

그리고 현재의 휴대폰 자판은 요즘 아이들이 두 손으로 매우 빠르게 글자를 친다는 것을 염두에 둔다면 자판에서의 자음과 모음을 지금보다 효율적으로 배치하고, 회사마다 다르게 되어 있는 자판을 하루 빨리 국가적 차원에서 통일해야 한다. 특허 때문에 특정 제품에서만 사용되는 자판이 문제가 되면 정부가 나서서 문제를 해결하여 누구나 쉽고 편하게 쓸 수 있는 표준자판을 만들어야 한다. 이것이 한글을 남겨준 조상에게 부끄럽지 않은 후손이 되는 길이다. 한글은 지식기반사회에서 우리의 생존을 위한 국가의 핵심 자원이자 첨단무기이다. 국가 경쟁력의 제고를 위해서라도 하루 빨리 정비해야 한다. 이것을 방치하는 것은 국가의 직무유기이다.[9)]

미래의 과학기술에서도 한글은 단연 독보적인 위력을 가질 것이다. 미래에는 컴퓨터 자판이 없어지고 음성인식을 이용한 기술이 발달될 것이다. 한글은 발음과 표기의 일치, 즉 일자일음(一字一音)의 원칙이 지켜지기 때문에 음성인식에 탁월하여 99%의 음성 인식률을 보인다. 그래서 컴퓨터에서 자판 없이 음성으로 입력할 때 가장 적합한 문자가 바로 한글이다. 영어도 음소문자이지만 발음과 표기가 일치하지 않아 음성인식에서는 적합하지가 않다. 영어는 동일한 모음이라도 단어마다 다른 소릿값을 가지는 데 비해, 한글은 하나의 모음이 하나의 소릿값을 가지기 때문에 한글이 음성인식에서 뛰어난 강점을 발휘할 수 있다.

컴퓨터 합성발음을 만들 때도 한글이 매우 유리하다. 한글로 쓴 글

---

9) 한글 창제 당시의 모음체계를 사용한 이른바 천지인 자판을 사용하고 있는 회사의 제품도 자음과 모음의 자판 배치에 대해서는 효율성을 고려하여 다시 배치해야 한다. 두 손으로 글자를 친다고 가정할 때, 컴퓨터처럼 자음은 왼쪽에 모음은 오른쪽에 배치하는 것이 좋다. 한글의 구성 원리로 볼 때 자음과 모음이 번갈아 나타나게 되어 있으므로 왼손은 자음, 오른손은 모음을 번갈아 칠 때 빠르게 입력할 수 있다. 그러므로 현재의 휴대전화의 천지인 자판은 한글의 구성 원리와 타자의 효율성을 위해 기본 모음 세 개는 오른쪽에 배치해야 한다. 획 추가로 만들어진 자음들은 따로 자판을 둘 것인지, 기본 자음에 획 추가 자판을 따로 하나 배치하는 것이 좋은지와 쌍자음을 표기하는 자판도 따로 하나 배치하는 문제도 새로운 판단을 요한다고 본다.

이, 합성발음을 만드는 컴퓨터 프로그램에서 로마자 알파벳으로 된 글을 그 나라의 말 발음으로 전환하는 프로그램보다 훨씬 쉽고 효율적이다. 한글로 된 글을 완벽하게 합성하여 발음하는 프로그램을 개발하면 비교적 쉽게 다른 나라 말에 응용할 수 있다. 영어 발음규칙 프로그램도 조금만 확장된 한글 발음규칙 프로그램으로 전환하다 발음을 바꾸는 것이 유리할 수 있다는 가능성이 드러나고 있다.

또한 현재 개발 중인 세계 언어간의 자동 번역 · 통역시스템은 지구촌 시대 인류의 최대 과제인 언어 장벽의 문제를 해결할 수 있는 가능성을 보여주고 있다. 글과 글의 자동번역 프로그램에서 더 나아가 음성인식 기술과 접목되어 대화까지 실시간으로 자동 통역해 주는 시스템이 개발된다면 언어 장벽의 불편 없이 외국인과의 대화가 가능해질 것이다. 이것이 가능하면 영어 공용화도 필요 없게 될지도 모른다. 영어로 말하는 것을 한국어나 중국어로 들을 수 있고, 영어로 보내는 메시지를 한국어나 중국어로 받아볼 수 있다면 굳이 영어를 배울 필요가 없을 것이다. 실제 모든 사람들이 영어를 능숙하게 구사하는 것은 불가능하기도 하거니와 또한 필요하지도 않다. 사람마다 능력도 다르고 종사할 일도 다르기 때문이다. 전문적인 영어가 필요한 경우가 아니라면 제한적인 실무에서는 자동 번역 · 통역시스템이 훨씬 도움이 될 것이다. 현재 영어 공부에 투입되는 돈의 일부만 들여도 실용적인 자동 번역 · 통역시스템이 개발될 수 있을 것으로 본다. 특히 음성 인식률이 99%인 한글은 문자와 음성의 자유로운 호환이 가능하며, 세계 모든 나라의 말을 표기할 수 있으므로 자동 통역시스템에서 중간매개언어로 사용될 수 있다. 즉 영어로 하는 말을 소리나는 대로 한글로 적은 뒤 가나다순으로 된 만국 언어사전에서 한국어나 중국어로 찾아가 들려주면 된다. 프로그램을 만드는 것이 복잡하고 어렵기는 하겠지만 중간매개언어로 사용할 수 있는 한글이 있어 세계 언어간의 자동 번역 · 통역시스템이 가능하다.

온 세상의 모든 정보가 기록되어 네트워크를 통해 서로 연결되어 공유되는 디지털 시대는 삶의 속도가 빨라지고, 그래서 더욱 바빠졌다. 이 속도를 따라가지 못하면 생존 경쟁에서 뒤쳐질 수밖에 없다. 이러한 디지털 시대에는 정보 전달에 효율적인 문자는 살아남겠지만, 정보 전달에 비효율적인 문자는 도태될 위기에 처하게 될 것이다. 특히 중국의 한자가 심각한 위기에 직면해 있다. 그런데 한글은 디지털 시대에 와서 그 장점과 우수성이 더욱 빛을 발하고 있다. 한글은 디지털 시대에 적합한 디지털 문자인 것이다.

영국의 역사 다큐멘터리 작가 존 맨은 『알파 베타』(2000)[10]라는 책에서 중동 주변에서 발달한 서양의 알파벳이 어떻게 이집트와 메소포타미아 등 고대문명의 중심지의 언어보다 널리 쓰이면서 세상을 바꾼 문자가 되었는지를 추적했다. 여기서 알파벳과 함께 세계 주요 언어의 자모의 연원을 추적해 보았던 존 맨은 한글은 모든 언어가 꿈꾸는 최고의 알파벳이라고 소개했다.

시카고 대학의 저명한 언어학자인 매콜리(J. D. McCawley) 교수는 해마다 10월 9일에 한국 음식을 먹으며, 모든 언어가 지향하는 꿈의 문자인 한글을 만든 한글날을 기념했다고 한다. 1999년에 작고한 제임스 매콜리 교수는 20여 년 동안 매년 10월 9일이면 강의를 휴강하고, 대신 동료 교수나 학생들을 집으로 초대해 한국음식을 나누며, "언어학자로서 세계의 위대한 유산이 탄생한 날을 찬양하고 휴일로 기념하는 것은 당연한 일이

10) 이 책은 『세상을 바꾼 문자, 알파벳』(예지, 2003)이라는 이름으로 우리나라에도 번역 · 소개되었다.

다."라고 말했다. 벽에는 세종대왕 초상이 걸려 있었다. 이처럼 그의 한글에 대한 관심과 사랑, 그리고 세종대왕에 대한 존경은 각별하다. 한국을 방문할 때면 제일 먼저 덕수궁부터 찾았다. 덕수궁에 세종대왕 동상이 있었기 때문이다. 세종대왕의 동상 앞에서 먼저 참배를 한 후에야 자신의 볼일을 보았다고 한다.

매콜리 교수는 대학교재에 한글 관련 내용을 소개함으로써 한글을 세계에 알리는 데 큰 기여를 했다. 지금은 세계의 언어학자들이 한글의 창제 과정과 그 우수성을 인정하고 있지만, 이것을 공인받기까지는 우여곡절이 많았다. 한글 창제와 관련한 내용이 세상에 알려지게 된 것은 1940년 7월 경북 안동에서 『훈민정음해례본』이 발견되면서이다. 그 전에는 한글에 대한 학설과 억측이 난무했다. 『훈민정음해례본』이 세상에 드러나면서 비로소 한글에 대한 모든 의문이 풀린 것이다. 그런데 이 책에 있는 내용을 세계의 학계에 보고해도 아무도 믿지 않았다. 도대체 세

▲ 세종대왕 초상

상에 그런 문자는 있을 수 없다는 반응이었다. 역사상 유례가 없었으니 어쩌면 당연했다. 그래서 이것이 인정받기까지 우여곡절의 세월을 거쳐야 했던 것이다. 한글을 세계 학계에서 인정받을 수 있게 한 데 크게 기여한 사람이 매콜리 교수이다. 권위 있는 학자가 인정하니 그때서야 믿기 시작한 것이다.

일본 도쿄 외국어대 노마 히데키 교수는 한국인보다 더 한글을 연구하고 사랑하는 일본인이다. 화가로서 1970년대 현대일본미술전에서 수상하기도 했던 그는 대학시절 독학으로 한글을 공부하다가 한글의 매력에 푹 빠져, 30세에 도쿄 외국어대 조선어학과에 입학하면서 화가의 길을 접고 한글학자로 변신했다. 그는 2010년 『한글의 탄생: 음에서 문자를 만들다』라는 저서를 출간했고, 이 책은 마이니치신문사와 사단법인 아시아조사회가 주관하는 '아시아태평양 대상'에 선정되었다. 심사위원회는 "한글이 음소, 음절, 형태소라는 세 요소를 분명한 형태로 나타낸 지극히 정교한 문자라는 점을 동아시아문화사 속에서 그려냈고, 이 세 요소는 모두 현대 언어학의 개념인데, 한글 창제자들이 15세기에 이미 이를 자유자재로 썼다니 놀랍다."고 평가했다. 이 책에서 노마 히데키 교수는 한글의 탄생은 차원을 달리하는 혁명 그 자체였다고 했다. 1000년 한자의 역사 속에서 한글이 탄생했다는 것은 지적 혁명이자 기적이었다는 것이다. 한글이 다른 문자와 다른 점에 대해

> "한글은 '나는 이런 문자다. 누구를 위해, 어떤 과정으로 만들어졌고, 나를 이렇게 발음해 달라'는 점을 스스로 밝힌 세계 유일의 문자이다. 훈민정음에서는 소리가 문자로 되는 근원을 접할 수 있다. 발성 기관이라는, 소리가 나오는 근원으로 들어가서 형태를 찾아낸 것이다. 한글 스스로 이

론무장을 하는 과정이 고스란히 훈민정음에 남아 있다."

고 했다.

특히 소리에서 문자를 만든다는 발상은 그 시대 언어사에서 획기적이었고, 자음과 모음, 초성 · 중성 · 종성, 성조, 음절의 4가지로 분석한 사분법은 완전히 현대 언어학 수준을 보여주고 있다면서 이러한 한글은 한국만이 아니라 인류 전체의 소중한 자산이라고 했다. 그러면서 그는 단지 민족주의적 입장에서 단순히 '한글이 최고다. 세종대왕은 훌륭하다'라고 하는 것보다 한글의 실체를 객관적으로 널리 알리는 것이 중요하며, 그러면 저절로 한글의 진가가 돋보이게 될 것이라고 했다.

5) 인류의 최고 발명품인 문자의 힘

인류에게서 문자의 발명은 가장 획기적인 사건이다. 문자의 발명으로 인류는 정보와 지식을 기록할 수 있게 되어 지식의 축적이 가능해졌고, 이로써 인류의 문화는 획기적인 발전을 이루는 계기가 마련되었다. 문자는 인류의 최고의 발명품이다. 문자의 발명을 기점으로 역사 이전의 시대와 역사 시대로 구분하는 것도 이러한 문자의 힘과 중요성에서 비롯되는 그 역사적 의의 때문이다.

그래서 예일대학의 헤이블릭 교수는 그리스 알파벳의 출현은 불이나 바퀴의 발명처럼 서양의 삶을 송두리째 바꾼 위대한 도약이었다고 말하고 있다. 중국에서 화약과 나침반을 배워갔던 서양이 중국을 비롯한 동양을 제치고 세계의 과학기술을 주도하게 된 이유는 서양 사람이 동양 사람보다 뛰어났기 때문이 아니다. 단지 서양 사람들이 누구나 배우기 쉬운 그리스 알파벳을 발명하고, 그 알파벳을 활용하여 2000년간 지속적으로 많은 사람들이 서로 정보와 지식을 교환하고 공유할 수 있었기 때문이었다. 반면에 동양의 한자는 복잡하고 배우기 어려워 접근과 전파력에서 뒤떨어질 수밖에 없었다.

서양이 한국의 고려보다 200년 뒤에 금속활자 인쇄술을 발명하고도 전 세계의 정보와 지식을 주도하게 된 이유도 그들의 문자가 누구나 쉽게 배울 수 있는 알파벳이었기 때문이다. 알파벳으로 인쇄된 책이 서구사회에서 정보와 지식을 획기적으로 확산시키는 동안 동양의 한자 인쇄물은 소수 엘리트 계층의 정보와 지식의 독점에서 벗어나지 못했다. 현재 전 세계 책의 70% 이상이 그리스 로마 알파벳으로 출판된다. 이런 알파벳의 큰 힘은 알파벳이 배우기 쉬운 문자라는 점에서 기인한다. 디린저 박사의 말처럼, 인구의 1% 정도만 활용 가능했던 이집트 문자가 귀족 엘리트 문자인 반면에 27개의 음소문자인 알파벳은 누구나 쉽게 배워 정보와 지식을 공유할 수 있는 이른바 민주적 문자였다. 민주적 문자인 알파벳의 대중성과 금속활자 인쇄술에 의한 대량생산이 결합되었을 때, 그 시너지 효과는 가히 폭발적이었다. 그래서 이 둘의 결합을 정보기술 혁명이라 부른다. 샘슨 박사가 한국의 과거를 바라보며 감탄하는 이유도 알파벳과 같은 문자의 힘과 활자 인쇄술의 힘이 무엇인지를 잘 알고 있기 때문이다.

그러나 샘슨 박사의 감탄은 우리에게는 뼈아픈 아쉬움과 한탄으로 다가온다. 금속활자 인쇄술과 알파벳을 능가하는 세계 최고의 문자인 한글을 동시에 갖고 있었으면서도, 이 두 기술을 제대로 결합해 낼 안목이 없었던 것이 과거 조선의 지배계층의 한계였다. 이들이 세종의 시대를 꿰뚫어보는 혜안과 통찰력을 함께 공유하지 못했기 때문에 한국사회의 정보와 지식의 공유는 500년 이상 지연되었다.

한글 창제 후 500년 가까이 흐른 후 1894년에야 고종의 '대한제국 칙령 제 1호'에서 한글을 국가 공식문자로 선포했다. 물론 이것도 그 동안 한자만을 사용해 오던 국가 공식 문서에 한자와 한글을 병행한다는 것이다. 본격적인 한글의 사용은 그 이후 일제 강점기를 지나 해방 이후에 와서야 이루어졌다는 점에서 고작 60년 정도밖에 되지 않는다.

그러나 60년이라는 기간 동안에 한글이 이루어낸 정보와 지식의 전파와 공유의 힘은 알파벳이 2000년간 서구사회에서 기여한 역할과 비교해도 뒤지지 않을 정도의 성과를 이루어냈다. 한글이 있었기에 우리는 인터넷을 통한 전자정보 시대를 선도해 가고 있다. 한국이 정보기술 분야에서 급성장할 수 있었던 것은 세계 최고의 문자인 한글을 공식 문자로 채택하고 활용했기 때문이다. 오늘의 서구 문명 뒤에 그리스 · 로마 알파벳이 있었던 것처럼, 오늘의 한국의 발전 뒤에는 한글이 있었다는 것, 한글이라는 문자의 힘 때문이라는 것을 결코 잊어서는 안 된다.

이런 점에서 2007년 국제특허협력조약에서 한국어, 즉 한글이 국제 공개어로 채택된 것은 중요한 의미를 갖는다. 스위스 제네바에서 열린 세계지식재산권기구 총회에서 183개 회원국의 만장일치로 한국어를 PCT 국제 출원을 위한 국제 공개어로 추가했다. 종전까지 PCT 국제 공개어는 영어, 프랑스어, 독일어, 러시아어, 스페인어, 일본어, 중국어, 아랍어 등 8개에서 이번에 한국어와 포르투갈어가 추가되어 10개가 되었다. 특허는 원래 나라마다 특허를 받아야 하나 국가별로 일일이 특허를 받는 것은 복잡하고 까다로울 뿐만 아니라 시간도 많이 걸리기 때문에 국제적 조약으로 PCT 국제 출원시스템을 만들었다. 한국어가 PCT 국제공개어로 채택되었다는 것은 앞으로는 굳이 영어로 번역할 필요 없이 서류를 한국어로 제출하면 된다. 그만큼 시간도 단축되고, 해외특허절차 추진의 효율성도 높아지게 된다는 점에서 한글의 위상을 한 단계 높인 계기가 된다.

한글은 21세기 지식정보화사회에서의 생존을 위해 세종대왕이 후손들에게 남겨준 비장의 무기이다. 조선의 지배계층이 이것을 제대로 활용하지 못함으로써 근대사회의 진입에서 뒤지게 되었고, 그 결과 일제 식민지로 전락하게 되었던 것이며, 그나마 뒤늦게라도 이것을 제대로 활용함으로써 우리는 지식정보화 시대를 앞서 갈 수 있게 되었다. 이 비장의 무기인 한글을 앞으로 어떻게 다듬고 발전시켜 가느냐 하는 것이 곧바로 국가의 경쟁력을 좌우할 것이다.

6) 훈민정음은 한국 최고의 발명품이자 문화유산

한글의 특징과 우수성을 간단히 다시 한 번 정리하면,

첫째, 제자 원리의 독창성과 과학성이다. 한글은 남의 문자를 빌려 쓴 것이 아니고 독창적으로 만들어진 것이며, 발음 기관의 움직임, 작용 모습, 음성학적 특질 등 현대 언어학 이론에 부합되는 과학적인 체계를 가지고 있다. 글자의 창제 원리와 글자의 모양이 이유가 있다. 발음기관의 모양을 본떠 만든 자음의 기본 글자는 그 원리가 매우 독창적이고, 기본 글자에 획을 더하여 글자를 파생해 내는 방법도 대단히 체계적이고 과학적이다. 모음은 천지인과 발음기관을 같이 본떠 만들었다. 글자의 모양은 하늘은 둥그니까 '·', 땅은 평평하니까 'ㅡ'로 형상화했고, 서 있는 사람의 모습에서 본떠 'ㅣ'를 만들었다. 이 세 모음의 조합으로 필요한 모든 모음을 만들어 낸다.

둘째, 배우고 쓰기에 가장 쉬운 문자이다. 표음문자 중에서도 가장 발달된 음소문자라서 글자 하나하나가 하나의 소리를 표기하고, 또한 그 구성 원리가 간단하기 때문에 배우기가 대단히 쉽다. 한글 자모 24자만 익히면 쉽게 이들을 조합하여 바로 문자 생활을 할 수 있다.

셋째, 현존하는 지구상의 모든 문자 중에서 가장 많은 발음을 표기할 수 있다. 음성 표기의 폭이 매우 넓어 우리말 표기는 물론이고 다른 외국어도 거의 불편 없이 표기할 수 있다. 현재의 자음과 모음을 조합하여 표기할 수 있는 소리는 무려 11,172개나 된다.

넷째, 글자를 만든 목적과 만든 사람, 만든 때가 분명한 글자이다. 현재까지 살아남은 대략 6,000여 개의 세계의 말 중에서 100여 개의 말만이 글자를 가지고 있지만 만든 목적과 만든 사람, 만든 때가 분명한 글자는 찾아볼 수가 없다. 그래서 세계 어떤 민족도, 국가도 자기 나라 글자를 만든 날을 기념하는 데는 없다. 한글만이 글자를 만든 목적과 사람, 시기가 분명하게 기록으로 남아 있다.

이러한 한글은 한국의 최고 발명품이자 가장 위대한 문화유산이다. 모든 언어가 꿈꾸는 최고의 문자라는 세계의 언어학자들의 평가로 본다면 한글은 인류의 최고 발명품이자 위대한 문화유산이기도 하다.

몇 년 전 미국의 어떤 작가가 세계의 석학들에게 이메일을 보냈다. 그 내용은 인류의 최고의 발명품을 든다면 무엇을 추천할 것인가 하는 것이었다. 하고 많은 발명품 중에 무엇을 인류의 최고의 발명품이라 할 수 있을까? 누구나 한 번쯤 생각해 볼만한 질문이다. 이에 대해 이메일을 받은 세계의 석학들이 답신을 보내왔고, 그 내용을 정리한 신문 기사를 본 기억이 난다.

세계의 석학들이 인류의 최고의 발명품으로 든 것은 인쇄기술, 시계, 피임약, 모차르트 음악, 종교, 그리고 언어 등이었다. 인쇄기술은 특권계층이 독점해 온 지식을 일반대중으로 넓힌 공적으로, 시계는 개인의 감각에 의존하던 시간의 경과를 수량화했다는 점에서, 피임약은 가족 구조 속에서의 여성의 역할을 근본적으로 변화시켜 여성을 해방시켰다는 점에서 추천 이유를 들었다. 그리고 일부 학자는 어떤 위대한 발명도 언어가 없이는 불가능했다는 점에서 언어를 인류의 최고의 발명품으로 추천했다.

사실 인류의 최고의 발명품을 든다면 언어 이상 갈 것은 없다. 언어가 없었다면 아무것도 가능치 않았을 것이다. 의사소통은 물론이고 사고도 언어를 통해 이루어지므로 언어가 없이는 어떤 발명도 가능치 않았을 것이다. 인간의 사고를 거치지 않은 발명은 불가능하기 때문이다. 인간이 만물의 영장이 될 수 있었던 것도 바로 언어를 가졌기 때문이 아닌가.

그런데 언어에는 말과 글이 있다. 말은 언제부터 생겨난 것인지 알기가 어렵다. 말은 아마 인간의 창조와 함께 있지 않았나 싶다. 말의 사용을 인간의 선천적인 능력으로 본다면 이것은 신이 인간에게 하나의 선물로 준 것일 수도 있다. 아무튼 말이 언제 어떻게 생겨난 것인지에 대해서는 정확히 알기 어렵다. 더구나 말은 형체도 없다. 그러나 글은 형체도 있고, 역사도 가지고 있다. 문자의 기원에 대해서는 어느 정도의 기록도 남아 있다. 그런 점에서 언어 중에서도 문자의 발명이, 제대로 된 인간에 의한 확실한 발명품으로 볼 수 있다. 문자의 발명으로 지식의 축적이 가능해졌고, 이로써 인류의 문화는 획기적인 발전을 이룰 수 있게 되었다. 그렇다면 문자가 인류의 최고의 발명품이라고 할 수 있지 않겠는가. 인류 최고의 발명품의 하나로 든 인쇄기술도 문자가 없었다면 무용지물이라는 점에서 문자가 먼저이다.

인류 최고의 발명품이 언어이고 그 중에서 특히 문자라면 한국 최고의 발명품은 무엇이 될 것인가? 답은 자명할 것이다. 한글, 곧 훈민정음 외에 어떤 대안이 있겠는가. 한글, 즉 훈민정음이 우리의 최고 발명품이자 문화유산이다. 이유에 대해서는 여기서 더 이상의 설명이 필요하지 않을 것이다.

이와 관련하여 우리나라의 국보 제1호에 대한 논란이 있어 왔다. 1호라는 상징성과 대표성 때문이다. 1996년에 국보 1호를 숭례문(남대문)이 아니라 대한민국이 세계에 자랑할 수 있는 훈민정음으로 바꿔야 한다는 국보 1호 재지정 문제가 제기되었다. 뜻을 같이 하는 많은 사람들이 서명하여 정부에 제출했다. 일제강점기인 1934년에 조선총독부가 편의적으로 '조선 고적 제1호'로 남대문을 지정한 것을 해방 후 이승만 정부가 아무런 생각 없이 그대로 답습했다는 것이다. 일제가 남대문을 1호로 지정한 것은 단순히 조선총독부 건물에서 제일 잘 보이기 때문에 1호로 지정한 것이었다. 문화재의 대표성과 상징성에 대한 깊은 고려가 전혀 없이 즉흥적이고 편의적으로 지정되었다. 이승만 정부도 친일세력을 기반으로 한 정권이었기 때문에 아무런 문제의식이 없이 그대로 답습하여 지금에 이른 것이다.

당시 재지정 청원과 관련하여 문화재관리국(지금의 문화재청)이 국보 교체 안건을 문화재위원회 심의에 부쳤으나, 결국 전문가 의견과 여론 조사를 거쳐 부결되었다. 이유는 국보 1호라는 숫자는 단순 번호이지 가치 순위가 아니라는 것이다. 또한 국보 1호를 바꾸면 혼란이 야기되고 각종 관련 서적, 해외 홍보물, 영상물 등의 교체로 많은 비용이 들 것을 우려해서였다. 일제 잔재 청산의 차원에서 경복궁의 조선총독부 건물도 헐어 내면서 국보 1호의 교체 비용만 유독 문제가 된단 말인가. 결국 주된 이유는 관료들의 안일과 행정 편의를 우선적으로 고려한 부결이었다는 점에서 이 역시 일제의 편의주의적 발상과 다르지 않다.

물론 문화재에는 서열이 없다. 다 소중하다. 하지만 국보 1호는 '1'이라는 숫자가 갖는 대표성과 상징성을 간과할 수 없다. 국보 1호라면 우리나라를 대표한다는 인식도 그렇거니와 대외적으로도 한국을 대표하고 상징하는 의미가 있다. 이런 점에서 국보 1호의 재지정 문제는 다시 검토되어야 한다. 국보 1호 지정 당시에 일제가 아니라 우리가 했다면 이렇게 했겠는가를 생각해 보면 답이 나올 것이다. 국보 1호만큼은 한국을 대표할 수 있는 상징성을 지닌 문화재가 되어야 한다는 것은 너무도 당연하다.

이 문제는 2003년에 또다시 불거졌다. 남대문이 한일합방 직전에 교통 장애 등을 유발한다는 이유로 헐릴 뻔했으나, 임진왜란 당시 가토 기요마사(加藤淸正, 1562-1611)가 이끄는 왜군이 조선 왕궁으로 입성한 문이라 해서 일제가 보존했다는 견해가 나왔기 때문이다. 이것은 우리의 자존심을 심히 건드리는 문제였고, 그래서 국보 1호의 교체 문제가 더욱 뜨거운 쟁점이 되었다.

2005년 감사원이 문화재 지정 및 관리 실태에 대한 감사에 착수하면서 '일제 때 행정 편의로 정해진 문화재 체계를 답습한 것은 잘못'이라는 지적과 함께 국보 제1호를 재지정할 것을 문화재청에 권고했다. 이 문제는 국정감사에서도 계속 교체가 거론되기도 했다. 이에 따라 당시 유홍준 문화재청장이 교체 검토를 공식화했다. 유홍준 문화재청장은 국보 1호 숭례문(남대문)을 훈민정음으로 교체하는 방안을 제시하기도 했다. 그러나 당시 문화재청의 조사 · 심의기구인 문화재위원회는 '국보지정심의 분과위원회'를 열어 이 문제를 논의했으나, 번호는 단지 관리번호일 뿐이라는 종래의 입장을 되풀이하면서 재지정 요구를 받아들이지 않기로 다시 결정했다. 다만 현재의 관리번호가 서열로 오해되고 있다는 점은 인정하고, 문화재청에서 준비하고 있는 종합적인 안이 준비되면 재검토할 수 있다고 했다.

그런데 2008년 2월 어이없는 방화로 숭례문이 소실되어 버린 것이다. 이제는 소실된 숭례문을 복원한다 해도 문화재로서의 가치가 크게 훼손될 수밖에 없다. 그러므로 복원된 숭례문은 국보로서의 의미조차도 문제가 될 뿐만 아니라 제1호로서의 의미는 더더욱 없어진다. 그래서 국보 1호의 재지정은 더욱 절실하게 되었다. 물론 모든 문화재의 순위를 다시 매기자는 것은 아니다. 어떤 가치기준에 따라 일렬로 순위를 매기는 것도 불가능하다. 국보에 숫자를 매기지 않는다면 모르겠지만 지금처럼 순위를 매기는 이상 1호의 상징성과 대표성 때문에 1호만은 재지정해야 한다. 숭례문은 누가 보더라도 우리나라를 대표하는 문화재는 될 수 없다. 유네스코 지정 세계문화유산에 등재되지 못한 것만 보더라도 그렇다.

유네스코 세계문화유산은 인류의 소중한 문화 및 자연유산을 보호하기 위해 1972년 '세계 문화 및 자연유산 보호협약'을 채택함에 따라 지정되기 시작했다. 세계유산은 이 협약에 따라 세계유산위원회가 인류 전체를 위해 보호되어야 할 보편적 가치가 있다고 인정될 때 지정하게 된다. 목적은 자연재해나 전쟁 등으로 파괴의 위험에 처한 유산의 복구 및 보호활동 등을 통하여 보편적 인류 유산의 파괴를 근본적으로 방지하고, 문화유산 및 자연유산의 보호를 위한 국제적 협력 및 각 나라별 유산 보호활동을 강화하기 위해서이다. 세계문화유산으로 지정되면 국내·외로부터의 관광객이 크게 증가되며, 이에 따라 고용 기회와 수입이 늘어날 뿐만 아니라, 정부의 추가적인 관심과 지원으로 지역의 계획과 관리를 향상시킬 수도 있고, 또한 지역 및 국가의 자부심을 고취하고, 보호를 위한 책임감을 높이는 효과도 있다. 또한 세계유산기금(World Heritage Fund)으로부터 기술적 · 재정적 원조를 받을 수도 있다.

우리나라에서는 1995년 12월에 석굴암 및 불국사와 해인사 장경판전, 종묘가 세계문화유산으로 지정되었고, 1997년 10월에 『훈민정음해례본』과 『조선왕조실록』이 세계기록유산으로 지정됨으로써 한글이 세계문화유산으로서 새롭게 주목을 받게 되었다.[11)]

언어가 인류의 최고 발명품인 것처럼 우리의 최고 발명품은 한글이며, 이것은 우리의 자랑스러운 문화유산이자 곧 인류의 문화유산이다. 문맹률 0%의 한글은 모든 언어가 꿈꾸는 꿈의 문자이다. 이제는 훈민정음, 즉 한글을 세계에 떳떳하게 내세워 자랑하면서 우리글에 대한 자부심과 긍지를 가져도 좋을 것이다. 이 자부심과 긍지로 우리글을 더욱 아끼고 다듬어서 국가 경쟁력을 높이는 무기로 활용해야 한다.

그리고 한글날을 더 이상 국경일 시비에 휘말리게 해서는 안 된다. 한글의 우수성을 세계 모두가 인정하는데 우리의 무지로 인해 불필요한 시비에 휘말리게 하는 것은 세종대왕을 욕되게 하는 일이 될 뿐이다. 당시 지배계층의 무지의 소치로 한글이 500여간 제대로 빛을 보지 못했고, 이 때문에 우리는 한글을 국가 발전의 기회로 활용하지 못함으로써 근대국가로의 진입에 뒤지게 되었고, 그 결과 일제 식민지라는 역사적 치욕을 당한 것만도 통탄할 일인데 또다시 이런 잘못을 반복한다는 것은 심

11) 2014년 기준 한국의 유네스코 지정 세계문화유산은 세계유산(문화 · 자연 · 복합) 11개, 세계기록유산 11개, 인류무형문화유산 17개이다. 특히 세계기록유산은 중국이 9개, 일본이 3개임에 비추어 볼 때 아시아에서는 1위이며, 세계적으로는 4위에 해당된다.

▲ 광화문에 있는 세종대왕 동상

히 어리석은 일이다.

세계에서 문자를 창제한 날을 기념일로 삼고 있는 나라는 우리나라가 유일하다. 대개의 문자는 수천 년에 걸쳐 전해오면서 다듬어져 완성된 것이기 때문에 문자를 만든 사람과 정확한 날짜를 알 수가 없다. 반면에 한글은 창제과정과 반포 시기가 정확히 알려진 유일한 문자이기 때문에 가능했던 것이다.

한글날을 처음 제정한 것은 일제에 국권을 빼앗기고 일제의 언어 말살 정책이 시행되던 1926년이다. 조선어연구회(지금의 한글 학회)가 1926년 음력 9월 29일을 처음으로 '가갸날'이라 해서 기념하기 시작했다.[12]

---

12) 조선어연구회는, 일제의 억압에 짓눌려 위축되어 있던 겨레의 얼을 되살리고 북돋우기 위하여, 한글(훈민정음) 반포의 날을 기념하기로 하였다. 그리하여 『왕조실록』권113 세종 28년(병인) 9월조의 "이 달에 훈민정음이 이루어지다(是月訓民正音成)."란 기록을 근거로 삼아 1926년 음력 9월 29일(양력 11월 4일), 곧 한글을 편 지 8회갑(480년)을 맞이하여, 한글 반포 8회갑의 잔치를 베풀고, 이 날을 '가갸날'로 선포하였다.

1928년에 '가갸날'을 '한글날'로 바꾸었고, 1931년에 음력을 양력으로 바꾸어 10월 29일로 하다가, 1934년에 그레고리오력 환산방법에 의해 10월 28일로 했다. 한글날이 10월 9일로 정해진 것은 1940년 7월 경북 안동에서 『훈민정음해례본』이 발견되면서이다. 이 책의 끝머리에 적혀 있는 '1446년 음력 9월 상순'이라는 기록으로 훈민정음 반포일을 보다 정확하게 알 수 있었으나, 일제의 집회 금지로 기념행사는 하지 못했다. 해방이 된 1945년에 와서 '음력 9월 상순'을 양력으로 환산한 10월 9일을 훈민정음 반포 기념일로 확정했다.

1946년 한글 반포 500돌을 맞이하여 한글날을 공휴일로 정해 기념해 오다가 1990년 당시 정부의 공휴일 축소에 따라 한글날이 공휴일에서 제외되었다. 당시의 총무처에서 법정 공휴일 축소 방침에 따라 한글날을 법정 공휴일에서 제외함으로써 '한글날'이 단순한 기념일로 축소되고 만 것이다. 세계에서 문자를 만든 날을 기념하는 유례가 없기 때문이라는 것이 이유였던 같은데, 한글 창제의 의미와 중요성을 모르는 데서 비롯된 무지의 소치였다. 남의 나라 사람인 미국의 매콜리 교수는 생전에 20여 년 동안 매년 10월 9일이면 강의까지 휴강하고, 동료 교수나 학생들을 집으로 초대해 한국음식을 나누며, 세계의 위대한 유산이 탄생한 한글날을 찬양하고 휴일로 기념했는데, 얼빠진 관료들 때문에 자국에서 한글날이 공휴일에서 제외되어 푸대접받다니 이 얼마나 한심한 일인가. 도대체 개념 없는 관료들의 어리석은 작태를 어찌해야 한단 말인가.

오늘날 우리가 지식기반사회를 앞서가며 이만큼 발전할 수 있었던 것도 한글이라는 첨단문자 덕택이며, 앞으로 세계와의 경쟁에서 살아남기 위해서도 한글을 국가 경쟁력을 높이기 위한 무기로 삼지 않으면 안 된다. 한글이라는 우수한 문자의 경쟁력을 살리는 길이 세계화 시대의 무한 경쟁에서 살아남는 길이다. 그러므로 한글날은 하루 빨리 법정 공휴일로 복권시켜 한글의 중요성과 그 의미를 널리 알리고 기려야 한다.[13)]

13) 2013년 정부에서 한글날을 다시 법정공휴일로 지정하기로 함으로써 2014년부터 10월 9일 한글날은 공휴일로 보내게 되었다.

2.
언어는 곧 사고이다

인류학자들은 인간을 '호모 사피엔스(Homo Sapiens)'라 부른다. 이는 '생각하는 인간'이란 뜻으로 다른 동물과 다른 인간의 사고능력을 차별화하여 일컫는 말이다. 또한 '언어를 사용하는 인간'이란 뜻으로 인간을 '호모 로쿠엔스(Homo Locuens)'이라 부르기도 한다. 여기서 인간의 생각도 결국 언어를 사용할 수 있는 능력을 가졌기 때문이라는 것을 전제한다면, 다른 동물과 구별되는 인간의 가장 뚜렷한 특징은 인간만이 언어를 가졌다는 것을 가장 먼저 지적하지 않을 수 없다. 이 세상의 어떤 동물도 언어를 가지고 있지 않다. 그러나 인간은 국가와 민족을 막론하고 모두 언어를 가지고 있고 또한 사용하고 있다. 비록 간단한 수 계산은 하지 못하더라도 언어를 배우지 못하는 인간은 없다. 이것은 인간은 선천적으로 언어를 습득할 수 있는 능력을 타고난다고 볼 수 있다. 그러므로 다른 동물과 구별지어 주는 인간의 가장 뚜렷한 특징은 바로 언어이다.

그런데, 언어라는 것은 마치 우리 생활에 있어서 공기나 물과 같은 것이어서 보통 때는 그 필요성을 절실히 느끼지 못하지만, 공기나 물이 없으면 우리의 생존이 당장 위협을 받듯이 언어가 없으면 우리의 사회생활도 당장 불가능해질 것이다. 그런데도 우리는 평상시에는 이러한 언어에 대한 고마움이나 관심을 갖지 않는다. 언어는 당연히 존재하는 것이라 생각하기 때문이다. 그러다 보니 우리는 언어에 대해 깊이 있는 이해를 하지 못하고 있다.

언어가 우리의 생활과 밀접한 관계가 있는 만큼 언어에 대한 연구의 필요성도 커질 수밖에 없다. 언어의 본질은 무엇인가, 언어와 사고, 언어와 논리는 무슨 관계가 있는가, 철학적 사고의 오류는 언어의 사용과 어떤 관계가 있는가 등의 문제가 제기될 수 있다. 언어의 이해는 인간의 사고능력의 형성 과정뿐만 아니라 심리학, 사회학, 인류학 등 모든 학문의 연구에도 공헌하는 바가 크다. 언어는 우리의 생활에도 중요한 역할을 하기 때문에 언어에 대한 이해가 없이는 자기 자신이나 인간을 이해할 수도 없다.

1) 인간과 언어 습득 능력

우리는 흔히 사람과 동물을 구별하는 가장 중요한 척도의 하나로서 '사람만이 언어를 가졌다.'는 것을 든다. 이것은 곧 사람만이 언어를 사용할 수 있는 능력을 가졌다는 의미이다. 그렇다면 이러한 인간의 언어 사용능력은 선천적인 능력일까, 아니면 후천적인 능력일까?

어린이들은 말을 배우는 데 있어서 천부적인 재질을 보여준다. 아직 다른 지적인 능력이 발달하지 못한 네 살 정도만 되어도 자기 모국어를 어느 정도 완전하게 습득한다. 어린이들은 불과 4년 사이에 그것도 특별한 지도가 없이 주위의 사람들이 하는 말을 듣고 말을 완전하게 배운다. 여기서 말을 완전하게 배운다는 것은 들은 말만을 외워서 반복한다는 것이 아니라 말을 응용해서 자기가 이제까지 들어보지 못한 문장도 자유롭게 구사할 수 있음을 뜻한다. 어린이들은 특별한 노력을 하지 않고서도 이와 같이 무한수의 새로운 문장을 이해할 수 있을 뿐만 아니라 말할 수 있게 되는 것이다. 외국어를 배워본 사람이라면 누구나 이것이 불가사의한 능력이라는 것을 이해할 것이다.

이러한 어린이의 언어 습득을 설명하는 이론으로 경험주의와 합리주의 이론이 있다. 경험주의 이론에 의하면, 어린이가 언어를 습득하는 것은 선천적인 능력에 의한 것이 아니라 경험적인 훈련에 의해서 오로지 후천적으로만 이루어지는 것이라는 것이다. 어린이는 완전히 백지 상태에서 출발하여 반복 연습과 시행착오와 교정에 의해서 언어를 배워간다는 것이다. 그러나 언어 습득 작용을 이렇게만 본다면 자기가 일찍이 들어본 일이 없는 문장을 만들어내거나 이해하는 어린이의 언어능력을 설명할 길이 없다. 혹시 장기간의 훈련과 반복 연습을 하면 그렇게 수많은 문장의 생성 능력을 갖출 가능성이 있을지 모르지만, 어린이가 말을 배우는 기간이 불과 4, 5년인 것을 고려하면 무한수의 문장을 창조하는 능력은 도저히 기대할 수가 없는 것이다. 결국 경험주의적인 이론에 의해서는 창조성 있는 언어 능력의 획득은 설명이 불가능하다는 결론이 나온다.

이에 반해 합리주의 이론은 어린이가 언어를 습득하는 것은 거의 전적으로 타고난 특수한 언어 학습능력과, 일반 언어구조에 대한 추상적인 선험적 지식에 의해서 이루어진다고 본다. 즉 인간이 유전적으로 전승된 인간 고유의 언어학습 능력이 있어서 그것에 의해 언어 습득이 이루어진다는 것이다. 건축 설계도와 같은 언어 구조에 대한 선험적 지식을 이미 갖추고 태어나며, 생후의 언어 경험은 그 골격에다 살만 붙인다는 것이다. 그렇지 않다면 어린이가 그렇게 짧은 기간 내에 그처럼 완벽한 문법체계를 통달하기란 도저히 기대할 수 없기 때문이다. 그래서 MIT대학 언어심리학자 스티븐 핀커는 '인간의 뇌에는 언어를 익히는 프로그램이 입력되어 있어 아이들은 문법 유전자가 존재하는 12살 이전에 체계적 교육이나 훈련 없이도 어떤 언어이건 자연스럽게 습득할 수 있다.'고 했다. 이로 본다면 인간의 선천적인 언어 사용능력은 신(神)이 인간에게만 하나의 선물로서 준 것이라 할 수 있을 것이다.

이러한 합리주의 이론은 다음과 같은 점에서 그 근거를 찾을 수 있다. 첫째는 인간만이 언어를 가지고 있다는 것이다. 인간과 흡사한 유인원(침팬지)을 어린이와 똑같은 환경에서 길렀지만, 언어 습득에 있어서는 전혀 진전이 없었다는 실험을 통해 보더라도 언어 습득 능력은 정도의 차이가 아니라 질적인 차이를 보여주고 있다는 점이다. 둘째는 누구나 언어를 습득할 수 있다는 것이다. 모든 어린이가 일정한 나이가 되면 예외 없이 언어를 통달하게 된다는 것이다. 셋째로 체계적인 학습 없이도 완벽하게 언어를 습득한다는 것이다. 즉 언어 습득의 완벽성이다. 우리가 외국어를 배울 때는 잘 정리된 교재를 가지고 쉬운 것부터 체계적으로 배워가지만, 말을 배우는 어린이들이 듣는 언어 표현은 불완전한 것, 틀린 것, 한정된 양 등 많은 현실적 악조건에도 불구하고 모든 어린이가 완전한 언어능력을 갖출 뿐만 아니라, 각 어린이의 언어 능력에도 별 차이가 없다. 만약 언어가 경험과 지적 능력으로 습득되는 것이라면, 이와 같은 완벽성을 기대할 수 없다. 이처럼 어린이에게는 이런 환경적 조건이나 일반적 지능에 제한을 받지 않는 천부적인 언어능력 또는 언어 구조의 해석 능력이 있다고 볼 수밖에 없다. 넷째로 어린이들이 대단히 추상적이고 복잡한 언어를 단기간에 습득한다는 것이다. 지금까지 수백 년 동안 언어학자들이 이상적인 문법을 써 보려고 했지만 아무도 한 언어에 대한 완벽한 문법적 기술을 할 수가 없었고, 앞으로도 그럴 것이다. 그만큼 언어는 복잡하고 또 추상적이다. 그런데 어린이는 논리적 · 분석적 방법의 훈련이 없이도 한정된, 그것도 불완전한 자료를 바탕으로 하여 단기간에 언어를 습득할 수 있다는 것은 선천적인 능력을 가정하지 않을 수 없다.

이러한 선천적인 언어 습득 능력은 한국 어린이가 미국 사회에서 자라면 자연스럽게 영어를 모국어로 배우듯이 특정 언어에만 국한된 것이 아니라 모든 언어에 공통되는 보편적인 것이다. 바로 다른 동물들이 갖지 못한 인간의 선천적인 언어 사용 능력 때문에 인간은 '만물의 영장'이 될 수 있었다.[14]

그런데 인간의 언어는 음성언어와 문자언어로 나뉜다. 이 중 음성언어는 인류의 시작과 함께 존재했으며, 그 사용 기간은 약 200만 년이나 된다. 그러다 약 5,000여 년 전부터 문자를 발명하여 사용해 왔다. 이 문자언어를 사용하기 시작한 짧은 기간 동안에 인간은 놀라운 문명의 발전

---

14) 어린 아이는 2살 반 전에 두뇌가 거의 다 성숙된다. 어린 아이는 2년 6개월(30개월)이 되면 몸무게 13.5kg, 두뇌무게 1.10kg에 이르고, 13년 6개월에는 몸무게 45kg, 두뇌무게 1.35kg가 되며, 18살에는 몸무게 64kg, 두뇌무게 1.35kg에 도달하게 된다. 어린 아이가 2년 6개월이 되면 음성언어에 의한 의사소통을 거의 완벽하게 구사하게 된다. 인간의 성숙 과정에서 몸무게에 비해 두뇌 성숙이 놀라울 정도로 빠른 것은 인간의 언어 사용과 관련이 있는 것으로 보인다. 1개월째에 울음소리를 시작하고, 6개월째에 한 음절의 옹알이를 시작하며, 12개월째에 '아가', '엄마' 등의 1어문을 사용한다. 18개월째에는 2어문을 사용하기 시작하여 3-50 어휘를 사용하고, 24개월째에는 2어문 사용이 증가하면서 언어를 통한 의사소통에 흥미를 가지게 되며, 30개월째에는 문장의 완벽한 구조라고 할 수 있는 3어문 이상을 사용하게 된다. 36개월째에는 어휘 수가 1,000개로 증가하며, 48개월째에는 문법적으로는 성인의 언어와 별 차이가 없게 된다.

을 이룩해 왔다.[15] 즉 현대문명의 발전의 원동력은 바로 문자언어의 사용에서 비롯된 것이다. 음성은 시간과 공간의 제약을 받으나 문자는 이 제약을 받지 않는다. 문자는 일단 기록이 되면 시간적으로 과거, 현재, 미래를 넘나들 수 있으며, 공간적으로 지구상의 어느 곳으로도 전달이 가능하다. 이런 점에서 문자언어의 발명은 인류 최고의 발명품이라 할 수 있다.

이러한 문자의 사용은 크게 두 가지 의미를 지닌다. 하나는 지식이나 정보를 기록하고 보존하고 시공을 초월하여 전달함으로써 지식과 정보의 축적이 가능해졌다는 것이다. 다른 하나는 문자의 사용으로 고등 수준의 사고가 가능해졌다는 것이다. 음성언어의 사용에서의 사고는 지식의 재인과 회상의 수준에 그치게 되었지만, 문자언어의 사용에서는 사고가 지식에서 더 나아가 이해, 적용, 분석, 종합, 평가의 고등 수준까지 가능하게 되었다는 것이다.[16] 음어언어의 처리 과정에서는 음성언어를 기억하는 데 급급하느라 내용을 분석, 종합, 평가하는 고등 수준의 사고를 하기가 어렵게 된다. 그러나 문자언어의 처리에서는 지식과 정보가

15) 미국의 언어학자인 매킨리(Mckinley)는 이 지구상에 원시 생명체가 출현한 때부터 지금까지를 1년으로 설정하고, 인류의 출현과 문명의 벌전을 다음과 시간표상으로 제시하였다.
- 1월 1일 0시(약 20억 년 전) 지구상에 원시 생명체 출현
- 10월 식물 등장
- 11월 하순 등뼈 동물 등장
- 12월 31일 오후 8시 인간 등장(음성언어 사용)
- 12월 31일 자정 90초 전 문자 발명(문자언어의 사용)
- 12월 31일 자정 7초 전 과학 문명 시작

16) Bloom은 교육 평가 목표 중에서 인지 영역의 목표를 '지식, 이해, 적용, 분석, 종합, 평가'의 여섯 가지로 범주화하였다. 여기서 '지식'은 지식과 정보 그 자체에 아무 조작이 가해지지 않은 단순 정신작용, 즉 지식과 정보를 기억해 내는 정신작용인 '회상'과 지식과 정보를 보거나 듣고 확인하는 정신작용인 '재인'이라면, '이해 · 적용 · 분석 · 종합 · 평가'는 지식과 정보에 어떤 조작을 가하여 그것을 새롭게 하는 고등 수준의 정신작용이라 했다.

문자로 기록되어 있기 때문에 처리자가 안심하고 지식과 정보를 이해, 적용, 분석, 종합, 평가하는 높은 수준의 사고에 전념할 수 있는 것이다. 문명의 급속한 발전은 바로 문자언어의 사용으로 인한 고등 수준의 사고가 가능했기 때문이었다.

앞에서 인간의 언어 사용능력은 선천적인 능력이라 했지만, 문자언어의 습득은 후천적인 학습에 의해 좌우된다. 이것은 말을 습득하지 못하는 사람은 없지만, 글을 읽지 못하는 사람은 매우 많다는 데서 확인이 된다.

2) 언어의 가능성과 한계

언어를 사용할 수 있는 능력. 이것은 선천적인 능력으로서 신(神)이 오직 인간에게만 준 능력이었다. 이 때문에 인간은 만물의 영장이 될 수 있었다. 언어를 사용할 수 있는 능력이 인간에게 무한한 가능성을 가져다 준 것이다. 이처럼 언어라는 것은 실로 대단한 위력을 가진 것이다.

그러나 인간이 사용하는 언어는 가능성과 함께 한계도 가지고 있다. 언어는 인간을 만물의 영장이 될 수 있게 할 만큼 실로 대단한 위력을 가진 것이면서도 조금만 깊이 들여다보면 대단히 불완전한 것이기도 하다. 이것이 바로 언어의 한계이다. 우리는 언어를 사용하면서 언어가 가지고 있는 가능성과 한계를 먼저 정확히 인식해 둘 필요가 있다.

우선 인간이 사용하는 언어는 무한하지가 않다. 즉 인간이 사용할 수 있는 어휘는 한정되어 있는 것이다. 그런데 언어를 통해 표현해야 할 이 우주의 사물과 현상, 그리고 인간의 복잡 미묘한 사상과 감정은 실로 무한하다. 한정된 어휘로 무한한 것을 표현한다는 것은 애초에 한계가 있을 수밖에 없다. 그래서 흔히들 말하는 "말로 표현할 수 없다.", "말로 형용할 수 없다."라는 말들은 사실은 그 사람의 어휘력과 표현력의 부족 때문이기도 하겠지만, 더 근본적으로는 언어가 가지고 한계 때문이다. 아무리 어휘력과 표현력이 뛰어난 사람도 모든 것을 말로 표현하기는 불가능한 것이다.

이러한 언어의 한계에 대해서는 동양에서는 예전부터 하나의 대전제처럼 이미 인식하고 있었다. 즉 노자의 『도덕경』에 나오는 "도를 도라 하면 이미 도가 아니다.(道可道非常道)"라는 말처럼 "도(道)는 언어로 표현이 불가능하다.", "언어로 표현된 것은 이미 도(道)가 아니다."라는 말이 그렇다. 공자도 "아침에 도(道)를 들으면 저녁에 죽어도 좋다."고 한 것처럼, 수많은 사람들이 평생의 수도를 통해 깨닫고자 한 그 도를 막상 깨달았을 때 언어의 한계 때문에 언어로 표현할 수 없다면 실로 심각한 문제가 아닐 없다. 그것은 결국 도는 남에게 전할 수 없다는 것이 아니겠는가. 도를 깨달은 사람에게는 실로 심각한 고민이 아닐 수 없다. 이러한 문제는 바로 언어의 한계에서 비롯된 것이다.

도는 문자와 말로 전하는 것이 아니라 마음과 마음으로 전해야 한다는 불교에서의 불립문자(不立文字)도 결국은 언어의 한계에서 비롯된 것이다. 염화미소, 이심전심(以心傳心), 심심상인(心心相印), 직지인심(直指人心), 교외별전(教外別傳), 무소설(無所說) 등의 말들이 이와 관련된 말들이다. 도는 언어로 전할 수 없기 때문에 마음과 마음으로 전해야 한다는 것이다. 그러나 이것은 현실적인 방법론이 될 수는 없다. 경지에 이른 사람들끼리는 마음으로 전하는 것이 서로 가능할지 모르겠지만, 현실적으로는 언어를 통하지 않고 전할 수 있는 방법은 없다는 점에서 심각한 고민은 그대로 남는다.

성경에서의 바벨탑 이야기도 언어의 문제와 관련하여 많은 시사점을 준다. 사람들이 모여 하늘까지 도달할 수 있는 탑을 쌓기 시작했을 때, 신은 이것을 용납하지 않았다. 이것을 신에 대한 도전으로 보았던 것 같고, 이러한 행위는 곧 인간의 교만이라 본 것 같았다. 그래서 다시는 인간들이 이러한 교만한 행위를 하지 못하도록 그 탑을 허물어 버린 후에 언어를 분열시켜서 인간들을 뿔뿔이 흩어버렸다. 신이 언어를 분열시킴으로써 인간들 사이에 서로 의사소통이 불가능하게 되었고, 그 때문에 서로 흩어질 수밖에 없었다. 지구상의 언어가 이 때부터 분열되었는지는 정확히 역사적으로 증명할 길은 없으나 아무튼 지금 이 세계에는 수많은 언어가 사용되고 있다.

여기서 볼 때 언어의 분열은 신이 인간에게 내린 형벌이다. 이 형벌의 고통은 지금 이 순간에도 지구상의 모든 사람들이 짊어지고 있다. 언어가 분열되어 있기 때문에 모든 사람들이 외국어를 배우기 위해 평생 동안 엄청난 시간과 노력을 들이고 있지 않은가. 애초에 이 지구상의 언어가 하나로 통일되어 있었다면 이러한 고통은 없어도 되었을 것이다.[17)]

교통수단과 통신기술의 발달로 지금 세계는 하나의 지구촌 시대가 되어 가고 있다. 그래서 '세계화'라는 말이 날마다 우리의 입을 오르내리고 있다. 그러나 완전한 지구촌 시대의 도래는 교통수단과 통신기술의

---

17) 유럽연합(EU) 확대에 따라 EU 공식언어가 11개에서 20개로 대폭 늘면서 통역 및 번역 문제가 골칫거리로 등장하고 있다. 그래서 EU를 '신바벨탑'이라 부르기도 한다. 통역이나 번역을 해야 하는 언어 조합을 모두 따지면 380개 경우에 달해 자칫 '통 · 번역 전쟁'이 벌어질 수도 있기 때문이다. 현재 각종 EU 기구에서 일하는 통 · 번역사 4,000여 명에 들어가는 비용만 연간 7억 6,000만 유로(약 1조 640억 원)에 이른다. EU 전체 예산의 1%에는 못 미치지만 행정비용의 40%를 차지할 정도이다.

발달만으로 오지 않을 것이다. 언어의 분열이라는 이 장벽을 넘지 않고는 완전한 지구촌 시대는 실현되지 않을 것이다. 신이 내린 형벌이기도 한 언어의 분열이라는 이 장벽을 어떻게 극복할 것인가? 바야흐로 세계화의 시대에서 인류가 풀어야 최대의 과제이다.

이런 점에서 언어는 신이 인간에게 내린 선물이면서 동시에 굴레이기도 하다. 이러한 언어의 가능성과 한계는 바로 인간의 가능성과 한계와 바로 직결되어 있다는 점에서 인간에게서 언어의 문제는 단순히 언어의 문제로 끝나지 않는다.

3) 언어와 사고 및 표현

언어의 가장 일차적인 기능은 쉽게 말해 '생각을 전달하는 수단'이라는 것이다. 즉 의사소통의 수단이라는 것이다. 이것은 언어의 대단히 중요한 기능으로서 이것만으로도 언어의 중요성을 아무도 부정하지 못할 것이다. 이러한 언어의 기능에 대해서는 이미 오래 전부터 잘 알려져 있었기 때문에 아무도 이 기능에 대해서는 이의를 제기하지 않는다.

그러나 좀더 깊이 들어가면 언어는 '생각의 수단'이기도 하다. 즉 언어는 '생각을 전달하는 수단'일 뿐만 아니라 '생각의 수단'이 되기도 한다는 것이다. 언뜻 보면 비슷한 말 같기도 하지만 '생각을 전달하는 수단'이라는 말과 '생각의 수단'이라는 말은 전혀 다른 의미이다. '생각을 전달하는 수단'이라는 말은 우리가 생각한 것을 남에게 전달할 때 언어를 통해서 하게 된다는 말이고, '생각의 수단'이라는 말은 우리 머리 속의 생각도 알고 보면 언어를 통해서 생각하게 된다는 말이다. 다시 말하면 언어를 통해서 생각을 하게 되고, 이렇게 해서 생각한 것을 남에게 전달할 때도 언어를 통해서 하게 된다는 말이다. 이러한 두 가지의 언어의 기능은 어느 것이나 중요하기는 마찬가지겠지만, 더 본질적인 언어의 기능은 아무래도 후자가 될 수밖에 없을 것이다.

그런데 사고가 언어를 통해서 이루어진다는 것은 근래에 와서 밝혀진 것이다. 이것은 언어가 우리의 생각을 좌우한다는 것이며, 언어가 없으면 생각도 할 수 없다는 것이다. 즉 언어가 곧 사고라는 것이다. 이런 점에서 보면 인간의 특징으로 지칭하는 호모 사피엔스(생각하는 인간)와 호모 로쿠엔스(언어를 사용하는 인간)는 별개의 말이지만 결국은 같은 의미가 되는 것이다.

유명한 언어학이자 인류학자인 사피어(Edward Sapir)는 "인간은 우리가 보통 생각하듯이 객관적인 세계에 살고 있는 것이 아니다. 우리는 언어를 매개로 해서 살고 있는 것이다. 언어는 단순히 표현의 수단만은 아니다. 실세계라고 하는 것은 언어 관습의 기초 위에 세워져 있다. 우리는 언어가 드러내고 만들어 놓은 세계를 보고 듣고 경험하는 것이다."라고 했으며, 그의 제자인 훠프(Benjamin Whorf)도 "언어는 우리의 행동과 사고의 양식을 결정하고 주조(鑄造)한다."고 하였다. 이것은 우리가 실세계를 있는 그대로 보고 경험하는 것이 아니라 언어를 통해서 비로소 인식한다는 뜻이다.

예를 들면 광선이 프리즘을 통과했을 때 나타나는 색깔인 무지개색이 일곱 가지라고 생각하는 것은 우리가 색깔을 분류하는 말이 일곱 가지이기 때문이라는 것이다. 즉 서로 인접하고 있는 색인 녹색과 청색 사이에는 분명한 경계선이 있는 것이 아니다. 그 경계선은 아주 녹색도 아주 청색도 아니다. 그 부분을 지칭하는 단어가 있다면 그런 모호한 색깔도 분명하게 인식될 것이다. 그러나 그런 말이 없기 때문에 우리가 그 색을 분명하게 인식하지 못하는 것일 뿐이다.

이처럼 말이 없기 때문에 인식하지 못한다는 것은 말이 우리의 사고를 지배한다는 뜻이 된다. 우리는 언어를 통해서 객관 세계를 보기 때문에 우리가 보고 느끼는 세계는 있는 그대로의 객관 세계라기보다는 언어에 반영된 주관 세계라는 것이 된다. 그래서 행동주의 심리학의 거장인 왓슨(Watson)도 "언어가 없는 사고는 없다. 우리가 머리 속으로 생각하는 것은 소리 없는 언어일 뿐이다."라고 하였다.

그러면 지금부터 언어가 곧 사고라는 생각에 이르게 되는 과정을 좀 더 자세하게 여러 학자들의 말을 통해 살펴보도록 하자.

- 그리이스어 logos: 말, 이성, 진리
- 실레겔: 언어는 인간 정신을 그대로 본떠 놓은 것이다.
- 라이프니츠: 언어는 인간 정신을 그대로 반영한 것이다.
- 헤르더: 사고는 언어를 통해서 형성되는 것이다.
- 야스퍼스: 우리는 언어와 더불어 비로소 사유할 수 있다.
- 훔볼트: 언어의 차이는 단순히 소리나 기호의 차이가 아니라 세계관의 차이이다. 우리는 언어가 우리에게 보여주는 대로 현실을 인식한다.
- 하만: 말이 없으면 이성도 없고, 따라서 세계도 존재하지 않는다.
- 소쉬르: 언어로 표현되지 않은 생각은 형체도 없는 불분명한 덩어리에 지나지 않는다. 언어의 도움이 없이는 생각을 분명히 구별하지 못한다. 미리 형성된 관념이라는 것은 있을 수 없으며, 언어가 나타나기 전에는 분명한 것은 아무 것도 없다.

• 하이데거: 언어는 존재의 집이다.
• 바이스게르버: 언어는 중간세계이다.

여기서 실레겔과 라이프니츠는 언어가 인간의 정신과 밀접한 관련이 있다는 것을 지적하고 있다. 언어는 인간의 정신을 그대로 본떠 놓은 것이기 때문에 언어 속에는 인간의 정신이 그대로 반영되어 있다는 것이다. 더 나아가 헤르더와 야스퍼스는 사고는 언어를 통해 형성되며, 언어가 있으므로 사고할 수 있다는 것을 비교적 명확하게 지적하고 있다.

이어서 독일의 유명한 언어철학자인 훔볼트는 언어의 차이는 단순히 소리나 기호의 차이로서 끝나는 것이 아니라 사고방식과 더 나아가 세계관까지 다르게 한다는 것을 지적하고 있다. 다시 말하면 한국어와 영어의 차이는 단순히 소리나 기호의 차이로 끝나는 것이 아니라 그 언어를 사용하는 사람들의 사고방식과 세계관까지 결정한다는 것을 밝히고 있다. 한국어를 모국어로 사용하는 사람과 영어를 모국어로 사용하는 사람은 사고방식과 세계관이 다른데, 그것은 인종의 차이 때문이 아니라 언어의 차이 때문이라는 것이다. 이것은 언어에 의해서 사고가 결정된다는 것을 말해준다. 그래서 우리는 언어가 보여주는 대로 현실을 인식하고 사고하게 된다. 이런 선상에서 하만도 언어가 없으면 인간의 이성, 즉 사고도 없고, 인식과 동시에 존재하게 되는 사물들의 세계도 존재하지 않는다고 하였다.

그런데 프랑스의 언어학자인 소쉬르는 언어로 표현되지 않은 생각은 형체도 없는 불분명한 것이라 하였다. 이 말은 언뜻 보면 언어를 통하지 않은 사고도 가능할 수 있다는 말로 볼 수도 있겠으나, 이 생각과 저 생각을 분명하게 구분할 수 없는 생각은 온전한 생각이 될 수 없다고 함으로써 이것과 저것을 분명하게 구분할 수 있는 정확한 사고는 결국 언어를 통해야 한다는 점에서 언어가 곧 사고라는 것에 동의하고 있다고 하겠다.

하이데거의 '언어는 존재의 집'이라는 말은 널리 알려진 말이다. 하이데거는 사물에 이름을 붙이는 명명(命名) 행위를 곧 인식 행위라고 본다. 외부세계에 있는 사물들이 우리에게 존재하기 위해서는 우리의 의식 속으로 들어와서 인식이 되어야 비로소 존재하기 시작한다. 이 말은 우리에게 인식되지 않은 사물은 사물 자체로서는 존재할지 모르지만, 우리가 모르고 있기 때문에, 즉 우리가 인식하지 못했기 때문에 사실은 우리에게 존재하지 않은 것이나 마찬가지이다. 그러므로 어떤 사물이 우리에게 존재하려면 그 사물이 우리에게 인식되어야 한다. 이 사물의 인식을 가능하게 하는 것이 바로 언어라는 것이다. 언어로 사물에 이름을 붙인다는 것. 이것은 바로 그 사물을 인식했다는 것이고, 이로써 그 사물은 우리에게 존재하게 되는 것이다. 그래서 언어는 존재의 집이라 했다. 이 말은 어떤 사물을 언어로써 이름을 붙이기 전에는 그 사물을 정확히 구분해서 인식하지 못한다는 것이다. 가령 '잡초'라는 말 속에는 수많은 풀들이 있지만, 이름이 없기 때문에 우리에게 정확하게 구분되어서 인식되지 못하고 있으며, 그래서 그 풀들은 우리에게 존재하지 않는 것이다.

인식의 과정에서의 언어의 역할에 대해서는 바이스게르버의 '언어는 중간세계'라는 말에서 더욱 명확하게 드러난다. 여기서 중간세계는 외부세계와 내부세계 사이에 있는 세계를 말한다. 간단히 도식화하면 다음과 같다.

외부세계	→	중간세계	→	내부세계
사물		언어		의식

우리가 외부세계에 있는 어떤 사물을 인식한다는 것은 그것이 우리의 내부세계인 의식 속에 포착되었을 때이다. 그런데 바이스게르버에 의하면 외부세계의 사물이 우리의 내부세계인 의식 속으로 들어올 때는 그 사물이 직접 들어오는 것이 아니라 반드시 중간세계를 거쳐서 들어온다는 것이다. 바로 그 중간세계가 언어라는 것이다. 예를 들면 나무라는 사물은 실제 나무라는 사물이 직접 우리의 의식 속으로 들어오는 것이 아니라 '나무'라는 언어를 통해서 들어온다는 것이다. 구체적인 예를 하나 더 들어보자. 우리는 통상 닭울음소리를 '꼬끼오'라고 한다. 그런데 영어에서는 '코커두둘두'라고 한다. 이것은 무엇을 말하는 것인가? 한국의 닭은 '꼬끼오'라고 울고, 미국의 닭은 '코커두둘두'라고 우는 것이 아니다. 똑같은 물리적인 닭울음소리를 두고 다르게 인식하고 있는 것이다. 이것은 바로 닭울음소리가 그 자체로서 우리의 의식 속으로 들어오는 것이 아니라 언어를 통해서 들어온다는 것을 말해주는 것이다. 똑같은 물리적인 소리가 한국어로는 '꼬끼오'로 인식되고, 영어로는 '코커두둘두'로 인식되는 것이다. 이것은 사용하는 언어에 따라서 인식과 사고가 달라진다는 것을 말해준다.

이러한 점은 중간세계인 언어가 인간의 인식과 사고를 결정한다는 실로 중요한 사실을 말해준다. 종래에는 우리는 사물을 있는 그대로 인식하는 것처럼 생각했으나 사실은 그렇지 않다. 인식의 대상인 객관세계와 인식의 주체인 '나' 사이에 언어란 장막이 있어 이것이 '나'의 인식을 좌우하게 되는 것이다. 이 언어가 불완전하고 한계가 있는 것이라면, 우리의 인식과 사고도 불완전하고 한계가 있을 수밖에 없다는 것이 된다. 인식과 사고의 그물망인 언어에 의해서 우리의 인식과 사고가 결정된다면, 이 불완전한 언어를 어떻게 완벽하게 갈고 다듬어 정교하게 만들어 가느냐에 따라 인간의 인식과 사고의 정확성 여부도 결정된다는 점에서 언어의 가능성과 한계가 곧 인간의 가능성과 한계와 직결되는 것이다.

요컨대 인간은 언어를 통해서 사고를 하며, 언어를 통해 생각한 것을 전달한다. 즉 사고도 언어를 통해서 이루어지며, 표현도 언어를 통해서 하게 된다. 그러므로 언어는 사람의 생각을 표현하는 수단인 동시에 사람이 세상을 보고 생각하며 행동하게 하는 틀이기도 하다. 그런 의미에서 언어는 새로운 문화를 창조하는 힘을 발휘하기도 하지만, 다른 한편으로는 사람들의 의식과 행동을 제약하기도 한다.

그러나 실제로는 언어가 그만큼 우리의 사고를 철저하게 지배하는 것은 아니다. 물론 언어상의 차이가 다른 모양의 사고유형이나 다른 모양의 행동양식으로 나타나는 것은 사실이지만 그것이 절대적인 것은 아니다. 색깔의 문제만 해도 어떤 색깔에 해당되는 말이 그 언어에 없다고 해서 전혀 그 색깔을 인식할 수 없는 것은 아니다. 진하다느니 연하다느니 하는 수식어를 붙여서 같은 종류의 색깔이라도 여러 가지로 구분되는 것이 그 한 예이다. 물론 해당 어휘가 있는 것이 없는 것보다 빠르고 또 오래 기억할 수 있는 것이지만 인식이 불가능한 것은 아니다.

언어가 없이 사고가 불가능하다는 이론도 그렇다. 우리는 어떤 생각은 있으되, 그 생각을 표현할 적당한 말이 없는 경우도 얼마든지 있으며, 생각만은 분명히 있지만 말을 잊어서 표현에 곤란을 느끼는 경우도 흔한 것이다. 음악가는 언어라는 매개를 통하지 않고 작곡을 하여 어떤 생각이나 사상을 표현하며, 조각가는 언어가 없이 조형을 한다. 또 우리는 흔히 새로운 물건, 새로운 생각을 이제까지 없던 새 말로 만들어 명명하기도 한다. 한국어는 영어나 다른 서구어 계통의 말처럼 성을 표시하는 문법적 범주가 없지만, 그렇다고 해서 우리가 성의 구별을 못한다든가 둔감하거나 하지는 않다. 물론 우리의 사고가 우리의 경험세계를 상이하게 범주화한 우리의 언어에 의해 많은 제약을 받고, 분명히 주어진 단어에 의해서 지칭되는 개념이, 명확한 어휘가 없을 때보다 사고하기에 쉬운 것은 틀림없다고 할 것이다.

언어가 없이도 사고가 가능하다는 견해에 대해서는 다음과 같은 반론도 있다. 선종에서 말하는 불립문자 견성오도(不立文字 見性悟道)의 경지처럼 말이나 글의 매개를 거치지 않고 순간적인 영감이나 직관을 통해서 어떤 깨달음에 도달하거나 높은 수준의 인식을 획득하는 경우도 전혀 없는 것은 아니다. 이런 경우 그 인식 내용은 대부분 섬광처럼 머릿속을 스치고 지나가기 때문에 그것을 말이나 글로 정리하거나 표현하기란 대단히 어렵다. 이런 이유 때문에 어떤 사람들은 말과 글을 유일한 인식의 도구로 볼 수는 없다고 주장하기도 한다.

그러나 이러한 주장을 액면 그대로 받아들일 수는 없다. 왜냐하면 불립문자의 경지란 것도 엄밀하게 따지고 보면 말과 글을 통해서 일정한 수준의 깨달음에 도달했을 때에나 나타날 수 있는 현상이기 때문이다. 또 영감이나 직관이란 것도 어떤 문제를 골똘히 생각하거나 그에 집중하는 가운데 의식이 비약적으로 상승되는 현상을 의미하는 것이지 어떤 초월적인 존재의 계시로서 주어지는 것은 아니다. 따라서 영감이나 직관 같은 것도 근본적으로는 말과 글의 매개를 통해서만 얻어질 수 있는 것이라고 할 수 있다. 또 영감이나 직관을 통해 얻어진 인식 내용은 언뜻 보기에는 말이나 글로 표현하기 어려운 듯이 보이지만, 결국에는 말이나 글로 정리되거나 표현되며, 또 그렇게 될 때라야 비로소 사회적으로 의미 있는 것, 다시 말하면 남과 공유할 수 있는 것이 된다.

4) 독서는 언어를 매개로 한 사고활동이다

독서는 문명의 원동력이 될 뿐만 아니라 현대사회의 생존 그 자체가 되었다. 현대사회가 바로 문자를 통한 지식과 정보의 전달과 사용으로 특징지어지기 때문이다. 따라서 독서능력의 부족은 지식과 정보를 효율적으로 다룰 수 없기 때문에 곧 현대사회에서의 낙오를 의미한다.

대학입시가 학력고사에서 수능(대학수학능력시험)으로 바뀌면서 독서의 중요성이 크게 강조되었다. 지금까지의 참고서식의 요점식 지식의 전달이나 문제풀이 학습만으로는 대학 수학능력을 제대로 갖추게 할 수 없을 것이라고 생각했기 때문이었다.

그래서 교사 중심에서 학생 중심의 학습활동으로 전환하여 교육의 다양성과 창의성을 크게 강조한 7차 교육과정에서는 교과서와 관련된 다양한 도서를 폭넓게 읽을 것을 요구하고 있다. 7차 교육과정의 운영 지침에는 “학교에서는 학생들이 좋은 글을 많이 읽을 수 있도록 독서 목록을 작성하고, 국어과를 비롯한 각 교과 교육과 재량 활동 및 특별 활동에 활용할 수 있도록 한다.”고 하여 학교에서 학생들의 적극적인 독서를 유도할 수 있도록 했다. 그리고 특기적성교육 프로그램의 하나로서 학생들에게 독서를 권장하고, 독서 습관과 독서 능력을 기를 수 있도록 방과 후 독서교실을 운영하는 것을 하나의 방안으로 제시하고 있다.

그리고 독서는 최근에 그 중요성이 강조되는 평생교육의 기본이기도 하다. 즉 대학을 졸업하고 사회에 나가서도 새로운 지식과 정보의 습득을 통한 자기 계발을 위해서 무엇보다 끊임없는 독서가 밑바탕이 되어야 하기 때문이다. 이제는 대학에서 배운 지식만으로는 경쟁 사회에서 살아남을 수 없다. 세계화로 인한 무한 경쟁의 시대에서 살아남기 위해서는 끊임없이 새로운 지식과 정보를 습득해야 하는데, 이것은 무엇보다 독서를 통해서 이루어질 수밖에 없다. 이처럼 독서는 학교교육과 평생교육을 이어주는 핵심 고리로서 학생들의 대학 입학은 물론 평생교육을 위한 올바른 길잡이가 될 수 있다.

학교 교육의 핵심이자 평생교육의 기본인 독서는 또한 사고력 신장의 핵심이다. 사고력을 향상시키기 위해서는 먼저 언어 능력을 신장시켜야 한다. 앞에서 살펴본 바와 같이 언어는 곧 사고라고 말해지듯이 사고는 언어를 통해 이루어지기 때문이다.

그런데 독서의 대상은 언어 곧 문자이다. 독서는 문자에 대한 식별에서 단어의 확인, 문장의 이해, 글 전체의 의미와 글쓴이의 의도까지 파악하는 일련의 과정이다. 즉 독서는 단순한 글자 읽기가 아니라 글을 통해 의미를 구성해 가는 과정이다. 여기에는 글 내용의 분석, 종합, 비판까지 포함된다. 언어에서 시작하여 의미의 구성에 이르는 이러한 독서의 과정은 곧 사고의 과정이다. 언어를 도구로 의미를 구성하는 사고활동이 곧 독서인 것이다. 독서를 함으로써 어휘력의 향상과 함께 새로운 지식과 정보를 획득하게 되고, 이를 통해 필연적으로 사고력이 신장되어 가게 된다. 그러므로 언어와 사고, 독서는 서로 분리할 수 없는 밀접한 관련을 맺고 있다.

이러한 독서에서의 의미 구성은 글 내용과 관련된 배경지식, 태도, 가치관 등에 영향을 받으므로 독자의 해석에 따라 달라지기도 한다. 이런 점에서 글의 의미는 글 속에 고정되어 있는 것이 아니라 독자가 부여하는 것임과 동시에 창조하는 것이다.

또한 독서는 정보와 지식 획득이라는 생활 수단을 넘어서서 순수한 인간성을 지향하는 삶의 자양이 되기도 한다. 사람들은 독서를 통해서 정서를 함양시켜 삶의 질을 높이기도 하고, 더 나아가 자신의 인격을 수양하기도 한다.

3.
한국은 독서를 위한 최상의 문자 환경을 갖추고 있다

1) 3세부터 혼자 책 읽을 수 있는 나라는 한국밖에 없다

언어에는 말과 글이 있다. 말은 귀로 듣는 것이고, 글은 눈으로 보는 것이다. 원칙적으로 독서는 글을 눈으로 읽는 것이다. 눈으로 글을 읽기 위해서는 글을 알아야 한다. 말은 누구나 태어나면서부터 저절로 배우는 것이지만, 글은 의도적인 노력에 의해 배워서 깨쳐야 한다. 그래서 말은 누구나 다 할 줄 알지만, 글은 그렇지 않다. 독서는 글을 알아야 비로소 가능한 것이다.

물론 글을 모를 때는 책을 읽어주면 된다. 글은 몰라도 책을 귀로 듣고 눈으로 볼 수 있다. 이것도 넓은 의미에서의 독서라고 해야 할 것이다. 그러므로 어렸을 때에는 아이에게 독서 환경을 조성해 주면서 책을 접하게 하는 가장 좋은 방법은 책을 읽어주는 것이다. 책 읽어주기를 통해 아이들은 책을 가까이하게 되고, 책 속의 내용도 들어서 이해할 수 있게 된다. 책은 아이들이 사물을 배워가는 통로이자 정서 발달의 좋은 매개체이므로 이러한 책 읽어주기는 대단히 중요하다. 특히 어릴수록 청각이 더 발달해 있으므로 어릴 때의 책 읽어주기는 더욱 효과적이다. 청각은 임신 7개월부터 생기지만 시각은 태어난 후 100일이 지나야 된다. 그래서 어릴수록 듣기 능력이 상대적으로 뛰어나다. 학자들은 듣기와 읽기 수준이 같아지는 것은 중 2학년(14세) 때이므로 이 때까지 아이가 거부하지 않으면 책을 읽어주는 것이 좋다고 한다.

그러나 이러한 책 읽어주기는 어디까지나 본격적인 독서의 전 단계라 할 수 있다. 본격적인 독서는 책 읽어주기 단계를 지나 혼자 책읽기 단계로 넘어가야 한다. 인간의 두뇌에는 시각 인지체가 청각 인지체보다 30배가 많다고 한다. 보는 것이 듣는 것에 비해 단어나 문장을 기억할 수 있는 가능성이 30배나 높은 것이다. 그러므로 본격적인 독서는 혼자 읽기의 단계로 들어가야 한다.

혼자 읽기, 즉 본격적인 독서를 하기 위해서는 반드시 글을 알아야 한다. 글을 모르고서는 혼자 책을 읽을 수 없다. 그래서 언제 아이가 글을 배우고 깨치느냐 하는 것은 아주 중요한 문제가 된다. 언어는 의사소통만이 아니라 사고의 수단이므로 언어 능력의 발달은 곧 사물에 대한 인지능력, 사고력, 표현력을 좌우한다. 특히 문자의 사용은 정보나 지식의 기록 및 축적뿐만 아니라 지식의 재인과 회상에서 더 나아가 지식의 이해, 적용, 분석, 종합, 평가하는 고등 수준의 사고가 가능해진다는 것을 의미한다. 그러므로 글자를 알고 쓸 수 있다는 것은 언어능력과 사고력 신장의 획기적인 전환점이 되는 것이다.

그런데 언제 글을 배우고 깨칠 수 있느냐 하는 문제는 각 나라의 문자적 특징에 따라 다르다. 특히 한자는 글자 하나하나가 매우 복잡할 뿐만 아니라 필요한 수많은 글자를 하나하나 외워야 하기 때문에 일찍 배워서 깨치기에는 무리가 있으며, 일본도 기본글자 100개와 한자 1800자를 같이 사용해야 문자생활을 할 수 있기 때문에 어려서부터의 책읽기는 어려운 실정이다. 서양문화를 발전시킨 원동력으로서 불이나 바퀴의 발명에 비유되는 영어의 알파벳은 다른 문자들에 비하면 비교적 배우기 쉽지만, 그래도 글을 배워서 혼자 책을 읽으려면 초등학교에 가서나 가능하다. 그리고 이 알파벳을 사용하는 나라들의 문맹률이 아직도 20%에 달한다는 것을 볼 때 영어의 알파벳도 결코 이상적인 문자는 아니다.

이에 비해 한글은 가장 합리적이고 과학적인 문자이자 가장 위대한 표음문자이며, 디지털 시대에 적합한 디지털 문자로서 모든 언어가 꿈꾸는 최고의 문자이다. 특히 한글은 문맹률 0%의 문자다. 이것은 무엇을 말하는가? 단적으로 말해 그만큼 배우기 쉽다는 말이다. 그래서 세종도 하루면 깨칠 수 있다고 하지 않았던가.

우리 주변의 독서 영재라고 하는 아이들은 모두 일찍부터 글을 깨쳤다. 빠른 아이는 12개월부터 한글을 배우기 시작하여 2개월만에 한글을 깨친 아이도 있고, 두 돌 무렵에 한글을 배우기 시작하여 한 달만에 한글을 깨친 경우도 있으며, 27개월에 한글을 배우기 시작해서 두 달만에 깨친 아이도 있다. 아이마다 차이가 있는 것은 아이가 글을 알고 싶어 할 때 글을 가르쳤기 때문이다. 이 아이들은 공통적으로 부모가 어려서부터 책을 많이 읽어준 아이들인데, 모두 한글을 가르치기 시작하여 2개월 안에 한글을 깨쳤다. 특히 빠른 아이는 14개월에 한글을 깨친 아이도 있지만, 보통의 경우 만 3세가 되면 웬만한 아이들은 한글을 깨친 것으로 나타난다. 물론 이런 경우는 부모가 아이에게 관심을 갖고 일찍부터 책을 많이 읽어준 경우이다. 그렇다고 특별히 한글 깨치기 교재를 쓴 것도 아니다. 책을 많이 읽어주고, 낱말카드 놀이를 한 정도이다. 이런 점에서 우리나라에서는 부모가 어느 정도 관심을 가지고 아이에게 책만 많이 읽어주면 36개월 전에 한글을 깨치고, 3세부터 혼자 책을 읽을 수 있다는 이야기가 된다.

이것은 대단히 중요한 점이다. 세계에서 어느 나라도 가능치 않은 이야기다. 헤이블릭 교수가 서양이 동양보다 발전할 수 있었던 원동력이 비교적 배우기 쉬운 알파벳 때문이었다고 했지만, 영어도 글자를 깨쳐 혼자 책을 읽기 위해서는 초등학교에 들어가서야 가능하다. 미국 공교육에서도 6세부터 글을 가르치는 것으로 되어 있다. 그러나 우리나라에서는 초등학교 1학년에서 글을 가르치는 경우는 없다. 이미 3세면 대개의 아이들이 글을 깨쳐서 책도 읽어 왔기 때문에 학교에서 다시 글을 가르칠 필요가 없어진 것이다. 이로 볼 때 입학 전의 독서능력은 세계 어느 나라보다 한국이 높다고 본다. 그런데 학교에서 독서 중심의 교육보다는 참고서나 학습지 위주의 문제 풀이 중심의 학습을 하다 보니 어느 단계에 가서는 독서능력이 역전된다고 본다. 세계 어느 나라보다 앞섰던 유아기의 독서능력을 그대로 이어가지 못하는 것은 우리 학교 교육의 심각한 문제점이다. 게다가 사교육으로 인한 교육비는 엄청나게 쏟아 부으면서 얻은 결과라는 점에서 비용 대비 교육의 효율성은 최악이라 아니할 수 없다.

아무튼 입학 전에 글을 깨치고 왔기 때문에 학교에서 글을 가르칠 필요가 없는 나라는 오직 한국에서나 있는 일이다. 그것은 바로 배우기 쉬운 한글이라는 문자 덕분이다. 이런 점에서 한국은 독서를 위한 최상의 문자 환경을 갖추고 있다. 한글이라는 문자 덕분에 세 살부터 혼자 책을 읽을 수 있는 유일한 나라이기 때문이다.

2) 한글은 지식 경쟁에서 생존을 위한 비장의 무기이다

세 살부터 혼자 책을 읽을 수 있다는 것은 어떤 중요한 의미가 있는 것일까? 언제부터 글을 가르칠 것인가에 대해서는 학교에 들어가서 배워도 된다는 입장과 글은 빨리 배울수록 좋다는 두 가지 입장이 있다.

영재교육으로 유명한 이스라엘에서는 초등학교에 들어갈 때까지 글을 가르치지 않는다. 어려서부터의 책 읽어주기는 대단히 중요시하여 잠자기 전 침대 옆에서의 책 읽어주기가 생활화되어 있지만 글을 배워서 하는 읽기와 쓰기는 나중에 배워도 늦지 않다고 생각한다.

읽기 능력에서 세계 최고의 수준을 유지하고 있는 핀란드도 학교 교육을 받기 시작하는 8세가 되어서야 글을 배우기 시작한다. 핀란드의 가정도 책 읽는 분위기가 정착되어 있고, 아이에게 책 읽어주기를 매우 강조하며, 이를 지원하는 공공도서관 시스템이 완벽하게 갖추어져 있지만, 글을 가르치는 것은 학교에 들어간 8세부터이다. 미국은 핀란드보다 2년 앞선 6세 때부터 가르치지만 10세가 되면 핀란드 아이들의 읽기능력이 미국을 추월한다. 읽기능력은 2006년에 한국에 1위를 내준 것을 제외하고는 핀란드가 국제학력평가에서 계속 세계 1위를 차지했다. 핀란드가 글은 늦게 배우지만 읽기능력에서 앞설 수 있었던 배경에는 TV를 한 요인으로 든다. 핀란드는 TV에서 외국 드라마를 방영할 때 핀란드어로 더빙하지 않고 자막을 처리하여 방영한다. 핀란드 아이들은 TV 시청 시간이 많은 편인데, TV에서 방영되는 드라마를 이해하려면 핀란드어 자막을 읽을 줄 알아야 한다. 그것도 말하는 속도만큼 빠르게 읽어야 하기 때문에 핀란드 아이들은 기본적으로 글을 읽고자 하는 동기가 강해서 글은 늦게 배우지만 빠르게 글을 배워서 읽게 된다고 한다.

이스라엘과 핀란드가 글을 늦게 가르치면서도 읽기 능력이 뛰어날 수 있는 것은 어려서부터 생활화된 책 읽어주기로 어휘력과 배경지식이 갖추어져 있기 때문에 나중에 글을 배우면 금방 책을 읽을 수 있게 된 것이라 본다. 글만 배우지 않았을 뿐이지 책을 읽기 위한 기반인 어휘력과 이해력은 이미 탄탄하게 갖추고 있었기 때문이다.

그러나 책 읽는 것은 일찍부터 배우는 것이 좋다. 물론 글자, 소리, 음절을 가르치는 정형화된 교육 프로그램을 가지고 억지로 가르치는 것은 좋지 않다. 오히려 글에 대한 흥미를 떨어뜨리고 글과 책으로부터 멀어지게 하는 부작용이 나타날 수 있기 때문이다. 반면에 종이 위의 글자를 짚어가며, 읽어주는 내용을 들으면서 자연스럽게 글을 익히는 것은 빠를수록 좋다. 아이에게 책을 읽어주며 아이와 함께 재미있게 책을 보다보면 어느 순간 아이는 자연스럽게 단어의 소리와 글자 모양 간의 연관성을 알게 되면서 자연스럽게 글자를 깨치게 된다. 그래서 아이가 1000가지 이야기를 들으면 스스로 읽기를 배울 수 있다고도 했고, 특히 멤 폭스는 아이에게 매일 책을 읽어주는 것만으로도 글을 배우게 할 수 있다면서 이것을 책 읽어주기의 기적이라고 했다.[18)]

다양한 사물을 주제별로 묶어 사물의 인지능력을 높이는 효과가 있는 비츠카드를 만든 글렌 도만은 책읽기를 가르치는 시기는 빠를수록 좋다고 주장하는 대표적인 사람이다. 아이의 듣기, 말하기, 읽기, 쓰기 능력은 순서에 따라 발달하는 것이 아니라 함께 발달하기 때문에 듣기와 말하기를 배우는 0-2세 때 읽기와 쓰기도 같이 가르쳐야 한다는 입장이다. 그는 9개월에서 4세까지는 호기심과 지식을 흡수하는 능력이 다른

---

18) 멤 폭스, 『현명한 아이로 키우는 독서 육아법』, 중앙 M&B, 2002.

어느 시기보다 강력하다고 했다. 그래서 아이들의 호기심과 지식 흡수 능력이 일생에서 가장 큰 이 시기에 일찍 읽기를 배운 아이는 그렇지 않은 아이보다 훨씬 많은 지식을 습득할 수 있다. 또한 어릴 때부터 일찍 읽기를 깨친 아이는 책을 좋아하는 아이로 자라게 된다.

여기서 읽기는 글을 깨쳐서 혼자 책을 읽는 것을 말한다. 책 읽어주는 것을 듣는 것에서 아이가 글을 깨쳐 혼자 책을 읽을 수 있게 되는 것은 아이에게는 획기적인 사건이자 언어능력 및 사고력 향상, 지식 습득의 커다란 전환점이 된다.

그런데 아이가 일찍 글을 깨쳐서 책을 읽는 데는 문자 환경이 크게 좌우한다. 사용하는 문자가 얼마나 배우고 깨치기 쉬운가 하는 것이다. 예를 들면 한자는 문자적 한계 때문에 도저히 불가능하다. 비교적 배우기 쉽다는 로마 알파벳조차도 글을 배워서 읽으려면 보통 초등학교에 가서야 가능하다. 반면에 한글은 빠른 아이들은 14개월에 깨치기도 하고, 어릴 때부터 책 읽어주기만 제대로 해주면 웬만한 아이들도 대개 3세가 되면 글을 깨치게 된다. 이런 문자 환경을 가진 나라는 세계 어디에도 없다. 한글을 가진 우리나라만이 유일하다. 독서는 글을 알아야 할 수 있다. 글을 모르는 문맹인 상태에서 독서란 애초부터 불가능한 것이다. 그런 점에서 문맹률 0%의 한국은 세계에서 독서를 위한 가장 이상적인 문자 환경을 가진 나라이다. 이런 기막힌 문자 환경 속에서 독서를 제대로 하지 않는다는 것은 더 이상 변명의 여지가 없다. 이런 나라에서 '책맹' 이니 '책맹사회'라는 말이 생겨났다는 것은 아이러니가 아닐 수 없다.

물론 글만 안다고 해서 독서를 잘 할 수 있는 것은 아니다. 글자만 깨쳐서 앵무새처럼 읽는 것은 독서가 아니다. 글을 읽고 이해할 수 있는 능력을 함께 갖추어야 한다. 그러기 위해서는 어휘력과 배경지식이 있어야 한다. 이 점도 책 읽어주기를 통해 자연스럽게 글을 깨치게 하면 저절로 해결되는 문제이다. 책 읽어주는 것을 들으면서 어휘력과 이해력, 사고력, 상상력이 확장되기 때문이다. 이런 바탕 위에서 글자만 깨치면 그때부터 혼자 책을 읽어갈 수 있다. 아니 글자의 터득은 아이에게 독서를 위한 날개를 달아주는 것이다. 이런 날개는 일찍 달아줄수록 좋은 것이다.

더구나 이 시기는 언어 습득 능력이 일생을 통해 가장 왕성한 시기이다. 4-5세까지 아이들은 평생 사용할 어휘의 3/4까지 이해한다고 한다. 이런 언어 습득 능력은 이후부터 떨어지기 시작하여 12세 이후에는 급격하게 쇠퇴한다. 언어 습득 능력면에서 볼 때 유아기의 1년은 그냥 산술적인 의미에서의 1년이 아니다. 성장한 후의 10년과도 맞먹는다. 즉 성인이 된 후에 10년간 배울 것을 1년만에 배울 수 있다는 것이다. 뿐만 아니라 언어 습득 능력이 왕성한 유아기에 책을 많이 읽는 아이들은 속독까지도 저절로 하게 된다.

이런 점에서 글을 일찍 배울 수 있다는 것은 엄청난 행운이며, 이를 가능하게 하는 한글은 아이에게는 비상을 위한 날개이자, 장차 생존을 위한 비장의 무기가 된다. 글을 일찍 깨쳐 일찍부터 책을 읽은 우리나라의 아이들은 초등학교에 들어가기 전에 벌써 수천 권의 책을 읽고 들어간다. 요즘 우리 주변에 이런 아이들이 많다. 이미 수천 권의 책을 읽고 들어온 아이들과 그때부터 글을 배우기 시작하는 아이들을 비교해 본다면 이미 엄청난 학습능력의 차이가 있을 것은 당연하다.

연구에 의하면 입학 초기의 어휘력이 이후의 성적을 결정한다고 한다. 입학 초기의 어휘력의 차이는 학년이 올라가도 좁혀지기보다는 더 크게 벌어질 가능성이 많다. 어휘력이 높은 아이가 오히려 더 다양한 책을 많이 읽을 것이기 때문이다. 게다가 학년이 올라갈수록 언어 습득 능력은 떨어지기 때문에 언어 습득 능력이 왕성한 시기에 이미 높은 어휘력을 갖추고 들어온 아이를 효과적으로 따라 잡기가 그만큼 어렵다. 그래서 입학 초기의 어휘력이 이후의 성적을 결정할 수밖에 없다.

이런 점에서 우리나라의 독서 영재를 취재한 일본의 기자가 한 말이 실감이 날 것이다. 초등학교에 들어가기 전에 수천 권의 책을 읽은 한국의 아이들을 보고, 일본 기자는 "예전에는 한국이 두렵지 않았지만, 이제는 한국이 두렵다."고 했다. 한국 사람들이 일본보다 책을 많이 읽지 않아 크게 두려워하지 않았지만, 입학 전에 이미 수천 권의 책을 읽은 아이들이 그대로 사회에 나오게 되면 엄청난 국가 경쟁력이 될 것이기 때문이다. 그런데 일본은 문자 때문에 입학 전에 수천 권의 책을 읽는다는 것은 도대체 꿈도 꿀 수 없는 일이다. 문자 때문에 도저히 지식 경쟁력에서 한국에 따라갈 수 없는 현실 때문에 한국이 두렵다고 한 것이다. 그렇다면 한글은 앞으로 지식기반사회에서 국가 간의 치열한 경쟁에서 앞서 갈 수 있는 비장의 무기가 아니라고 할 수 있겠는가.

학업 성취도 국제 비교에서 한국은 2006년에 핀란드를 2위로 밀어내고 마침내 1위에 올랐다. 읽기 능력은 그 동안 핀란드가 부동의 1위였고, 그래서 읽기 능력 하면 핀란드였다. 그 바탕에는 핀란드는 아이에게 책 읽어주기를 매우 강조하고, 학교 교육도 독서를 중심으로 이루어지며, 핀란드의 가정은 책 읽는 분위기가 정착되어 있고, 이를 지원하는 공공도서관 시스템이 완벽하게 갖추어져 있기 때문이다. 그래서 알 만한 사람들은 읽기 하면 핀란드라고 누구나 그렇게 인식해 왔고, 또한 당연한 것으로 받아들였다. 그런데 한국이 이런 핀란드를 제치고 읽기 능력 세계 1위에 오른 이유가 무엇일까? 교육 관료들은 7차 교육과정의 도입과 독서교육을 강화한 것이 이유라 했고, 교육학자들은 사교육의 영향이라고 했다. 정말 그럴까? 우리나라 학교와 공공 도서관 시스템은 아직도 열악하기만 하고, 학교 교육도 독서보다는 참고서식 문제풀이 중심의 교육을 하고 있다. 사교육의 영향이라는 것도 영어와 수학 중심의 학습이 이루어지고 있을 뿐 국어나 독서는 극히 미미할 뿐이다. 오히려 과도한 사교육으로 아이들은 독서할 시간조차 갖지 못하고 있다. 그렇다면 우리의 읽기 능력이 세계 1위에 오를 수 있는 근본적인 이유는 바로 문맹률 0%의 배우기 쉬운 한글이라는 문자의 힘이라고 볼 수밖에 없다. 일찍부터 한글을 깨쳐서 책을 읽은 덕분에 그나마 읽기 능력에서 뛰어날 수 있었던 것이다.

그럼에도 일부 개념 없는 위정자들은 세계화의 경쟁을 대비한답시고 얼빠진 영어 몰입 교육을 주장하여 영어 사교육 열풍에 불을 당기고 있다. 영어는 어차피 영어를 모국어로 사용하거나 로마 알파벳을 사용하는 나라들과는 경쟁이 되지 않는다. 그런데 국민 모두를 완벽한 영어 사용자로 만들겠다고 천문학적인 영어 사교육비를 지출하게 만들고, 어학연수다, 해외유학이다 하여 막대한 국부의 유출을 조장하고 있다. 냉정하게 돌아보면, 실제 모든 사람들이 영어를 능숙하게 구사하는 것은 불가능하기도 하거니와 또한 필요하지도 않다. 사람마다 능력도 다르고 종사할 일도 다르기 때문이다. 실제 국내에서 사회생활을 하는 사람 중에 영어로 밥 먹고 사는 사람은 얼마나 되는가? 영어 몇 마디 한다는 허영심에 의한 자기만족을 위해 그렇게 많은 시간과 비용을 들일 필요가 있었는지 냉정히 반성할 일이다.

국가의 에너지와 비용은 생산적인 곳에 투입되어야 한다. 국민 모두를 영어라는 올가미를 씌워 질곡으로 내몰기보다는 오히려 통상 전문가나 전문 번역가 등을 양성하기 위한 영어 전문 과정을 개설하여 필요한 영어 전문 인력을 길러내야 한다. 물론 그것은 초 · 중 · 고등학교 과정에서가 아니라 대학이나 대학원 과정에서 해야 한다. 2008년 미국과의 소고기 협상에서 조문조차 잘못 번역하는 웃지 못할 일이 발생한 것도 이런 전문 인력이 없었기 때문이다. 필요한 것은 국민 전체가 영어를 말하는 것이 아니라 각 분야의 영어 전문 인력이 필요한 것이다. 업무상의 일상적인 대화 수준의 영어는 하나의 직무 능력으로 관련 업무를 맡게 되면 그때 해도 된다. 또한 지식기반사회에서 필요한 전문 지식과 정보는 국민 모두가 영어 책을 읽어서 습득할 것은 아니다. 그것은 전문성의 부족으로 인한 오역과 과도한 시간의 투입으로 오히려 비생산적이다. 전문 번역가가 번역한 것을 읽어서 습득하는 것이 훨씬 효율적이다. 지식기반사회에서 지식과 정보의 습득을 위해 우리는 오히려 한국어 독서능력을 제대로 갖추어 두어야 한다.

핀란드의 '룩 수오미' 운동의 예가 그렇다. 룩 수오미 운동은 국가교육위원회가 2001년부터 2004년에 걸쳐 전개한 모국어 교육 촉진 운동이다. 기초학교와 고등학교를 대상으로 모국어 기능과 문학의 이해와 감상력을 향상시키려는 취지에서 시작되었다. 이것은 1994년 시장 경제라는 세계화의 흐름에 대비하기 위해 교육과정을 개혁하면서 모국어 수업 시간을 25%나 줄이고, 외국어 수업을 늘린 것과 관련이 있다. 1994년부터 모국어 수업 시간이 줄어들면서 책 전체를 읽지 않고 짧은 문장, 시, 단편, 소설 발췌문 등을 읽도록 권장했다. 이 때문에 읽기능력의 저하라는 우려가 제기되었다. 핀란드의 학생들은 다른 나라들보다 신문, 잡지, 인터넷 등 다양한 자료들을 읽고 있음에도 기초학교에 다니는 18%의 학생들이 읽기 능력 부족을 보였고, 독서에 대한 즐거움이 감소되는 현상이 나타났다. 그래서 모국어 교사들과 학급 담임들이 앞장서서 모국어 교육

촉진 운동을 추진했다. 국가교육위원회는 모국어 교육 촉진 운동의 의의를 '현대 사회에서는 다양한 종류의 텍스트를 읽는 것이 무엇보다 중요해지고 있기' 때문이라고 설명했다.

핀란드의 사례를 보더라도 한국의 이른바 영어 몰입교육 주장은 위험한 발상이다. 그보다는 한국어의 독서능력을 갖추는 것이 먼저다. 결국은 지식과 정보는 모국어로 습득할 수밖에 없기 때문이다. 뿐만 아니라 영어 교육을 위한 막대한 국가적 비용 측면에서 볼 때도 아니다. 영어로 그들과 경쟁해서는 결코 이길 수 없다. 우리가 잘 할 수 있는 것, 즉 우리의 장점과 특색을 살려야 세계화에서 살아남을 수 있다. 그래서 '가장 한국적인 것이 가장 세계적이다.'라고 하지 않는가.

그러므로 대한민국 대표 브랜드이자 최고의 경쟁력을 가진 한글의 우수성과 장점을 최대한 살리는 것이 국가 경쟁력을 높이는 길이다. 유아기까지의 우수한 독서능력을 학교 교육에서도 그대로 이어갈 수 있게 학교 교육을 혁신하고, 공공도서관의 건립과 장서 확충으로 독서의 생활화를 위한 기반을 조성함으로써 지식기반사회에서의 지식 경쟁력을 높일 수 있게 해야 한다. 이것은 영어 교육에 들어가는 비용의 극히 일부만 투입해도 가능한 일이다. 정말 국가 정책의 우선순위가 무엇인지 제대로 파악해야 한다. 일상적인 영어 회화 문제와 제한적인 실무에서 필요한 영어를 위해서는 자동번역 프로그램과 음성 인식 자동 번역시스템을 개발하는 것이 현실적인 대안이다. 이것은 막대한 영어 관련 비용의 국가적 낭비를 줄이는 방안일 뿐만 아니라 이 시스템의 판매로 인한 국가적 수익을 창출할 수도 있다. 이것도 현재 영어 공부에 투입되는 국가적 비용의 일부만 들여도 실용적인 자동 번역시스템이 개발될 수 있을 것으로 본다.

세종대왕은 미래의 무한 경쟁에서 살아남을 수 있는 비장의 무기를 후손에게 남겨준 것이다. 그런데 한자만 고집해온 조선의 개념 없는 지배층의 무지와 아집으로 500년 간 이 무기는 제대로 활용되지 못했다. 한자를 버리고 한글을 본격적으로 사용하게 된 것은 해방 이후부터 60여 년간 정도인데, 60여간 이 무기를 잠깐 활용해 본 결과 한국은 세계에서 정보기술의 강국으로 우뚝 설 수 있었다. 이것이 바로 문자의 힘이자 한글의 힘이다. 그런데 아직도 개념 없는 관료들의 인식 부족과 잘못된 정책으로 한글은 자국에서 푸대접을 받고 있으며, 미래의 지식기반사회에서의 국가 경쟁력을 위해 아직도 이 무기를 충분히 제대로 활용하지 못하고 있다. 실로 세종대왕에게 얼굴을 들 수 없을 정도로 부끄럽고도 한심하고 안타까운 일이다.

4.
유아기의 독서교육에서 국가 경쟁력이 결정된다

1) 유아기는 책을 통해 세상을 배운다

유아기의 특징으로 피아제는 자기중심적 사고와, 상상과 현실의 미분화를 들었는데, 유아기의 일반적 특징은 다음과 같다.

첫째, 모든 것은 살아 있다고 생각한다. 이른바 물활론(物活論)이다. 유아들은 원시인들의 사고와 같이 사람과 동물 외에 나무나 돌 등도 살아 있다고 생각한다. 모든 대상이 생명과 감정이 있다고 보기 때문에 대상과 대화를 나누고, 소원을 빌고, 감정을 공유한다. 아이가 책상에 부딪혀 울고 있을 때, 그 책상을 때려주고 야단치면 울음을 멈추는 것이 그렇다. 또 인형을 마치 살아 있는 친구처럼 안아주고 먹여주고 같이 이야기하는 것도 그러하다. 그래서 인형과 함께 이야기하며 혼자 잘 놀기도 한다.

둘째, 세상의 모든 것은 사람이 만들었고, 사람은 무엇이든지 할 수 있다고 생각한다. 그래서 유아기의 부모는 모든 것을 할 수 있는 초능력자가 될 수밖에 없다. 아이에게 아빠는 슈퍼맨이 되어야 한다. 『아빠, 달 따줘요』라는 그림책이 이런 유아기 사고의 특징을 잘 반영한 책이다.

셋째, 꿈이나 머리 속에서 상상한 모든 것은 실제로 존재한다고 생각한다. 아이들은 책에서 보았거나 상상을 했거나 꿈에서 만난 것이 현실에 있다고 생각한다. 즉 상상과 현실이 구분이 되지 않은 상태에 있다. 그래서 유아기를 상상의 시기라고 한다. 인간은 누구나 이러한 상상의 시기를 거쳐 자기중심적 사고에서 탈피하여 현실과 비현실을 구분하는 단계로 성장한다. 어린이는 상상 속에서 욕구를 충족시키기도 하고, 긴장이나 불만을 해소하기도 한다. 상상은 어린이의 정신 발달을 촉진하는 중요한 길잡이다. 이러한 상상력은 곧 창조적 사고로 이어진다. 그래서 영화감독 스필버그는 "나의 영감의 원천은 어린 시절에 읽은 동화책이다."라고 했다.

창조적 사고는 확산적 사고와 집중적 사고가 통합된 것이다. 확산적 사고가 먼저이다. 확산적 사고는 이것저것 다양하게 시도하고 구속되지 않는 자유분방한 사고이다. 많은 것을 보고 듣고, 거리낌 없이 말하고 행동할 수 있게 해야 한다. 이것이 창조적 사고의 밑바탕이 된다.

상상은 유아기의 특징이지만, 어느 단계에 가서는 약화되고 사라지게 되므로 이 시기에 건전한 상상력을 풍부하게 길러줄 수 있도록 해야 한다. 이 점에서 그림 동화책은 어린이를 꿈의 세계, 상상의 세계로 인도하는 길잡이다. 릴리언 스미스는 "어린이의 인생 경험은 어쩔 수 없이 그 어린이의 좁은 범위에 한정된다. 어린이가 원하고 있는 것은 그런 한계를 단숨에 뛰어넘는 방법이다. 일단 어린이가 책 속에 그 길이 있다는 것을 알게 되면 그 순간 어린이의 비약은 어른 눈에는 마치 날개가 돋은 것처럼 보인다."라고 했다. 이 상상의 날개로 신체적으로 나약한 어린이는 모든 한계를 뛰어넘는다.

어린이 세계에서는 상상이 현실과 합쳐져서 아이들의 정신적 성장에 매우 중요한 역할을 한다. 상상력으로 무장한 어린이들은 다양한 상황을 창조하며, 그러한 과정을 통하여 미래에 어려운 현실과 마주칠 때 그것을 극복할 수 있는 능력을 갖게 된다. 모든 어린이들은 비록 현실이 어려워도 상상의 날개에 의지해 날 수 있고, 더 나은 날을 꿈꿀 수 있으며, 성공적인 미래를 바라보면서 용기를 얻을 수 있다. 아이들의 상상은 정서를 풍부하게 하고, 창조력의 밑거름이 된다. 폴 아자르는 어린이란 자유로운 상상력을 지닌 창조적인 존재이며, 좋은 어린이 책이란 자유로운 상상의 세계를 펼쳐 놓은 책이며, 어린이에게 놀이와 공상, 상상의 즐거움은 대단히 중요하다고 했다.[19]

넷째, 건강한 어린이는 호기심으로 가득 차 있다. 어린이에게 이 세상의 모든 것은 호기심의 대상이다. 또한 그것은 신비로움과 경이로움의 대상이다. 그래서 어린이는 때와 장소를 가리지 않고 만지고 뒤지고 한다. 어린이는 바깥에 관심이 많고 나가는 것을 좋아한다. 언제나 다른 곳으로 가고 싶어 하고, 달아나고 싶어 한다. 그래서 '엄마', '맘마'와 함께 '어부바'를 선호한다. '어부바'는 졸릴 때, 밖에 나가고 싶을 때 쓰는 말이다. 부모로부터의 보호와 그 보호로부터 벗어나고자 함은 어린이의 양면성이다. 이것은 위험에 노출되기 쉬운 어린이의 사고로부터 보호하려는 부모와, 끊임없는 호기심을 충족시키고자 하는 어린이 사이의 피할 수 없는 긴장과 갈등이다. 그래서 부모는 못 달아나게 막고, 아이는 부모로부터 벗어나 달아나고 싶어 한다. 이 갈등을 원만하게 해결하는 방법 중

19) 그래서 폴 아자르는 재미도 꿈도 없는 교훈투성이의 책을 안겨주지 말라고 했다. 어린 영혼의 싹을 짓뭉개는 것이며, 그것은 어린 영혼을 일그러뜨리는 가짜 읽을거리라는 것이다.

의 하나가 바로 그림 동화책이다. 책은 안전을 지키려는 부모의 욕구와 호기심을 충족시키려는 아이의 욕구 모두를 만족시킬 수 있기 때문이다. 책은 아이에게 사물을 배워가는 통로이자 정서 발달의 좋은 매개체이다.

이런 점에서 모든 것은 살아 있고, 사람은 모든 것을 할 수 있으며, 왕성한 호기심과 함께 상상한 모든 것은 실제로 존재한다고 생각하는 유아기의 특징은, 유아기의 아이들이 상상의 꿈나래를 마음껏 펼치는 소중한 자양분이 된다. 에너퀸들런이 "나는 책을 통해 세상을 배웠다."고 했듯이[20] 유아기의 아이들에게 책은 왕성한 호기심을 채워주면서 마음껏 상상력을 펼칠 수 있는 가장 이상적인 학습의 도구이며, 독서교육은 아이들의 사물에 대한 인지능력, 언어능력, 사고력, 상상력을 길러주는 최상의 교육이다. 그래서 유아기의 책 읽어주기, 즉 독서교육의 중요성이 더욱 강조된다. 더구나 아이들의 독서능력 및 학습능력은 이미 유아기의 가정에서 그 씨앗이 뿌려지기 때문이다.

2) 유아기의 아이들은 불가사의한 언어습득 능력을 갖고 있다

유아기의 독서교육이 중요한 것은 우선 이 시기가 아이들의 읽기에 대한 흥미도가 가장 높기 때문이다. 미국의 국가교육평가원의 〈국가 읽

---

20) 에너퀸들런은 유아기의 독서 경험을 이렇게 회상하고 있다. "나는 책을 통해 다른 세계 뿐 아니라 나 자신 속으로 여행했다. 나는 내가 누군지, 내가 무엇을 원하는지, 내가 갈망할 수 있는 것이 무엇인지, 이 세상과 나 자신에 관해 감히 무엇을 꿈꿀 수 있는지 알게 되었다. 이렇듯 나에게서 최상의 부분은 탁자 위에 펼쳐진 책 속에 있었다. 그 곳에서는 상상의 인물들이 그들에게 생명을 불어넣어 주고, 글들이 생명을 되돌려 받으려고 나를 기다리고 있었다. 살아 숨쉬는 사람들이 있는 곳이 그 곳이었으며, 또한 그 곳에는 흔들리는 나무와 조용하고 어두운 바다가 있었다."

기 보고서〉에 의하면, 막 글을 배우기 시작하는 유치원에서는 모든 아이가 읽기에 100%의 흥미를 보이지만, 학년이 올라가면서 흥미도가 점점 떨어진다고 했다. 재미있고 즐겁게 매일 책을 읽는 비율은 초등학교 4학년에서는 54%, 중학교 2학년은 30%, 고등학교 3학년에서는 19%로 떨어졌다. 흥미도가 떨어지면 그만큼 효과가 떨어질 것은 당연하다. 그래서 독서교육은 100%의 흥미를 보이는 유아기가 가장 효과적이라 할 수 있다.

흥미도와 함께 더 중요한 것은 유아기가 언어 습득 능력이 가장 왕성하다는 것이다. 유아기의 언어 습득 능력에 대해 언어학자들은 불가사의한 능력이라고 한다. 유아기의 아이들은 대략 네 살 정도 되면 자기의 모국어를 거의 완벽하게 습득한다. 그것도 누가 체계적으로 가르쳐서 된 것이 아니라 저절로 습득한다. 이것은 언어학자들이 보기에 불가사의한 언어 습득 능력이다. 외국어를 배워본 사람이라면 누구나 이것이 불가사의한 능력이라는 것을 이해할 것이다. 수십 년간 많은 돈을 들여 공부한 영어 능력과 불과 4년 정도 저절로 습득한 아이들의 모국어 능력을 비교해 보면 금방 알 것이다.

이러한 아이들의 언어 습득 능력에 대해 예전에는 어른들이 말하는 것을 반복해서 들으면서 경험적으로 배운다고 생각했다. 그러나 미국의 언어학자 N. 촘스키는 '밥 줘'라는 문장과 '인형'이라는 말을 알고 있는 아기가 '인형 줘'라는 말을 한 번도 듣지 못했어도 자연스럽게 '인형 줘'라는 말을 할 수 있다는 것을 주목했다. 만약 언어 학습이 경험적으로 이루어지는 것이라면 아기들은 어떻게 한 번도 들어보지 못한 문장을 말할 수 있겠는가. 그래서 촘스키는 태어날 때부터 언어를 배울 수 있는 장치를 가지고 태어난다는 결론을 내렸다. 즉 "인간의 두뇌는 언어를 배울 수 있는 생래적 기제인 언어 습득 장치를 가지고 있다."는 것이다. 이 언어 습득 장치는 주로 문법을 습득하는 장치이다. 이 때문에 인간은 한 번도 듣지 못한 문장이라도 문법에 맞게 말할 수 있는 것이다. MIT대학의 언어심리학자인 스티븐 핀커도 인간의 뇌에는 언어를 익히는 프로그램이 입력되어 있어 아이들은 문법 유전자가 존재하는 12살 이전에 체계적인 교육이나 훈련 없이도 어떤 언어이건 자연스럽게 습득할 수 있다고 했다.

이런 점에서 인간의 불가사의한 언어 습득 능력은 선천적인 능력이다. 신이 인간에게 선물로 언어 습득 능력을 준 것이고, 이 때문에 인간은 만물의 영장이 될 수 있었던 것이다. 이런 선천적인 언어 능력도 무한히 주지는 않았다. 하나의 모국어를 습득하는 데만 해당되는 것이다. 다른 언어의 습득에도 이런 능력을 발휘할 수 있다면 우리가 외국어를 배우는 데 들이는 엄청난 시간과 비용을 들이지 않아도 될 텐데 말이다. 신은 인간이 경계를 넘지 못하게 한계도 지어 놓았다.

이러한 불가사의한 언어 습득 능력은 어릴수록 왕성하다. 언어학자들은 유아기가 언어 습득 능력이 왕성하며, 그 중에서 0-2세에 가장 왕성하게 활동한다고 한다. 5-6세가 지나면서 떨어지기 시작하여 12살 이후에는 급격하게 쇠퇴한다. 12살 이후에 발견된 야생에서 자란 늑대 소녀가 끝내 인간의 언어를 배우지 못한 것도 이와 무관하지 않다. 해외에 이민 간 사람들의 경우에도 아이들은 그 나라말을 비교적 쉽게 배우지만 어른들은 많은 어려움을 겪는 것도 마찬가지 이유라 할 수 있다.

그러므로 언어에 관한 학습은 선천적인 능력이 발휘되는 유아기를 최대한 활용하는 것이 최선의 길이다. 아이의 두뇌와 창의력 및 상상력을 결정하는 요소가 첫돌 무렵에 중요한 얼개가 짜여진다고 한다. 언어 습득 능력도 어릴수록 왕성하다. 0-2세에 가장 왕성하게 활동하며, 4세에는 평생 사용할 어휘의 3/4까지 이해하고, 문법적으로 성인의 언어와 별 차이가 없는 언어를 구사한다. 언어는 단순히 의사소통의 수단만이 아니라 언어가 곧 사고이기도 하므로 아이의 두뇌 발달, 사물 인지능력, 사고력 등도 언어능력의 발달과 함께 이루어진다. 그러므로 어려서부터 아이가 언어를 많이 경험할수록 두뇌도 더 발달하게 되며, 인지능력, 사고력 등도 더 발달하게 된다. 따라서 태어날 때부터 많은 언어를 경험할 수 있도록 끊임없이 언어 자극을 주어야 한다. 아기에게 끊임없이 말을 걸고, 온갖 수다도 떨고, 대화도 시도해야 한다. 설사 아기가 반응을 보이지 못해도 실망할 필요가 없다. 이것은 아기에게 그대로 흡수되어 언어 습득의 훌륭한 영양분이 된다. 아기에게는 언어 습득에 관한 한 불가사의한 선천적인 능력이 있다는 것을 믿어야 한다.

그런데 일상생활의 대화에서 사용하는 기본 어휘는 5,000단어 정도이고, 아이와 나누는 대화에서 사용하는 어휘는 1,000단어 이내라고 한다. 아기에게 수다 떨 때 사용하는 어휘는 이보다 더 적을 것이다. 아기에게 말 걸고 수다 떨 때 얼마나 많은 어휘를 사용하겠는가. 더구나 구어는 대개 문장도 완전하지 않다. 그래서 아이에게 다양한 언어를 경험하게 하는 좋은 방법은 책을 읽어주는 것이다. 책에는 일상 대화에서 쓰이지 않는 다양한 어휘가 등장한다. 게다가 문어라 문장도 완전한 문장을 사용한다. 책 읽어주기를 통해 아이는 훨씬 다양한 어휘와 함께 문법적으로 완전한 문장을 경험하게 된다. 다양한 어휘와 문장을 경험할수록 아이의 두뇌도 발달하고, 인지력, 사고력, 상상력도 쑥쑥 자라게 된다. 듣기능력과 함께 말하기, 읽기, 쓰기 능력의 기초가 차곡차곡 쌓여간다. 왕성한 호기심으로 가득 찬 아이들은 필시 밤을 새워가며 책을 읽어달라고 할 것이다. 힘들더라도 즐거운 마음으로 책을 읽어주어야 한다. 미래를 위한 투자라고 생각해야 한다. 유아기 6년 고생하면 60년 편하게 갈 수 있기 때문이다. 6년 고생하고 60년 편하게 갈 것인가, 아니면 6년 편하고 60년 고생하며 갈 것인가를 선택하는 엄숙한 순간이다.

태어날 때부터 끊임없는 언어 자극과 책 읽어주기를 하다 보면 어느 순간에 아이는 글자에 관심을 갖게 되고 자연스럽게 글을 깨치게 된다. 특히 한글은 쉽기 때문에 글을 깨치는 데 별 어려움이 없다. 책 읽어주기를 통해 책에 대한 관심이 많은 아이는 3세 정도면 글을 깨칠 것이고, 이때부터 자연스럽게 혼자 책을 읽게 된다. 이렇게 해서 어려서부터 독서습관을 길러 꾸준히 책을 읽어가다 보면 어느 순간에 속독도 하게 되며, 이 아이는 학교 가기 전에 벌써 수천 권의 책을 읽을 수 있게 된다. 그러면 이 아이는 이미 독서 영재가 된 것이다. 이것은 불가사의한 언어 습득 능력을 가진 이 시기만이 가능한 축복이다. 이 시기를 지나면 다시는 기회가 오지 않는다. 그리고 한글이라는 배우기 쉬운 문자를 가진 우리나라만이 가능한 축복이다. 이것은 신이 내린 유아기의 언어습득의 선천적인 능력과 배우기 쉬운 한글이라는 문자의 힘을 결합함으로써 가능한 것이다.

이렇게 해서 학교에 가서도, 사회에 나가서도 책 읽는 독서습관을 계속 유지한다면 앞으로의 지식기반사회에서 남보다 훨씬 앞서 갈 것이며, 장차 세계화의 경쟁 속에서도 개인과 기업 및 국가의 경쟁력을 높이는 핵심 인재가 될 것이고, 미래의 지식기반사회를 선도하는 주역이 될 것이다. 이런 점에서 유아기의 독서교육에서 국가 경쟁력이 결정된다고 할 수 있다.

3) 사교육비의 해결책, 유아기의 독서교육에 있다

학업 성취도 국제 비교에서 한국은 핀란드에 필적하고 있지만, 막대한 교육비의 지출로 교육의 효율성에서는 크게 떨어진다. 한국의 사교육비는 GDP 대비 2.88%로 세계 최고 수준이다. 2007년 기준 연간 사교육비는 33조로 추정한다. 세계에서 둘째로 사교육비 비중이 높은 미국도 GDP의 1.89%에 불과하다. 경제협력개발기구(OECD) 평균은 0.68%이다. 학업성취도에서 한국을 늘 앞서가는 핀란드도 사교육비 비중은 0.11%밖에 되지 않는다. LG경제연구원의 교육 효율성 지표에 따르면 2006년 한국의 교육 효율성은 89.7이다. OECD 24개국 중 17위이고, OECD 평균(102.8)에도 크게 모자라는 수준이다. 한국의 교육은 고비용 저효율의 전형이다.

비정상적인 사교육과 엄청난 사교육비로 한국의 학생과 학부모들은 생존의 위기로까지 내몰리고 있다. 학생들은 새벽부터 한밤중까지 학교에서, 학원에서 공부와 씨름하며 건강까지 위협받고 있다. 경쟁을 부추기는 교육은 교육의 기회 균등마저 박탈하고, 갈수록 양극화를 심화시키고 있다. 빗나간 교육열은 끝없는 경쟁으로 내몰고, 막대한 사교육비 지출로 가계는 휘청거리고 있다. 사교육비 부담 때문에 가정의 파탄이 일어나고, 생존의 위기로까지 치달으면서 이제는 출산마저 꺼리고 있어 국가의 장래마저 위태롭다. 수많은 가정들이 사교육비와 입시교육의 질곡을 피해 해외 이민을 떠나고, 대학 진학을 포기한 아이들은 내버려진 채 거리를 떠돌고, 살인적인 입시 경쟁이 아이들은 죽음으로까지 내몰고 있다.

이 황폐한 교육현실 앞에 사람들은 그저 절망하고 있다. 사교육비를 줄이기 위한 정부의 온갖 정책이 나오고 있지만, 해결의 실마리와 답은 나오지 않고, 도리어 영어 몰입교육이다, 국제중 설립이다, 일제고사 부활 등으로 오히려 사교육을 부추기고 있다. 그 와중에서 이른바 가진 자들은 내 자식만을 위한 극단적인 이기적 탐욕으로 입시 경쟁을 부추기며 사교육과의 위험한 곡예를 하고 있다. 이러한 교육 현실을 두고 토플러는 한국의 교육은 미래에 필요치도 않을 지식과 존재하지도 않을 직업을 위해 막대한 시간과 돈을 허비하고 있다고 꼬집었다.

그러면 지식 경쟁에 대비한 미래 교육의 방향에도 부합되면서 지금의 사교육비 문제를 동시에 해결하는 방법은 없는 것인가? 그 해결 방법은 지금까지의 논의과정에서 이미 답이 나왔다. 그것은 바로 유아기의 독서교육이 사교육비 문제를 근본적으로 해결할 수 있는 길이다.

앞으로의 지식기반사회에서의 경쟁력에 대비하기 위해서는 독서교육의 강화가 필수이다. 그래서 세계는 지금 책읽기 전쟁을 벌이고 있지 않은가. 이 독서 전쟁에서 이기기 위해서는 우리의 비장의 무기인 한글을 적극 활용하는 길밖에 없다. 이 한글과 유아기의 왕성한 언어습득 능력을 결합하면 해결책이 나온다. 두뇌를 활성화하고 발달시키는 책 읽어주기의 힘과, 지식과 정보를 전달하고 공유하는 문자의 힘을 결합해야 한다. 물론 이것도 한글이라는 비장의 무기가 있기에 가능한 일이다.

독서는 두뇌를 활성화하고 발달시키는 가장 값싸고, 편하고, 손쉬운 수단이다. 아기가 태어날 때부터 열심히 책을 읽어주기로 시작하면 된다. 밤을 새워 책 읽어주는 것이 힘들더라도 내 아이와 내 가정을 위한 투자라고 생각하고 견뎌야 한다. 그렇게 해서 아이가 한글을 깨치고, 혼자 책을 읽으면서 어릴 때부터 독서 습관을 형성하게 되면 비로소 길이 열린다. 이것은 무슨 엄청난 비용을 들여서 남모르는 기상천외한 비법을 사용하는 것도 아니다. 유아기의 아이들 스스로의 능력에 의해 저절로 되는 것이다. 아이들 스스로의 능력에 부모가 약간의 촉매제 역할을 해주면 된다. 이것은 이 시기를 놓치면 다시는 기회가 오지 않는다. 그때 가서 후회해도 이미 소용이 없다.

> 저는 두 자녀를 둔 엄마입니다. 책 읽어주기의 효과에 대해 제 아이들을 예로 들어보겠습니다.
>
> 큰 아이가 태어나자 엄마가 되었다는 책임감과 자부심 또는 기대감을 안고 100일이 되면서부터 책을 장르별로 구입해서 닥치는 대로, 시간 나는 대로 읽어주었습니다. 초등학교 입학 전에 3000권을 읽었다는 독서왕 푸름이 아빠의 인터뷰를 듣고는 그것을 따라 했습니다.
>
> 그러나 둘째는 저절로 알아서 커 주겠지라는 안일한 생각을 갖고 오로지 첫 아이에게만 신경을 쓰다 보니 둘째 아이는 뒷전으로 밀려났습니다. 둘째 아이는 항상 놀기만을 고집하는 막무가내 고집쟁이가 되었습니다. 첫애와 둘째는 학습을 하려는 의지에서도 큰 차이를 나타냅니다. 책을 읽고 무엇에 대한 이야기일까라고 물으면 큰 아이는 그 내용을 줄줄 꿰고 있는 반면 작은 아이는 단순한 대답으로 끝냅니다. 책을 읽는 습관이 배어 있는 큰 아이는 새로운 것에 도전하는 것도 좋아하고, 호기심도 많아 항상 질문도 많습니다. 뒤늦은 후회지만, 시간을 되돌릴 수만 있다면 하고 생각한 적이 한두 번이 아닙니다.
>
> 이렇게 두 아이를 볼 때 어려서 책을 많이 읽어주어 책 읽는 습관을 길러주면 그 아이가 커서 자기 일을 혼자 대처해 나가는 방법을 따로 가르치지 않아도 스스로 헤쳐 나갈 수 있는 능력이 길러진다고 봅니다.

이것은 '유아기의 책 읽어주기의 중요성과 효과'에 대한 경험을 쓴 것이다. 이와 같은 후회를 하지 않으려면 마음에 깊이 새겨두어야 하지 않겠는가.

유아기의 책 읽어주기의 중요성과 효과를 알고 아이에게 열심히 책을 읽어주어 독서습관을 형성하게 해 주면 앞에서 말했듯이 6년 고생으로 앞으로 60년은 편하게 갈 수 있는 길이 있다. 학교에 들어가기 전에 책을 수천 권이나 읽고 학교에 들어간 아이에게 학습 능력에 무슨 문제가 있겠는가. 과외를 받을 필요도, 학원에 다닐 필요도 없다. 독서는 모든 학습의 기초이다. 수학도 독서가 뒷받침되어야 한다. 수학적 사고력도 독서를 통한 사고력에서 가능하다. 이런 아이가 학교에 들어가서도 꾸준히 독서를 지속하면, 학교 공부는 물론이거니와 대학에서의 수학능력도, 사회에 나와서 지식 경쟁에서 남보다 앞서 갈 수 있다. 이런 아이가 한정된 자원보다 무한한 지식으로 부를 창출하는 미래 사회에서 국가의 경쟁력을 높이는 핵심 인재가 될 것이다.

한글이라는 독서를 위한 최상의 문자 환경을 살리고, 유아기의 불가사의한 언어습득 능력을 활용하여 태어날 때부터 책 읽어주기로 아이의 독서습관을 형성시킴으로써 아이가 혼자 많은 책을 읽어 스스로 지식을 쌓아 가게 하는 것, 이것이 사교육비 문제의 해결책이자 더 나아가 국가 경쟁력 강화의 지름길이다. 답은 바로 유아기의 독서교육에 있다.

5.
한글의 세계화를 위한 비전과 전략이 필요하다

1) 세계는 지금 언어 전쟁 중

성경에 바벨탑 이야기가 나온다. 사람들이 하늘에까지 닿을 탑을 쌓으려 하자 이에 분노한 여호와는 세상의 언어를 분열시켜 사람들을 흩어버렸다. 언어의 분열로 인류는 서로간의 의사소통이 불가능하게 되었고, 그 때문에 서로 흩어져 살아오면서 세상에는 수많은 언어가 생겨나게 되었다. 그 동안 세계 각 지역에서는 의사소통이 가능한 같은 언어를 사용하는 사람들끼리 민족을 이루고, 국가를 이루어 살아왔다.

그런데 교통수단과 통신기술의 발달로 세계화가 진행되면서 지금 전 세계는 하나의 지구촌이 되어 가고 있다. 그러나 완전한 지구촌의 시대는 인종과 인종, 국가와 국가 사이의 원활한 의사소통이 이루어지지 않고는 실현되기 어렵다. 세계화에 직면하여 인류는 다시 언어의 분열이라는 커다란 장벽에 가로막혀 있다. 언어의 분열은 신이 인간에게 내린 형벌이었다. 사람들이 외국어를 배우기 위해 평생 동안 얼마나 많은 시간과 비용과 정력을 낭비하고 있는지를 생각해 보면 알 것이다. 세계화와 지구촌 시대를 맞이하여 언어의 분열을 극복하는 문제는 인류가 풀어야 할 최대의 과제이다.

그렇다면 세계화 시대의 인류의 최대 과제인 언어의 분열은 어떻게 극복할 것인가? 분열된 언어를 하나로 통합하면 간단하게 해결될 것인가? 『언어의 종말』의 저자인 앤드루 달비는 지금 세계는 언어 분화의 역과정, 즉 언어의 통합이 진행되고 있다고 말한다. 현재 전 세계에서 제1언어로 사용되고 있는 언어는 약 5,000개이며, 2주에 1개꼴로 사라지고 있어 21세기에만 2,500개의 언어가 사라질 것이라고 한다. 장기적으로 200년 이내에 전 세계적으로 200개 정도의 언어만 남게 될 것이라고 한다. 200이란 숫자는 국가의 수와 대략 일치한다. 그렇다면 앞으로 국가어 이외의 소수 언어들은 대부분 소실될 것이라는 예측이다.

그런데 세계화에 따라 국가어도 사라질 위기에 처해 있다. 국가의 경계를 넘어 소통할 수 있는 언어에 대한 요구가 거세지기 때문이다. 이미 현실에서는 영어가 많은 나라에서 국가어로 사용되고 있고, 전 세계적으로는 제2언어, 제3언어로 급속하게 확산되어 가고 있다. 지구촌 시대를 맞이하여 지금 세계는 언어 전쟁 중이다. 사라지느냐 살아남느냐 하는 생존의 전쟁이다. 우선 국가어가 아닌 언어가 사라질 것이고, 그 다음에는 개별 국가어들과 영어와의 전쟁이 벌어질 것이다. 어쩌면 가장 영향력이 큰 영어만이 살아남을지도 모른다. 현재 세계적으로 유창한 영어 사용자는 7억 명에 이르고, 충분한 정도로 구사하는 영어 사용자는 18억 명을 넘어선다고 한다. 게다가 인도를 포함한 약 70개국에서 국가어 또는 공용어로 쓰이고 있으며, 영어 학습자 수는 세계 인구의 1/3에 이른다는 통계도 나온다. 그렇다면 대세는 이미 기울어진 것이나 마찬가지가 아닌가.

그러나 중세 때만 하더라도 라틴어에 비하면 영어는 앵글로색슨의 한 부족어에 지나지 않았다. 이런 영어가 세계어로 성장한 배경은 무엇인가? 첫 번째 경로는 식민화를 통한 영어의 전파이다. 로마제국과 마찬가지로 영국은 미국, 캐나다, 오스트레일리아 등에 걸친 방대한 식민지를 경영했고, 영어는 식민지 이주자들의 유일한 공통언어였다. 두 번째 경로는 제국과 속국 사이의 관계로 인해 속국 사람들의 출세와 부를 획득하는 수단이 영어를 아는 것이었다. 식민지하에서 고위 관리가 되거나 경제적으로 성공하기 위해서는 영어가 필수적이었기 때문에 속국 사람들에까지 영어가 확산되었다. 그리고 최근 세계화의 진행에 따라 국가를 넘어선 문화 교류와 상품의 교역이 많아지면서 현실적으로 많이 사용되는 영어가 그 영역을 더욱 확장해 간 것이다.

지금 세계는 지난 세기의 무력에 의한 정치적 제국주의 시대는 지나갔다. 대신 강대국이 언어와 문화 상품을 앞세운 문화적 식민지화는 은밀하게 진행되고 있다. 물론 핵심에는 언어가 자리하고 있다. 한 나라가 언어를 지키지 못할 때 언어와 함께 민족성도, 문화도 역사에서 자취를 감추고 말았다. 가까운 예로 중국 대륙을 무력으로 정복하여 청나라를 세운 만주족이 중화문화에 동화되면서 먼저 언어를 잃어버렸고, 그에 따라 문화도, 민족 자체도 사라져 버리고 말았다. 언어는 단순한 의사소통의 수단만이 아니라 곧 사고 그 자체이다. 언어 속에 그 민족의 역사와 문화, 그리고 정신과 혼이 함께 한다. 한국이 수천 년 동안 중국의 문화적 세례를 받았지만 언어를 잃어버리지 않았기에 살아남아서 독자적인 문화를 꽃피울 수 있었던 것이다. 세계화의 무한경쟁 속에서 세계는 언어를 앞세운 문화적 침략 전쟁을 은밀하지만 치열하게 벌이고 있다. 이런 전쟁의 소용돌이에 휘말려 많은 국가들에서 영어 공용어화가 제기되고 있으므로 영어는 앞으로도 그 세력을 더욱 확장해 갈 것으로 보인다.

그러면 세계의 모든 언어가 영어 하나로 통합되면 인류의 숙원인 언어의 분열 문제가 극복될 수 있을 것인가? 문제는 그렇게 간단치 않다.

우선은 세계의 모든 언어가 영어 하나로 통합되는 것이 결코 바람직하지도 않다는 것이다. 세계의 각 언어로 전승되고 보존되어 온 정보와 지식, 그리고 다양한 문화유산을 잃어버리게 될 것이기 때문이다. 언어는 단순히 의사소통의 수단만이 아니라 사물과 세계에 대한 인간의 인식과 사고를 드러낸다. 결국 인간은 언어를 통해 언어의 틀 속에서 인식하고 사고한다. 그러므로 세계의 각 언어는 그 언어를 사용하는 사람들의 사물에 대한 다양한 인식과 사고, 더 나아가 사고방식과 가치관, 세계관을 보여주는 것이다. 한 언어의 소실은 곧 그 언어와 함께한 사물과 세계에 대한 인식과 사고방식, 세계관 등의 상실을 의미한다. 이것은 인류의 귀중한 문화유산의 하나를 상실하는 것이다. 게다가 인간이 사용하는 언어는 언어라는 한계 때문에 모두 불완전하다. 세상에 아직 완전한 언어는 존재하지 않는다. 영어만 하더라도 아주 불완전한 언어체계를 갖고 있다. 이러한 인간의 언어들은 서로 다른 언어와의 상호작용을 통해 각자의 언어를 보완하고 새롭게 창조해 간다. 영어만 하더라도 다른 언어에서 새로운 어휘와 생각들을 가져옴으로써 활력을 얻고 발전시켜 왔다. 언어의 수가 줄어들면 이러한 창조성과 활력이 없어지게 된다. 불완전한 언어임에도 불구하고 언어의 다양성과 복잡성 때문에 다양한 사고와 문화가 생겨난 것이다. 그래서 하나의 언어로의 통합은 결코 바람직하지 않다. 더구나 영어는 완벽한 언어가 아니기 때문에 세계의 언어가 영어

하나로 통합되는 것은 새로운 가능성과 대안을 상실하는 것이므로 결코 그렇게 되어서는 안 된다.

그리고 세계의 모든 언어가 영어 하나로 통합되는 것은 물리적으로도 가능치 않다. 민족적 정체성을 가진 국가는 자국의 생존과 국가적 이익을 지키기 위해 자국어를 최후의 보루로 지키려고 할 것이기 때문이다. 자국어의 포기는 곧 자국의 모든 문화유산의 포기를 의미하는 것이기 때문에 끝까지 지키려고 할 것이고, 오히려 자국의 세력을 확대하기 위해 자국의 언어를 확산시키려고 할 것이다. 언어 전쟁은 자국의 언어 영역을 지켜내고, 나아가 자국의 언어 영역을 확장하려는 데서 피할 수 없는 21세기의 화두로 등장하게 될 것이다. 세계화가 진행될수록 더욱 치열해질 것이다. 언어도 국력과 함께 하기 때문에 경제와 문화의 강국일수록 이 언어 전쟁에서 일단 먼저 유리한 고지를 점령할 것이다. 이 전쟁이 치열하게 전개될수록 저항도 거셀 것이다. 세계의 언어가 급속하게 사라지고 있는 지금 이 언어 전쟁에서 살아남아야 국가와 민족도 존재할 수 있다. 인간에게서 언어의 문제는 단순히 언어의 문제로만 끝나는 것이 아니기 때문이다. 언어는 국가와 민족의 운명, 더 나아가 인류의 운명과 직결되어 있다. 그러므로 더욱 언어에 대한 국가적 전략과 장기적인 비전이 요구된다.

2) 한글 전용으로 이룬 21세기의 정보기술 혁명

예일대학의 헤이블럭 교수는 그리스 알파벳의 출현은 불이나 바퀴의 발명처럼 서양의 삶과 문화를 송두리째 바꾼 위대한 도약이라면서 문자의 힘과 그 지속성이 얼마나 거대한 것인지를 언급했다. 그리스 문화가 찬란했던 이집트 문화를 넘어 후대에까지 영향을 미친 것은 이집트 문자보다 쉽게 배울 수 있는 알파벳문자를 사용하여 정보와 지식을 문자로 기록하여 공유할 수 있었기 때문이었다. 문화를 후대에까지 전하는 유일한 방법은 그것을 문자로 기록하고, 그 언어와 문자를 계속 보존하여 후손들이 지식을 공유할 수 있도록 하는 것이다.

우리의 경우를 볼 때 우리의 언어는 우리말과 한자, 한글이 사용되어 왔다. 우리말은 일상 대화에서 사용하는 한국말이고, 한자와 한글은 문자이다. 여기서 한문은 우리말과 다르다. 즉 한문은 우리에게 말과 글이 일치하지 않는 언문불일치(言文不一致)의 문장이었다. 반면에 한글로 쓴 문장은 말과 글이 일치하는 언문일치(言文一致)의 문장이다. 조선의 지배층은 한자와 한문을 사용했기 때문에 말 따로 글 따로의 절름발이 언어생활을 해 왔다. 이것은 사회 발전의 커다란 장애물이었다.

이와 같은 절름발이 언어생활을 한 것은 당시 지배층인 양반들이 문자를 통한 지식의 독점과 이로 인한 집요한 기득권 지키기 때문이었다. 어느 시대 어느 나라에서나 마찬가지지만 특권계급은 기득권을 지키기 위해 문자에 대한 접근을 철저히 통제했다.

고대에서 문자는 재산을 효율적으로 관리하기 위한 경제적 필요성에서 생겨났다. 엘버틴 가우어는 수렵인들과 단순 농경인들은 구두전달에 의한 의사소통이 가능했으나, 본격적인 농경사회로 접어들면서 인구가 밀집되고, 잉여생산물이 축적되면서 잉여 재산의 관리와 거래를 위해 빨리 쓰고 쉽게 읽을 수 있는 기호인 문자가 필요하게 되었다고 한다.[21)]

---

21) 엘버틴 가우어, 『문자의 역사』, 도서출판 새날, 1995.

이렇게 하여 생겨난 고대의 문자는 어려워서 접근조차 어려웠다. 이집트 문자는 700자 정도의 상형문자와 기호를 사용하는 문자로, 매우 어려워서 소수의 사람들만이 배울 수 있었다. 그러다보니 소수의 선택된 집단이 문자를 독점하게 되고, 문자를 독점한 계급은 당연히 특권을 행사하게 되었다. 특권을 가지다 보니, 이러한 특권을 강화하고 지키기 위해 문자에의 접근을 철저히 통제했다. 당시 이집트 문자를 읽을 수 있는 사람은 1% 미만이었고, 쓰는 법까지 아는 사람은 극소수였다고 한다.

이집트의 문자가 특권 계급의 문자였던 것처럼 동양의 한자도 특권 계급의 문자였다. 표의문자인 한자는 세상에서 가장 복잡하고 배우기 어려운 문자였다. 이집트와 비슷한 시기에 이미 한자의 수가 2000-3000개 정도였으며, 계속 새로운 글자를 만들어 내다보니 오늘날 5만 자가 넘게 되었다. 상용한자 수도 8000자 정도가 된다. 이런 수많은 한자를 어느 정도 잘 활용하기 위해서는 20년 정도의 학습이 필요했다.[22] 그래서 한자는 소수의 특정 계급의 전유물이 될 수밖에 없었다. 중국에서도 그러했으니, 말과 글이 달라 이중 언어생활을 해야 했던 한국에서는 더 말할 것도 없다.

이처럼 특정 계급의 기득권을 지키고 보호하는 역할을 한 문자일수록 배타성과 보수성이 강하게 나타난다. 이러한 배타성과 보수성은 신분적 차별이 엄격한 계급사회일수록 더욱 심하게 나타난다. 인도의 경우가 그렇다. 카스트마다 특별한 권한과 의무를 부여한 힌두사회는 접근을 차단하기 위해 문자를 거의 사용하지 않았다. 최고 계급인 브라만은 신성

22) 이 때문에 루쉰은 근대화의 흐름 속에서 "한자가 망하지 않으면 중국은 반드시 망한다."고 걱정했다. 한자와 대중은 결코 함께 할 수 없다고 생각한 루쉰은 대중을 위해서 중국어의 로마자화에 적극 노력하기도 했다.

한 「베다」를 암송하는 특권을 독점하였다. 힌두법에 의하면, 최하층 계급인 수드라가 우연히라도 찬가의 낭독을 들었다면, 귀에 납을 녹여서 흘려 넣고, 들은 것을 다시는 입 밖으로 내지 못하도록 혀를 잡아 빼고, 몸은 둘로 찢어버려야 한다고 했다. 이것은 편집증에 가까운 배타성이다. 특권 계급의 기득권 지키기가 그저 놀라울 따름이다.

이러한 시대에 한글이 세종에 의해 창제되었다. 당시의 지배층인 양반들의 반응이 어떠했으리라는 것은 불을 보듯 뻔하다. 절대 군주에 도전하면서까지 이들의 저항은 거셌다. 당시의 지배층인 양반들에게 가장 위협적인 것은 한글이 너무나 배우기 쉬운 문자였다는 것이다. 디린저는 이집트 문자에 비해 단순하고 누구나 배우기 쉬운 그리스알파벳을 민주적 문자라 했다. 누구나 쉽게 배워서 정보와 지식을 공유하게 되면 지식의 독점으로 인한 특권 계급이 설 자리가 없어지게 되고, 이는 결국 민주사회를 가능하게 하는 기초가 되기 때문이다. 한글도 누구나 배우기 쉬운 문자라는 점에서 바로 민주적 문자였다.

조선은 문자에 의해 엄격하게 계급이 나뉜 사회였다. 최상층은 한자를 사용하는 양반들이었고, 중간계층은 이두를 사용하는 서리들이었다. 한자는 양반들의 학문과 문학, 그리고 정치에 입문하는 출세의 통로로 이용되었다. 이두는 서리들이 관청에서 행정을 수행하는 데 사용했다. 이두는 한자의 음과 훈을 빌어 우리말을 적는 문자였다. 이두는 한자보다는 배우기 쉬웠으나 한자의 음과 훈을 빌어 우리말을 표기해야 했기 때문에 자유자재로 표현하는 데 한계가 있었고, 일반 백성들이 배우기에는 여전히 어려웠다. 그 밑에 문자를 사용하지 못하는 일반 백성들이 있었다.

그런데 새로 만든 한글은 겉으로는 한자를 배울 수 없는 일반 백성들을 위한 문자였다. 그러나 세종은 한글이 일반 백성들뿐만 아니라 서리들도 배워 행정을 수행하는 데도 사용되기를 원했다. 그래서 세종은 한글이 완성되자 가장 먼저 궁내에 머무는 서리 10여 명을 모아 한글을 가르쳤다. 이는 한글을 실험해 보기 위한 의도도 있었지만, 궁극적으로는 한글을 관용문자로 사용하려고 한 것이다. 세종은 일반백성들이 문자를 몰라서, 나라의 법이나 조세가 어떻게 관리되는지를 몰라서 재판 과정에서 불이익을 당하는 경우가 많다는 것을 알고 있었다. 그래서 모든 백성이 알 수 있는 문자로 나라의 문서가 관리되면 백성들의 불이익과 억울함을 줄일 수 있다고 생각했던 것이다. 이것은 한글창제의 목적이기도 했다. 당시의 양반들은 한글을 관용문자로 사용하는 것에 대단히 민감하게 반응했다.

또한 세종은 『동국정운』을 간행하려고 했다. 『동국정운』은 한자 발음을 한글로 표기해 놓은 책이다. 표준발음을 한글로 표기해 놓음으로써 한자를 좀 더 쉽게 가르치고 배우기 위해서였다. 한글만큼 발음을 정확하게 표기할 수 있는 방법이 없었기에 세종의 입장에서는 한글을 쓸 수밖에 없었을 것이다. 그런데 양반들 입장에서는 한글로 한자음을 표기했기 때문에 한자 발음을 배우고 익히기 위해서는 한글을 배워야 한다는 것을 의미했다. 한글이 일반백성들만 쓰는 문자가 아니라 서리와 양반도 사용해야 한다는 현실 앞에서 목숨을 걸고 반대하기 시작했다. 양반들은 한글을 서리와 일반 백성들까지 모두가 사용하게 되면, 그 동안 한자를 통해 유지해 왔던 지식의 독점과 특권이 무너질 것을 두려워했다. 그들에게는 한글의 우수성과 장점 등은 생각할 여유가 없었다. 절대군주의 강력한 의지에 의해 만들어진 한글도 당시 지배층의 거센 저항을 받으며

수난을 겪을 수밖에 없었다.[23)]

한글은 세종에서 세조까지는 군주의 강력한 의지로 번역과 출판 등의 한글 관련 사업이 진행되었으나, 당시의 유생들은 한글 관련 사업과 이를 주관하는 언문청의 폐지를 끈질지게 주장했다. 그러다가 연산군 때(1504년)에 연산군의 잘못을 지적하는 글이 한글로 쓰여 나붙는 사건이 일어나면서 연산군은 한글 가르치기를 금하고, 한글로 된 책을 모두 불사르게 했다. 2년 후 중종 1년에는 당시 지배층의 의도대로 언문청마저 폐쇄되었다. 이 때부터 한글은 창제된 지 60년만에 기나긴 암흑기에 접어들었다. 당시의 지배층인 양반들이 한글의 사용과 확산을 원하지 않았기에 한글은 빛을 보지 못하고 소수의 부녀자와 일반 백성들 사이에서 명맥을 유지했다.

한글 창제 후 450년이 흐른 개화기에 와서야 한글이 새롭게 인식되기 시작했다. 그 배경에는 근대화의 흐름과 관련이 있다. 개화기의 선각자들이 근대 서양문명을 접하게 되고, 유학도 다녀오면서 문자에 대한 인식을 새롭게 하기 시작한 것이다. 개화기 지식인들의 문제의식은 말과 글이 일치하지 않는다는 것이었다. 서양이나 미국을 가 본 결과 모두 말과 글이 일치하는데, 한국의 현실은 말과 글이 일치하지 않음으로써 절름발이의 이중 언어생활을 하고 있다는 데 대한 문제 인식이었다. 이러한 문제 인식은 곧 근대적 자각이었다. 개화기에 서양의 영향을 받은 개

23) 김미경 교수는 『대한민국 대표 브랜드 한글』에서 훈민정음 반포 후 최만리 등의 사대부들이 목숨을 건 위험을 무릅쓰고 반대 상소문을 올린 이유는, 중국에 대한 사대주의를 고수해야 한다는 것뿐만 아니라 더 근본적으로 세종이 서리에게 한글을 가르치도록 하고, 한자 발음을 한글로 표기한 『동국정운』을 인쇄하려고 했기 때문이라 했다. 사대부들은 한글을 우민만 사용할 하잘 것 없는 문자로 알았는데, 서리와 양반까지 모두 사용하는 나라 글자로 발전될 지도 모른다는 사실을 알게 되자, 목숨을 걸고 반대하기 시작했으며, 그들이 무엇보다 두려워한 것은 한글의 확산이었다고 했다.

화기의 근대적 지식인들은 말과 글이 일치하지 않는 언어현실을 바로잡지 않고서는 국가의 발전을 기대할 수 없다고 생각했다. 그래서 근대화를 위해 언문일치 운동을 벌이게 되었다.

이러한 배경에서 1894년 고종은 대한제국 칙령 제1호 공문서식 제14조로 "법률 명령은 다 국문으로 본을 삼고 한문 번역을 붙이며, 혹 국한문을 혼용한다."는 칙령을 공포했다. 이로써 한글이 국가의 공식문서에 사용되는 계기를 마련하게 되었다. 이것은 중국이나 다른 열강들의 간섭에서 벗어나 자주독립 국가를 확립하고자 했던, 그래서 국호도 조선에서 대한제국으로 바꾼 고종의 의도와 맞아 떨어졌기 때문이었다. 이 때는 근대화의 거센 물결 속에서 조선의 신분제 사회의 붕괴와 근대적 지식인의 등장으로 지배층 양반들의 기반이 많이 약화되어 있었다. 그러나 열강의 침략으로 풍전등화의 위기에 있었던 대한제국이 얼마 후 국권을 상실하고 일제강점기로 넘어가면서 고종의 칙령은 제대로 뿌리를 내리지 못했다.

당시의 근대적 지식인들에 의해 주도된 언문일치 운동은 1895년 유길준의 『서유견문』에서 나타난다. 미국에 유학하고 돌아와서 쓴 『서유견문』은 당시 양반들이 사용해 왔던 한문이 아니라 국한문 혼용의 우리말 문장으로 씀으로써 언문일치 운동의 본보기가 되었다. 이 때문에 당시에는 한글을 사용했다고 비난받기도 했다.

언문일치에 의한 한글 확산의 결정적인 기여를 한 것은 1896년 4월 7일에 창간된 '독립신문'이다. 독립신문의 창간일이 오늘날 신문의 날이 된 것에서도 볼 수 있듯이 독립신문의 창간은 그 역사적 의미가 매우 크다. 사설이나 기사를 통해 국제사회의 정세, 국민의 권리와 의무 등을 알렸고, 외세의 간섭을 거부하는 투철한 독립정신, 날카로운 비판정신 등으로 언론사의 한 획을 그었다. 뿐만 아니라 과감한 한글 전용의 단행과 최초의 띄어쓰기 도입으로 한글의 보급과 확산에 획기적인 업적을 남겼다.

이것은 독립신문의 창간사에 잘 나타나 있다.

> 우리 신문이 한문을 아니 쓰고 다만 국문만 쓰는 것은 상하귀천이 다 볼 수 있도록 함이다. 또 국문을 이렇게 구절을 띄어 쓰는 것은 누구라도 이 신문 보기가 쉽고 신문 속에 있는 말을 자세히 알아보게 함이다. 각 국에서는 사람들이 남녀를 막론하고 본국 국문을 먼저 배워 능통한 후에야 외국 글을 배우는 법인데, 조선에서는 조선 국문은 배우지 않더라도 한문만 공부하는 까닭에 국문을 잘 아는 사람이 드물다. 조선 국문과 한문을 비교하여 보면 조선 국문이 한문보다 얼마나 나으며, 무엇이 나은 점인가 하면 첫째는 배우기가 쉬우니 좋은 글이요, 둘째는 이 글이 조선 글이니 조선 사람들이 알아서 백사를 한문 대신 국문으로 써야 상하귀천이 모두 보고 알아보기가 쉬울 것이다. 한문만 써 버릇하고 국문은 쓰지 않는 까닭에 국문만 쓴 글을 조선 사람들이 오히려 잘 알아보지 못하고, 한문을 잘 알아보니 그게 어찌 한심하지 아니 하리요? 또 국문을 알아보기가 어려운 건 다름이 아니라 첫째는 말마디를 띄어 쓰지 않고 그저 줄줄이 내려쓰는 까닭에 글자가 위에 있는지 아래에 있는지 몰라서 몇 번 읽어본 후에야 글자가 어디부터인지 비로소 알고 읽으니 국문으로 쓴 편지 한 장을 보려면 한문으로 쓴 것보다 더디 보고 또 그나마 국문을 자주 쓰지 않으므로 서툴러서 잘 못 보기 때문이다. 그러므로 정부에서 내리는 명령과 국가 문서를 한문으로만 쓴 즉 한문을 모르는 사람은 남의 말만 듣고 무슨 명령인 줄 알고 자기가 직접 그 글을 못 보니 그 사람은 무단히 바보가 된다. 한문을 모른다고 그 사람이 무식한 사람이 아니라 국문만 잘 알고 다른 물정과 학

문이 있으면 그 사람은 한문만 알고 다른 물정과 학문이 없는 사람보다 유식하고 높은 사람이 되는 법이다. 조선 부인네도 국문을 잘하고 여러 물정과 학문을 배워 소견이 높고 행실이 정직하면 빈부귀천에 상관없이 그 부인이 한문을 잘 알고도 다른 것은 모르는 귀족 남자보다 높은 사람이 되는 법이다. 우리 신문은 빈부귀천에 상관없이 이 신문을 보고 외국 물정과 국내 사정을 알게 하려는 뜻이니 남녀노소 상하귀천 간에 우리 신문을 격일로 몇 달간 보면 새 지식과 새 학문이 생길 것을 미리 아노라.

독립신문의 창간사는 최만리 등의 훈민정음 반대 상소문과 비교해 볼 때 시대의 변화가 확연하게 느껴진다. 근대의 물결 앞에서 지식인들의 인식도 변했고, 사회도, 세상도 변하고 있음을 이 창간사를 통해 알 수 있다. 상하귀천이 모두 볼 수 있도록 국문만 쓴다는 데서는 정보와 지식이 더 이상 특권 계급의 전유물이 되어서는 안 된다는 인식이 나타나 있고, 배우기 쉬운 글이 좋은 글이라는 데서는 문자에 대한 가치 기준이 변하고 있으며, 한문을 몰라도 국문만 알고 세상 물정과 학문이 있으면 유식한 사람이라는 데서는 '지식인' 개념의 변화와 함께 한문의 사용이 더 이상 특권이 될 수 없다는 시대 인식이 드러나고 있다.

그래서 독립신문은 당시로서는 한자까지도 전혀 쓰지 않는 혁명적인 한글 전용을 단행했고, 뜻을 쉽게 알 수 있도록 하기 위해 최초로 띄어쓰기를 했다. 이것은 한글의 역사에서 획기적인 사건이다. 특히 띄어쓰기는 한글 창제 후 450년이 흐를 때까지 아무도 생각지 못했던 것이다. 지금 생각하면 간단히 해결할 수 있는 것을 누구도 하지 못했다는 것은 그만큼 조선의 지식인들이 한글에 관심이 없었다는 반증이 아닌가 한다. 띄어쓰기는 한글의 가독성을 높여 한글 발전에 획기적인 기여를 한 것이다. 여기에는 당시 독립신문의 편집을 맡았던 국어학자 주시경 선생이 있었기 때문이다. 누구나 쉽게 볼 수 있는 신문을 만들겠다는 독립신문의 창간 정신과 국어학자의 문자에 대한 근대적 자각이 맞물렸기 때문에 가능했을 것이다. 이러한 근대적 자각은 신문이라는 것 자체가 근대적 매체였기 때문이기도 했을 것이다. 곧 일반 백성 누구나 읽을 수 있는 신문을 만들겠다는 정신이 한글 전용과 띄어쓰기를 가능하게 한 정신적 거점이다. 이는 세종의 애민 정신과 다르지 않다. 한글은 이러한 시대정신과 만나면서 다시 빛을 보게 된 것이다.

이런 점에서 한글은 민주적 문자이다. 남녀노소, 상하귀천에 관계없이 누구나 배우기 쉽다는 점에서 그 정신적 지향점은 신분과 계급의 차별이 없는 누구나 평등한 민주 사회이다. 정보와 지식에 대한 접근에 차별이 있는 한 완전한 민주사회는 실현되기 어렵다. 평등과 민주주의에 대한 의식의 각성이 일어난 근대화의 물결 속에서 한글이 재조명된 것도 우연이 아니다. 한글은 조선과 같은 엄격한 신분제 사회에서는 어쩌면 맞지 않은 문자였던 것이다.

독립신문은 한글 전용과 띄어쓰기로 하나의 이정표를 남겼지만 3년 8개월만에 폐간됨으로써 한글의 확산에 지속적인 영향을 미치지는 못했다. 독립신문과 다른 측면에서 한글의 보급에서 큰 기여를 한 것은 성경의 번역이었다. 성경의 한글 번역은 이보다 앞선 1877년에 시작되었다. 일반 민중의 전도를 목적으로 했기 때문에 성경은 한글로 번역되었다. 한글 성경은 기독교의 전파와 함께 일제강점기에도 계속 간행되었고, 일제강점기에서 한글성경은 한글 학습의 교본으로도 사용되었다. 일반 민중들이 성경을 읽으면서 한글을 배웠기 때문에 한글성경은 해방 이후 한글교육이 본격화되기 전까지 한글의 보급에 실질적인 기여를 했다. 로마

알파벳이 기독교의 선교활동을 통해 문자가 없는 민족에게 확산된 것처럼, 선교사들이 기독교의 전도를 위해 한글을 적극 활용함으로써 한글의 보급과 확산에 긍정적인 기여를 했다. 수천 년의 역사를 가진 불교에 비해 기독교가 짧은 기간에 급속하게 전파된 것은 누구나 쉽게 배울 수 있는 한글이라는 문자의 힘을 이용했기 때문이다. 오랜 역사에도 불구하고 불교의 경전은 한자를 썼기 때문에 일반의 접근이 쉽지 않았다. 이런 점에서 기독교와 한글은 상생 관계였다. 한글은 기독교의 확산을 돕고, 기독교는 한글의 보급을 도운 것이다. 문자의 위력을 아는 서양 선교사들이 한글의 가치를 먼저 알아본 것이다.

한글이 본격적으로 사용되기 시작한 것은 일제강점기가 끝나면서다. 법적 근거는 1948년에 공포된 '한글 전용에 관한 법률'이다. 여기서 모든 공문서를 한글로, 그리고 가로쓰기로 하도록 규정하고 있다. 그러나 완전한 한글 전용과 가로쓰기의 시행은 더 많은 시간이 흘러야 했다. 한자 세대들이 사회를 주도하고 있었기 때문에 일간신문에서는 관례대로 한자 병용과 세로쓰기가 계속 사용되었다.

주요 일간지 중에서 최초로 모든 지면을 한자가 없는 한글 전용과 가로쓰기를 시행한 것은 1988년 창간된 '한겨레신문'에서였다. 새로 창간된 한겨레신문은 시대의 흐름에 따라 과감하게 한글 전용과 가로쓰기를 도입했다. 다른 신문은 관례대로 여전히 한자 병용과 세로쓰기를 유지하고 있었다. 한겨레신문은 한자 없이 한글만으로 아무런 불편 없이 신문을 만들 수 있다는 것과 가로쓰기로 훨씬 더 쉽고 빠르게 정보를 전달할 수 있다는 것을 보여주었다. 이에 따라 1994년에는 중앙일보가, 1998년에 동아일보가 가로쓰기로 바꾸었고, 점점 신문에서 한자의 사용도 사라지게 되었다. 이리하여 신문이나 책에서 한자는 완전히 자취를 감추게 됨으로써 완전한 한글 전용이 실현된 것이다. 한글 창제 후 갖은 우여곡절을 거쳐 550여 년의 세월이 흐른 21세기에 와서야 한글 전용이 정착되었다. 일본은 1800자의 한자를 사용하지 않으면 언어생활이 되지 않지만, 우리는 한자를 전혀 사용하지 않아도 언어생활에 전혀 문제나 불편함이 없다.

완전한 한글 전용과 함께 21세기를 맞이했다는 것은 비록 늦었지만 나름대로 의미가 크다. 21세기는 지식정보화 시대이기 때문이다. 지식정보화 시대에서는 정보와 지식 전달의 빠르기가 경쟁력을 좌우한다. 그래서 한자의 사용 여부는 정보 입력의 속도와 관련이 있기 때문에 중요한 문제이다. 오늘날 컴퓨터에서는 한정된 자판 때문에 한자는 입력이 불가능하다. 중국은 로마알파벳을 빌려서 발음을 입력하고, 다시 거기에 맞는 한자를 일일이 찾아서 전환해야 한다. 한자를 사용해야 언어생활이 가능한 일본도 정도의 차이만 있을 뿐 이런 과정을 거쳐야 한다. 정보 전달의 속도에서 뒤떨어질 수밖에 없다. 휴대전화에 오면 더욱 치명적이다. 12개의 자판만으로 글자를 입력해야 하는 휴대전화에서도 한글은 빠르게 정보를 전달할 수 있다. 한글은 디지털 시대에 적합한 디지털 문자이기 때문이다. 로마알파벳도 따라올 수 없다.

이미 생활 깊숙이 들어온 컴퓨터와 인터넷과 휴대전화 등을 이용하여 빠르게 메시지를 전달하고, 정보를 생산하여 인터넷에 올려 모든 사람이 공유하고 있다. 원하면 누구나 정보에 접근하여 정보를 공유할 수 있다. 여기에는 문맹률 0%의 한글이라는 디지털 문자가 있었기에 가능한 것이었다. 이것은 가히 정보기술의 혁명이라 아니할 수 없다. 오늘날 한국이 정보기술의 강국이 된 것도 바로 한글 때문이다. 한국은 경제 성장과 민주화로 세계를 놀라게 했는데, 이 바탕에는 우리가 눈여겨보지 않은 한글이라는 문자의 힘이 크게 작용했다. 한글이 경제성장의 밑바탕인 정보와 지식의 생산과 전달을 가능하게 했고, 민주적 문자인 한글이 정보와 지식의 독점을 막아 누구에게나 접근 가능하게 함으로써 민주화의 발전에도 크게 기여한 것이다. 이 시점에서 되돌아보면 한글의 사용과 발전은 근대화 · 민주화 · 정보화라는 시대적 요청에 의한 필연적인 결과였다.

2005년 미국의 새뮤얼 헌팅턴은 아시아와 아프리카의 성장 및 정체 과정을 연구하다가 한국의 비약적인 발전을 보고 깜짝 놀랐다. 400여 년간 명분에 의한 정쟁 끝에 일제 식민지가 되고, 해방 후 전쟁으로 폐허가 된 나라가 어떻게 남들이 300년간 이뤄낸 정치 · 경제적 성과를 40년 만에 성취했을까 하는 의문에서 출발한 그의 한국 탐구에서 이런 결론을 내렸다. "이 엄청난 발전을 어떻게 설명할 수 있을까. 문화는 한 사회 안에서 우세하게 발현하는 가치, 태도, 신념, 지향점 등에 의해 좌우되는데, 한국은 근면, 교육, 조직, 기강, 극기정신 등 발전 지향적 문화를 갖고 있다."고 그 이유를 설명했다.

이에 대해 국내의 일부 학자들은 한민족에게 기마유목 민족의 DNA가 잠재해 있기 때문이라고 하기도 한다. 즉 신속한 목표추구에 따른 경쟁 친화적 문화, 강한 성취동기, 대외지향성 등의 한국인의 DNA가 이러한 발전을 가능하게 했다는 것이다. 그러나 이러한 설명들은 다분히 상투적이고 추상적이다. 이것만으로 1960년대 이후의 한국의 비약적인 발전에 대한 설명이 충분할까. 그렇다면 과거에는 왜 이러한 발전을 이룩하지 못했던가. 모두들 한글이라는 문자의 힘을 간과하고 있다. 한국의 비약적인 발전은 본격적인 한글의 사용과 맞물려 있다는 것을 놓쳐서는 안 될 것이다.

3) 한글의 세계화를 향한 새로운 도약

『대한민국 대표 브랜드 한글』의 저자인 영어학자 김미경은 오늘의 한국을 있게 한 세 번의 한글혁명이 있었다고 했다. 첫째는 1443년 세종의 한글 창제이다. 당시 한글이 공식문자로 채택되거나 실용화되지는 못했지만, 현존하는 세상의 모든 문자 중에서 가장 과학적이고 진보한 문자라는 점에서 한글 창제는 획기적인 사건이었다고 했다. 두 번째는 1894년 고종이 한글을 공식문자로 선포한 것을 들었다. 열강의 침략 속에서 한글이 국가의 공식문자로 인정받지 못했다면, 한글이 완전히 사멸되었을지도 몰랐다는 것이다. 세 번째는 1988년 한겨레신문의 창간과 더불어 한글 전용과 가로쓰기로 일간신문을 발행하기 시작한 것을 들었다. 1948년 '한글 전용에 관한 법률'이 공포되었지만, 20세기 말까지 한자와 한글의 혼용이 지속되었는데, 한겨레신문의 창간으로 일간신문의 한글 전용과 가로쓰기가 정착되는 계기가 되었다는 것이다. 그리고 문자의 한계를 경험하고 있는 나라들에서 한글을 이용하여 정보 교환의 효율성과 민주성을 확대할 수 있게 도와줌으로써 한글의 세계화를 이루는 것이 제4의 한글혁명이라 했다.

여기서 한글의 세계화에 대해서는 전적으로 공감하지만, 시기 구분과 용어에 대해서는 다소의 논란이 있을 수도 있겠다. 한국의 문자 역사로 볼 때, 고유의 문자가 없어 한자를 사용했던 단계와 한글의 창제로 한자와 한글을 함께 사용하던 단계, 그리고 한글 전용으로 한자에서 벗어나 한글만으로 언어생활을 할 수 있게 된 단계로 크게 구분해 볼 수 있겠다.

첫 번째 단계는 우리의 고유 문자가 없었기에 어쩔 수 없이 한자를 빌려 쓸 수밖에 없었던 시기이다. 이 시기는 글자도 한자를 썼고, 문장도 한문 문장으로 썼기 때문에 말과 글이 일치하지 않는 '언문불일치'의 이중 언어생활을 했던 시기였다. 말과 글의 불일치 문제를 해결하기 위해 신라 때 설총이 이두를 발명하기도 했지만, 이 역시 한자를 써야 했고, 표음문자가 아닌 한자의 음과 훈으로 표기하는 어려움 때문에 널리 사용되지는 못했다.

두 번째 단계는 고유 문자인 한글의 창제로 우리말을 글로 그대로 표기가 가능했던 시기다. 그러나 배우기 쉬운 글에 대한 인식 부족으로 인한 한글의 보급과 확산의 지연으로 말과 글의 일치를 이루기까지는 오랜 시간이 걸렸다. 이 시기는 한자와 한문으로부터 벗어나 디지털 문자로서의 한글의 특성에 맞게 한글이 이 땅에서 완전히 뿌리내려간 기간이었다. 이 과정에 개화기 지식인들의 근대적 자각에 의한 언문일치 운동이 있었다. 이런 선상에서 1894년에 고종의 칙령은 국문을 공식문서에 사용하게 했다는 점에서 중요한 의미가 있으며, 이어 나온 유길준의 『서유견문』은 언문일치를 위해 한문을 쓰지 않고 국한문혼용체를 사용했다는 점에서 하나의 진전이라 할 수 있다. 국한문혼용체는 한자를 쓰기는 했지만, 문장의 어순과 구조는 우리말 문장이므로 언문일치가 이루어진 문장이다. 물론 초기에는 한문 문장에 토를 단 정도의 문장도 많아 우리말 문장으로 불완전했으나 점차 우리말 문장으로 발전되어 갔다. 그러나 역시 한자를 혼용했기 때문에 일반 대중이 읽기는 어려웠다. 그래서 '독립신문'에서는 누구나 쉽게 편하게 읽을 수 있도록 하기 위해 한자를 전혀 쓰지 않는 한글 전용과 띄어쓰기를 하게 되었다. 글의 가독성을 높여 쉽고 편하게 읽을 수 있게 한 띄어쓰기는 곧바로 정착되었지만, 한글 전용은 쉽게 정착되지 않았다. 한자에 익숙한 계층이 관성적으로 한자를 썼기 때문이다.

한자의 불편을 느끼게 된 것은 한글의 기계화가 진행되면서이다. 타자기와 컴퓨터에서 글을 입력할 때 한자는 그 문자적 한계 때문에 크게 불편해진 것이다. 게다가 타자기와 컴퓨터를 많이 사용하는 젊은 세대는 한자에 익숙하지 않았기 때문에 한자를 멀리하게 된 것이 한글 전용의 원동력이 되었다. 기성세대 중심으로 한 일간신문이 한글 기계화와 정보화의 흐름에 가장 뒤처졌다. 그들은 한자를 사용하지 않으면 의미 해독이 어렵다는 고정관념과 한자 사용의 오랜 관성에서 쉽게 벗어나지 못했다. 이런 점에서 한겨레신문의 한글 전용과 가로쓰기는 이러한 고정관념과 관성을 깨뜨렸다는 점에서 중요한 의미를 갖는다.

이리하여 한글 전용과 가로쓰기는 20세기 말에 와서야 제대로 정착된 것이다. 한글 전용과 가로쓰기는 한글 기계화와 정보화를 위한 필수 요건이다. 이로써 한글은 디지털 문자로서의 특징과 장점을 충분히 살려 오늘날 정보화 시대를 주도할 수 있는 확실한 기반을 갖추게 되었던 것이다. 이것은 특정 개인이나 기관의 의지에 의해 일시에 이루어진 것이 아니라 근대화와 민주화 · 정보화라는 시대적 요구와 맞물리면서 서서히 진행되어 왔으며, 또한 이러한 시대적 요청은 아무도 거부할 수 없는 흐름이기도 했다.

21세기를 맞이하여 되돌아 볼 때, 한글이라는 우수한 과학적인 문자를 만들어 놓고도 550여년의 세월이 흘러서야 우리의 언어생활의 도구로 정착되었다는 것은 실로 안타깝고 통탄스러운 일이 아닐 수 없다. 한글의 우수성과 가치를 좀 더 일찍 깨닫고 사용했더라면 우리의 역사도 크게 달라졌을 텐데 말이다.

그러나 언어가 사회구성원의 동의 없이 개인이 마음대로 바꿀 수 없는 것처럼, 문자의 사용이라는 것도 개인이나 소수의 힘으로 좌우할 수 있는 것은 아니다. 사회구성원의 의식 수준과 함께 사회가 그것을 받아들일 수 있을 만큼 준비되고 성숙되어 있어야 한다. 그래서 엘버턴 가우어는 사회가 어떤 종류의 문자를 발전시키는가 또는 선택하는가 하는 것은 전적으로는 아니더라도 대체로는 사회의 종류에 따라 다르다고 했다. 문자의 단순한 사용 가능성이 사회를 변화시키지는 않는다는 것이다. 문자가 특정 사회의 존재나 존속에 부적절하다면 그 사회는 그 문자와 접촉했을 때 그것을 전적으로 거부하든지 극히 제한된 형태로 수용한다는 것이다.[24)]

한글의 경우가 그러했다. 당시의 사회구성원들과 사회가 한글을 받아들일 만큼 준비가 되어 있지 않았다. 그래서 군주의 강력한 의지도 통하지 않았다. 당시 조선의 지식인들은 중국과 한자의 문화적 영향력에 압도되어 그 문화적 종속에서 벗어나기에는 역부족이었다. 그들의 의식은 중국의 한자문화에 함몰되어 이를 선진문명의 모델로 삼아 맹목적으로 받아들이고 따라갈 수밖에 없는 수준이었다. 또한 이미 써 오던 한자라는 문자에 익숙해져 한자의 문제점에 대한 문제의식을 전혀 갖지 못했으며, 이기적 탐욕에 사로잡혀 한자를 통한 기득권의 유지에 안주함으로써 일반 백성들의 불편이나 어려움을 고려할 만큼 깨어 있지도 통이 크지도 못했다. 일반 백성들도 신분적 · 사회적 여러 모순에 스스로 문제의식을 가질 만큼 깨어 있는 안목을 갖지 못했다. 이 때문에 한글은 당시 지배층에게는 거부당했고, 일반 백성들에게는 극히 제한적으로 수용되었다.

그러다 한글이 재조명되기 시작한 것은 새로운 근대문명의 충격을

24) 엘버틴 가우어, 『문자의 역사』, 도서출판 새날, 1995.

받은 개화기 지식인들의 문제의식에서 비롯되었다. 기존의 한문 문화가 아닌 새로운 문화와의 접촉으로 각성된 의식을 갖게 된 것이다. 이것도 일부의 지식인들에게 해당되는 것이었다. 이것이 지식인 전반으로, 사회 각 계층으로 확산되기까지 오랜 세월이 걸리게 된 것이다.

21세기에서 한글은 태어난 이 땅에서 주인 노릇을 하고 있지만 아직도 한글의 소중함과 우수성과 그 가치를 모르고 있는 것이 우리의 현실이다. 한글의 우수성과 가치를 제대로 알아 준 것은 오히려 외국의 학자들에 의해서이다.

> 한글의 가장 독특하고 흥미로운 특징 중의 하나는 글자의 모양과 글자의 기능이 긴밀하게 대응하고 있다는 것이다. 자음의 형태가 모음의 형태와 전혀 다를 뿐만 아니라, 자음과 모음이 각각의 그룹 안에서도 각각 형태와 기능이 긴밀한 관계를 가지고 있다. 자음은 글자의 형태와 자음의 종류와 연관관계가 있다. 모음은 수평선을 이용한 'ㅜ, ㅗ'의 그룹과 수직선을 이용한 'ㅏ, ㅓ'의 그룹이 체계적으로 나뉘어져 있다. 세상의 어떤 알파벳도 한글만큼 아름답고 합리적인 문자는 없다. …… 형태와 기능 사이의 관계에 대한 개념을 정립하고, 그것을 시각적으로 표현한 방법에 대해 감탄하지 않을 수 없다. 길고도 다양한 문자의 역사를 통틀어 한글과 같은 문자는 없다. 소리의 종류에 따라 글자의 모양을 체계적으로 하는 것만으로도 충분했을 것이다. 그런데 자음의 모양 자체가 그 소리와 관련된 발성기관의 모양을 본떠서 만든 것이었다니, 이는 언어학적인 호사의 극치이다! 참으로 솜씨가 좋으며, 창조적인 상상력에 놀라울 뿐이다.[25]

---

25) 레이야드, 버클리대학 박사학위논문, 1966. 이 논문은 1998년에 신구문화사에서 『국어연구원총서 2』로 발간했다.

우리가 우리의 말과 평가를 믿지 않고, 그 가치도 모른 채 제 나라에서 한글을 홀대하고 있으니 외국의 평가를 인용할 수밖에 없는 현실이 안타깝기는 하지만, 그래도 제3자의 입장에서의 객관적인 평가이기에 좋은 참고가 될 것이다. 이제 우리도 각성하여 한글의 가치에 대해 새로운 인식과 함께 한글의 발전에 깊은 관심과 애정을 기울이고, 한글의 세계화를 위한 장기적인 비전과 국가적 전략을 마련해야 한다.

4) 한글 세계화의 복병, 영어교육 열풍

세상의 어떤 알파벳보다도 뛰어난 한글이 21세기에 와서 한자를 몰아내고 이 땅의 주인 노릇을 하고 있지만, 한편으로는 또 다른 위기에 직면하고 있다. 과거 조선의 양반들이 한자에 함몰된 것처럼 오늘날은 세계화라는 명분으로 이 나라가 영어에 함몰되고 있기 때문이다. 한자의 영향권에서 벗어나자마자 영어라는 새로운 도전자와 직면하게 된 것이다. 영어는 한글의 세계화에 거대한 복병이다. 이 영어의 도전에 어떻게 대처하느냐와 영어와의 언어 전쟁에서 어떻게 살아남느냐가 한글 세계화의 관건이다. 이는 우리의 주체적 의식의 각성과 한글에 대한 정체성을 확립하는 것으로부터 시작되어야 한다.

지금 이 나라에서는 통제조차 되지 않는 영어 열풍으로 온 나라가 들끓고 있다. 도대체 무엇 때문에 온 나라가, 국민이 영어 공부에 목을 매고 있는 것인가? 그 밑바탕에는 과거 특권 계층이 한자를 통해 기득권을 유지하려고 했던 계급주의적 이기적 탐욕이 깔려 있다. 어느 시대나 기득권을 가진 계층은 자신의 특권을 지키기 위해 수단과 방법을 가리지 않았다. 과거 한자가 그랬던 것처럼 영어가 그것을 보장할 수 있다고 생각하기 때문에 물불을 가리지 않고 영어 학습에 목을 매고 있는 것이다. 남보다 더 좋은 일자리와 보수를 보장받기 위해서이다. 과거에는 한자가 그것을 보장했는데, 시대의 변화에 따라 한자가 영어로 대체된 것이다. 한글의 사용으로 더 이상 한자에 의한 특권이 없어지자 영어로 그것을 보장받고자 하는 것이다. 일부는 상류층의 지위를 계속 보장받기 위해, 또 다른 일부는 상류층에 진입하기 위해 영어에 매달리고 있다. 예전에는 기존의 신분적 장벽 때문에 통제가 가능했으나 지금은 그런 장벽마저 없어져 온 국민이 영어에 매달리게 됨으로써 경쟁이 더욱 극심해졌다. 이 때문에 개인은 물론 국가적으로 이로 투입되는 엄청난 비용은 국부의 유출로 이어진다. 한국은 2003년 이후 세계에서 토플과 토익 시험에 가장 많이 응시하는 나라이다. 영어를 위해 어학연수, 조기 유학이 유행이 되고, 이 때문에 가정의 파탄으로까지 이어지고 있다. 심지어는 영어 발음을 좋게 하기 위해 아이의 혀를 수술한다는 이야기까지 들린다. 맹목적일 정도의 영어에 대한 병적인 집착이다.

그런데 개개인의 이기적 욕망은 어떻게 할 수 없다 하더라도 국가까지 덩달아 이기적 욕망을 부추기는 것은 문제가 아닐 수 없다. 국가의 정책은 냉정한 이성을 갖고 올바른 방향으로 유도할 수 있어야 한다. 온 국민이 이렇게 영어를 하지 않으면 먹고 살 수 없다는 말인가. 국가는 보다 장기적인 비전과 국가적 전략을 세워야 한다.

세계화를 위해 영어가 반드시 필요하다고들 한다. 영어가 현실적으로 가장 많이 사용되고 있기 때문에 영어를 할 줄 알아야 한다는 것은 부분적으로는 맞는 말이지만, 이것이 절대 명제가 될 수는 없다. 영어학자인 김미경 교수는 세계화와 지식정보화 시대에서 영어는 중요한 수단이기는 하지만 유일한 수단은 아니라고 말하고 있다.

한문 계급을 대체한 영어 계급사회를 유도해 가는 사람들은 80년대에는 세계화라는 슬로건을 걸고, 90년대에 이후로는 21세기는 지식정보화 시대라는 명제를 내세우며 한국에서의 영어의 역할을 확대해 왔다. 물론 영어는 세계화와 지식정보화를 위한 중요한 수단이다. 그러나 영어가 유일한 수단은 아니다. 1990년대 중반까지만 해도 많은 사람들은 로마알파벳과 영어가 전 세계의 사이버 공간을 지배하게 될 것이라고 예측했다. 그러나 십 년이 지난 지금 그들의 예측이 틀렸다는 것을 우리는 확인하고 있다. 로마알파벳이 컴퓨터 세상을 지배할 것이라던 예측은 유니코드의 등장으로 빗나간 과거의 이야기가 되었다. 오늘날의 컴퓨터는 유니코드를 이용하여 어떤 프로그램이나 사용하는 언어에 상관없이 세상에 존재하는 143종의 문자를 저장하고 이용할 수 있게 했으며, 우리는 한글로 사이버 공간에서 부족함이 활동하고 있다.

인터넷이라는 사이버 공간을 영어가 지배할 것이라는 예측과 달리 유니코드의 등장으로 각 나라는 영어가 아니라 자국어를 사용하고 있다. 또한 인터넷의 확산으로 영어 때문에 세상의 다른 언어들이 사멸될 것이라는 예측도 빗나갔다.

인터넷의 확산과 함께 영어가 세상의 다른 언어들을 사멸시킬 것이라던 예측도 빗나가고 있다. 10년 전만 해도 인터넷의 정보를 활용하기 위해서는 세상 사람들이 영어에 의존해야만 할 것 같았다. 그러나 오늘 세계의 각 나라들은 영어에 의존하기보다는 자신들의 모국어와 문자로 자국의 사이버 공간을 운영하고 있다. 또한 활발하게 진행되고 있는 자동기계번역 시스템은 일반인들이 점점 더 영어에 의존하지 않고도 영어나 다른 외국어로 된 정보들을 모국어로 검색할 수 있도록 도와주고 있다. 우리는 세계화와 정보화 시대에 살고 있다. 하지만, 지난 20년의 경험으로 영어를 잘하는 것이 곧바로 세계화가 아니며, 우리나라 국민 모두가 영어를 잘하는 것이 곧 지식의 정보화가 아니라는 것을 알게 되었다.

세계화와 정보화를 위해 영어를 잘해야 한다는 것은 아니다. 정말 세계화와 정보화를 위해 영어를 잘해야 한다면 이는 국가가 나서서 정책적으로 추진해야 할 것이다. 그것이 아니라면 영어 사교육의 열풍은 무엇인가? 김미경 교수는 영어 실력이 계급 상승의 수단이 되었기 때문이라 했다. 양반 계급사회의 틀에서 벗어난 국민들이 이제는 영어 실력으로 자신이나 자식들이 한국에서 많은 특혜를 누릴 수 있다는 막연한 기대감으로 영어에 매달리고 있다는 것이다. 많은 부모가 '일단 영어만 잘 해도 한국사회에서 성공할 수 있다.'고 믿고 있다. 한국에서는 이미 영어가 세계화를 위한 정보 교환의 수단으로 사용되는 것이 아니라, 계급과 신분을 나누는 수단으로 오용되고 있다. 영어를 실용성의 관점이 아니라 계급 상승의 관점에서 이용한다면, 이는 조선시대의 한자에 의한 계급 차별과 다를 바 없으며, 한국이 한글로 누릴 수 있었던 민주화는 오래 가지 못할 것이다. 우리가 지금 정신 차리지 않으면, 과거에 금속활자 기술과 한글을 가지고도 정보혁명을 이끌어내지 못했던 조선의 양반들과 똑같은 우를 범하게 될 것이라는 것이 영어학자인 김미경 교수의 지적이다.

영어 사교육 열풍이 세계화와 정보화를 위한 개인과 국가의 경쟁력 확보 차원이 아니라 계급 상승을 위한 맹목적인 이기적 탐욕의 결과라면, 이것은 국가가 나서서 막아야 한다. 그대로 방치하는 것은 엄청난 국력의 낭비이기 때문이다. 그런데 현실을 보면 거꾸로 가는 것 같다. 영어몰입교육이다, 국제중 설립이다 하여 국가가 나서 영어 사교육을 부추기고 있으니 심히 우려스럽다. 온 나라가 맹목적인 영어 광풍에 휩싸여 영어에 함몰된다면, 21세기에 와서 한글 전용으로 겨우 이룩한 정보기술 혁명은 또다시 주춤거리게 될 것이고, 그러다 보면 국가 경쟁력은 뒤처지게 될 것이다. 서양보다 200년이나 앞선 금속활자 기술과 첨단문자인 한글을 가지고도 서양에 뒤졌던 과거의 전철을 또 다시 밟아야 할 것인가. 국가의 정책 입안자들의 냉철한 현실 인식이 필요하다.

온 나라가 맹목적으로 영어에 매달려서는 국가의 미래가 보이지 않는다. 세계화와 정보화를 위해 막대한 비용과 시간을 들여 영어를 가르치고 배워도 영어를 모국어로 사용하는 사람들과는 경쟁이 되지 않는다. 이길 수 없는 전쟁으로 국력을 낭비하는 것은 어리석은 일이다. 세계화가 진행되면서 세계는 치열한 언어 전쟁을 벌이고 있다. 이 전쟁에서 힘없는 수많은 언어들이 사라져 가고 있다. 이 언어 전쟁에서 살아남아야 국가의 미래도 보장되는 것인데, 오히려 안방까지 영어에 내주며 무장해제를 당하고 있으니 어떻게 이 전쟁에서 살아남을 수 있겠는가. 현실적으로 영어의 세력이 가장 강하다고 하여 영어가 세계를 천하통일할 수도 없거니와 그것은 문화의 다양성과 발전을 위해서 결코 바람직하지도 않다. 세상에 영어만 남고 다른 언어가 없어지는 것은 언어와 함께 하는 문화유산의 상실을 의미하기 때문이다. 의식이 깨어있는 나라는 자국의 사상과 정신문화를 보존하기 위해 자국어를 결코 포기하지 않을 것이다. 물론 정신을 차리지 못하고, 의식이 깨어있지 못한 나라의 언어는 언어 전쟁에서 살아남지 못하고 지구상에서 자취를 감추게 될 것이다.

그렇다면 세계화와 정보화 시대에서 우리의 경쟁력을 높이는 효율적인 방안은 무엇인가? '한국적인 것이 세계적인 것이다.'라는 말이 있듯이 우리만의 장점, 우수성을 살리는 것이 가장 효율적인 방법이다. 다행스럽게도 우리 민족은 수천 년 동안 우리만의 고유문화를 지키고 발전시켜 왔다. 대표적인 것이 언어와 의식주 등의 문화유산이다. 한국말과 한글, 한복, 한식, 한옥, 한국화, 국악 …… 등. 이 속에 앞으로 세계와의 경쟁에서 살아남을 수 있는 무기가 있다. 그 중에서도 세계가 인정하는 최고의 문자인 한글이 선두에 있다. 한글은 정보화를 선도하며 정보기술 혁명을 가능케 한 첨단 디지털 문자이다. 세계화의 경쟁에서 살아남으려면 무엇보다 이 첨단 무기를 잘 활용해야 한다. 영어에 함몰되어서는 한국의 미래는 없다.

영어를 잘할 필요가 있는 것은 영어 관련 전문 인력들이다. 모든 국민이 영어를 잘할 필요가 어디 있는가. 세계화와 정보화를 대비하기 위해 모든 국민이 영어를 모국어처럼 잘하도록 만들겠다는 것은 가능치도 않을 뿐만 아니라 국가의 책무를 방기하는 얼빠진 짓이다. 대다수의 국민은 한글화된 문서를 통해 필요한 정보와 지식을 습득하면 된다. 그것이 시간과 비용을 절약하는 효율적인 방법이다. 인터넷을 통한 정보 검색도 모국어로 하는 것이 빠르고 효율적이기 때문에 영어를 통한 검색은 그렇게 많지 않다. 간단하고 급한 정보는 자동번역 시스템의 도움을 받으면 된다. 전문 정보라면 전문가가 번역한 정보를 올려놓아 일반인들이 검색해 볼 수 있도록 하는 것이 훨씬 시간도 절약되고 효율적이다. 그러므로 국가가 해야 할 것은 한문과 영어로 되어 있는 각종 정보들을 누구나 쉽게 한글로 볼 수 있는 기반을 구축하는 일이다. 그리고 한글로 된 문서를 제대로 읽어낼 수 있도록 한글 능력, 즉 독서능력을 높이는 데 정책의 우선순위를 두어야 한다. 여기에 들어가는 시간과 비용은 영어교육과 학습에 들어가는 비용의 일부만 투입해도 가시적인 효과가 나타날 것이다.

5) 한글 세계화의 명분과 논리

세계화와 정보화를 대비해 국가 경쟁력을 높이기 위해 국가는 한글의 가치에 대한 새로운 인식과 함께 한글 관련 언어 산업에 대한 장기적인 비전과 국가적 전략을 수립해야 한다. 21세기에서 한글 관련 언어산업은 새로운 도약이 필요하다. 그 동안 한글은 한자와의 경쟁에서 국가 공식문자로 완전하게 정착되는 데 목표를 두었다면 21세기에는 한글의 세계화를 통해 그 영역을 한국 안에서만이 아니라 세계로 넓혀야 한다.

한글의 세계화를 위한 명분은 뚜렷하다. 한글의 우수성과 장점은 우리만이 쓰기에는 너무 아깝다. 한글은 가장 합리적이고 과학적인 문자이자 인류 역사상 가장 위대한 표음문자이며, 디지털 시대에 적합한 디지털 문자로서 한국 최고의 발명품이자 인류의 문화유산이다. 이런 문자를 우리만 쓰기보다는 인류의 문화유산으로서 세계가 공유해야 한다. 한글의 세계화가 언어를 앞세워 세계를 제패하기 위한 제국주의나 한국의 이익만을 추구하는 국수주의적 발상이 아니다. 한글 세계화의 명분은 한글 그 자체에 있다. 인류가 발명한 문자 가운데 최고의 문자이기 때문이다. 한글이라는 문자의 혜택을 나눔으로써 서로가 상생할 수 있기 때문이다.

한글의 세계화를 위한 명분이 한글의 우수성 때문이라면, 세계화에서 앞서 있는 영어와 비교해 보면서 한글 세계화의 명분과 논리를 마련해 보는 것도 좋을 듯하다.

J. 다이아몬드 박사는 1994년 미국의 과학 잡지 『디스커버』(Discover)에 발표한 「문자의 권리」라는 글에서 비합리적인 영어 철자법에 대해 통렬히 비판하였다. 영어는 유럽에서 가장 어려운 철자법을 가진 언어이다. 영어의 철자는 너무나 많은 결함을 가지고 있다. 영어는 알파벳을 사용하는 표음문자임에도 문자와 소리의 대응이 너무 복잡해서 단어의 알파벳과 그 발음을 일일이 표기해야 한다. 예를 들어 영어의 〔ou〕 발음은 10가지로 표기된다. 영어 철자의 'o'는 6가지로 발음된다. 이 때문에 외국인이 영어를 배울 때 영어를 보고 제대로 발음하기가 매우 어렵고, 발음을 듣고 정확하게 표기하기도 매우 어렵다. 이것은 수천 년 동안 사용과정에서 발음이 변하기도 했고, 외래어를 차용할 때 외국어 그대로를 들여온 것 등이 그 원인이다. 아무튼 영어의 철자는 결함투성이지만, 이를 수정하거나 개혁하지도 못하고 있다. 그래서 영어는 표음문자이지만 배워서 제대로 쓰기가 쉽지 않은 아주 고약한 언어가 되어 버렸다. 이에 반해 우리말과 한글에서는 〔오〕의 발음은 'ㅗ' 하나로만 표기된다. 발음과 표기가 그대로 대응되는 것이다.

발음과 글자가 1:1로 대응한다는 것 외에도 한글의 장점과 우수성은 많다. 한글은 영어와 같은 음소문자이면서도 영어와 달리 음절문자이다. 인간은 말소리를 들을 때 음절을 기본 단위로 인식한다. 한글은 음성 인식의 단위인 음절 단위로 표기함으로써 가독성을 높여 읽기의 효과를 높이고 있다. 다이아몬드 박사도 '한글은 자음과 모음의 단위보다는 크고, 단어보다는 작은 음절 단위로 조합되어 있으며, 단지 28개의 알파벳만을 이용하면서 음절단위로 소리를 조합함으로써 빠른 시간 내에 해독하고 이해할 수 있다고 했다. 한글은 음소문자이면서 음절 단위로 표기하는 방법을 채택함으로써 음소문자의 장점과 음절문자의 장점을 동시에 갖고 있는 것이다. 음절 단위의 표기는 글을 빨리 효과적으로 읽을 수 있게 할 뿐만 아니라 컴퓨터 검색에서도 검색의 효율성을 높이기도 한다.

또한 한글은 자음과 모음의 차이를 확연히 구분될 수 있도록 디자인했다. 한글에서 모음은 수평선과 수직선이라는 두 개의 기본선으로 표시했고, 자음은 1획, 2획 등 꺾은 획수로 글자 모양을 디자인했다. 단순하면서도 세련된 문자 디자인이다. 이에 반해 로마알파벳은 자음과 모음의 구분이 없이 알파벳 순서를 나열하고 있다. 모음인 a, i, o, u, e 등과 나머지 자음 사이에 어떤 형태상의 차이가 없다. 히브리문자나 아랍 문자에는 아예 모음을 표시하는 글자가 없다. 그리스, 로마 알파벳은 기원전 9~10세기경에 페니키아 문자로부터 파생된 문자다. 페니키아 문자는 기원전 2000년경에 동부 지중해 연안에서 상업과 무역에 종사하던 페니키아인들이 사용하던 문자로 22개의 자음만으로 구성된 문자이다. 자음만으로 표기했기 때문에 표기를 보고 정확한 발음을 하기도, 의미를 파악하기도 매우 어려웠다. 그래서 그리스인들은 22개의 페니키아 문자 중에서 그리스 발음에 없는 6개의 자음글자를 그리스어의 모음을 표기하는데 사용하기로 했다. 월터 옹 박사는 그리스알파벳에 모음이 첨가된 것은 알파벳 역사에서 일대 비약이며, 이로 인하여 고대 그리스 문화는 다른 여러 문화에 비해 지적인 우위를 확보할 수 있게 되었다고 말한다. 언어학에서 모음이 음절을 구성하는 핵심이며, 문자 표기에서도 매우 중요한 역할을 한다는 것을 알게 된 것은 20세기 이후의 일이다. 그런데 세종은 500여 년 전에 이미 이를 알고 제자 원리와 글자의 디자인에 반영했다. 그래서 세계의 언어학자들이 놀라고 감탄하는 것이다.

뿐만 아니라 가획의 원리로 발음 방법을 나타내고 있는 한글의 자음은 자질문자이다. 기본자음에 한 획을 더한 소리는 닫힌 소리(폐쇄음)임을 표시하고, 두 획을 더한 소리는 거센소리임을 표시한다. 여기서 획을 더하는 것은 음소의 변별적 자질을 기준으로 글자를 만들었다는 것을 의미한다. 그래서 영국의 언어학자 G. 샘슨은 한글이 로마알파벳보다 한 단계 더 발전한 자질문자라고 했다. 세계의 문자는 상형문자 → 음절문자 → 음소문자 → 자질문자로 발전해 왔다.[26] 한글은 문자의 발전 단계상으로 볼 때 가장 진보된 문자이다. 한글은 세상의 알파벳이 꿈꾸는 최고의 문자이다.

이런 문자이기에 한글을 세계화하자는 것이다. 세계화해야 할 가치와 당위성이 충분하다. 우리보다 먼저 유네스코가 한글의 세계화에 힘을 실어주고 있다. 유네스코에서는 한글을 세계의 소수 민족의 문자로 사용하게 하자고 제안했다. 말은 있으나 이 말을 적을 글자가 없는 소수민족에게 그들의 말을 한글로 기록하게 함으로써 소수 민족의 언어의 사멸을 막고, 그들의 언어문화를 보존하자는 것이다. 이것은 한글이 세계의 거의 모든 발음의 표기가 가능하기 때문에 나온 제안이다. 한글의 유용성은 세상의 모든 언어를 90% 이상 기록할 수 있다는 점에 있다. 더 나아가 1996년에는 프랑스에서 열린 세계 언어학자의 학술회의에서는 한국어를 세계 공통어로 쓰면 좋겠다는 토론도 있었다. 한글은 누구나 쉽게 배울 수 있는 가장 진보된 문자이기 때문이다.

우리가 모르는 사이에 남들이 먼저 한글의 우수성과 가치를 알아보고 한글의 세계화에 대해 언급하고 있는데, 막상 우리는 그 가치조차 모른 채 온 나라가 영어에 함몰되어 있으니 안타깝고도 참담할 뿐이다. 국

---

26) 상형문자에는 이집트 문자, 음절문자로는 한자와 일본 문자, 음소문자에는 그리스 · 로마알파벳, 자질문자로 한글이 있다.

어정보학회나 한글 세계화 운동본부 등에서 국제 음성기호를 한글로 채택하자는 움직임을 보이고 있지만 학계의 일부의 움직임일 뿐이다. 한글의 세계화와 관련된 언어 산업에 국가와 국민 모두가 관심을 갖고 비전과 전략을 마련해야 한다.

한글은 21세기 세계화와 정보화에 가장 적합한 첨단 디지털 문자이다. 우리 주변에 문자가 없는 민족이나 자신들의 문자의 한계로 인해 정보화의 어려움을 겪고 있는 국가들에 한글의 편리성과 실용성과 우수성을 알리고 널리 보급하여 도움을 줄 수 있어야 한다.

중국은 전자정보화 시대를 맞이하여 문자적 한계 때문에 가장 어려움을 겪고 있다. 현재 로마알파벳을 차용하여 발음을 표기하고 있는데, 사실은 한글로 발음을 표기하는 것이 훨씬 정확하고 효율적으로 표기할 수 있다. 또한 한글은 한자처럼 음절 단위로 말소리를 표기할 수 있기 때문에 더욱 편리하다. 그럼에도 중국은 한글이 아니라 로마알파벳을 차용했다. 일차적으로 우리의 국력이 받쳐주지 못했기 때문이기도 하지만, 한편으로는 우리 자신이 한글의 우수성과 가치를 알지 못하고 한글의 세계화를 위한 전략이 전혀 없었기 때문이기도 하다. 물론 결정이야 중국이 하겠지만, 한글과 관련된 모든 정보를 충분히 세계에 알리지 못한 것은 국가적 비전과 전략이 없었기 때문이다. 만약 10억 인구의 중국이 중국어 표기로 한글을 채택했다면 그로 인한 부수적인 효과는 얼마나 되겠는가. 이것은 한국과 중국이 서로 상생할 수 있는 길인데도 말이다. 지금도 중국이 한글의 편리성과 실용성과 우수성을 알고 로마알파벳 대신에 한글을 채택하면 10억 인구의 문자생활을 훨씬 더 경제적이고 효율적으로 할 수 있다.[27] 전자 정보화 시대에서 특히 핸드폰으로 문자생활을 하기 위해서는 로마알파벳보다는 한글이 훨씬 유용하다.

1,800자의 한자를 사용해야 하는 일본도 정도의 차이는 있을지언정 비슷한 상황이다. 일본에서는 컴퓨터와 핸드폰에서 문자를 입력할 때 로마알파벳으로 발음을 입력하여 일본글자로 전환되도록 하고 있고, 한자는 그 발음에 해당하는 것을 선택하여 입력하고 있다. 일본도 로마알파벳 대신에 한글로 발음을 입력하면 훨씬 효율성을 높일 수 있다.

물론 한 국가의 문자 정책은 그 나라가 결정할 사항이고, 그들의 자존심이 허락하지 않을 수도 있지만, 적어도 발음 표기에서의 한글의 편리성과 우수성을 알 수 있게 해주어야 하지 않겠는가. 하긴 그 동안 우리

---

27) 중국에 있는 미국 성공회 소속 교포인 안마태 신부는 성직자보다는 한글 자판 연구가로 더 널리 알려져 있다. 그가 중국어를 한글로 입력할 수 있는 프로그램을 개발해 3일부터 6일까지 옌지(延吉)에서 열린 '다종언어 정보처리 국제학술대회'에서 시연해 큰 관심을 끌었다. 중국의 문자인 한자는 컴퓨터와는 극히 어울리지 않는 문자이다. 수만 자가 넘는 한자를 컴퓨터 자판에 다 올려놓을 수 없다. 글자를 한글처럼 분해할 수도 없다. 그래서 한글로 중국어 발음만 입력하면 한자로 변환되도록 한 것이다. 한글로 표기할 수 없는 소리는 거의 없다. 안마태 신부는 한글의 그런 우수한 특성을 중국어 입력에 활용한 것이다. 그의 시연을 지켜본 중국 내 11개 소수민족 학자와 중국학자들이 감탄했다. 중국은 컴퓨터로 한문을 입력할 때 중국어 발음 기호로 영어 알파벳을 쓴다. 자판에서 'beijing'을 치면 '北京(베이징)'이라는 한자가 나타나도록 하고 있다. 프로그램에 들어 있는 중국어 단어는 무려 4만 5,000개에 이른다. 낱자가 아닌 단어로 접근한 것이 이번 프로그램의 특징이다. 한자는 소리는 같아도 뜻이 다른 게 너무 많아 영어 알파벳으로는 원하는 한자를 찾느라 시간이 많이 걸리는 문제를 해결한 것이다. 중국 단둥(丹東)과 베이징 등 여러 곳에서 시연을 했을 때 많은 사람이 정확한 음가를 기록할 수 있는 한글 입력 방식에 놀라곤 했다. 그의 입력 프로그램은 세벌식이다. 한국의 표준 자판처럼 자음과 모음을 차례로 입력하는 것이 아니다. '박'이라고 하면 'ㅂ ㅏ ㄱ' 등 세 자판을 동시에 누르는 것이다. 피아노 건반을 동시에 누르는 것과 비슷하다. 자판 배열은 자음을 왼쪽에, 모음을 오른쪽에, 받침은 아래쪽에 했다. 두 손을 골고루 쓸 수 있도록 한 것이다. 그렇게 하면 입력 속도가 기존의 한글 입력 방식에 비해 두 배 이상 빨라진다는 것이 그의 설명이다. 그의 고민은 이 프로그램을 보급하기 위해 중국인에게 한글의 음가를 가르치는 것이다. 중국 정부 또는 소수민족 학자들과 협력 방안을 마련하기 위해 동분서주하고 있다. 단둥시의 직업학교에서 그의 입력 방식을 쓰겠다며 도움을 요청했고, 일본의 한 업체는 저작권을 팔라는 제안도 했다고 그는 말했다. 그는 중국 내 컴퓨터와 휴대전화 등 정보화 기기의 자판이 한글로 바뀌고, 한글로 중국인들이 자국어를 입력하는 세상을 꿈꾸고 있다.

도 잘 모르고 있었는데, 그들이 어찌 잘 알겠는가. 550여년 동안 한글을 방치해 둔 후손의 죄가 너무 크다. 한글은 앞으로 무한한 잠재력을 가진 문자이다. 문자적 가치와 우수성에서는 영어와 같은 로마알파벳을 훨씬 능가한다. 이런 한글이 한반도 내에서만 머물러서는 안 된다. 영역을 세계로 넓혀서 서로가 상생할 수 있게 하는 것이 세종대왕에 대한 도리이기도 하고, 세계화 시대에 우리들의 살 길이기도 하며, 더 나아가 인류에 기여하는 길이기도 하다. 한글은 우리의 문화유산이기도 하지만, 유네스코 세계기록문화 유산으로 등록되었듯이 이미 인류의 위대한 문화유산이기 때문이다.

6) 언어 산업은 21세기의 신성장 산업

정보화 시대에서 언어는 국가의 부를 창출하는 중요한 산업이다. 언어 산업은 21세기의 신성장 산업으로서 엄청난 부가가치를 창출할 것으로 보인다. 전 세계에서 영어와 관련된 산업을 통해 창출되는 소득과 수입은 정확한 수치는 모르겠지만 어마어마할 것으로 짐작된다. 거기에는 영어 교육과 학습 관련 직접 수입 외에도 문화 상품 판매 관련 간접 수입까지 계산하면 더욱 엄청난 규모로 늘어날 것이다. 쉽게 말해 영어 사용권의 사람들은 영어 하나 가르치는 것만으로도 전 세계에서 힘들이지 않고 밥벌이를 할 수 있다는 것은 세계화의 무한 경쟁 속에서 영어는 엄청난 생존 무기라 아니할 수 없다.

21세기의 신성장 산업으로서의 한글 산업도 영어처럼 한글을 가르치는 것만으로 전 세계에서 밥벌이를 할 수 있도록 하는 것이 원대한 목표이다. 세계 최고의 문자를 가진 후손들의 생존을 위해 이러한 국가적 비전과 전략이 절실히 필요한 때이다. 한글의 세계화를 통해 한글과 관련된 수많은 일자리를 창출하여 후손들의 생존을 도모하는 것, 이것은 이 시대의 국가적 책무이기도 하다.

우선 한글의 잠재력을 높이고 세계화하기 위해서는 한글로 된 콘텐츠를 많이 생산하고 축적해야 한다. 현재 영어와의 경쟁력에서 콘텐츠의 생산과 축적에서 영어에 비해 뒤떨어진다. 한글이 영어보다 문자 자체로는 진보된 문자이면서도 한글로 생산되고 저장된 정보와 지식이 영어보다 부족하면 언어 경쟁에서 뒤질 수밖에 없다. 이것은 이 시대의 우리가 모든 역량을 집중해야 할 부분이다. 이것이 한글 세계화의 원동력이 될 것이기 때문이다.

한글 창제 후 550여 년간을 허비하는 바람에 출발은 영어에 많이 뒤져 있다. 그러나 한글을 본격적으로 사용한지 60여년만에 정보기술 강국으로 우뚝 선 것처럼 우리의 노력 여하에 따라 얼마든지 따라잡을 수 있다. 정보를 빠르게 전달하고, 누구나 쉽고 편하게 정보를 공유하기 위해서는 다양한 정보와 지식을 한글화해야 한다. 이것은 국가가 나서야 할 과제이다. 먼저 과거의 한문으로 되어 있는 유산들을 한글화해서 누구나 접근 가능하게 해야 한다. 다음에는 영어를 비롯하여 세계의 다양한 언어로 저장되어 있는 정보와 지식을 한글화해야 한다. 그 일차적인 대상은 영어로 저장되어 있는 정보와 지식들이 될 것이다. 이를 위해서는 전문가들이 필요하다. 한문과 영어를 자유롭게 구사할 수 있는 전문 인력이 필요하다. 한문 유산의 한글화 작업은 한문을 다룰 수 있는 세대가 살아 있는 지금 시급하게 추진해서 완료해야 한다. 영어 유산의 한글화를 위해서는 관련 전문 인력을 국가에서 양성해서 지속적으로 번역 사업을 추진해야 한다.

그리고 지식 산업에 국가적 역량을 집중하여 미래사회를 주도해 갈 새로운 정보와 지식을 끊임없이 생산하여 한글로 축적해 가야 한다. 이를 위해서는 지식산업을 이끌어갈 창의적 인재를 육성해야 하고, 창의적 인재의 육성을 위해서는 현재의 학교 교육의 개혁도 필요하다. 창의적 인재의 육성과 거리가 먼, 오히려 창의성을 말살시키는 현재의 공교육 시스템을 개혁하고, 이기적 탐욕에 사로잡혀 교육 정상화의 걸림돌이 되고 있는 사교육의 열풍도 국가와 사회가 나서서 하루 빨리 바로잡아야 한다. 사교육은 막대한 교육비만 지출할 뿐 오히려 정상적인 교육을 왜곡시키는 고비용 저효율의 교육이므로 이를 바로잡아 정말 미래를 위한 생산적인 창의성 교육에 투입될 수 있게 국가의 정책을 수립해야 한다. 현재 낭비되는 엄청난 교육비를 제대로 된 곳에 투입하는 것이 미래의 국가 경쟁력을 높이는 길이다.

21세기에는 문화가 우위를 점하는 나라가 국가 경쟁력에서 앞서가는 경제 강국이 될 수 있다. 그런데 문화 교류의 본질적인 수단은 언어이다. 문화의 국제적 교류에서 언어가 상품이나 서비스보다 먼저 진출해야 경제적 부가가치를 높일 수 있다. 언어에 친숙해지면 상품을 비롯하여 드라마, 영화 등 다른 콘텐츠에도 쉽게 접근할 수 있기 때문이다. 언어가 부를 창출하는 주요한 도구가 될 수 있는 것이다. 그래서 선진국들은 자국어를 가르치고 문화를 홍보하는 교육기관을 해외에 앞 다투어 세우고 있다. 실제로 영국의 경우 110개국 220곳에 '브리티시 카운슬'을 세워 연간 1조원 가까운 예산을 쓰고 있으며, 독일도 연간 3,000여억 원을 들여 74개국 144곳에 '괴테 인스티튜트'를 운영하고 있다. 국립국어원도 2016년까지 세계 200여 곳에 한글을 교육하는 '세종학당'을 세울 예정이다. 한국어와 한글을 세계화해 국가 성장 동력의 한 축으로 삼기 위해서이다.

한국어와 한글의 세계화를 위한 교두보는 어느 정도 확보되어 있다. 유엔은 영어, 일본어, 독일어, 프랑스어, 러시아어, 스페인어, 한국어, 아라비아어, 중국어, 포르투갈어를 '세계 10대 실용언어'로 지정했다. 여기서 한국어는 7위에 올라 있다. 세계에서 가장 많은 인구가 사용하는 중국어보다 앞서 있다.

이에 대해 중국에서는 중국어가 세계에서 가장 많은 인구가 사용하고 있으므로 영어보다도 앞선 세계 1위의 언어가 되어야 하는데, 7000만 인구의 한국어가 13억 인구의 중국보다 앞서 평가되었다고 불만을 제기했다. 유엔의 세계 10대 언어는 실제 언어 사용 상황, 적응 범위, 국제 인지도, 정치 · 경제 · 문화 교류 등의 실제 사용 빈도를 평가 기준으로 선정했다. 중국에 있는 외국인을 상대로 조사해 본 결과, 중국어는 세계 어디에도 사용하지 않는 성조를 사용하고 있어 아라비아어보다도 배우기 어렵다고 했다. 영어나 프랑스어는 자국에서 독학도 가능하지만, 중국어를 배우는 유일한 방법은 중국에 직접 와서 배워야 하며, 독학은 전혀 불가능하다는 것이다. 외국의 화교 2세도 중국어 대화는 하지만 한자는 전혀 모르고, 3세는 대화조차 못한다. 특히 외국인들은 한자 사용과 한자의 컴퓨터 입력을 매우 어려워한다. 중국어는 유엔 6대 언어에 속하고, 유엔이 발급하는 모든 공문서는 반드시, 영어, 프랑스어, 러시아어, 중국어, 스페인어, 아라비아어 등 6대 언어로 작성해야 하지만, 유엔 회원국 중 중국어 사용 국가는 중국뿐이며, 중국인들도 유엔에서 중국어 사용을 거의 하지 않는 상황이라 사용 인구는 많지만 실용성에서 매우 뒤떨어진다는 것이다.

한국어는 사용 인구수에서는 남 · 북한과 해외동포 등 7500만 명이 사용하는 세계 13위이지만, 실용성에서는 당당히 7위로 선정된 것이다. 이런 점에서 한국어와 한글은 세계화를 위한 명분과 이유를 충분히 유엔으로부터 인정받은 것이라 볼 수 있다.

영어 열풍으로 본국에서는 우리말과 한글이 설 자리를 잃어가는 위기를 맞이하고 있지만 정작 외국에서는 한국어와 한글에 대한 관심이 높아지고 있다. 최근 한국의 경제 발전에 의한 국력 신장과 이로 인한 기업들의 해외 진출, 그리고 한류 드라마의 수출로 세계 여러 나라에서 한국에 대한 관심이 높아지면서 한국어와 한글 배우기에 대한 열기가 뜨거워지고 있는 것이다.

한국 이민자가 많은 미국과 호주는 한국어를 제2외국어로 지정했다. 미국은 중 2학년부터 제2외국어를 이수하도록 하고 있으며, SAT 듣기 평가에 한국어를 제2외국어로 선택할 수 있도록 했다. 호주는 1990년대 초 다문화주의 정책에 따라 각 학교에 이민자들의 신청이 있으면 출신국 언어를 가르치는 '공동체 언어 과정'을 정규과정으로 개설하도록 했고, 6개 주요국 언어로 일본어, 중국어, 인도네시아어, 스페인어, 한국어를 가르치도록 권장하고 있다. 호주는 한국의 이민자와 한국과의 교역량이 늘어남에 따라 세계에서 처음으로 1995년 대학입학시험 선택과목에 한국어를 포함시키기도 했다. 2009년 기준 한국어를 제2외국어로 채택한 국가는 미국, 호주, 일본, 프랑스, 브라질, 파라과이, 우즈베키스탄 등 7개국이다. 교포나 외국인을 대상으로 2009년 4월 실시한 한국어능력시험에는 전 세계 25개국, 97개 지역에서 34,598명이 응시해 1977년 첫 시험 때보다 10배 이상 증가했다.

한국의 경제 발전으로 국제적 위상이 높아지면서 세계에서 한국어 강좌가 개설된 대학은 1990년 32개국 151개 대학에서 2007년 64개국 742개 대학으로 늘었다. 특히 한국의 기업들이 진출한 나라들에서 한국어를 배우는 경우가 부쩍 늘었다. 아시아나 동유럽 국가들에서는 한국 기업에 취업하는 것은 나은 보수와 근무 환경으로 현지인들의 선망의 대상이 되고 있기 때문이다. 주로 한국과 관련된 직장에 다니는 사람들이나 취업을 희망하는 사람들이 한국어를 수강하고 있다. 현대, 삼성, LG, 포스코 등이 진출하여 현지화에 성공한 인도는 “돈 벌고 싶으면 한국어를 배워라.”라고 한다. 영어를 모국어처럼 사용하는 인도는 영어 외에 한국어를 잘해야만 고소득 직장이 보장된다는 분위기가 확산되고 있다. 인도의 한국어 열풍은 인도에 진출한 기업들의 공로가 크다. 역시 한국어와 한글의 세계화는 경제적 욕구와 맞물릴 때 그 효과가 크다. 돈 되는 곳에 수요가 있는 것처럼 국가의 경제 성장과 기업의 해외 진출이 확대될수록 기회는 많아질 것이다.

구글의 경우는 정보기술 강국으로서의 한국의 위상 때문일 것이다. 구글이 자사를 알리고자 처음으로 마케팅을 시도했던 나라가 한국이다. 영어 이외의 언어로는 처음으로 공식 블로그를 만들어 사용자들과 활발한 소통을 하고자 노력하고 있다. 이 때문에 구글 내에서 한국어를 배우는 직원들이 많이 늘어나고 있다.

한국어와 한글의 국제적 확산에는 드라마와 영화를 앞세운 한류의 영향이 크다.[28] 1990년대 후반부터 TV 드라마 등 우리 문화 상품이 아

---

28) 영화, 드라마 관계자들은 한국의 경쟁력을 독창적이면서도 보편적인 ‘이야기 전개 방식(스토리 텔링)’에서 찾는다. 즉 이야기에 강하다는 것이다. 특히 같은 소재라도 영상 속에 버무려 내는 ‘영상 서사’능력이 뛰어나다는 것이다. 영화 ‘올드보이’는 일본 만화가 원작이지만 할리우드는 원작 아닌 한국 영화와 리메이크 계약을 했다. 독특한 소재보다는 이를 극적으로 풀어내 관객 입맛에 맞춘 영상 서사 능력을 높이 산 것이다. NHK의 여론조사에 따르면 일본인의 63%가 ‘겨울연가’의 최대 매력

시아에서 일으킨 '한류 열풍'이 한국어와 한글의 세계화에 밑거름이 되었다. 한류 열풍으로 한국의 문화상품을 접할 기회가 많아지면서 한국에 대한 관심이 높아지고, 이것이 한국어와 한글 학습으로 이어지게 된 것이다.

일본에서는 최근의 한류의 영향으로 사설 학원 등에서 한국어 강좌 개설 붐이 일어나고 있으며, 한국어가 영어 다음으로 가장 많이 배우는 외국어가 되었다.

▲ 몽골의 한글 큰잔치 모습

한국어 열풍은 2004년부터 몽골의 울란바토르대학에서 실시하고

으로 '스토리'를 꼽았다. 일본 영화 '링', '주온'의 리메이크를 주도한 버티고 엔터테인먼트의 프로듀서 로이 리는 "할리우드 관계자들은 미국에서 뮤직비디오 한 편 찍는 돈으로 수준 높은 영화를 만드는 한국 영화에 깊은 인상을 받는다."며 "이야기와 이야기 전개 방식이 워낙 좋기 때문에 할리우드만큼 돈이 있다면 한국이 할리우드보다 영화를 더 잘 만들 것"이라고 말한다. '폰', '엽기적인 그녀'를 리메이크 하고 있는 매버릭 필름의 최고경영자 마크 모건은 "스타가 중심인 할리우드와 달리 한국 영화는 줄거리 위주라 내러티브에 강하다."고 말한다. 할리우드는 '톰 크루즈를 캐스팅했으니 무슨 내용의 영화를 만들까'하고 접근하지만, 한국은 '이러이러한 줄거리라면 어떤 배우를 써야 하나'라는 식으로 풀어간다는 것이다. 스타보다는 줄거리를 보고 영화를 선택하는 한국 관객의 까다로운 입맛도 기여했다. 여론조사기관 TNS(2004년 9월)에 따르면 한국 관객은 영화 선택의 제일 조건으로 배우(9.2%)나 감독(3.6%)이 아닌 재미(49.7%)와 작품성(34.1%)을 꼽았다. 2003년 영화진흥위원회 조사(중복 응답)에서도 영화의 줄거리(89.4%)가 배우(65.1%)나 감독(26.8%)보다 훨씬 높았다. 스필버그가 자신의 작품의 원천은 어린 시절 읽은 동화책이라고 한 것처럼 이야기의 경쟁력을 키우기는 길도 어려서부터 독서를 많이 하는 것이다.

있는 '한글날 큰 잔치'가 대표적이다. 한국어 말하기 대회, 글짓기 대회, 붓글씨쓰기 대회, 노래부르기 대회, 한국어 자판 타자대회 등 한국어와 한글에 대한 뜨거운 열기를 그대로 보여준다. 몽골에서 한국어는 제2외국어가 되었다.

러시아의 상트페테르부르크 국립대학교 사회학부는 세계적으로 학문적 권위를 인정받고 있는 러시아 아카데미 '나우카'와 더불어 『한국 사회의 사회학』의 러시아어 출간을 계획하고 있으며, 2006년 개설된 한국어 과정에는 러시아 최고의 영재들이 등록했다. 최근 러시아 학계에 일고 있는 한국 배우기 열풍은 한국의 근대화를 국가발전 모델로 배우려는 학자들과 대학생들의 학문적 관심 때문이다.

그 외 중국, 대만, 베트남, 태국, 중앙아시아를 넘어 중동의 이집트, 아랍에미리트, 요르단, 이란 등에서도 한류 열풍과 함께 한국어 학습에 대한 열기가 뜨겁다고 한다.

바야흐로 한국의 경제 성장과 한류 열풍으로 한국어와 한글에 대한 관심이 세계적으로 높아가고 있다. 길거리에서는 영어 대신에 한국어로 길을 묻는 외국인들도 많다. 세계의 곳곳의 교실에서는 한글의 'ㄱ, ㄴ'을 받아 적는 학생들의 귀와 손이 바쁘다. 한글은 더 이상 우리만의 언어가 아니다. 세계는 한국어와 한글에 매료되고 있다. 많은 외국인들은 지금 '한국어와 한글이 경쟁력'이라는 사실을 몸으로 깨닫고 있다. 전 세계에 퍼져 있는 한민족과, 기업들의 해외 진출로 많은 외국인들은 일자리를 얻기 위해 한국어를 구사할 필요가 생겼다. 이 때문에 한국으로 유학 오는 외국 학생들도 점점 늘어나고 있다.

한글이 창제된 이래 한국어 문화권을 확장할 수 있는 최대 호기가 마련되었다. 한국어와 한글의 세계화는 외국인들이 한국어나 한글을 사용한 영화나 TV 드라마, 도서, 인터넷 문서 등을 쉽게 접하고 이해할 수 있도록 해외에 널리 보급하는 것이다. 한국어와 한글을 가르치는 기능적인 측면을 넘어 한국학, 한국문화 전반의 유기적인 관련성을 가져야 한다. 그러나 미비점과 문제점이 너무도 많다. 우선 한국어 교사 양성과 단계별 표준화 교재 개발이 시급하다. 한국어 전공 학생의 유인책도 필요하다. 이를 위해 보다 체계적이고 조직적인 지원 시스템을 갖출 필요가 있다. 무엇보다 국가 차원의 정책과 전략이 있어야 한다. 세계화를 위해 영어교육에만 몰입해서는 국가의 미래가 없다. 한국어와 한글을 세계화하는 것이 우리가 미래의 국가 경쟁력을 확보하고 영구적으로 다지는 길이다. 무조건 세계를 향해 좇아만 가려고 할 것이 아니라 세계가 우리를 좇아오게 하는 발상의 전환이 요구된다. 필요하면 외국인들이 한국어와 한글을 배우게 된다. 더구나 우리는 외국인들도 쉽게 배울 수 있는 한글이 있지 않은가. 영어교육에 들어가는 막대한 국가적 비용의 일부만 투입해도 한국어와 한글의 세계화를 위한 체계적인 지원 시스템을 마련할 수 있을 것이다.

한글 그 자체가 한국의 대표적인 문화상품이다. 한글 디자인이 그렇다. 한때 인터넷에서 세계적인 가수 브리트니 스피어스와 함께 '신흥호남향우회'가 이슈로 떠오른 적이 있었다. 그 이유는 '신흥호남향우회'라는 단어가 박혀 있는 브리트니의 옷 때문이었다. 이 옷은 '돌체 앤 가바나'라는 명품 브랜드의 디자이너가 2002년 한일 월드컵 때 우연히 본 한글이 너무 인상적이어서 한글을 디자인에 적용하면서 만든 것이었다.

이러한 관점에서 한글 디자인화의 선봉에 이상봉 디자이너를 들 수 있다. 그는 한국 문화를 어떻게 하면 더욱 잘 살릴 수 있을까를 고민하다가 '한글이 가장 한국적이다.'라는 외국인 친구의 조언을 듣고, 한글 디자인 작업에 착수 한 것이다. 그러나 처음엔 한글 디자인이 촌스러워서 창피했다고 했다. 그런데 국내 반응과 달리 해외에서의 반응이 뜨거웠다. 우리한테는 직설적으로 다가왔던 한글이 외국인에게는 그래픽으로 보인 것이다. 그들은 '이렇게 아름다운 글자가 있느냐'며 한글의 미학적 가치에 탄복했다. 이상봉 디자이너는 2005년 파리의 '프레타포르테 컬렉션'에 훈민정음을 새겨 넣은 옷을 처음 선보인 후 지금까지 각종 패션쇼에서 다양한 한글 디자인 옷을 보임으로써 한글 홍보대사가 되었다. 패션디자인의 가치와 한글의 소중함을 알리는 데 앞장서고 있는 것이다. 이젠 한글은 디자인과 만나면서 산업화의 길을 걷고 있다. 패션은 모든 분야를 연결하는 고리다. 패션 디자이너 이상봉이 한글 디자인을 의상에 접목해 세계인의 호평을 받은 것처럼 한국어와 한글의 세계화는 우리 문화를 확산하는 데 크게 기여할 것이다.

한국어와 한글의 세계화와 관련해 국립국어원이 추진하는 해외 한국어 강좌인 세종학당은 2007년에 개설되어 2008년 상반기까지 전 세계 17곳에 만들어졌다. 2016년까지 세계 200여 곳에 한글을 교육하는 '세종학당'을 세울 예정이다.

이러한 한글 세계화의 명분은 충분히 확보되어 있다. 유네스코에서는 1999년부터 말은 있으나 문자가 없어서 언어마저 소멸될 위기에 있는 세계의 3,000여 소수민족에게 한글 보급을 권장하고 있기 때문이다. 이에 따라 미국의 인디언인 세네카족, 티베트의 라후족, 라오스의 아카족, 네팔의 체팡족, 태국 치앙마이의 라오족, 중국 헤이룽강 유역의 오로첸족 등의 문자가 없는 소수민족에게 한글 보급을 추진하기도 했다. 그러나 성공하지 못했다. 국가의 동질성을 해친다는 지역 및 중앙정부가 금지한 이유도 있지만, 체계적인 뒷받침이 없이 비공식적으로 했기 때문이다.

그러다가 2009년 문자가 없는 인도네시아의 소수민족인 찌아찌아족이 세계 최초로 한글을 공식 문자로 채택하고, 한글로 표기된 교과서를 만들어 초등학교 및 고등학교에서 교육을 시작했다. 찌아찌아족은 자신들의 언어를 갖고 있지만 문자가 없어 고유어인 찌아찌아어를 잃을 위기에 처해 있었다. 인도네시아 정부도 1980년대부터 각 지방의 소수민족의 언어들이 소중한 문화적 자산임을 인식하고 이를 보존해야 할 필요성을 느끼고 있었다. 바우바우시가 있는 부톤섬에서만 한때 30개에 이르던 소수민족의 언어가 사라져 10여 개로 줄어들었다. 그러나 인도네시아는 알파벳을 표준어 표기 문자로 쓰고 있었지만, 이곳의 소수 언어는 알파벳으로 발음을 완전히 표기할 수가 없었다. 그런데 한글은 완벽한 표기가 가능했던 것이다.[29] 그러나 민간단체인 훈민정음학회가 인도네시아 정부의 공식 승인을 얻어내기까지는 1년의 시간이 걸렸다. '외래문자 도입은 문화적 침략이다', '국가의 통일성을 해친다'라는 반대 의견이 많았던 까닭이다. 치열한 토론과 논쟁 끝에 찌아찌아족의 문화 보존과 발전에 기여하겠다는 우리 측의 뜻을 인도네시아 중앙정부가 받아들여 한글 사용을 공식적으로 승인하게 된 것이다. 이것은 한글 세계화를 위해 앞으로 중요한 이정표가 될 것이라는 점에서 그 의미가 크다.

훈민정음학회는 서울대에서 수학하고 돌아간 현지인과 함께 교과서를 만들었고, 이 교과서로 학교에서 아이들을 가르치고 있다.[30] 2009년

29) 찌아찌아족이 사용하고 있는 한글은 모음은 5개만 사용되며, 특이하게도 15세기에 사라진 순경음 'ㅸ'을 사용하고 있다.

30) 한글을 제대로 가르칠 수 있는 교사가 부족하다는 것이 가장 큰 문제점이다. 첫 교사는 서울대에서 수학하고 돌아간 전 족장의 아들 아비딘 씨가 첫 한글교사였다. 첫 한국인 교사는 한글을 가르치기 위해 훈민정음학회가 파견한 정덕영 씨다. 그는 제약회사를 정년퇴직하고 한글 교사로 나섰다. 그는 초등학교뿐만 아니라 시 당국의 요청으로 고등학교에서도 한글을 가르치고 있다. 여러 학교를 다니며 주 14시간씩 한글을 가르치고 있지만, 힘들기는커녕 평생 처음으로 보람있는 일을 하고 있다며

8월부터 한글 교과서로 수업을 시작했는데, 아이들은 1-2개월만에 찌아찌아어를 한글로 표기할 수 있게 되었다. 2009년 12월에는 찌아찌아족 아이들이 서울을 방문하기도 했다. 한글을 사용하기 시작한 1년 후 바우바우시에는 많은 변화가 일어났다. 시내의 모든 도로표지판은 인도네시아어와 함께 한글이 병기되어 있으며, 학교의 간판도 한글로 표기되어 있고, 곳곳에 한글 현수막이 걸려 있었다. 어느 교실에서는 〈고향의 봄〉 노래가 흘러나왔고, 아이들은 한국말로 인사를 하기도 했다. 단순히 문자로서 한글만 배우는 것이 아니라 한국어를 제2외국어로 배우고 있었다. 아울러 그들은 한글과 함께 한국문화를 배우고 있었다. 이제는 찌아찌아족 외에도 한글을 차용하는 부족이 하나둘 늘고 있다고 한다.

인도네시아 찌아찌아족에 이어 지구의 반대편 남미 볼리비아에서도 한글 표기 사업이 진행되고 있다.

2010년 6월 볼리비아 대사 김홍락은 2009년의 찌아찌아족의 한글 도입 사례에서 착안해 볼리비아 정부에 한글 도입 필요성을 건의했다. 말은 있지만 표기할 문자가 없던 아이마라족은 그 동안 스페인어를 차용해 오고 있었다. 때마침 스페인 식민지 잔재 청산을 추진해 오던 모랄레스 정부가 이를 긍정적으로 수용함으로써 2010년 7월부터 수도 라파스에서 원주민인 아이마라족을 대상으로 한글 표기 시범 사업이 진행되었다. 모랄레스 대통령과 초케완카 외교부 장관은 아이마라족 출신으로 아이마라족의 말을 한글로 표기하는 사업에 관심이 컸기 때문에 비교적 순조롭게 시작될 수 있었다. 2011년 1월에 아이마라어 한글 교본이 완성되었고, 2월에는 초케완카 외교부 장관이 "한글 표기 사업의 성과를 긍정 평가하며,

---

뿌듯해 하고 있다. 최근에는 대학생들이 휴학까지 하고 찾아와 자원봉사로 한글을 가르치고 있다.

이 사업의 확대를 통해 양국 간 문화 · 교육 협력 사업을 추진하고 싶다."는 공식 서한을 보내왔고, 자신의 고향에도 한글 표기 교육을 해 줄 것을 요청해 왔다. 이에 따라 서울대 라틴아메리카연구소에서는 아이마라어 음운 분석에 착수했고, 이 연구 결과를 바탕으로 볼리비아 국립대학과 교류 협정을 맺어 한글 교육을 체계적으로 지원할 예정이다.

인도네시아 찌아찌아족은 인구가 6만 명밖에 되지 않는데 비해 아이마라족은 인구가 200만 명이며, 이 부족은 볼리비아에서 정치적 영향도 크기 때문에 성공할 경우 상당한 파급력이 있을 것으로 보인다. 우리의 한글이 대한민국의 국가 브랜드를 높이는 선봉장 역할을 하고 있는 것이다. 이것이 바로 한글이라는 문자의 힘이다. 이런 점에서 한글 세계화를 위해 국가 차원의 체계적인 지원과 교육이 필요하다고 하겠다.

한편 문화부는 2009년도 예산에 한글의 창제정신과 과학성 · 우수성을 재조명하고, 동시에 문화상품으로서 한글의 산업적 가치를 활용한 한글의 국가 브랜드화 사업을 다각적으로 추진하기 위해 15억 원의 예산을 배정했다고 한다. 이 예산을 기반으로 한글의 실용성을 가다듬어 문화산업 곳곳에 적용하고, 이를 통해 한국문화를 효과적으로 세계로 전파하기 위한 훈민정음 창제 정신의 현대적 수용사업, 한글의 국가브랜드화 사업, 한글 해외 순회 전시, 한글의 세계 언어화 사업 등을 펼칠 예정이라 한다. 또한 한글문화관을 조성하기 위한 기초 조사도 함께 추진한다고 한다. 과연 15억 원의 예산으로 이 많은 사업을 얼마나 제대로 펼칠 수 있을지는 두고 볼 일이다.

음소문자이면서 음절문자인 한글은 디지털 시대에 적합한 디지털 문자로서 정보화 사회에서 국가 경쟁력을 높이는 핵심 자원이자 세계화 시대에서 우리의 생존을 지키는 첨단무기이다. 한글 관련 언어 산업이

21세기의 신성장 산업으로서의 기반을 갖추기 위해서는 국가 정책의 우선순위에 대한 정책당국의 재검토와 한글의 세계화에 대한 국민적 공감대를 넓혀가야 한다. 목표는 우리의 후손들이 영어처럼 한글을 가르치는 것만으로 전 세계에서 밥벌이를 할 수 있도록 하는 것이다. 이러한 언어산업에 대한 장기적인 비전과 국가적 전략이 요구되는 시점이다.

Ⅳ. 독서, 어떻게 할 것인가

1. 독서의 시작은 책 읽어주기로부터
2. 효과적인 독서방법은
3. 독서지도의 최종 목표인 독서습관에 이르는 단계별 전략

어떤 책은 맛보고,
어떤 책은 삼키고,
어떤 책은 잘 씹어서 소화시켜야 한다.

- 베이컨

어린 시절에 배운 것은 돌에 새겨지고
어른이 되어 배운 것은 얼음에 새겨진다.

- 데이비드 커디안

아이들에게 책을 읽어주면 생각의 싹이 트고,
아이들이 책을 읽으면 생각이 자라고,
아이들이 글을 쓰기 시작하면 생각은 나래를 편다.

- (사)한국독서능력개발원

출판되는 책의 반은 팔리지 않고, 팔린 책의 반은 읽히지 않는다.
읽은 책의 반은 이해되지 않고, 이해된 책의 반은 오독되고 있다.

저절로 책을 좋아하게 되는 아이는 거의 없다. 누군가는 아이를 매혹적인 이야기의 세계로 끌어들여야 한다. 아이를 이야기의 세계, 즉 책의 세계로 끌어들이는 가장 좋은 방법은 아이에게 책을 읽어주는 것이다.

책 읽어주기의 최종 목적은 아이가 책을 좋아하고, 책 읽는 것을 즐기게 하여 어려서부터 독서 습관을 기르게 함으로써 자라서도 책을 읽게 되고, 사회에 나가서도 책을 읽는 평생 독자를 만드는 것이다.

- 본문 중에서

1.
독서의 시작은 책 읽어주기로부터

1) 책 읽어주기가 책 읽는 아이를 만든다

책을 읽어야 한다는 당위성의 강조만으로 아이들의 손에 책을 쥐게 할 수는 없다. 때로는 강렬하게, 때로는 아주 은밀하게 책읽기로 유혹하는 고도의 전략이 필요하다. 아이들을 책 속으로 끌어들이는 가장 효과적인 방법은 강제로 책을 읽게 하는 것이 아니라 읽고 싶어 못 견디게 하는 것이다. 아니면 자연스럽게 책으로 다가가게 하는 것이다.

이스라엘에서는 아기가 책과 친해지도록 하기 위해 책에 꿀을 발라 놓기도 했다. 이것은 무엇이든지 입으로 가져가 빠는 시기에 아기에게 '책이란 달콤한 것이구나!'라는 인식을 심어줌으로써 아기 때부터 책과 가까워지도록 하기 위해서다. 이것은 은밀하면서도 노골적인 책으로의 유혹이다. 이와 함께 '베드사이드 스토리'(bedside story)라 하여 신생아 때부터 침대 곁에서 책을 읽어주거나 이야기를 들려주면서 아기를 잠재운다.

이것도 아기 때부터 자연스럽게 책과 친해지도록 하기 위한 유대인들의 독서 전략이다.

교육에서 무엇보다 중요한 것은 무엇을 가르쳐서 배우도록 하는 것보다 무엇을 좋아하고 즐기도록 하는 것이다. 독서에서도 아이들에게 책 읽기를 강요하고 책 읽는 방법을 가르치는 것보다는 책을 읽고 싶어 하도록 하는 것이 더 중요하다. 그래서 다니엘 페낙은 독자의 입장에서 독서의 본질은 무엇보다 '즐거움'이라고 말하고 있다. 이는 독서가 강요가 아니라 내적 동기에 의해 자발적으로 이루어져야 하는 자율성과 독서 후 그 어떤 결과에 의해 평가받아서는 안 된다는 무상성을 기반으로 하고 있다.[1] 논어에도 무엇을 알기 위한 것은 좋아하는 것만 못하고, 좋아하는 것은 즐기는 것만 못하다(知之者不如好之者, 好之者不如樂之者)고 했다. 즉 알기 위한 현실적 목적보다는 좋아서 하는 것이 좋고, 좋아서 하는 것보다는 즐기면서 하는 것이 가장 좋다는 것이다. 이를 독서와 관련해서 이야기해 본다면 현실적 목적으로 무엇인가 알기 위해서 책을 읽는 것보다는 책이 그저 좋아서 읽는 것이 좋고, 책이 좋아서 읽는 것보다는 즐기면서 책을 읽는 것이 더 좋다는 것이다. 책을 즐기게 되면 그것은 이미 독서삼매경이라는 경지에 이르게 될 것이다.

그런데 대개는 아이들이 책을 읽도록 하기 위해 아이들에게 책 읽는 법을 가르쳤지만, 책을 읽고 싶어 하도록 하지는 못했다. 그 결과 아이들은 책을 읽을 수 있으면서도 읽는 것을 좋아하지 않는다. 섣부른 강요는 자칫하면 즐거움으로부터 멀어지게 한다. 그렇다고 하고 싶어 할 때까지

1) 페낙은 자율성과 무상성을 기반으로 한 독서에 관한 독자의 권리를 다음과 같이 말했다.
책을 읽지 않을 권리, 중간을 건너뛰어 가며 읽을 권리, 끝까지 읽지 않을 권리, 다시 읽을 수 있는 권리, 아무 책이나 읽을 권리, 마음대로 상상하며 빠져들 권리, 아무데서나 마음대로 읽을 수 있는 권리, 군데군데 골라서 읽을 권리, 소리 내서 읽을 권리, 읽고 나서 아무것도 말하지 않을 권리

마냥 방치하는 것도 좋은 방법이 아니다. 재미가 있어야 좋아하게 된다. 따라서 하고 싶어 하도록, 좋아하도록 하기 위해서는 먼저 재미를 알게 해 주어야 한다. 저절로 책을 좋아하게 되는 아이는 없다. 누군가가 아이를 매혹적인 이야기의 세계로 끌어들여야 한다. 아이에게 책으로의 길을 안내하고 인도해야 한다. 아이에게 책의 재미를 알게 해 주는 것은 바로 부모와 교사의 몫이다. 책에 대한 재미를 알게 하여 책을 읽고 싶어 하도록 하는 간단하면서도 효과적인 방법은 바로 아이들에게 책을 읽어주는 것이다.

책 읽어주기는 독서의 시작이다. 벽돌이 집을 짓는 기초 자재인 것처럼 책을 읽기 위해서는 먼저 어휘를 알아야 한다. 어휘를 배우는 것은 귀를 통하거나 눈을 통하는 길이 있다. 아이가 태어나서 눈으로 책을 읽으려면 글자를 깨칠 때까지 최소한 몇 년이 지나야 한다. 따라서 생각과 두뇌를 발달시키는 가장 빠른 길은 귀가 될 수밖에 없다. 귀를 통해 들려주는 소리는 아이의 머릿속에 '생각의 집'을 세우는 기초가 된다. 귀를 통해 들은 어휘들은 나중에 아이가 글을 배워 눈으로 글을 보게 될 때 글의 내용을 이해할 수 있는 밑바탕이 된다. 아이에게 책을 읽어주면 어휘와 배경지식을 늘려줄 뿐만 아니라 아이에게 책에 대한 관심과 흥미를 불러일으킴으로써 아이가 책을 좋아하고 즐기게 된다. 좋아하고 즐기게 되면 시키지 않아도 자발적으로 계속하게 되므로 책 읽어주기는 아이들을 책읽기로 끌어들이는 아주 좋은 방법이다. 더욱이 어릴수록 호기심이 왕성하고 흥미도 높기 때문에 책 읽어주기는 아이들을 자연스럽게 책으로 끌어들이는 가장 간단하면서도 효과적이고 매력적인 방법이다.

다음은 동화작가인 교사의 책 읽어주는 즐거움에 대해 쓴 글이다.

대부분의 아이들은 스스로 책을 읽는 것보다, 선생님이나 부모님이 읽어주는 걸 더 좋아한다. 낮은 학년일 때는 책 읽어주는 걸 좋아하지만, 학년이 높아질수록 스스로 읽는 걸 더 좋아한다는 주장이 있는데, 내가 경험한 바에 따르면 꼭 그렇지만도 않다. 높은 학년 아이들도 재미있는 책을 읽어주면 얼마나 좋아하는지 모른다. 눈으로 읽는 기쁨 못지않게 귀로 듣는 재미가 만만찮은 것 같다.

나는 아이들에게 책을 읽으라고 다그치기보다 틈틈이 책을 읽어주는 편이다. 좋은 책을 읽어주면 아이들의 반응이 어떠하리란 걸 너무나 잘 알고 있기 때문이다. 이를테면 체육이 들어있는 날, 비가 와서 운동장에 못 나갈 때, 나는 아이들에게 책을 읽어준다. 옛이야기 책도 읽어주고, 내가 감동적으로 읽은 동화책도 읽어준다. 아이들이 정신없이 이야기 속으로 빨려 들어오면 책 읽어주는 사람은 별로 힘도 안 든다.

지난해 나는 초등학교 2학년 제자들과 1년을 함께 보냈다. 학교생활이 일없이 바쁘기도 해서 책 읽어줄 틈을 못 마련할 때가 더러 있다. 그럼 몇몇 제자들이 일기장에 항의 메시지를 띄운다. 요즘은 왜 책을 안 읽어주느냐고. 언제 책을 읽어줄 거냐고. 이럴 때는 잠시 교과서를 덮고 책을 읽어준다. 그럼 개구쟁이 제자들이 귀를 쫑긋 세우고 이야기의 재미에 빠져든다.

아이들에게 재미있게 읽어준 책 한 권을 소개한다.

이탈리아 작가 에드몬드 데 아마치스의 동화 〈사랑의 학교〉. 이 작품은 1886년 처음 세상에 나왔다. 120년이나 된 동화책을 요즘 아이들에게 읽어주어도 그대로 먹혀드는 걸 보면 이야기의 힘이 얼마나 대단한 것인지 절로 고개가 숙여진다.

이 책은 제법 두툼하다. 하지만 걱정할 필요가 없다. 일기형식의 이야기에 달마다 '이 달의 이야기'라는 코너가 있어, 필요에 따라 어느 곳을 읽어주어도 괜찮도록 구성되어 있기 때문이다. 내가 제자들에게 가장 자주 읽어주는 대목은 '이 달의 이야기' 가운데 〈아버지를 간호한 소년〉이다.

이 이야기엔 외국으로 돈벌이를 떠났다가 병들어 나폴리 병원으로 돌아온 아버지를 간호하는 소년 주인공이 등장한다. 소년은 아버지 입원소식을 듣고, 어머니 대신 병간호를 위해 나폴리 병원을 찾아가는데, 병원 측이 일러준 아버지를 정성껏 간호하게 된다. 그런데 우연히 퇴원하는 아버지와 맞닥뜨리면서, 소년은 자신이 간호한 사람이 아버지가 아니라, 이름도 모르는 늙은 병자란 사실을 알게 된다. 소년은 아버지를 따라 고향으로 돌아가지 못한다. 늙은 병자를 홀로 남겨두고 차마 떠날 수가 없었던 것이다. 소년은 홀로 병원에 남아, 늙은 병자가 숨을 거둘 때까지 곁에서 정성껏 간호한다.

아이들은 숨을 죽여 가며 이야기에 귀 기울인다. 이따금 듣는 재미를 배가하려고 주인공 소년 이름을 우리 반 개구쟁이 이름으로 바꾸어 읽어줄 때도 있는데, 그러면 아이들이 훨씬 깊이 이야기 속으로 빨려 들어온다. 이야기를 다 읽어준 다음, 아이들에게 질문을 던지기도 한다.

"어떠냐? 재미있니?"

그럼 다양한 아이들의 반응이 쏟아진다.

"감동적이에요."

"저는 마지막 부분에서 눈물이 나올 뻔했어요."

"선생님, 다음 시간에 또 읽어주세요."

"선생님이 읽어주는 책은 다 재미있어요."

이러면 되는 게 아닐까. 책을 읽어주는 선생님이 즐겁고, 선생님이 읽어주는 이야기를 듣고 아이들이 한껏 좋아한다면…….

귀를 쫑긋 세우고 말똥말똥한 눈으로 책을 읽어주는 교사의 입을 주목하고 있는 아이들의 모습이 생생하게 전달되어 온다. 책 읽어주기가 아이들이 책을 좋아하게 하는 간단하면서도 효과적인 방법이라는 데에 대한 더 이상의 설명이 필요하겠는가.

다음은 우리나라 최초의 맹인 박사이자 미 백악관 정책 차관보를 지낸 강영우 박사의 아들이 하버드대학에 입학할 때 쓴 '인생에서 가장 큰 영향을 준 사건'이란 제목의 리포트이다. 어린 시절 아이에게 책 읽어주기가 성장한 후에도 어떤 감동으로 남아 어떻게 영향을 미치고 있는지를 잘 보여주는 사례이다.

'이제 잘 시간이다.'라는 아버지의 말씀을 듣는 순간 내 방안에 있는 불이 꺼졌다. 밤의 침묵이 나를 감싸 주었다. 잠시 후 내 귀에 익숙한 소리가 침묵을 깨뜨렸다. 아버지의 부드러운 손이 점자책 페이지를 넘기는 소리였다. 부드럽고도 최면사의 기법을 닮은 듯한 아버지의 책 읽는 음성이 나를 사로잡았다. 또박또박하고 부드럽게 읽어주시는 아버지의 이야기는 유치원의 좁은 세계에서 나를 멀고 먼 상상의 다른 세계로 데리고 가곤 했다. 그러한 이야기 중에는 '거북이와 토끼', '선한 사마리아의 이야기'도 있었다.

내 상상은 자유로웠다. 상상의 날개를 펼치고 있노라면 나도 모르게 깊은 잠을 자게 된다. 이야기를 다 못 들은 채 잠이 들었다가 아침에 깨면 잠자리에서 다시 그 이야기를 듣겠다는 기대와 동경으로 하루를 시작하게 된다.

내 어린 시절을 회상해 보면, 육안이 없어도 볼 수 있는 세계를 보여주신 맹인 아버지를 가지게 된 것이 얼마나 다행한 일이었는가를 깨닫게 된다. 두 눈을 뜬 내가 보지 못하는 아버지의 안내자가 아니라 맹인인 아버지가 정안자(정상적인 눈을 가진 사람)인 내 인생을 안내하신다는 사실을 알게 된 것이다.

이제 나도 성장하여 대학에 진학할 나이가 되어 많이 변했다. 그러나 그 세월 속에 변하지 않은 것이 하나 있다. 그것은 아버지가 잠자리에서 읽어주신 이야기들이 나에게 미친 영향이다.

아마도 그 영향은 영원할 것이다. 그로 인해 내 상상의 세계는 넓어졌고, 창의력은 개발되었으며, 비전은 선명해졌다. 또한 잊을 수 없는 교훈을 배웠다. 인간의 가치는 외적 준거에 의해서만 판단되어서는 안 된다는 사실과 우리는 지극히 평범한 사람으로부터 그리고 지극히 평범한 가정으로부터 귀중한 인생의 진리를 배울 수도 있고, 통찰력을 얻을 수도 있다는 진리를 배우게 된 것이다.

잠자리에서 불을 끄고 어둠 속에서 들려오는 아버지의 부드러운 책 읽는 음성과 그 음성에 귀 기울이고 있는 아이의 모습은 참으로 감동적인 장면이다. 어둠 속에서 책 읽어주기는 오히려 아버지가 맹인이었기 때문에 가능한 일이었다. 어둠 속이었기에 아이의 상상은 더 자유롭게 나래를 펼쳤을 것이다. 어둠 속의 잠자리에서 아버지가 책을 읽어주었던 추억이 대학생이 되어서도 변하지 않는 감동으로 생생하게 남아 있다.

책 읽어주는 교사가 책 읽기를 싫어하는 아이를 책에 푹 빠지게 한 외국의 사례를 들어보자.

4학년 초 바비는 책 읽기를 싫어했다. 실제로 내가 책을 읽어줄 때에도 바비는 가만히 앉아 있으려 하지 않았다. 그는 엉덩이를 들썩이고 다른 아이들을 툭툭 치며 책상 위에 올라앉으려고 했다.

9월 말이 되자 마침내 바비는 책 읽어주는 시간에 자리에 가만히 앉아 있을 뿐만 아니라 맨 앞자리로 옮겨 앉았다. 그리고 11월 초에는 자유 시간에도 책을 읽어달라고 해서 나를 놀라게 했다.

나는 정말 놀랐다. 이 아이는 학기 초에 초급 그룹에 속했고, 읽은 것에 대해 제대로 대답도 못했다. 나는 올해 쉬운 책을 피하고 대신 소설을 많이 읽어주었다.

10월 들어 바비는 자기 그룹에서 가장 먼저 손을 들고 질문하는 아이가 되었다. 나는 바비를 중급 그룹으로 옮겼다. 내가 무엇보다 흥분한 것은 바비가 기회가 있을 때마다 스스로 읽기 시작했다는 것이다.(우리 반에는 과제를 일찍 마칠 경우 책을 읽어야 한다는 규칙이 있다.)

학부모회의가 열릴 즈음, 바비는 책을 세 권이나 보고 있었다. 세 권을 동시에! 그래서 왜 한 번에 한 권씩 읽지 않느냐고 물어 보았다. 바비가 대답하기를, 세 권이 모두 좋아서 어느 것을 먼저 읽어야 할지 망설이게 되었고, 결국 한꺼번에 읽기로 했다는 것이다. 나는 무엇이 이 아이를 이토록 책에 열중하게 한 것인지 더욱 궁금해졌다.

바비의 개인상담 시간이 되어서야 그 비밀을 풀게 되었다. 바비는 엄마와 같이 왔고, 우리는 함께 아이의 성적과 진도에 대한 이야기를 나눴다. 바비가 자기가 읽고 있는 책에 대해 말하자, 엄마는 신기한 듯이 그의 이야기를 들었다. 나는 바비에게 9월에는 책을 싫어하는 것 같더니 어떻게 3개월만에 시간이 모자랄 정도로 책에 푹 빠지게 되었는지 물었다.

바비가 대답했다. "글쎄요, 처음에는 정말 따분했어요. 특히 선생님께서 책을 읽어 주실 때는요. 집중하는 척해야 했거든요. 그런데 읽어 주실 때 너무나 재미있게 들려주시는 거예요. 나는 주인공을 좋아하게 되었고, 내가 혼자서 읽어도 그럴까 궁금해졌어요. 그래서 책을 읽게 되었죠. 정말 재미있더라고요. 그리곤 읽어 주시지 않는 책도 읽게 되었죠. 이제는 책 읽는 게 너무 좋아요."

책 읽기를 싫어하는 4학년의 아이에게 책 읽어주기 시작한 지 3개월 만에 책에 빠지게 만든 사례이다. 단지 교사가 아이들에게 재미있게 책을 읽어주었다는 것이다. 학교에서 교사의 책 읽어주기는 아이들을 책읽기로 끌어들이는 아주 좋은 방법이다. 책 읽기를 싫어하는 아이들 때문에 어려움도 따르지만, 그래도 귀를 기울이는 청중을 가진 교사는 책 읽어주기에 유리한 점도 있다.

책 읽어주는 부모와 교사가 곧 책 읽는 아이를 만든다. 책을 좋아하는 아이로 만들고 싶으면 먼저 부모와 교사가 아이에게 책을 읽어주어야 한다. 많이 할수록 더 잘하게 되므로 책을 많이 읽어주는 부모와 교사가 책을 잘 읽는 아이로 만들 것이다.

2) 언제부터 언제까지 읽어주어야 하는가

언제부터 책을 읽어줄 것인가? 짐 트렐리즈는 아기에게 말을 한다면, 책도 읽어줄 수 있다고 한다. 말을 하는 것이나 책을 읽어주는 것이나 모두 같은 언어로 하는 것이기 때문이다. 우리는 아기가 태어나면 아기에게 말을 한다. 물론 세상에 갓 나온 아기는 아무런 말도 알아듣지 못한다. 그렇지만 엄마는 아기를 품에 안고서 다정하게 속삭이며 말을 건다. 그러면서도 대개는 책을 읽어줄 생각은 하지 못한다. 짐 트렐리즈는 이 때부터 불행이 시작된다고 했다.[2] 아기에게 말을 하면 책도 읽어주라는 것이다. 아기의 생후 6개월간은 목소리와 책을 '이해하게 하는 시기'가 아니라 '익숙하게 하는 시기'이다. 부모가 말을 건넬 때 아기는 귀를 기울이게 되고, 그러면서 듣기에 익숙해지게 된다. 듣기에 익숙해지면 집중력이 향상되고, 그러면서 점점 내용도 이해해 가게 된다.

짐 트렐리즈는 말을 하게 되는 때부터, 즉 태어날 때부터 책을 읽어주라고 했지만, 사실은 책 읽어주기는 이보다 먼저 하는 것이 좋다. 임신 7개월 정도면 태아에게 청력이 생긴다고 한다. 아기가 소리를 들을 수 있게 되면 말도 듣게 된다. 엄마의 심장 소리와 함께 주변의 소리도 듣기 시작하면서 감정과 정서를 형성하게 된다. 소리를 통해 편안함이나 불안감 등을 느끼게 되는 것이다. 갓 태어난 아기가 불안해하며 울 때 엄마의 심장 소리를 녹음했다가 들려주면 울음을 멈추는 이유도 엄마의 심장 소리에 익숙해져 있기 때문이다. 에릭슨은 이 때가 인생에 대한 신뢰감과 행복감, 불신감과 비애감을 배우는 시기라고 했다.

말도 태아가 청력이 생기면서 듣게 된다. 임신 7개월부터 태아에게 청력이 생긴다고 한다. 물론 무슨 말인지 알아듣지는 못한다. 그러나 엄마나 아빠가 하는 말, 책을 읽어주는 소리에 대해 태아는 나름대로의 느낌을 갖게 된다. 엄마, 아빠의 부드럽고 다정한 소리는 태아에게 따뜻함과 편안함을 느끼게 할 것이다. 그러므로 태아에게 청력이 생기는 임신 7개월부터 말과 함께 책을 읽어주는 것이 좋다고 본다.

---

2) 짐 트렐리즈, 『아이의 두뇌를 깨우는 하루 15분, 책 읽어주기의 힘』, 북라인, 2007.

부모의 목소리가 태아에게 영향을 미친다는 사실은 연구를 통해 이미 입증되었다. 미국 노스캐롤라이나대학의 안소니 드캐스퍼는 태아에게 책을 읽어주는 것이 효과가 있는지를 연구한 결과 신생아가 태어나기 전에 들은 것을 기억한다는 것을 밝혔다. 드캐스퍼는 33명의 임신부들에게 임신 마지막 6주간 하루에 세 번씩 동화책의 지정된 문단을 읽어주게 했다. 세 그룹으로 나누어 각기 다른 문단을 읽어주게 했다. 출생 후 신생아에게 특수한 젖병을 물리고 엄마가 아닌 다른 여성이 지정된 문단을 읽어주게 하여 아기가 우유를 빠는 속도를 측정한 결과 아기는 뱃속에서 들은 구절을 좋아한다는 결론을 내렸다. 출생 전 2개월 반 동안의 책 읽어주기 실험에서도 아기의 심장박동이 새로운 이야기를 들을 때는 빨라지고, 익숙한 이야기에는 느려지는 것을 발견했다. 아기가 뱃속에서도 일정한 소리에 익숙해지고, 이 소리의 톤을 편안함과 안전의 메지지로 이해할 뿐만 아니라 출생 후 태아 때 읽어준 이야기에 아기가 반응을 한다는 것은 출생 이전의 경험을 기억하기 때문이라는 것이다.

최근의 연구 결과에서도 8개월 된 뱃속의 아기는 소리를 듣고 기억한다는 것이 밝혀졌다. 태아는 엄마 뱃속에 있는 동안 주변에서 들었던 언어의 소리 형태로 울음소리를 낸다는 것이다. 2009년『현대 생물학』학술지에 발표한 연구논문에서, 독일 뷔르츠부르크대학 캐슬린 베름케 박사는 "임신 중 마지막 3개월 동안 태아는 주변 세계의 소리를 듣고 기억할 수 있기 때문에, 음악은 물론 언어 속에 존재하는 선율을 받아들여 자극받게 된다."고 설명했다. 연구팀은 독일어를 사용하는 엄마의 태아 30명과 프랑스어를 사용하는 엄마의 태아 30명이 생후 3-5일이 되는 시점에 그 울음소리를 녹음해 분석한 결과, 엄마가 사용하는 언어에 따라서 아기의 울음소리의 양상에 명확한 차이를 발견했다. 즉 독일에서 태어난 아기는 독일어 억양으로, 프랑스에서 태어난 아기는 프랑스어 억양으로 운다는 것이다. 이것은 아기들이 엄마의 관심을 얻기 위해 엄마의 말을 듣고 그 소리를 흉내 낸다는 것이다. 엄마가 사용한 언어에 따라 태어난 이후의 아기 울음소리가 다르다는 것은 태아가 출생 이전의 경험을 태어난 이후에 기억한다는 말해주는 것이다. 이것은 태아가 태어나기 전부터 말을 배운다는 것이며, 언어 학습이 이미 엄마 뱃속에서부터 시작된다는 것을 말해준다.

이로 보면 말은 태아에게 청력이 생기면서부터 듣게 되고, 어쩌면 이 때부터 말을 배우기 시작한다고 보아야 한다. 그래서 태아에게 청력이 생기는 임신 7개월부터 말과 함께 책도 읽어주는 것이 좋다는 것이다.

그러나 본격적인 말을 듣고 배우면 다양한 언어를 경험하는 것은 태어난 이후부터라고 해야 할 것이다. 태어난 이후부터는 될수록 많은 언어를 경험할 수 있도록 끊임없이 다양한 언어 자극을 주는 것이 좋다. 아기에게 언어 자극을 많이 줄수록 좋으므로 아기에게 끊임없이 말을 걸고, 온갖 수다도 떨고, 대화도 시도해야 한다. 설사 아기가 반응을 보이지 못해도 실망할 필요가 없다. 이것은 아기에게 그대로 흡수되어 언어 습득의 훌륭한 영양분이 되기 때문이다.

그런데 아기에게 말 걸고 수다 떨 때 사용하는 어휘는 그렇게 많지 않다. 더구나 구어는 대개 문장도 완전하지 않다. 그래서 아이에게 다양한 언어를 경험하게 하는 좋은 방법은 책을 읽어주는 것이다. 책에는 일상 대화에서 쓰이지 않는 다양한 어휘가 등장한다. 게다가 문어라 문장도 완전한 문장을 사용한다. 책 읽어주기를 통해 아이는 훨씬 다양한 어휘와 함께 문법적으로 완전한 문장을 경험하게 된다. 다양한 어휘와 문장을 경험할수록 아이의 두뇌도 발달하고, 인지력, 사고력, 상상력도 쑥

쑥 자라게 된다. 듣기능력과 함께 말하기, 읽기, 쓰기 능력의 기초가 차곡차곡 쌓여간다.

태어날 때부터 끊임없는 언어 자극과 책 읽어주기를 하다 보면 어느 순간에 아이는 글자에 관심을 갖게 되고 자연스럽게 글도 깨치게 된다. 특히 한글은 쉽기 때문에 글을 깨치는 데 별 어려움이 없다. 책 읽어주기를 통해 책에 대한 관심이 많은 아이는 3세 정도면 글을 깨칠 것이고, 이때부터 자연스럽게 혼자 책을 읽을 수 있게 된다.

아이가 글을 깨쳐서 혼자 글을 읽게 되더라도 계속해서 책을 읽어주는 것이 좋다. 그런데 대개는 아이가 혼자 책을 읽게 되면 책을 읽어주지 않거나 책 읽어주는 것을 소홀히 하는 경우가 많다. 너무 일찍 아이에게 책 읽어주기를 그만두는 것은 큰 실수이자 불행이다. 아이가 자랄수록 가정과 학교에서 책을 읽어주는 횟수는 줄어들어 초등학교 고학년 이상의 아이들에게는 좀처럼 책을 읽어주지 않는 것으로 나타났다. 그러나 1983년 미국의 '읽기위원회'는 책 읽어주기는 전 학년 동안 지속해야 한다고 했다. 가정이나 학교에서 아이들에게 책을 읽어줄 때마다 독서의 즐거움에 대한 광고를 하는 것과 같은 효과가 있다.

언제까지 책을 읽어 줄 것인가 하는 것은 아이들의 듣기와 읽기 수준을 고려할 필요가 있다. 아이들은 읽어서 이해하는 수준보다는 들어서 이해하는 수준이 더 높다. 청력은 임신 7개월 무렵에 생기지만 시력은 태어난 후 100일이 지나 눈에 초점이 잡히기 시작할 때부터 볼 수 있게 된다. 이처럼 청력이 먼저 발달하고 시력은 나중에 발달하는 것처럼 아이들은 어릴수록 읽기보다는 듣기를 통해 이해하는 것이 쉽다.

전문가들의 견해에 의하면, 듣기와 읽기 수준은 중학교 2학년 무렵에 와서야 같아진다고 한다. 그 전까지는 읽기보다 듣기 수준이 높기 때문에 읽는 것보다는 듣는 것이 더 높은 수준의 내용을 이해할 수 있다. 그래서 아이들이 혼자서 읽을 때는 이해하지 못하는 다소 어렵고 복잡한 이야기도 들어서는 이해할 수 있다. 그러므로 듣기와 읽기 수준이 같아지는 중학교 2학년, 즉 14살까지는 책을 읽어주는 것이 좋다. 더욱이 부모와 교사가 아이들에게 책을 읽어주게 되면 서로간에 정서적 유대감도 형성할 수 있다. 따라서 아이가 자라서도 책 읽어주는 것에 저항감이나 거부감을 보이지 않는다면 나이와 상관없이 계속해서 책을 읽어주는 것이 좋다.

따라서 학년이 올라가고 공부할 것이 많더라도 가능하면 책을 읽어주는 것이 좋다. 그러지 않고 빽빽한 필독서 목록을 주고 읽으라고 강요하거나 독후감 과제를 늘리는 식의 방법은 자칫하면 역효과를 가져올 수 있다. 이것은 책에 대한 염증만 키워 책으로부터 멀어지게 한다. 그렇게 되면 어른이 된 후에도 책에 손도 대지 않게 될 것이다. 이보다는 책에 흥미를 느끼게 해야 한다. 강요와 과제는 괴로움을 주는 것이지만, 책 읽어주기는 즐거움을 선전하는 효과가 있다. 괴로움이 즐거움보다 앞서면 당연히 고객은 발길을 돌리게 되지만, 괴로움보다 즐거움이 앞서면 고객은 당연히 몰려들게 될 것이다. 책 읽어주기는 책에 흥미를 느끼게 하고 책 읽기의 즐거움을 선사하는 가장 훌륭한 선전 수단이다.

물론 책을 읽어줄 때는 아이의 수준에 맞는 책을 읽어주어야 한다. 이 때는 아이들의 발달 단계를 고려해야 한다. 아이들의 발달 단계는 일정한 순서에 따라 진행되지만, 그 시기는 개인차가 있으므로 일반적인 발달 단계에서 더 나아가 발달 단계의 개인차도 충분히 고려해야 한다. 그리고 발달 단계와 함께 개인적인 관심과 취향도 고려해야 한다.

책을 읽어주면 아이의 집중력과 어휘력, 배경지식을 늘려줄 뿐만 아니라 책에서 나온 생각거리나 이야깃거리를 통해 자연스럽게 솔직한 대화를 나눌 수 있는 기회도 얻게 된다. 책을 같이 읽으면서 책의 내용을 매개로 한 둘만의 솔직한 대화를 터놓고 나누고 나면, 정서적 유대감과 함께 부모와 자식 간의 결속력이 견고해지는 화학작용도 일어날 것이다. 이것은 책 읽어주기의 또 다른 효과이다.

책을 읽어주기에 너무 늦은 나이는 없다. 단지 아이의 나이가 많을수록 책 읽어주기가 쉽지 않을 뿐이다. 어느 날 뜬금없이 14살의 아이에게 책을 읽어주려는 부모보다는 귀를 기울이는 청중을 가진 교사는 그래도 책 읽어주기에 유리하다. 물론 관심과 흥미를 가질 수 있는 이야기가 담긴 책을 읽어주는 것이 좋다. 이야기는 사고의 기본적인 도구이자 인간의 근원적인 기억 방식이기 때문에 기억하기도 쉽다. 뿐만 아니라 이야기는 재미를 준다. 이야기는 사실을 재미와 함께 쉽게 명확하게 이해하도록 한다. 논리는 일반화를 시도하고 주관적인 감정을 배제하지만, 이야기는 구체적이고 감정을 담아내기 때문에 누구나 쉽게 친근하게 접근할 수 있다. 인간은 선천적으로 논리보다는 이야기를 이해하는 데 적합하게 만들어져 있다. 그래서 동화와 같은 이야기 줄거리가 있는 책을 읽어주는 것이 좋다.

어느 초등학교 선생님은 옛날이야기로 아이들을 통제했다고 한다. 초등학교 저학년일수록 자유분방해서 수업시간이 대단히 소란스럽다. 대개는 소리를 지르거나 막대기로 교탁을 치거나 심지어는 호루라기를 불어 아이들을 주목하게 만들지만, 그 효과는 잠깐일 뿐이고, 약발이 떨어질수록 그 강도만 자꾸 높여 가야 한다. 그런데 이 선생님은 아이들이 떠들거나 소란스러우면 '옛날 옛날에' 하고 그냥 조용히 옛날이야기를 꺼냈다. 그러면 아이들은 즉시 떠들기를 멈추고, 귀를 쫑긋 세우고 말똥말똥한 눈으로 선생님의 입을 주목한다고 했다. 그 효과가 가히 100%였다. 세상에 이야기보다 재미있는 것이 어디 있겠는가. 예전에는 할머니의 구수한 옛날이야기가 있었는데, 지금은 우리 주변에서 점점 사라져가고 있다. 이것을 가정에서 학교에서 복원할 필요가 있지 않겠는가.

옛날이야기나 동화의 생명력은 아이의 마음과 영혼에 호소하는 힘이다. 옛날이야기는 용기와 모험을 아이의 감성에 호소한다. 아이에게 용기를 내어 밖으로 나가 세상을 만나라고 속삭인다. 옛날이야기는 용기를 내서 도전하고 어려움을 견뎌내면 어떤 장애물도 극복할 수 있고, 어떤 적이라도 물리칠 수 있다는 것을 가르쳐 준다. 아이의 두려움과 공포감을 알아주고, 용기와 자신감에 호소하며, 희망을 보여줌으로써 옛날이야기와 동화는 아이에게 세상과 자기 자신을 이해할 수 있게 해준다.

오늘날 교육 환경의 개선으로 똑똑한 사람은 많다. 그러나 좋은 사람은 부족하다. 똑똑한 사람 못지않게 좋은 사람, 착한 사람을 길러야 한다. 다니엘 골먼이 주장하는 감성지능(EQ)을 계발해야 한다. 즉 머리와 함께 마음을 동시에 가르쳐야 한다. 마음을 가르치는 길은 인생에 대한 직접적인 경험을 들려주거나 인생의 경험에 대한 이야기(동화, 소설)를 들려주는 것이 효과적이다. 이야기의 힘은 머리와 마음을 동시에 깨우치게 하기 때문이다.

3) 어떻게 읽어주어야 하는가

저절로 책을 좋아하게 되는 아이는 거의 없다. 누군가는 아이를 매혹적인 이야기의 세계로 끌어들여야 한다. 아이를 이야기의 세계로 끌어들이는 가장 좋은 방법은 아이에게 책을 읽어주는 것이다.

그러면 어떻게, 즉 어떤 방법으로 읽어주어야 할 것인가? 방법의 문제를 거론하면 문제가 복잡하고 어려워진다. 방법은 하나만 있는 것이 아니기 때문이다. 수많은 방법 중에서 어느 방법이 절대적일 수도 없다. 아이와 환경에 따라 방법은 제각기 다를 수 있기 때문이다. 흔히들 비법을 요구하지만, 사실 비법이란 없다. 다만 쉽고 간단한 것이 가장 좋다. 저절로 되는 방법이 있다면 그것이 가장 좋을 것이다.

어떻게 책을 읽어주는 것이 좋을까? 사실 그냥 읽어주면 된다. 아이와 교감하면서 재미있게 정성을 기울여 읽어주면 된다. 꾀꼬리 같은 목소리가 아니어도 좋다. 아나운서와 같이 세련되게 읽어주지 않아도 좋다. 아이를 사랑하는 엄마와 아빠의 목소리라면 투박해도, 거칠어도, 서툴러도 크게 문제되지 않는다. 아나운서와 같은 세련된 목소리나 배우와 같은 멋진 연기가 없어도 좋다. 기교는 크게 중요하지 않다. 그저 엄마, 아빠의 사랑이 듬뿍 담긴 정감 있는 목소리면 그것으로 충분하다.

목적과 목표가 먼저다. 방법론은 그 다음의 문제이다. 처음부터 방법론에 집착하면 아무것도 할 수 없다. 목적과 목표가 분명하면 방법은 그때그때 조건과 상황에 맞춰 실행하면 된다. 처음부터 방법론을 따지면 끝이 없다. 목적과 목표가 명확하면 가야 할 길도 보이게 된다. 그러므로 책을 읽어주겠다는 목적만 확고하면 방법에 크게 구애받지 말고 실천하는 것이 좋다. 하다 보면 방법은 상황에 맞게 다듬고 발전시켜 가면 된다.

이런 점에서 어떻게 읽어주라는 방법은 한낱 사족에 불과할 수도 있겠다. 그러면서도 읽어주기의 효과를 높이기 위해 간단하게 살펴보는 것도 유익할 것이다. 다음의 일반적인 사항에 유의하면서 읽어주자.

• 정확한 발음으로 읽어주자.

• 등장인물들의 특성에 맞는 다양한 말소리로 읽어주자. 특히 대화에서는 음색을 바꾸어 가며 다양한 소리로 읽어주자.

• 이야기에 맞춰 읽는 속도와 소리의 높낮이를 조절하자. 긴장된 순간에는 천천히 목소리를 낮추어 읽어주면 아이의 긴장감을 높일 수 있다. 조용히 감상에 젖어 들도록 해야 하는 장면에서는 잦아드는 목소리로 여운을 남기는 것이 좋다.

• 이야기를 들으면서 상상할 수 있도록 천천히 읽어주자. 아이에게 책을 읽어줄 때 흔히 하는 잘못은 너무 빠르게 읽는 것이다. 너무 서두르지 말고 아이가 그림책 속의 그림을 보면서 머릿속으로 상상할 수 있는 여유를 주어야 한다.

• 읽어주기 전에 미리 내용을 검토하자. 줄일 곳, 생략할 곳, 설명할 곳을 찾아보자. 재미있어 할 만한 부분을 찾아서 정성껏 재미있고 인상 깊게 읽어주자. 이를 위해서는 부모도 재미와 감동을 느끼면서 읽어주어야 한다. 한 사람의 독자로 읽으면 어른도 재미있고 즐겁고 감동적일 수 있다.

• 아이에게 질문하면서, 눈을 쳐다보면서 읽어주자. 표지 그림을 보면서 "무슨 이야기일까?", "다음에는 무슨 일이 일어날까?", "어떻게 될 것 같니?" 하면서 아이의 표정도 살피고, 함께 웃기도 하면서 읽는 것이 좋다.

• 설명이 쉽지 않은 질문을 하면 백과사전을 찾아 함께 설명을 읽어보자. 그러면 아이는 배경지식의 기반도 넓히고, 사전 찾는 방법도 알게 된다.

• 책을 읽어주면서 기회 있을 때마다 친밀감과 사랑을 표현하자. 책 읽어주기의 좋은 효과 중의 하나가 아이와 부모 간의 감정의 교류를 통한

정서적 유대감의 형성이다.

- 자기 책일 경우 다시 읽고 싶은 구절을 표시하자. 책과 상호작용을 통해 책 읽는 재미와 의미를 높여 줄 것이다.
- 독서 진도표를 만들어 벽이나 문에 붙여 한눈에 볼 수 있게 하자. 성취감과 함께 책을 더 읽고 싶은 욕구를 자극하게 될 것이다.

어떤 방법으로 읽어주는 것이 좋은가? 사실 그냥 읽어주면 된다. 아이와 교감하면서 재미있게 정성을 기울여 읽어주면 된다. 기교는 크게 중요하지 않다. 그저 엄마, 아빠의 사랑이 듬뿍 담긴 정감 있는 목소리면 그것으로 충분하다. 처음부터 잘 읽어주기 위해 너무 방법론에 집착하면 아무것도 할 수 없다. 읽어주기는 처음부터 잘 할 수는 없다. 꾸준히 읽어주다 보면 익숙하게 되고, 익숙하게 되면 잘 읽어주게 된다. 그때그때의 조건과 상황에 맞춰 읽어주다 보면 방법은 차차 알게 된다. 그리고 상황에 맞게 다듬고 발전시켜 가면 된다.

아울러 부모가 독서의 본보기가 될 수 있어야 하므로 부모도 틈날 때마다 책 읽는 모습을 보여 주어야 한다. 엄마뿐만이 아니라 아빠도 책 읽어주기에 적극 참여해야 한다.

책을 읽어줄 때 주의할 점은 아이의 질문에 귀찮아해서는 안 된다는 것이다. 질문이 많다는 것은 궁금하기 때문이고, 궁금하다는 것은 책에 집중하고 있다는 증거다. 아이들은 모르는 것이 많기 때문에 항상 왕성한 호기심으로 가득 차 있으며, 따라서 질문을 많이 할 수밖에 없다. 귀찮더라도 인내심을 가지고 친절하게 답해 주어야 한다. 교실에서라면 많은 아이들의 질문을 다 받다 보면 책을 제대로 읽어갈 수 없으므로 질문은 다 읽은 후에 받는 것이 좋다. 그리고 책 읽어주기를 협박용으로 사용해서는 절대 안 된다. "방 안 치우면, 오늘밤 책 읽어주기는 없다."는 식으로 사용하는 것은 아이에게 책에 대한 부정적인 인식과 함께 거부감을 줄 우려가 있으므로 좋지 않다. 당근으로는 사용할지라도 채찍으로는 사용하지 않는 것이 좋다. 채찍으로 사용하다 보면 이것이 자승자박이 되어 자칫하면 책 읽어줄 수 있는 기회마저 잃게 될 가능성이 많아질 것이다.

책 읽어주기의 최종적인 목적은 아이가 책을 좋아하고, 책 읽는 것을 즐기게 해서 어려서부터 독서 습관을 기르게 하는 것이다. 어려서부터 독서가 습관이 되면 아이는 자라서도 책을 읽게 되며, 사회에 나가서도 책을 읽는 평생 독자가 된다. 이를 위해서는 먼저 책 읽어주기가 아이에게 습관이 될 수 있게 해야 한다. 책 읽어주기가 습관이 되도록 하기 위해서는

- 매일 일정한 시간을 정해 책을 읽어준다.
- 아이와 함께 하는 시간 틈틈이 읽어준다.
- 듣는 능력은 습득되는 것이므로 꾸준히 읽어준다.

생각이 행동으로 옮겨지고, 행동이 반복되면 습관이 된다. 그리고 처음 시작할 때는 미약하나 반복되어 습관이 되면 생각과 행동까지 통제하므로 몸에 밴 습관은 인생을 좌우하기도 한다. 개인이나 조직의 성공과 실패는 무시할만한 자그마한 습관에 좌우되는 경우가 많다. 어려서부터의 독서 습관을 형성하게 되면 성공에 대한 보증 수표를 얻는 것이나 마찬가지이다. 지금 아이가 무슨 책을 읽고 있는가를 보면 장차 아이가 무엇이 될 것인지를 알 수 있다. 3년 후, 10년 후 어떤 사람이 될지는 어떤 책을 읽느냐에 따라 결정된다. 우리는 우리가 읽은 것으로 만들어진

다. 매일 틈틈이 꾸준히 책을 읽어주는 것이 아이의 독서 습관을 형성하는 가장 좋은 방법이다.

책을 읽어준 후에 아이와 이야기하는 시간을 갖거나 토론을 하는 것이 매우 중요하다. 학급에서 책에 대한 토론을 많이 한 아이들이 평소에 책도 많이 읽고, 국가 학력평가의 읽기시험에서 좋은 성적을 내는 것으로 나타났다.

다음은 교사의 읽어주기의 유형에 대한 연구에서 나온 결과이다.

첫째 유형은 책을 읽는 중이나 그 전후에 매우 제한적인 약간의 대화만을 나눈 경우이다. 책을 읽어주는 도중에 교사가 책의 반복되는 부분을 언급하며 질문을 하거나, 장난치거나 산만한 아이들의 주의를 집중시키려고 질문을 던진다. 이런 질문에는 정답과 오답만이 있을 뿐이다.

둘째 유형은 책을 읽어주는 도중에 교사와 아이들이 많은 이야기를 나눈다. 다양한 분석과 설명, 강조, 등장인물의 성격에 대한 논평이 이루어진다. 그러나 읽기 전후에는 거의 논의가 이루어지지 않는다.

셋째 유형은 책을 읽어주는 도중에는 토론을 자제하지만, 읽기 전에 적당한 대화가 오가고, 읽은 후에는 충분한 토론이 이루어진다. 읽기 전에 교사는 책에 대해 소개하고, 자신의 느낌을 말해주며, 그 책을 선택한 이유를 들려준다. 책을 읽고 난 후의 토론에서는 교사가 먼저 아이들이 줄거리를 떠올릴 만한 질문을 던진다. 아이들은 자신의 언어로 책의 이야기를 재구성한다. 때로는 책의 내용을 아이들의 삶과 연관시키도록 토론이 확장되기도 한다. 중간에 교사가 개입하는 것은 최대한 줄인다.

이 세 가지 유형에 대해 1년 후 6살이 되었을 때 어휘력을 평가한 결과 세 번째가 가장 높았고, 그 다음으로 두 번째였고, 첫 번째가 가장 저조했다. 여기서 읽기 전후에 이루어지는 토론이 대단히 유익한 것으로

나타났다. 특히 읽은 후에 이루어지는 토론은 매우 효과적이었다.[3)]

독서 토론의 효과는 여러 사람의 다양한 사고와 접함으로써 사고의 유연성과 다양성을 기르면서 논리적 · 비판적 · 창의적 사고력을 키울 수 있다는 점이다. 혼자만의 독서만으로는 한계가 있다. 그래서 토론이 없는 독서는 반쪽의 독서라고 한다. 책을 읽고 여러 사람과 함께 토론을 통해 내가 미처 생각지 못했던 것과 부족했던 부분을 알 수 있으며, 이를 통해 나의 생각을 더욱더 심화 · 확장시키면서 책이나 논제에 대한 분석력과 논리적 사고력을 기를 수 있기 때문이다.

4) '혼자 읽기'는 언제, 어떻게 해야 하는가

책 읽어주기의 가장 큰 목적은 아이가 혼자서 책읽기를 좋아하고 즐기도록 하기 위해서이다. 그러므로 책 읽어주기에서 언젠가는 조용히 혼자 읽기 단계로 넘어가야 한다. 언제까지나 누군가가 그 많은 책을 일일이 다 읽어줄 수는 없다. 이것은 물리적으로나 시간적으로 불가능하다. 조용히 혼자 읽는 것, 이것이 본격적인 독서의 단계로 들어가는 것이다.

혼자 읽기 단계로 넘어가야 할 이유 중의 또 하나는 독서의 효과면에서다. 인간의 두뇌에는 시각 인지체가 청각 인지체보다 30배나 많다. 보는 것이 듣는 것에 비해 단어나 문장을 기억할 확률이 30배나 높은 것이다. 이런 점에서 궁극적으로는 혼자 읽기로 넘어가야 한다.

물론 그 시작은 글을 깨친 이후부터다. 글을 모르고서는 혼자 읽을

---

3) 짐 트렐리즈, 『아이의 두뇌를 깨우는 하루 15분, 책 읽어주기의 힘』, 북라인, 2007.

수는 없기 때문이다. 그렇다고 글을 깨쳤다고 해서 책 읽어주기를 중단하는 것은 큰 잘못이다. 이 때는 읽어서 이해하는 것보다는 들어서 이해하는 수준이 높기 때문에 계속해서 책을 읽어주어야 한다. 글만 깨쳤다고 해서 글의 내용을 제대로 이해할 수 있는 것은 아니다. 어휘력과 배경지식이 쌓여야 글의 내용을 이해할 수 있으므로 책 읽어주기를 통해 어휘력과 배경지식을 늘려 이해력을 확장해 갈 수 있게 해 주어야 한다. 이러한 이해력을 높이는 길은 아이가 어릴수록 읽기보다는 듣기 수준이 더 높기 때문에 책을 읽어주는 것이 효과적이다. 가능하면 읽기와 듣기 수준이 같아지는 14살까지는 책을 읽어주는 것이 좋다.

그러나 글을 깨치고 나면 혼자 읽기가 가능해지므로 혼자 읽는 훈련을 조금씩 해가야 할 필요가 있다. 조용히 혼자 읽기는 가정에서뿐만 아니라 학교에서도 해야 한다. 학교 밖에서 책을 읽지 않는 아이나 책을 싫어하는 아이, 책을 읽을 장소와 환경이 마땅치 않은 아이들을 위해 학교 교실에서 적극적으로 혼자 읽기 훈련을 시킬 필요가 있다. 더욱이 교실에서는 다른 사람이 혼자 조용히 책 읽는 모습을 볼 수 있으므로 이 자체가 아이들에게는 긍정적인 역할 모델이 될 수 있다.

읽기는 많이 읽을수록 잘 읽게 된다. 읽기는 습득되는 기술이기 때문이다. 그러므로 많이 읽게 해야 한다. 2002년 32개국 16세 학생 25만 명을 대상으로 OECD 학업 성취도 조사 결과에 의하면, 사회경제적 계층에 상관없이 책을 많이 읽는 아이가 가장 잘 읽는 것으로 나타났다. 국제교육평가협회의 조사에서도 성적이 높은 학생들은 교사가 매일 책을 읽어주었고, 학생 자신도 매일 즐겁게 책을 읽었다는 공통점이 있었다. 특히 혼자 읽기에서는 매일 책을 읽는 아이가 일주일에 한 번 읽는 아이보다 훨씬 성적이 높았다. 그럼에도 대부분의 학교에서는 학생들에게 책을 읽어 주지도, 혼자 읽을 시간을 주지도 않는다. 미국의 경우 초등학교에서는 수업시간의 6%, 중학교에서는 3%, 고등학교에서는 2%만을 독서에 할애한 것으로 나타났다.

그러면 왜 읽지 않는가? 대개의 대답은 읽기 싫어하거나 읽을 시간이 없기 때문이라는 것이다. 그렇다면 읽기 싫어하는 것과 읽을 시간이 없는 문제를 해결하면 문제는 간단히 해결된다는 것이 아니겠는가. 읽기 싫어하는 문제는 책 읽어주기로, 읽을 시간이 없는 문제는 조용히 혼자 읽기가 그 해결책이 될 수 있다.

책에 대한 재미를 알게 하여 책을 읽고 싶어 하도록 하는 간단하면서도 효과적인 방법은 바로 아이들에게 책을 읽어주는 것이다. 책을 읽어주면 아이들은 책을 좋아하게 되고, 책을 읽는 분위기와 환경에 쉽게 감염된다. 책을 읽을 시간이 없다는 문제에 대해서는 다른 것을 줄여서라도 책 읽을 시간을 만들어서 조용히 혼자 읽기 훈련을 시켜야 한다.

독서 전문가인 로버트와 말렌 매크라켄은 조용히 혼자 읽기를 위해 다음과 원칙을 적용하도록 권했다.

- 아이가 일정한 시간 동안 혼자 책을 읽도록 한다. 교사나 부모는 교실이나 가정에서 그 시간을 적절하게 조정하는데, 교실에서는 15분이 가장 일반적이다.
- 읽을 책, 잡지, 신문 등은 아이가 스스로 선택하도록 한다. 혼자 읽기 시간 전에 읽을거리를 선택하고, 그 시간 중에는 다른 것으로 바꾸지 못하게 한다.
- 교사나 부모도 책을 읽음으로써 모범을 보이는 것이 매우 중요하다.
- 독후감을 내야 할 필요는 없다. 어떤 종류의 기록도 보관하지 않는다.

『독서의 힘』이라는 저서를 낸 스테판 크라센은 조용히 혼자 읽기를 통한 학습법이 전통적인 교수법보다 언어 능력 향상에 더 효과적임을 밝혀냈으며, 또 여가 독서가 단어, 글쓰기, 언어 능력에 미치는 긍정적인 효과를 연구하여 기존의 방법을 고수하는 교육자들에게 새로운 시사점을 던져 주었다.

그러면 조용히 혼자 읽기의 이점과 효과는 무엇일까?

첫째, 혼자 읽기를 통해 많은 책을 읽을 수 있게 된다. 많은 책을 읽는 데는 책 읽어주기는 물리적으로나 시간적으로 제약이 따를 수밖에 없으므로 혼자 읽기를 통해 읽고 싶은 대로 자유롭게 책을 읽을 수 있어야 많은 책을 읽을 수 있다. 이 때부터 본격적인 독서의 단계로 들어가게 된다.

혼자 읽기를 통해 책을 많이 읽게 되면 독서능력의 밑바탕이 되는 어휘력과 배경지식이 크게 증가하게 된다. 책을 잘 읽는 아이가 하루에 10분씩 책을 읽게 되면, 초기에는 500단어를 습득하고, 숙달됨에 따라 이내 500단어를 더 습득하게 된다고 했다. 초등학교 3학년이 되면 교과서나 일상의 대화보다도 혼자 읽기가 아이의 어휘력을 증가시키는 가장 중요한 바탕이 된다. 책에는 교과서나 일상 대화보다 3-6배나 많은 희귀 단어가 들어 있기 때문이다.

둘째, 혼자 읽기를 오랫동안 많이 할수록 막힘없이 책을 읽게 된다. 책을 제대로 능숙하게 읽을 수 있게 되면 독서를 좋아하게 된다. 이를 위해 미국의 '책 읽는 국가 만들기' 보고서에서는 문제지와 학습지에 할당하는 시간을 줄여서라도 한 주에 두 시간씩 개인적으로 독서를 할 것을 권했다.

셋째, 혼자 읽기는 아이의 독서에 대한 태도와 독서능력을 눈에 띄게 향상시킴으로써 자기주도적 학습을 가능하게 한다. 혼자 읽기는 독서에 대한 긍정적인 태도를 갖게 함으로써 자발적으로 독서를 하게 한다. 이렇게 독서를 많이 하게 되면 어휘력과 함께 배경지식을 쌓게 되고, 이를 바탕으로 독서능력이 향상되게 되면 스스로 관심 분야의 책을 찾아 읽으면서 자기 혼자 공부를 해 나갈 수 있게 될 것이다.

넷째, 혼자 읽기는 독서를 여가 활동으로 받아들이게 함으로써 독서 습관을 형성시키게 된다. 독서를 여가 활동으로 받아들이게 되면 독서의 즐거움을 느끼게 되는 새로운 경험을 하게 된다. 독서의 즐거움을 느끼면 되면 독서교육의 최종 목표인 학교에서뿐만 아니라 사회에 나가서도, 어른이 되어서도 책을 읽게 될 것이다.

이러한 혼자 읽기의 이점에도 불구하고 혼자 읽기가 실패하는 원인은 책은 읽지 않고 감시만 하는 교사와 읽을거리가 빈약한 교실 환경 때문이다. 먼저는 역할 모델이 중요하다. 많은 학생들은 교사의 습관을 따라 한다. 교사가 읽고 있는 책에 대해 말하거나 가슴 설레는 부분을 설명할 때 학생들은 반응을 보인다. 교사는 학생과 작가의 만남을 주선하는 일종의 중매쟁이다. 그러려면 교사가 책을 읽는 모범을 보여야 하고 역할 모델이 되어야 한다.

학교 현장의 사례를 들어보자.

이원복의 〈먼 나라 이웃나라〉는 아이들이 별로 좋아하지 않는 것 같다. 선뜻 가져갔던 아이들도 모두 금세 다시 갖다 꽂아놓는다. 아무래도 애들에게는 엄두가 나지 않는 책이다. 그래서 아침에 아이들에게 일본 편을 몇 장 읽어주면서 일본에 대한 이야기도 나누고, 작가 이원복의 해박함과 지식에 대한 열정, 만화에 대한 소신 등에 대해서도 이야기 해주었다. 더불어 이 책은 아무나 좋아하지 않는 책인데 대부분 특별한 아이들이 무척 좋아하는 대단한 책이라고 설명을 덧붙여 주었다.

그러고 나서 며칠 동안 아이들이 이 책을 열심히 가져 가 읽는다. 역시 모든 아이들이 좋아하는 건 아니지만 의외로 책에 관심 없던 남자 녀석 몇이서 아주 열심히 읽어댄다. 오죽하면 수업시간에까지 읽는다. 공부 안하고 주로 말썽피우고 만화만 좋아하던 녀석들인데 그 반응이 놀랍고 기쁘다. 내용을 이해하기에는 어렵겠지만 끝까지 읽어내고, 다시 한 번씩 보는 모습이 아주 대견하다. 그 증세들은 다른 아이들에게까지 전파되고 있다.

아이들이 책을 좋아하게 하려면 끊임없이 정보를 주고받으며 함께 책에 관한 이야기를 나누어야 한다. 학급문고도 함께 이야기를 나누니 아이들 반응이 좋다. 선생님이 소개해 주는 책은 아이들이 먼저 찾아 읽는다.

『하루 15분, 책 읽어 주기의 힘』이란 책을 만나게 되었다. 이 책을 읽으면 읽을수록 독서 지도에 대한 확신이 마음속에 점점 차게 되고 아이들과 책을 통해 의미있는 시간을 보낼 수 있게 되었다.

책을 통해 아이들을 대할 때는 책을 아이들에게 전해 준다는 생각이 아니라 '책을 같이 읽어 본다'라는 생각으로 임해야 한다는 것을 깨달았다. 먼저 아침 자습시간 집중을 따로 시키지 않고 아이들 앞에 앉아 조용한 목소리로 책을 읽어 나갔다. 첫 날 10명 정도의 아이들이 관심을 보이더니 일주일이 지나자 33명의 아이들이 내 주위에 둘러 앉아 내 목소리에 귀를 기울이고 있었다. 자연스럽게 집중이 되자 그림을 보여주며 내가 느낀 느낌을 이야기 하자 아이들이 자신의 느낌도 이야기하기 시작하였다. 처음에는 좀 소란스러웠지만 나지막한 목소리로 천천히 이야기하자 아이들 역시 내 흉내를 내며 조용한 목소리로 이야기했다.

이러한 활동이 일주일, 한 달에 그치는 것이 아니라 아주 긴 시간 꾸준히 이어져야 함을 책을 통해 알게 되었는데 두 달 정도가 되자 내가 읽었던 책을 쉬는 시간에 아이들이 열심히 읽고 있는 모습이 눈에 들어오기 시작했다. '책 읽어라'하는 말을 하지 않았는데도 스스로 책을 읽는 모습을 보니 신기하기도 하고 뿌듯하기도 하였다. 쉬는 시간에 책을 읽느라 정신이 없으니 당연히 쉬는 시간은 조용해지고 자연스럽게 교실에서 조용하게 공부하는 분위기가 형성되었다. 교사가 조바심을 내지 않고 꾸준히 아이들에게 차분한 목소리로 또는 인물에 맞는 목소리로 책을 읽어주는 것이 얼마나 중요한 것인지를 깨닫게 되었다.

학생들이 책을 좋아하고 책을 읽게 하려면 교사가 책으로 안내하면서 역할 모델로서 모범이 되고, 시범을 보여야 한다. 책을 읽어줄 수 있는 상황이 허락된다면 책을 읽어주는 것이 좋다. 학급 문고가 있다면 위의 사례처럼 그 책들에 대해 매일 가볍게 이야기를 해 주는 것도 좋다. 물론 책에 대해 이야기하기 위해서는 교사가 먼저 책을 읽어야 한다. 자기 자신이 책을 읽지 않는 교사는 결코 학생들을 책으로 인도할 수 없다. 교사가 독서를 과제로 부과하고, 그것을 평가하는 기계적인 방법으로 접근한다면 학생은 학교 밖이나 사회에 나가서 결코 책을 읽지 않을 것이다.

독서에 대한 일방적인 강요는 독서의 즐거움을 빼앗아버리는 부작용이 있으므로 주의해야 한다. 강압적인 강제성은 바람직하지 않다. 그러나 독서에 대한 요구는 해야 한다. 아무것도 요구하지 않으면, 아무것도 이루지 못한다. 차를 운전하는 사람에게 교통법규를 지킬 것을 요구하지만 이 때문에 그 대상을 혐오하지는 않는다. 강압은 아니더라도 요구는 해야 한다. 요구하면서 그것이 재미있고 매력적이어서 마침내 즐거움이 될 수 있게 하는 것이 중요하다. 이에 대한 좋은 방법은 책 읽어주는 것이다.

독서의 즐거움은 가르치기보다 감염되는 것이다. 감염시키기 위해서는 교사가 책 읽는 모습을 보여야 한다. 교사가 먼저 독서라는 전염병에 걸려야 한다. 교사가 독서 전염병에 걸리지도 않았는데 어떻게 학생들에게 이 전염병을 퍼뜨릴 수 있겠는가. 교사가 독서병에 걸리면 아이들은 쉽게 감염된다. 아이들은 면역력이 약하기 때문이다. 그래도 때가 덜 묻고 순수하기 때문이다. 교사가 독서에 관심을 보이고 책에 대해 자주 이야기하고, 책 읽는 모습을 보여주면 아이들은 금방 감염된다. 독서 전염병에 걸린 교사를 만난 학생은 참으로 인생의 행운아라 할 것이다.

아이들을 독서에 감염시키기 위해서는 다음 사항에 유의하자.

- 역할 모델로서 교사나 부모가 매일 책을 읽어야 한다. 아이와 같은 시간에 읽는다면 더욱 좋다.
- 아이 스스로의 관심과 선택이 중요하므로 아이가 스스로 읽고 싶은 것을 선택하게 하자. 그래야 아이가 쉽게 독서에 대한 재미와 즐거움에 빠지게 될 것이다.
- 읽는 시간을 정하자. 처음에는 짧게, 아이가 자라 더 많이 읽을 수 있게 되면 길게 시간을 잡자. 독서는 넓게, 깊게, 길게 하는 것이 좋다. 이를 위해서는 집중력이 필요하지만, 책을 읽다보면 점차적으로 집중력이 좋아진다.
- 신문과 잡지도 독서의 일종이므로 책만 고집하지는 말자. 만화책도 혼자 읽기의 출발점으로 유용하다. 책을 잘 읽지 않는 아이는 만화책으로 시작하는 것도 좋다. 세계에서 읽기성적이 가장 우수한 핀란드의 열 살 아이들도 59%가 매일같이 만화책을 보고 있다.

독서의 재미와 즐거움은 가르치기보다 감염시키는 것이 가장 좋다. 독서에 감염되면 그 아이는 사회에 나가서도 꾸준히 책을 읽는 평생 독자가 될 것이다. 학교 독서교육의 목표는 아이들을 평생 독자로 만드는 것이다.

5) 언제, 어떤 책을 읽어주고 읽게 할 것인가

언제, 어떤 책을 읽어주고 읽게 할 것인가? 아이의 발달 단계에 맞게, 그러면서도 개인적인 관심과 취향에 맞는 책을 읽어주는 것이 중요하고 효과적이다. 독서 지도의 핵심은 '적합한 책을, 적합한 대상에게, 적합한 시기에(right book, right person, right time)'에 제공해 주는 것이다.

먼저는 아이의 발달 단계에 대한 이해와 고려가 필요하다. 아이들의 발달 단계는 누구나 일정한 발달 단계를 거치지만, 그 시기는 개인차가 있다는 것이다. 즉 아이들의 일반적인 발달 단계는 일정한 순서와 단계를 거치지만, 그 나이와 시기는 아이에 따라 빠를 수도 느릴 수도 있다는 것이다. 그러므로 아이들의 일반적인 발달 단계와 함께 개인차를 고려한 개인별 맞춤 독서를 하는 것이 바람직하다.

(1) 출생 이전(태아기)

이 시기는 신체의 각 기관이 발달하는 단계이다. 임신 7개월 정도면 태아에게 청력이 생긴다. 엄마의 심장 소리와 함께 주변의 소리도 듣기 시작하면서 감정과 정서를 갖게 된다. 갓 태어난 아기가 불안해하며 울 때 엄마의 심장 소리를 녹음했다가 들려주면 울음을 멈추는 이유도 뱃속에서 엄마의 심장 소리에 익숙해져 있기 때문이다.

조선 영조 때 사주당 이씨 부인이 쓴 태교지침서인 『태교신기』에는 '스승이 10년을 잘 가르쳐도 어미가 열 달을 뱃속에서 잘 가르침만 못하다.'라면서 태교의 중요성을 강조하고 있다. 태교는 머리가 좋고, 정서적으로 풍부하고 건강한 아이를 얻기 위함이다.

책 읽어주기도 가능한 한 어려서부터 읽어주는 것이 좋다. 일찍 시작할수록 더 쉽고 더 좋기 때문이다. 임신 7개월이면 태아에게 청력이 생기므로 이 때부터 책 읽어주기를 시작해도 좋다. 책 읽어주기는 아주 훌륭한 태교의 하나로 권장할 만하다.

(2) 유아 0-1세

갓 태어난 아기는 눈동자에 초점이 잡히지 않아 사물을 제대로 볼 수 없다가 100여일이 지나서야 눈동자에 초점이 잡히게 된다. 이 때부터 비로소 주변의 사물을 제대로 보기 시작한다. 이 때 아기의 눈 위에 맑은 소리가 나는 모빌을 달아주면 아기의 청력과 시력을 키우는 데 도움이 된다.

시각은 아직 충분히 발달되어 있지 못한 상태이나, 청각은 상당한 수준으로 발달한 상태이므로 갓난아기는 언어의 운율을 즐긴다. 뱃속에서 엄마의 규칙적인 심장 박동 소리의 리듬에 익숙해져 있기 때문이다. 그래서 아기들은 운율이 맞는 단어를 찾아내는 놀라운 능력을 가지고 있으며, 언어의 운율을 좋아하고 즐긴다. 그래서 유아에게 읽어주기 좋은 책은 소리가 중심이 되는 것이다. 운율과 반복, 단순하고 극적이며, 신나고 재미있는 소리가 책의 중심에 있어야 한다. 유아에게는 운율이 있는 시와 노래로 아이의 언어와 듣기 능력을 끊임없이 자극하는 것이 좋다. 아기 때는 익숙한 소리와 사람, 사물 등 친숙한 것에 자석처럼 끌린다. 그래서 같은 책을 반복해서 듣고 싶어 하기도 한다.

4개월까지는 무엇을 읽어 주는가는 별 문제가 되지 않는다. 그냥 읽어주기만 하면 된다. 아기는 책을 읽는 리드미컬한 목소리에 익숙해지면서 평화로움과 안정감을 느끼게 된다. 이 시기는 아기가 혼자서 잘 움직이지 못하는 시기이다. 듣고 바라보는 것 말고는 할 수 있는 것이 없다. 아기가 온순하고 수동적이기 때문에 책 읽어주기가 비교적 쉽다. 평온하고 따스한 느낌을 가질 수 있게 읽어주면 된다.

6개월부터는 책을 듣는 것보다는 쥐고 빠는 것에 관심이 많아진다. 시력이 어느 정도 발달되므로 가까운 거리에 있는 사물에 관심을 나타내면서 손으로 만지고, 냄새를 맡고, 입으로 빨기도 한다. 프로이드는 이 시기를 '구강기'라고 하여 입으로 쾌감을 느낀다고 하였다. 아기들은 무엇이든지 입으로 가져가므로 이 시기의 아기들은 책을 만지거나 빨거나 하면서 장난감처럼 가지고 논다. 그래서 탈무드에는 아기 때부터 책과 가까이 하게 하려고 엄마가 책에 꿀을 발라 놓는다는 이야기가 나온다. 아기가 무조건 입으로 가져가는 습성으로 책을 빨게 되면 책은 언제나 달콤한 무엇이 나오는 것으로 인식하여 책과 가까이 하도록 하기 위한 것이다. 아울러 시각의 발달을 위해 색채도 처음에는 단순한 흑백에서 시작하여 대담한 채색의 그림책까지 아이의 호기심을 자극하고 시각을 일깨울 수 있게 해야 한다.

책을 읽어줄 때 유아가 집중할 수 있는 시간은 3분 정도이다. 하루에 여러 차례 읽어준다 해도 모두 30분 정도이다. 점점 책을 읽어주는 시간이 모이고, 책을 읽어주는 날들이 쌓여서 아이의 집중력도 조금씩 늘어나게 될 것이다.

8개월부터는 듣기보다는 책장을 넘기는 것을 좋아한다. 책장을 넘기는 행동을 마음껏 할 수 있게 도와주고, 아이가 책장을 넘길 수 있으면 아이에게 책장을 넘기게 하여 책 읽기에 동참시키는 것이 좋다. 아이들은 책을 보기만 할 뿐만 아니라 핥고, 집어 던지고, 깔아뭉개고, 찢기도 한다. 물론 자기 책을 깨끗하게 관리하는 것도 중요하지만 때로는 자기 마음대로 할 수 있는 권리도 누릴 필요도 있다. 아이가 스스로 책을 소중하게 다루는 것을 깨달을 때까지 기다려줄 필요가 있다. 이 때는 아기가 소리와 단어의 유형을 오래도록 기억할 수 있다. 따라서 책을 통해 많은 어휘를 들은 아기는 높은 언어 능력을 갖게 될 가능성이 많다.

아이의 뇌는 출생 시 25% 정도 계발되고, 75%는 출생 후 계발된다. 언어를 많이 경험할수록 뇌가 발달한다. 아이의 영리함과 창의력 및 상상력의 결정은 첫돌 무렵에 중요한 얼개가 형성된다. 에릭슨은 이 시기를 인생에 대한 신뢰감과 행복감, 불신감과 비애감을 배우는 시기라고 했다.

뇌교육의 권위자인 구보타 기소는 『천재를 만드는 0세 교육법』에서 천재는 타고나는 것이 아니라 만들어지는 것이라 했다. 그리고 출생 후 2년간 아이들의 뇌가 폭발적으로 발달한다. 뇌를 발달시키기 위해서는 뇌에 자극을 주어야 한다. 뇌에는 자극을 받아서 전달하는 뉴런(신경세포와 돌기)이 있는데, 성인은 160억 개 정도이지만, 갓 태어난 아이도 140억 개 정도 된다. 뇌에 자극을 주면 신경세포끼리 연결된 시냅스 수가 증가하게 된다. 시냅스는 일종의 신경회로다. 이 신경회로가 많아지면 정보를 빠르고 정확하게 전달할 수 있게 됨으로써 두뇌가 발달하게 된다.

시냅스 수를 증가시켜 아이의 두뇌를 발달시키기 위해서는 발달에 맞는 적절한 자극을 많이 주어야 한다. 우선은 시각, 청각, 촉각 등 다양한 오감 자극이다. 특히 피부는 풍부한 신경망으로 연결되어 서로 정보를 주고받으므로 피부 접촉을 통한 자극이 좋다. 자주 안아주고, 쓰다듬고, 주물러주면 이 자극이 뇌로 전달되면서 시냅스 수를 증가시킨다. 그리고 아이로 하여금 만지기, 빨기, 손가락 놀리기, 걷기, 뛰기 등의 운동감각 자극도 많이 할 수 있게 해야 한다. 외출을 통한 다양한 사물을 경험하게 하는 것도 필요하다. 아이의 사고력과 인지능력을 발달시키기 위해서는 무엇보다 다양한 언어 자극을 주어야 한다. 아이에게 끊임없이 말하고 수다를 떠는 것도 좋은 언어 자극이 된다. 다양한 언어 자극은 아이의 두뇌를 발달시키는 좋은 보약이다. 아이와의 대화에서 사용하는 어휘는 한계가 있으므로 책 읽어주기가 가장 좋은 방법 중의 하나이다. 이러한 뇌 자극을 많이 해줄수록 아이의 두뇌가 폭발적으로 발달하게 된다. 이것이 바로 천재를 만드는 교육법이다.

이 시기는 책과 친숙해지는 시기로서 무엇이든지 입으로 가져가는 시기이므로 적합한 책은 만지거나 빨거나 하여도 인체에 해롭지 않은 책이어야 하며, 책을 장난감처럼 가지고 놀게 하여 책과 친숙하게 해야 한다. 사물을 인지할 수 있는 책으로 색깔이 밝고 선명하며, 사물의 모습을 뚜렷하게 보여주는 원색 계통의 책이 좋다. 9개월부터는 좋아하는 책이 생기면서 반복해서 읽어달라고 요구한다. 걸음마하는 시기까지는 반복되는 구절이 있는 책을 읽어주는 것이 중요하다.

(3) 유아 1, 2세

이 시기는 읽기를 위한 신체적 준비 단계로서 눈과 귀로 잘 보고 듣는 것을 익힐 수 있게 해야 할 때이다. 이 시기의 아이는 기거나 걷기를 시작하면서 주변의 사물에 대한 구체적인 관심을 나타내기 시작하며, 사물을 만지거나 쥐고 빨면서 느끼기를 좋아한다. 시각도 상당히 발달하여 텔레비전을 뚫어지게 쳐다보기도 한다. 급격한 신체 발달과 함께 시청각 반응이 예민해진다.

12개월부터는 아기는 부모 대신 책장을 넘기고, 사물의 이름을 말해주면 그림을 찾아내며, 동물의 울음소리를 흉내 낸다. 이 때부터 주변의 사물들을 지각하기 시작하면서 인지능력이 발달하게 된다. 인지능력의 발달과 밀접한 관련이 있는 것은 언어이다. 하이데거가 '언어는 존재의 집'이라 한 것처럼 아이들은 말을 배워가면서 주변의 사물을 인지하게 되므로 특히 언어 사용, 즉 말을 가르치는 데 관심을 집중해야 한다. 아이와 끊임없이 대화하고, 이야기를 들려주면서 언어적 자극을 줌과 동시에 엄마와의 정서적 유대감을 형성시킬 수 있게 해야 한다.

이 시기에 갖는 사물에 대한 관심과 정서적 반응은 평생을 좌우하는 삶의 태도를 결정하게 되므로 세심한 주의가 필요하다. 특히 책은 사물을 배워가는 통로이자 정서 발달의 좋은 매개체이다. 문자나 기호에 대한 인지능력이 생기는 때이므로 그림이나 사진을 중심으로 낱말이나 짧은 문장이 있는 책이 좋다. 또한 반복되는 리듬감 있는 이야기에 흥미를 보인다. 그러나 집중하는 시간이 짧다는 것을 고려하여 책을 선정해야 한다. 어느 정도 사물에 대한 인지능력이 생기므로 많은 것을 보여주고 들려주면 그만큼 인지능력이 향상된다.

이 시기의 아이에게 적합한 책은 아이가 먹고 자고 노는 일상을 담은 생활 경험 그림책, 사물 그림책, 동요나 동시가 있는 그림책 등이 좋다. 10-15분 정도의 비디오테이프를 틀어주는 것도 좋다. 읽기 지도보다는 아이와 말하고 이야기하는 끊임없는 대화로 언어적 자극이 필요하다. 그림과 문자를 구별하면서 문자에 대한 감각과 관심을 가질 수 있도록 문자를 손으로 짚어가면서 읽어주는 것이 좋다. 아이가 걷기 시작하게 되면 분주하게 움직이며 잠시도 가만있지 않는다. 호기심이 많아서 그렇다. 호기심을 충족시킬 수 있게 배려해 주고, 책은 적당한 시간을 택해서 읽어준다. 사물에 대한 호기심이 많을 때이므로 주변의 사물이나 생활 경험 등을 책을 통해 다양하게 보여주면서 호기심을 충족시켜 줄 수 있게 한다.

아이는 성장하면서 차츰 주위에 눈을 뜨게 되면서 사물에 관심을 갖게 된다. 물론 직접 사물을 접하면서 배우는 것이 좋지만, 이것은 한계가 있으므로 이 때 그림책은 아이에게 사물을 익히는 최고의 교육매체이다.[4] 직접 대면할 수 없는 사물들도 그림책을 통해 접할 수 있기 때문이다. 여기서 가장 좋은 것은 부모가 찍은 사진을 이용해서 만드는 것이 가장 좋다. 아이의 일상과 주변을 사진에 담고 이름을 붙이고, 프린트기로 출력하면 훌륭한 그림책이 된다.

아이가 책과 부모의 목소리에 반응하기 시작하면 책을 읽어주며 책에 대한 이야기를 나누기 시작한다. 책에 대한 이야기 나누기는 일방적으로 들려주는 것이 아니라 간단한 질문을 끼워 넣어 아이의 반응과 대

---

4) 연구에 의하면, 중산층 가정을 관찰한 결과 엄마가 아이에게 사물의 이름을 알려주는 75%가 책을 통해서이고, 아이의 응답을 바로잡아 주거나 긍정해 주는 것의 81%도 책을 통해서였다. 저소득층의 경우는 이 비율이 훨씬 낮게 나왔다.

답을 유도하면서 주고받는 대화가 될 수 있어야 한다. 책을 매개로 한 대화는 함께 책 읽는 즐거움을 맛보게 한다. 아이가 살펴보고 음미할 수 있도록 천천히 기다리면서 읽어주는 것이 좋다. 아이가 책 내용에 대한 반응을 보이면 운율이 있고 예측이 가능한 책도 읽어준다. 예측이 가능한 책을 여러 번 되풀이해서 읽어줄 때는 중요한 단어나 구절에서 이따금 멈추어 아이에게 말할 수 있는 기회를 줄 필요가 있다.

여기서 아기에게 책을 읽어주는 진정한 목적은 아기의 안에 있는 잠재능력에 영양분을 공급하고, 아이와 부모 사이를 친밀감으로 묶어주며, 아기가 자라나 책 읽을 준비가 되었을 때 아이와 책 사이에 자연스럽게 다리를 놓아주는 것이다. 영재가 되고 안 되고는 그 다음의 문제이다.

(4) 유아 3, 4세

이 시기의 아이의 중요한 특성은 '자기중심적 사고'와 '언어능력의 발달'이다. 이 시기의 아이는 점차 사물의 이름을 알게 되고, 단순하지만 사물을 구분하고, 감각과 동작 활동을 정교화해 간다. 그러나 자기 경험 안에서만 생각하고 사물을 인지한다. 자기 영역이 확고해지고, 자신의 세계 안에서 모든 것을 처리하려고 한다. 자기가 본 것은 자기 것이라 생각하기도 한다. 그래서 남의 집에 가서 장난감을 가지고 놀다가 주머니에 넣고 온다. 이것을 도둑질이라고 생각하면 안 된다.

이 때부터 아이가 고집이 세어지고 엄마 말을 잘 들으려고 하지 않는다. 그래서 미운 세 살, 네 살이라고 한다. 이것은 자율성과 독립성이 생긴다는 증거이다. 자신의 생각에 의해 활동하고 반응하면서 자율성을 키워나가게 되는데, 이 때 주위의 제재에 직면하게 되면서 도덕성을 형성하게 된다. 주위 사람들의 반응을 살피기 위해 이른바 '눈치 보기'가 생겨나게 된다. 이전의 아이는 컵을 깨뜨리면 울기부터 하지만, 이 시기의 아이는 가만히 서서 주위 사람들의 반응을 살피게 된다. 이 때 주위 사람들의 반응은 이 시기 아이의 도덕성을 형성하는 데 중요한 영향을 끼치게 된다. 무조건적으로 혼내는 것도 문제가 되고, 그냥 방치하는 것도 곤란하다. 특히 무조건적인 야단과 신체적 체벌은 아이를 위축되게 하고 불만과 반항을 생기게 한다. 왜 안 되는지를 알아듣게 설명해야 하고, 꼭 필요한 경우에 제재를 가해야 한다. 제재를 가한 후에는 안아줌으로써 사랑을 확인시켜 주어 정서적으로 안정감을 가질 수 있도록 해주는 것이 좋다. 그리고 제재는 반드시 규칙적이고 일관되고 평등해야 아이가 혼란에 빠지지 않는다.

이 시기의 아이가 갖는 중요한 특징은 '언어능력의 발달'이다. 언어를 사용할 수 있다는 것은 사물에 대한 인식과 함께 개념을 갖게 되며, 경험과 생각을 다른 사람과 나눔으로써 사회화가 진행된다는 것을 의미한다. 또한 언어를 사용하게 됨으로써 언어에 의한 기억의 축적이 가능해진다. 우리가 대부분 어렸을 적 경험을 이 때부터 기억하게 되는 것도 언어에 의한 경험의 저장이 가능해지기 때문이다. 그러나 이 시기의 아이들의 언어능력은 자신의 경험 안에서 의미를 파악하는 '자기중심적 언어 사용 방식'이다. 즉 다른 사람의 경험과 견해를 고려하지 못하고 자신의 말과 이야기를 일방적으로 전달하는 '독백' 현상을 보인다. 4세까지 일생동안 사용할 수 있는 언어의 3/4까지 이해할 수 있다고 한다. 또한 끝없는 호기심 때문에 미아의 60% 이상이 3, 4세의 아이들이다.

적합한 책은 그림과 문자가 적절하게 어울린 사물 그림책, 생활 경험 그림책과 등장인물이 3인 이하의 내용이 단순하고 반복적인 구조의 이야기가 있는 책이 좋다. 언어 감각을 발달시키기 위해 다양한 의성어, 의태어가 사용된 동요, 동시가 있는 그림책도 좋다. 의성어, 의태어는 문자에 대한 재미와 함께 사물에 대한 감각을 생생하게 느끼게 하는 효과가 있는데, 특히 우리말에는 이것이 발달되어 있으므로 최대한 활용하는 것이 좋다. 그림은 색채가 선명하고 사실적으로 그려진 것이 좋다.

어느 정도 줄거리가 있는 이야기를 소화할 수 있는 시기이므로 책과 함께 테이프나 애니메이션 등의 다양한 매체를 이용한다. 자신이 좋아하는 책, 내 책에 대한 개념이 생기는 때이므로 가끔 서점을 들러 함께 책을 사도록 한다. 글자를 어느 정도 인식하며, 언어를 왕성하게 배워가지만, 아직 글을 자유롭게 읽기는 어려우므로 엄마, 아빠가 책을 읽어주는 것이 좋다. 언어사용 능력의 발달을 위해 낱말놀이 등을 통해 어휘력 개발에 힘쓴다. 글 읽는 시간이나 양을 규칙적으로 하여 독서 습관을 형성할 수 있게 배려한다.

책을 고를 때는 사전에 읽어보고 적절하지 않다고 판단되면 읽어주지 않는 것이 좋다. 그리고 읽어줄 때도 미리 읽어보고 지루한 설명 부분은 건너뛰고 읽어주는 것이 좋다. 너무 길거나 시간이 모자라면 긴장이 고조되는 순간에 멈추고 다음 날 읽어주어 시간을 손꼽아 기다리게 하는 것도 효과적이다. 이미 알고 있는 책은 흥미를 느끼지 못하므로 피하는 것이 좋다. 대화가 너무 많은 책은 누구의 말인지 알 수 없을 때가 많으므로 피하는 것이 좋다. 재미와 감동을 주는 책, 내용과 그림이 잘 어울리는 책을 고른다. 그림책의 그림은 이야기의 감상을 최대한 도와줄 수 있는 것이 좋다. 그리고 아이의 개인적 관심과 취향, 수준을 고려해서 읽어줄 책을 선택해야 한다.

아이들은 책을 반복해서 읽어 달라고 한다. 세 살 전까지는 책을 반복해서 읽어주는 것이 많은 책을 건성으로 읽어주는 것보다 낫다. 아이는 어휘에 대한 이해력이 떨어지기 때문에 한 번 들어서 다 이해할 수 없다. 그래서 반복해서 읽을 때마다 아이는 새로운 것을 알게 되고, 여러 번 반복해서 들어야 완전하게 이해할 수 있다. 질문이 많은 것도 이러한 이유 때문이다. 따라서 설명을 곁들이면서 읽어주는 것이 효과적이다. 이해를 돕기 위해서는 책 읽어주기와 현장 학습을 병행하는 것도 좋다. 책에서 배운 것을 실제 삶의 경험으로 접목시키면 더욱 생생하게 이해할 수 있기 때문이다.

세 살 반에서 네 살이 되면 줄거리가 중요해진다. 줄거리가 있는 책은 다음 내용에 대한 궁금증을 불러일으키기 때문에 아이의 집중력을 높이는 효과가 있다. 물론 여기서 발달 단계는 일반적인 경우이므로 항상 개인차를 고려해야 한다. 처음에는 내용이 너무 복잡하면 안 된다. 점점 아이의 흥미를 붙잡기 위해서는 줄거리가 더 중요해진다. 아이들은 흥미진진한 이야기의 전개에 흠뻑 빠지게 된다. 책에 탐닉하게 되므로 밤을 새워 책을 읽어달라고 한다. 부모는 다소 괴롭겠지만, 집중력이 높아지고 있다는 증거이므로 독서 영재가 될 수 있는 좋은 징조이다. 집중력이 높아지면 점차 복잡한 줄거리의 이야기도 소화해 갈 것이다.

(5) 유아 5, 6세

이 시기는 유치원에 다니는 때이다. “살아가면서 필요한 것은 모두 유치원에서 배웠다.”는 말처럼 이 시기의 아이들은 현저한 인지, 인성, 도덕성 등의 발달을 보인다. 이 시기의 중요한 특징은 행동 지향적이며, 기억과 예측에 대한 능력이 커져 대상과 세계에 대한 일관된 인식을 갖게 된다. 여기서 행동 지향적이라는 것은 대부분의 시간을 놀이로 보낸다는 뜻이며, 놀이를 통해 대상과 세계에 대한 이해를 넓혀간다는 것이다.

활발한 신체 활동과 함께 언어 사용 능력이 향상됨으로써 웬만큼 의사소통이 가능해지며(약 2,000-2,500개 정도의 어휘 사용), 모방 능력과 의인화 능력도 발달하여 이야기 속의 등장인물과 자신을 동일시하기도 하고, 동물이나 식물에 자신의 감정을 이입시키는 것을 즐긴다. 이 시기의 아이들은 가끔 거짓말을 하게 되는데, 이는 지어서 말하는 것으로 상상력이 풍부해지기 때문이다. 그리고 좋은 것과 나쁜 것, 즉 선과 악의 판단도 어느 정도 하게 된다. 한국에서는 대부분의 아이들은 이미 글을 깨치게 됨으로써 책을 혼자 읽을 수 있는 단계에 들어가게 된다. 물론 빠른 아이는 이 이전부터 혼자 읽기가 가능하다.

이 시기의 아이들은 한 자리에 앉아 선생님의 이야기나 설명을 들을 수 있으며, 한 주제에 대해서도 어느 정도는 집중하기 시작한다. 읽어준 이야기를 자기 나름대로 조리 있게 다시 이야기할 수 있으며, 이야기의 줄거리를 순서대로 나열할 수 있다. 읽어준 책 내용의 주제를 파악하고, 자신의 생각을 문장으로 정리해 표현할 수 있으며, 이야기를 그림으로 나타낼 수도 있다.

적합한 책은 선악의 구분이 뚜렷하고 이해하기에 적당한 줄거리를 갖고 있는 전래동화와 상상력과 감수성을 길러주는 그림동화책, 사회생활과 도덕에 관한 교육 및 학습 관련 책이 좋다. 그리고 아동의 일상적인 생활 속에서 갈등을 해소하고 관계를 원만하게 맺어가는 이야기가 들어 있는 책도 좋다. 특히 우리의 전래동화는 자연과의 교감이 있고, 선과 악의 대립에서 선이 승리하는 구조를 갖추고 있으며, 의성어와 의태어의 반복적인 표현이 주는 재미와 함께 우리 언어의 묘미를 만끽할 수 있는 장점이 있다.

좋아하는 책과 좋아하지 않는 책의 구별이 생기므로 편중되지 않게 적절한 지도가 필요하다. 아이가 선택한 책과 부모가 선택한 책을 1:1의 비율로 하는 것이 좋다. 다양한 내용의 교육용 비디오테이프나 교구를 활용하여 관심 분야를 다양하게 해야 한다. 독서 전략의 하나로서 독서 계획표와 점검표를 그래프로 만들어 독서에 대한 동기를 부여하여 글 읽는 재미를 느끼게 하는 것도 좋다. 이 시기는 책을 잘 읽는 것 못지않게 독서 습관을 들이는 것이 중요하다.

(6) 초등 1, 2학년

이 시기는 공교육인 학교생활이 시작되는 때이다. 입학과 동시에 전혀 새로운 사회와 만나게 된다. 초등학교에 입학하게 되면 유치원 때와 달리 더 많은 또래를 만나면서 집단성을 익히게 된다. 이 때 아이들은 '또래 집단성'과 '성차(性差)'에서 충격을 경험하게 된다. 또래 문화에 젖어들면서 갑자기 하지 않던 욕을 한다든지, 친구들과 오락실이나 PC방 등에 몰려다니는 행동을 보이게 된다. 또래 문화에 잘 적응하지 못하면 이른바 '왕따', 즉 집단 따돌림 현상이 나타나게 된다. 그리고 남녀의 성차를 의식하기 시작하면서 서로 어울리는 것을 부끄럽게 생각하거나 멀리하기도 한다.

또래 집단에 편입되면서 이 시기의 아이들은 자기중심적 사고에서 벗어나기 시작하여 남의 생각을 존중하고 배려하는 행동을 하게 된다. 언어 사용도 사회성을 띠게 되면서 사물에 대한 다른 관점을 이해하고, 자신의 관점과 다른 상대방의 입장을 고려할 수 있게 된다.

학교생활에 익숙해지면서 자기중심적인 사고에서 벗어나 남과의 관계 속에서 객관적인 현실을 이해하는 단계에 들어가게 된다. 그래서 현실 이야기에 관심을 갖게 되고, 그러면서 상상 속의 이야기인지 실제 있었던 일인지를 구별하게 된다.

언어에서도 점차 자신의 언어 체계를 형성해 간다. 예를 들면 다른 사람의 설명을 자신의 언어 체계로 바꾸어 이해하고 기억 속에 저장한다. 이 때의 아이들은 지적 호기심과 지적 성취 욕구가 강하다. 감수성, 추리력, 재구성력 등이 발달하여 사물과 세계에 대한 통찰력을 키워간다. 그래서 이 시기의 아이들은 전 생애에 걸쳐 상상력이 최고조에 달한다. 무엇에 집중하는 시간도 30분까지 늘어나서 어느 정도의 글 한 편을 처음부터 끝까지 읽어낼 수 있는 능력을 갖게 된다. 이 시기는 그림 중심에서 글자 중심의 책으로 넘어가는 과도기라 한다.

정상적으로는 초등학교 1학년 과정에서 글을 배워야 하나 이미 가정이나 유치원에서 선행 학습을 통해 글을 깨쳤기 때문에 대부분의 아이들은 글을 자유롭게 읽을 수 있는 능력을 갖추고 있다. 다소 복잡한 이야기도 이해할 수 있게 된다.

이 시기는 책을 읽고 중요한 일과 그에 따르는 세부사항을 알 수 있다. 자세한 것도 기억하고, 이야기의 내용을 순서대로 나열할 수 있다. 책을 읽은 후 알맞은 글의 제목을 선택해 낼 수 있고, 책의 내용에 나오는 줄거리를 자기 경험과 비교해 자신의 경험을 이야기할 수 있다. 책을 읽으면서 그 내용을 보고 실제로 있을 수 있는 일인지, 상상의 세계에서만 가능한 일인지를 구분한다. 단어의 뜻을 모르더라도 앞뒤 문맥으로 그 뜻을 추측할 수 있게 된다.

이야기의 줄거리를 파악하려면 대략 단어의 90%는 이해해야 한다.

90% 정도 이해하고 있으면 모르는 단어가 있더라도 문맥으로부터 벗어나지 않고 전체 줄거리의 윤곽을 파악할 수 있다. 모르는 단어는 문맥 속에서 12번 정도 보게 되면 그 단어를 완전히 이해하고 익히게 된다고 한다. 그러나 10% 이상의 단어를 이해하지 못하면 글을 제대로 이해하지 못하거나 심하게 왜곡할 수 있다.

적합한 책은 글 중심으로 넘어가는 과도기라 아직은 그림책을 편하게 생각하므로 그림과 글자가 적당히 섞여 있는 책이 좋다. 상상력이 최고조에 이르는 시기(7세)이므로 환상동화, 상상의 폭을 넓힐 수 있는 명작동화, 일정한 줄거리가 있는 일상생활의 이야기나 학교생활 관련의 창작동화, 학교 공부와 관련되는 언어, 산수, 자연, 사회 등의 학습 관련 책이 좋다.

독서의 습관화를 위해 독서 분위기와 환경을 조성하여 꾸준히 책을 읽게 하고, 도서관이나 서점을 이용하는 습관을 기르게 한다. 쓰기능력보다는 읽기능력의 향상에 초점을 두는 것이 좋고, 줄거리 이야기하게 하기, 감상을 그림일기로 써 보게 한다.

(7) 초등 3, 4학년

이 시기의 아이들은 현실성, 현실적 합리성에 관심을 갖는다. 일상적인 것을 비롯하여 내 주변의 사회에 호기심을 갖고 다양한 관심을 나타낸다. 그래서 상상의 이야기보다 현실적인 이야기를 더 좋아하는 경향을 보인다. 1 · 2학년 때 왕성했던 상상력이 현실성을 갖추기 시작한다.

그리고 또래 집단성도 강해져서 '우리 반', '우리 학교'라는 의식에서 '나와 가까운 아이'에 대한 의식이 강해진다. 그래서 친구를 사귀는 것도 폭넓게 사귀기보다는 자기와 생각과 마음이 잘 맞는 아이들과 또래를 형성한다. 그래서 경우에 따라서는 부모, 선생님과의 약속보다도 또래와의 약속을 우선시하여 갈등을 빚기도 한다.

이 시기는 청각 중심의 기억에서 시각 중심의 기억이 우세해져 가는 때이다. 그래서 책을 읽는 방법도 그림 중심에서 글자 중심으로 넘어가야 한다. 비교적 읽기에 편한 내용이나 알맞은 수준의 책을 많이 읽어서 글 중심의 독서습관을 형성할 수 있게 해야 한다. 이 때는 논리적 사고도 발달하여 다른 사람의 이야기와 행동에 공감하기도 하고, 구체적으로 비판도 하게 된다.

이 시기에 개인별 독서능력의 차이가 가장 크게 벌어지게 된다. 미국의 독서능력 지수표(The Lexile Framework)[5)]에 의하면, 학년별로 독서능력지수가 높은 학생과 낮은 학생의 차이가 초등 1학년은 100, 2학년은 150,

---

5) 독서능력 지수(Lexile/Grade Equivalent Chart) 및 어휘 증가율 표

단계 (Grade)	독서능력지수 범위 (Lexile Range)	상하 간격	연령	어휘량 및 증가율	
			5, 6	5,382	20.2
1	250-350	100	7	6,452	17
2	350 - 500	150	8	7,552	26.3
3	520 - 750	230	9	9,534	33.8
4	620 - 910	290	10	12,749	39
5	730 - 960	230	11	17,708	36.5
6	800 - 1030	230	12	24,170	23.9
7	880 - 1090	210	13	29,922	17.2
8	910 - 1140	230	14	35,052	13
9	1030 - 1160	130	15	39,598	9.1
10	1080 - 1210	130	16	43,166	6.4
11	1130 - 1260	130	17	45,941	3.6
12	1130 - 1300	170	18	47,630	1.2
			19	48,226	0.25
			20	48,336	

3학년은 230, 4학년은 290, 5-6학년은 230으로 나타난다. 미국의 경우 초등 3학년 때부터 독서능력의 차이가 크게 벌어지기 시작하여 4학년 때 독서능력의 차이가 가장 크게 벌어진 것으로 나타난다. 독서능력은 어휘력과도 밀접한 관계가 있으므로 학년별 어휘량의 증가를 살펴보면, 일본의 경우 초등 3, 4, 5학년 때 어휘가 폭발적으로 증가하는 것으로 나타나고, 점점 줄어들기 시작하여 고 3학년 이후에는 거의 어휘 증가가 없다. 그러므로 이 시기는 보다 더 체계적이고 집중적인 독서지도가 필요하다.

이 시기는 읽기가 본격적으로 시작되므로 이 때 근본적인 기초를 튼튼히 해주지 않으면 계속 독서가 뒤떨어지며, 또 뒤떨어지기 시작하면 걷잡을 수 없이 자꾸 뒤쳐져 나중에는 바로잡기가 힘들게 된다. 먼저 책을 많이 읽어서 어휘력을 신장시키고, 문맥을 통해 단어의 의미를 파악하고, 그 내용을 깊이 있게 이해하는 능력을 길러가야 한다. 다양한 분야의 책을 접하여 배경지식을 넓혀가면서 읽는 기술도 향상시켜 가야 한다. 이 시기는 책을 본격적으로 읽기 시작해야 하며, 생각의 정리 · 정돈과 그 연결 능력 등이 극도로 발달하는 때이다. 이 시기에 학생들의 읽기가 흥미로 읽는 독서, 공부를 위한 독서, 정보를 알아내기 위한 독서 등으로 나뉜다.

이 시기는 모르는 단어도 사전을 찾지 않고 문맥을 통해 뜻을 알 수 있는 능력을 갖게 되고, 아직 읽지 않은 내용도 어느 정도 예측하며 읽을 수 있다. 책을 읽으면서 핵심어와 중심문장을 찾을 수 있고, 세부 사항 중에서 어느 것이 중요한 것인지 찾아낼 수 있어야 한다. 비유어를 찾아 그 뜻을 밝힐 수 있고, 책을 반쯤 읽은 후 나머지는 스스로가 지어낼 수 있다. 작가가 글을 쓰게 된 동기를 알고, 책의 내용을 요약할 수 있다.

적합한 책은 현실적 합리성에 관심을 가지면서 일상적인 것을 비롯하여 내 주변의 사회에 호기심을 갖고 다양한 관심을 나타내므로 생활 이야기를 소재로 한 현실적인 이야기를 담은 책과 또래 간의 우정과 사랑, 이해와 관용을 담은 창작동화가 좋다. 「알프스의 소녀」, 「집 없는 천사」, 「나폴리의 아이」, 「엄마 찾아 3만리」 등과 같은 동정심을 유발하는 주인공을 좋아한다. 현실적 합리성에 관심을 가지면서도 도전과 모험의 내용이 담긴 동화책이나 공상적인 괴기담도 좋아한다. 「톰 소여의 모험」, 「허클베리 핀의 모험」, 「보물섬」, 「율리시즈호의 밀항자」, 「드라큘라 백작」 등이 그렇다. 괴기담을 좋아하는 것은 현실을 부정하고 현실에서 벗어나고자 하는 욕망의 표현이다.

책의 이야기를 나와 관련시켜 이해할 수 있도록 하고, 공상적인 이야기, 모험담, 괴기담 등에 너무 탐닉하지 않도록 적절하게 지도하는 것이 좋다. 독서 습관을 기르고, 독서를 좋아하게 하는 마지막 기회이므로 독서 관련 행사나 독서 프로그램에 적극 참여시켜 독서에 대한 관심과 흥미를 갖게 지도한다. 특히 개인별 독서능력의 차이가 가장 크게 벌어지는 때이기도 하므로 체계적이고 집중적인 독서 지도가 필요하다.

(8) 초등 5, 6학년

이 시기의 아이들은 지적 호기심도 높아지며, 합리적 사고가 발달하여 비현실적인 논리에 비판을 가하기도 하며, 독립적인 인격체로서 자격을 갖추기 시작하므로 자신의 주장이 강해지고 가치관의 변화를 경험하기도 한다. 신문, 방송 등 매스미디어에 대한 관심이 높아지면서 사회 전반적인 것에 대한 관심이 폭넓게 형성되며, 현실적인 사회문제에도 흥미를 가지면서 하나의 사회인으로서 자리 잡아 가는 때이다. 성장이 빠른 아이들은 사춘기에 접어들기도 하므로 아이들의 심리 변화에 주의하여 대처할 필요가 있다.

이 시기는 독서능력이 성숙 단계에 도달해야 할 때이다. 책을 읽을 때에는 내용을 깊이 있게 이해하면서 같은 주제에 대한 여러 사람의 견해를 비교하여 비판할 수 있는 능력도 갖추게 된다. 생각도 깊어지고, 감정도 성숙해지게 된다. 이 시기에 오면 독서를 좋아하는 아이와 싫어하는 아이의 구분이 뚜렷해진다. 독서를 좋아하는 아이들은 다양한 분야에 대한 지적 호기심과 함께 지적 이해에 대한 욕구가 강하게 나타나므로 폭넓은 독서를 통해 배경지식을 확장하고 축적해 가면서 자신의 관심 분야를 넓혀가야 한다.

특히 6학년 때는 학생들의 지적 욕구를 충족시키면서 중학교 과정에 대비한 독서능력을 향상시켜야 한다. 중학교는 초등학교와는 달리 교재의 수준이나 수업방식 등이 급격하게 변하고, 질적으로나 양적으로 갑자기 많은 학습량을 요구하기 때문에 이에 대한 준비가 필요하다. 독서를 통한 다양한 지식과 정보를 바탕으로 사고의 폭과 넓이를 심화시키고 확장시켜 가면서 현실에 대한 관심과 더불어 우리 역사와 사회, 문화에 대한 관심을 확대해 갈 수 있어야 한다. 이를 위해 배경지식을 바탕으로 깊이 있는 이해와 논리적 사고가 필요하다.

이 시기는 책이 재미가 없어도 끝까지 많은 양을 읽어내기 시작하고, 나의 의견과 달라도 그 사람의 입장에서 이해할 수 있는 지각이 생긴다. 책의 내용을 서로 연결시키면서 응용하는 능력이 많이 향상되며, 사전을 찾지 않고도 웬만한 단어는 문맥을 통해 그 뜻을 짐작할 수 있다. 여러 스타일의 글을 구별해 읽을 수 있고, 대강 읽어도 되는 글과 자세하게 깊이 읽어야 할 글의 차이를 안다. 책도 목적을 갖고 읽으며, 주인공의 감정을 자기 것으로 소화하고, 선악의 구분을 깊이 있게 한다.

이 시기는 독서가 성숙 단계에 접어드는 독서 자립기이므로 자신의 관심 분야의 책을 넓고 깊이 있게 읽는 것이 좋다. 일반적으로는 소년과 소녀를 주인공으로 어려움을 헤쳐가며 문제를 해결해 가는 모험담이나 현실 생활 속의 문제를 어린이의 시각에서 다룬 내용의 책과, 역사소설, 탐정 추리소설, 공상과학소설, 역사 · 전기 · 논리 관련 책, 사회 문제나 환경 문제를 다룬 책 등을 다양하게 읽으면 된다.

다양하고 폭넓은 독서를 통해 자신의 관심 분야를 넓혀 갈 수 있도록 하고, 모둠 활동을 통한 연구조사와 독서 후의 토론 활동을 적극 권장한다. 그리고 여건이 허락되면 10대에게도 책을 읽어주는 것이 좋다. 책 읽어주기를 할 때는 10대를 포함한 모든 아이가 그림책을 즐긴다는 것도 알아야 한다. 그림책은 나이 차가 많이 나는 아이들에게도 함께 읽어줄 수 있다. 그러나 소설은 그렇지 않다. 아이들이 세 살 이상 차이가 나서 사회적 · 감성적 격차가 있을 경우, 따로따로 분리해서 연령에 맞는 소설책을 읽어주어야 한다. 10대에게 성공적으로 책을 읽어주기 위해서는 아침이나 간식 시간을 이용하는 것이 좋다. 읽을거리는 꼭 책이 아니어도 좋다. 책을 읽어주는 궁극적인 목표는 아이와 독서 경험 사이의 긍정적인 연결고리를 만드는 것이기 때문이다.

(9) 중학교

이 시기부터 아이들을 '청소년'이라 부른다. 청소년들은 정서적으로 부모로부터 독립하고 신체적으로 성숙하여 사춘기에 접어든다. 부모로부터의 독립과 신체적 성숙은 자아에 눈을 뜨게 하고, 이 때문에 내부로부터 일어나는 심리적인 변화에 직면하게 된다. 신체적으로 성숙한 청소년은 자신을 성인으로 인식하는 경향이 있다. 그래서 아직 어리다고 여기는 부모 및 사회와 자신을 성인으로 인식하는 청소년 사이에 심각한 갈등과 반목이 일어나기도 한다. 뿐만 아니라 내부 자아와의 갈등을 겪기도 한다.

이 시기는 주변과 심각한 갈등과 방황을 겪기도 하며, 자아에 눈뜨기 시작하면서 '자기 정체성'을 확립해 가는 시기이다. 자아를 찾아 헤매면서 삶의 목표와 방향을 찾기 위해 다른 사람의 삶과 그 방식에 호기심과 관심을 갖게 된다.

인지발달의 최종 단계에 들어서면서 어느 정도의 추상적 개념을 이해하고 표현할 수 있게 된다. 초등학교까지는 객관적 자료나 증거에 의해 관계를 유추하고 예측할 수 있는 논리적 사고가 가능했으나, 이 시기에는 추상적인 논리능력을 갖게 되어 실증적 자료나 증거에 의하지 않고도 논리적으로 결론을 도출해 낼 수 있는 연역적 사고가 가능하게 된다. 언어 사용에서도 자기중심적 언어 사용에서 벗어나 개념을 정교하게 형성하고, 다른 사람의 논리를 따질 줄 알며, 상황이나 관점에 따라 사물도 달라질 수 있다는 것을 이해하게 된다. 책읽기의 성향도 줄거리 중심의 읽기에서 벗어나 논리적인 글 읽기를 선호하는 경향을 보인다.

이 시기의 청소년들에게는 인지, 심리, 도덕성의 양극화 현상이 두드러지게 나타난다. 삶의 목표를 뚜렷하게 세우고 올바른 가치관을 터득하여 자기발전을 위해 매진하는 사람이 있는가 하면, 삶의 목표를 세우지 못한 채 방황하며 잘못된 길로 들어서는 사람이 있다. 이 시기의 청소년은 '어떤 때 보면 다 큰 어른 같다가도 아직도 어린애 같은' 측면을 동시에 가지고 있다. 이러한 특성은 이 시기의 청소년이 아직 관계 인식능력이 부족하고 삶을 통합적으로 바라보지 못하고 있다는 것을 의미한다.

초등 6학년 이상부터는 독서 수준이란 어휘력과 배경지식의 수준이다. 즉 6학년 이상부터는 어휘를 많이 알고 배경지식을 충분히 쌓으면 얼마든지 높은 수준의 책을 읽을 수 있다. 어휘력과 배경지식의 수준은 독서 수준을 높이는 데 가장 중요한 필수 조건이다. 어휘력과 배경지식이 뒷받침되지 않고는 높은 수준에 도달할 수 없다. 어휘력과 배경지식은 책을 많이 읽을수록 향상되므로 중학교부터는 책을 많이 읽어서 어휘력과 배경지식을 높여 독서능력을 향상시켜 가야 한다.

청소년기에 해당되는 중학교 단계에서는 왕성한 독서로 자신의 관심 분야에 대한 집중적인 독서를 필요로 하는 시기이므로 독서도 전략적으로 해야 한다. 독서를 통해 다양한 정보와 지식을 습득하면서 상상력과 미적 감수성, 정서를 함양하고, 논리력, 사고력, 표현력을 향상시키면서 자신의 가치관과 인생관을 정립함으로써 건전한 교양인으로서 인격형성을 이루어 갈 수 있어야 한다.

이를 위해 문학, 역사, 과학, 인문사회, 철학, 예술, 종교 등의 다방면의 책들을 읽어야 한다. 먼저는 현실의 역경을 딛고 하나의 인간으로서 성장해 가는 '성장소설' 등을 많이 읽는 것이 좋다. 인간과 삶에 대한 이해를 통해 자신의 삶을 설계하고 이해하는 데 도움이 될 것이다. 이 시기는 사회 · 정치적인 내용에 관심을 보이므로 신문과 뉴스, 잡지 등 다양한 읽기 자료를 접하는 것이 좋다. 사춘기인 중학생 시절에는 인간의 감성이 가장 섬세하여 문학 책을 읽을 때 가장 감동을 받으므로 세계문학 전집을 탐독하기도 한다. 세계명작은 인간과 삶에 대한 깊이 있는 이해를 할 수 있게 할 것이다. 또한 진로와 직업에 대해 관심도 높아지는 시기이므로 진로 결정과 직업 선택에 도움이 되는 책도 좋다. 그러나 구체적인 직업보다는 직업에 대한 이해를 위한 직업의 세계, 직업의 윤리, 직업의 필요성을 담고 있는 책들이 좋다.

중등 단계는 독서 능력이 이미 성숙 단계에 도달했을 시기이므로 책을 읽는 학생과 읽지 않는 학생으로 뚜렷하게 나뉜다. 학생의 취향에 맞게 읽어도 무방하겠지만, 가능하면 학년에 따른 학습 목표와 수준에 맞추어 단계별로 읽어 가는 것이 좋다. 효과적인 독서 지도를 위해서는 폭넓은 자료를 제시해 주고, 읽고 난 후에는 대화나 토론 등의 다양한 방식을 통해 자신의 생각을 표현할 수 있도록 배려해야 한다. 이 시기는 부모의 영향과 역할은 축소될 수밖에 없으므로 학교와 교육당국이 적극적으로 나서서 역할과 방안을 강구해야 한다. 국가와 교육당국은 청소년 독서를 위한 계획을 세우고, 교사는 모둠을 활용하여 학생들이 책을 읽고 직접 준비해서 발표하고 평가하는 수업 모형을 개발해야 한다.

(10) 고등학교

이 시기의 학생들은 통합적 사고력과 추상적 이해력을 높이면서 인지 발달 영역을 넓히고 심화시켜 간다. 하나의 가능성이나 결과를 도출하는 데 만족하지 않고, 또 다른 가능성이나 결과를 도출하기 위해 실험하고 탐색한다. 추상적 개념도 형성하고 명제와 그에 반하는 명제에 대해서도 사고할 수 있게 된다.

이 시기에 갖는 상상력은 '조응적 상상력'이라 하는데, 이는 앞 시기의 상상력과 다르다. 조응적 상상력은 '하나를 말하여 다른 것을 의미하는' 방법을 분석적으로 재구성하여 보는 것, 즉 아이러니로 세계를 파악하는 능력에 닿아 있다. 또한 '당위의 세계에 대한 물음'을 제기함으로써 스스로 문제를 찾아내는, 자신의 정체성을 탐색하거나 '현실을 조명해 보는 비판적 성격'의 상상력을 의미한다.

이러한 높은 수준의 상상력을 갖게 되는 것은 '자아 정체성' 획득을 위한 강렬한 욕망이 내재해 있기 때문이다. 다시 말하면 앞 시기에서 시작된 자아 정체성 획득을 더욱 구체화하고 내면화하기 위해 현실 사회를 깊이 탐색하여 비판의식을 키우기도 하고, 다양한 삶을 들여다보고 삶의 진정한 의미와 방향을 찾기 위해 숨겨져 있는 사실들의 상징성이나 아이러니, 역설 등을 파악하기 위해 집중하고 골몰하기 때문이다.

따라서 이 시기에 갖는 인지 발달, 즉 통합적 사고력, 추상적 이해력, 조응적 상상력 등은 모두 인간과 삶의 모습을 더욱 구체적으로 파악하기 위한 본능이라 할 수 있다. 인간의 인지 · 심리 도덕성의 발달은 신체 발달과 그에 따른 사회적 역할에 대응하고 적응하기 위한 것이다. 그래서 이 시기에는 '어떤 직업을 가질까, 어떤 사람과 결혼할까?' 등과 같은 구체적인 문제를 생각하고 고민한다. 그러면서 가능성에 지나치게 몰입한 나머지 현실적인 문제를 충분히 고려하지 못하는 경향을 보이기도 한다. 이것은 젊은이가 가져야 할 가능성에 대한 도전과 자신감이라는 긍정적인 측면도 있지만, 현실적 가능성을 고려하지 못함으로써 시간을 허비하기도 한다. 이상과 현실이 부딪치면서 갈등하고 좌절하기도 하며, 이 때문에 현실로부터 도피하려는 경향을 보이기도 한다. 약 85%의 학생들이 가출의 충동을 경험한다고 한다. 이것은 간섭을 받지 않고 홀로 독립하려는 의지와 경제적 능력과 같은 현실적인 문제와의 괴리에서 오는 갈등이다.

우리나라의 고등학교는 독서를 위한 환경은 대단히 열악하다. 대학 입시를 위해 많은 교과를 공부해야 하기 때문에 학교와 학원에 묶여 있어 책을 접할 시간조차 없다. 길게 볼 때 독서능력이 뒷받침되지 않으면 학습의 효과도 기대하기 어렵다는 것을 알면서도 당장의 눈앞의 성적에 집착할 수밖에 없기 때문에 교과서와 참고서 외에는 책다운 책을 접하기가 어렵다. 그러나 대학 입학만이 목표가 아니라 대학에서 제대로 공부할 수 있는 능력을 갖추기 위해서라면 독서의 필요성과 독서능력의 향상은 결코 소홀히 할 수 없는 부분이다. 어쩌면 이것이 수능 시험을 제대로 대비하기 위한 지름길일 수도 있다. 이에 대해서는 마지막 장에서 다시 언급하게 될 것이다.

이 시기의 학생들은 다양한 정보와 지식을 습득하는 능력과 함께 삶의 지혜도 갖추어 가야 한다. 삶의 진정한 의미와 방향을 모색하기 위한 삶과 관련된 독서를 꾸준히 해 가야 한다. 즉 삶은 무엇인가, 어떻게 살아야 하는가, 행복하게 사는 방법은 무엇인가, 삶의 문제를 어떻게 해결해야 하는가? 등의 물음에 대한 답을 독서를 통해 찾아서 삶의 지혜를 쌓아가야 한다. 좀 더 현실적으로는 성과 직업, 진로에 대한 고민을 해결해 줄 수 있는 책과 여러 분야의 책을 통해 지식을 심화 · 확장시켜 전공 관련 소양의 기초를 다져 두어야 한다.

이상에서 살펴본 연령별, 발달 단계별 독서는 항상 개인차가 있다는 것을 잊어서는 안 된다. 아이들의 발달 단계는 누구나 일정한 발달 단계를 거치지만, 그 시기가 빠르고 느림에는 개인차가 있다. 그러므로 아이들의 일반적인 발달 단계와 함께 개인차, 즉 개개인의 관심과 취향, 수준을 고려한 개인별 맞춤 독서를 할 수 있게 해야 한다. 이 개개인의 관심과 취향, 수준은 아이를 가까이서 지도하는 부모나 교사의 몫이다. 특히 교사는 핀란드처럼 개인별 상담을 통해 이를 파악할 수 있도록 노력해야 한다.

"출판되는 책의 반은 팔리지 않고, 팔린 책의 반은 읽히지 않는다. 읽은 책의 반은 이해되지 않고, 이해된 책의 반은 오독되고 있다."고 한다. 이 말은 도서 선정과 독서 지도의 중요성을 단적으로 지적하고 있다. 도서 선정은 독서 지도의 출발점이다. 그러므로 우선은 수많은 책 중에서 제대로 된 좋은 책을 선정하는 것이고, 그 다음에는 그 책을 제대로 읽는 방법을 가르치는 것이 독서 지도에서 먼저 해야 할 일이다.

2.
효과적인 독서방법은

그냥 평범한 독서만으로도 학교 공부에 대한 학습과 사회에서의 생존을 위한 직업 관련 지식의 습득이 가능할까? 물론 가능하다.

글도 모르는 목수의 아들로 태어난 링컨도 학교에 겨우 1년밖에 다니지 못했지만 혼자 책을 읽으면서 자신에게 필요한 지식을 습득하여 변호사와 측량기사 자격증을 땄고, 나중에 의원도 되고, 대통령도 되었다. 학교에서 겨우 알파벳만 배운 링컨은 남의 책을 빌려 읽으면서 성장했다. 빌려온 『워싱턴 전기』를 밤새 읽고 창가에 두고 잠들었다가 비를 맞아 책이 젖어버리게 되자 책 주인을 찾아가 3일 동안 일을 해 주고 그 책을 선물로 받았다는 일화는 우리에게도 잘 알려져 있다. 미국의 16대 대통령이 된 링컨이 남북전쟁 승리 축하 파티에서 "나는 지금 두 사람의 여성에게 감사를 드립니다. 한 분은 나에게 책읽기의 습관을 붙여주신 나의 어머님이시고, 또 한 분은 『톰 아저씨의 오두막』을 써서 나에게 흑인의 고통과 슬픔을 일깨워 주신 스토우 부인이십니다."라고 한 말은 링컨에게 가장 영향을 미친 것이 바로 독서였다는 단적으로 말해 주고 있다.

이뿐만 아니라 어려서 학교에 전혀 다니지 않고도 독서만으로 성공한 사례도 있다.

로버트 알렌은 1949년에 아버지 없이 태어났고, 일곱 살 때에는 어머니마저 그를 버렸다. 알렌은 서부 테네시의 외딴 시골의 한 농장에서 할아버지와 고모할머니 세 분, 작은할아버지와 함께 살게 되었다. 학교 한 번 못 가보고, 자전거 한 번 못 타보고, 영화 한 번 보지 못했으며, 또래 친구도 없이 알렌은 그 곳에서 26년간을 지냈다. 알렌이 여덟 살이 되자, 고모할머니 한 분이 그에게 책을 읽어주기 시작했다. 주로 도날드 덕이 나오는 만화책이었다. 그리고 혼자 읽는 법을 가르쳐 주었다. 할아버지는 그에게 쓰는 법을 가르쳐 주었다. 알렌은 맹인 고모 한 분에게 성서를 읽어주기 시작했다. 그의 가족은 모두 노인들이어서 그들 중 한 분은 늘 침대에 누워 있었고, 어린 알렌의 임무는 그분을 돌보는 것이었다.

열세 살이 된 알렌은 침대머리에서 남는 시간을 보내려고 셰익스피어의 희곡을 읽기 시작했다. 한 번 앉으면 한 편씩 읽었다. 곧 알렌은 지역의 벼룩시장을 뒤지며, 중고 책 · 잡지 · 그림책을 휩쓸어 모았다. 책은 그의 놀이친구가 되어 주었고, 그가 처한 어두운 현실의 도피처가 되어 주었다. 그는 읽을거리면 아무것이나 닥치는 대로 모조리 읽었다.

알렌이 지역 도서관을 알게 되면서 새로운 인생이 펼쳐지기 시작했다. 세계의 고전이 그 곳에서 그를 기다리고 있었다. 그는 혼자 그리스어와 프랑스어를 깨우쳐 도서관에 있는 책을 남김없이 섭렵했다. 알렌을 눈여겨보던 도서관 사서는 그에게 대학 교육을 받을 것을 권했고, 1981년 서른셋의 나이에 농장에서 24km 떨어진 한 작은 장로교 계열의 베델대학에 입학했다. 입학시험 결과 그가 교수진보다 더 많은 지식을 갖추고 있음이 드러났고, 학교 한 번 다니지 않은 그는 대학 2학년으로 편입되었다.

알렌은 3년만에 최우등으로 졸업하고, 반더빌트대학으로 옮겨 영문학 석사와 박사학위를 받았다. 그 후 그는 테네시 마틴대학에서 가르쳤다. 표준어를 구사하는 사람 하나 없는 테네시의 야산에서 자란 사내가, 어린 시절 그 흔한 단어 시험이나 독후감 한 번 작성해 본 적이 없는 사내가 이룬 성과라고는 도저히 믿기지 않는 대단한 일을 해낸 것이다.

로버트 알렌 박사의 이야기가 우리에게 주는 교훈은 단순하고 꾸준한 독서가 강력한 힘을 가졌다는 것을 보여준다.[6)]

이런 경우 무슨 특별한 독서방법이 있겠는가. 그냥 책이 좋아서 또는 살기 위해서 미친 듯이 책을 읽은 것뿐이다. 이런 경우에 효과적인 독서방법, 즉 독서를 잘 할 수 있는 비법을 찾는다는 것은 어쩌면 사치일 수도 있겠다. 다만 자신의 절실한 필요성에 의한 강렬한 지적 갈증이 있을 따름이다. 사실 절실한 필요성과 강렬한 지적 갈증만 있다면 방법의 문제는 크게 문제 되지 않는다. 독서에 대한 확고한 현실적 목적과 목표만 있다면 방법은 저절로 따라오는 것이다. 그러므로 현실적 목적에 의한 절실한 필요성에서 출발한 독서가 어쩌면 가장 효과적일 수밖에 없다. 스스로의 지적 관심과 호기심, 강한 욕구와 강렬한 지적 갈증 등에 의한 동기유발이 독서의 효과를 높이는 요인이다.

그러면서도 우리는 좀 더 나은 독서의 효과를 얻기 위해 효과적인 독서방법을 논하지 않을 수 없다. 하긴 이 때문에 먹고 사는 사람들이 많기도 하고, 또한 방법을 찾는 현실적 수요가 많으니 독서의 효과를 높이는 방법에 대해 살펴볼 수밖에. 그런데 방법의 문제를 거론하면 문제가

---

6) 짐 트렐리즈, 『아이의 두뇌를 깨우는 하루 15분, 책 읽어주기의 힘』, 북라인, 2007.

복잡하고 어려워진다. 방법은 하나만 있는 것이 아니기 때문이다. 수많은 방법 중에서 어느 방법이 절대적일 수도 없다. 각자의 처한 환경에 따라 방법은 제각기 다를 수 있기 때문이다. 방법을 찾을 때 흔히들 비법을 요구하지만, 사실 비법이란 없다. 다만 쉽고 간단한 것이 가장 좋을 뿐이다. 그러므로 방법에 대해서는 너무 큰 기대를 하지 않는 것이 좋다. 기대가 클수록 실망 또한 클 것이기 때문이다. 그래도 조금이라도 유익한 점이 있다면 참고해 두는 것도 나쁘지는 않을 것이다.

독서를 효과적으로 하기 위해서는 무엇보다 전략이 필요하다. 전략적인 독서를 위해서는 먼저 독서의 목적과 목표를 분명히 해야 한다. 세부 내용을 파악하기 위한 독서와 중심 내용을 파악하기 위한 독서가 같을 수 없고, 객관식 시험에 대비하기 위한 독서와 주관식 시험에 대비하기 위한 독서가 같을 수 없다. 이처럼 효과적인 독서 방법은 독서의 목적과 목표에 따라서 달라지는 것이다. 둘째는 읽고자 하는 글의 내용과 형식을 어느 정도 먼저 알아야 한다. 신문의 사건 보도 기사와 상품 광고의 글을 비교해 보면, 글마다 그 내용과 조직 방법이 다르다는 것을 알 수 있다. 따라서 글을 효과적으로 읽기 위해서는 그 글에 적합한 독서 방법을 선택해야 한다. 셋째는 글을 읽으면서 자기 자신이 무엇을, 얼마나 이해하고 있는지 알아야 한다. 즉 자신의 배경지식이 어느 정도인지 제대로 파악한 다음에 거기에 맞는 책을 골라 읽어야 한다. 이러한 것은 책을 읽기 전에 기본적으로 고려되어야 할 사항들이다.

1) 로빈슨의 SQ3R 학습독서법

글을 처음으로 배우는 아이들은 글자 자체를 바르게 소리내어 읽는 글자 읽기에 많은 주의를 기울이지만, 글자를 깨치고 난 뒤에는 글의 내용을 이해하고 학습하는 내용 읽기로 관심이 바뀌게 된다. 이것이 곧 학습을 위한 독서이다. 글 내용의 이해와 학습을 강조하는 학습 독서는 곧 공부를 위한 수단과 방법이 된다. 이런 점에서 독서는 곧 공부인 것이다.

학습을 위한 독서방법으로 널리 알려진 것은 글을 단계별로 나누어 읽는 F. 로빈슨 교수의 SQ3R 학습독서법이다. 로빈슨은 읽기의 단계를 훑어보기(Survey), 질문하기(Question), 자세히 읽기(Read), 되새기기(Recite), 다시 보기(Review) 등의 다섯 단계로 나누고 있다. 이 다섯 단계의 머리말을 따서 SQ3R 독서법이라 한다.

(1) 훑어보기

글의 제목, 소제목, 첫 부분, 마지막 부분 등 글의 주요 부분만을 보고 그 내용을 미리 짐작해 보는 것이다. 글의 내용은 대개 제목에 집약되어 있다. 그러므로 글의 제목이나 소제목(또는 목차)과 관련지어 글의 첫 부분이나 마지막 등을 훑어보면 그 내용을 짐작해 볼 수 있다. 삽화나 사진, 도표 등도 참고가 된다. 훑어보기는 높은 산에 올라가서 주변의 산봉우리들을 보고 산세를 짐작하는 것과 같다. 미리 무슨 내용인지 어느 정도 알고 있으면 글 내용을 쉽게 이해할 수 있을 것이다.

- 글의 제목이나 소제목을 보고 글 전체 내용 짐작하기

• 그림, 표, 삽화 등을 이용하여 내용 생각해 보기

(2) 질문하기

훑어본 내용을 근거로 하여 글의 중심 내용이 무엇인지를 질문해 보는 것이다. 가령 글의 제목이 '환경오염'이라면 '환경오염에는 어떤 것들이 있나?', '환경은 왜 오염되는가?' 등 환경오염과 관련된 질문을 해 보는 것이다. 글의 중심 내용과 관련된 질문들을 해 봄으로써 자신의 배경지식을 적극 활용하여 글의 내용을 능동적으로 탐색하게 되고, 그 질문에 대한 답을 찾기 위해 주의를 집중하여 책을 읽게 된다. 이러한 질문은 호기심과 흥미를 유발할 수 있으므로 자연스럽게 독서의 동기부여도 된다. 독서는 저자와 독자와의 대화이므로 스스로 질문을 던지고, 그것에 대한 답을 찾으면서 책을 읽는 것은 책을 적극적으로 읽는 아주 좋은 방법이다.

• 제목이나 소제목을 질문으로 바꾸어 보기
• 제목이나 소제목과 관련하여 궁금한 것 질문하기

(3) 자세히 읽기

글을 차분히 읽으면서 그 내용을 하나하나 확인하고 파악하는 것이다. 글을 읽으면서 자신이 품었던 질문에 대한 답이 되는 내용이 나오는지 주의를 기울이도록 한다. 글을 읽는 과정에서 새로운 의문이나 궁금한 점이 있으면 그 옆에 질문의 형태로 간단히 적어 둔다. 질문과 다른 내용도 파악하여 정리해 두도록 한다.

- 글의 도입 부분 자세히 읽기
- 도입 부분에서 궁금한 점 찾아보기
- 중심내용이나 질문과 관련한 내용을 자세히 읽기
- 중심내용을 찾아 정리하기
- 키워드나 구절 적어두기

(4) 되새기기

지금까지 읽은 글의 내용들을 요약하여 정리해 보는 것이다. 글의 내용은 제목이나 소제목을 중심으로 요약 · 정리하는 것이 좋다. 그러면서 필자가 글을 쓰게 된 동기나 목적, 그리고 독자에게 전하고자 하는 중심내용이 무엇인가를 생각해 본다. 앞에서 던졌던 질문에 대한 답이 제대로 나왔는지 점검해 본다.

- 중심내용 기억해 보기
- 중심내용 요약 · 정리하기
- 키워드로 전체 주제 추출하기
- 필자의 의도나 목적 생각해 보기

(5) 다시 보기

지금까지 읽은 모든 내용들을 살펴보면서 전체 내용을 정리하는 것이다. 글을 읽기 전에 품었던 질문에 대한 충분한 답을 얻었는지 확인해 보고, 만일 충분치 않다면 그 이유는 무엇인지 생각해 본다. 글의 내용을 보다 확실하게 소화하기 위해 다른 사람과 토론도 해보고, 독후감을 써 보도록 한다.

- 내용을 자신의 말로 다른 사람에게 이야기해 보기
- 처음에 제기했던 질문에 대한 답 찾기
- 전체 내용 요약 · 정리하기
- 자신의 생각을 보태어 글 써보기

이상의 다섯 단계의 독서는 그 자체가 곧 능동적인 사고의 과정이며, 동시에 훌륭한 학습의 방법이기도 하다.

2) 애들러의 수준별 독서법

독서법의 고전이라 할 수 있는 모티머 J. 애들러의 『독서의 기술』에서 제시한 수준별 독서법이다. 책을 잘 읽는다는 것은 단순히 글자 하나하나를 눈으로 보고 읽는 것을 넘어서 제대로 된 독서법으로 책이 담고 있는 깊은 뜻까지 파악할 수 있는 것을 말한다. 애들러의 수준별 독서법은 좋은 책을 적극적으로 읽기 위한 방법이다.[7]

---

7) 모티머 J. 애들러 외, 『독서의 기술』, 범우사.
모티머 J. 애들러 외, 『생각을 넓혀주는 독서법』, 멘토.

(1) 초급 독서(기초적 읽기)

기초적인 읽기와 쓰기를 배우는 수준이다. 초등학교에서 읽기와 쓰기를 못하는 어린이가 기초적인 읽기와 쓰기 기술을 습득하는 것이다. '이 문장은 무엇을 말하고 있는가'를 아는 수준이다.

아이가 읽기 능력을 익히기까지는 4단계를 거친다.

1단계는 '읽기 준비기'이다. 읽기를 위한 준비를 갖추는 6-7세까지의 취학 전의 시기에 해당된다. 신체적으로는 시력과 청력이 발달하고, 글자나 단어를 읽을 수 있는 시각적 인식능력이 생겨야 한다. 읽기 준비가 되어 있지 않은 아이에게 억지로 읽기를 가르치려고 하는 것은 싫증을 내게 되므로 준비될 때까지 기다려야 한다.

2단계는 아주 간단한 것을 읽는 법을 아는 단계이다. 문자 기호의 의미를 이해할 수 있게 된다. 단어를 습득하는 초등 1학년에 해당한다. 이것은 물론 미국 기준이다.

3단계는 어휘의 증가와 더불어 문맥을 통해 모르는 단어의 의미를 알아낼 수 있게 된다. 초등 4학년이면 이 단계에 도달한다. 목적에 따라 여러 가지 책을 읽게 되고, 책 읽는 즐거움도 알게 되며, 독서가 호기심을 만족시키고 자신의 세계를 넓혀준다는 것을 알게 된다.

4단계는 이미 습득한 읽기 기술을 갈고 닦는 단계이다. 독서 체험을 자기 것으로 만들고, 다음 책을 찾아 읽으며, 하나의 주제에 대하여 몇 사람의 저자가 말하고 있는 것을 비교할 수 있게 된다. 이렇게 되면 읽기 능력이 완성된다. 10대 초반(초등학교나 중학교)까지는 이 단계에 도달해야 할 필요가 있다.

이 단계를 모두 습득해야 혼자 책을 읽어갈 수 있게 된다. 물론 애들러가 말하는 이 단계에 도달하기까지의 기간은 국가의 문자 환경과 개인의 능력에 따라 차이가 있을 수 있다는 것은 고려할 필요가 있다.

(2) 점검 독서(훑어보기)

점검 독서의 목적은 주어진 짧은 시간 안에 최대한 많은 내용을 파악하는 데 있다. '이 책은 무엇에 대하여 쓴 것인가', '이 책은 어떻게 구성되어 있는가', '어떤 종류의 책인가'를 훑어서 살펴보는 것이다. 점검 독서는 문장을 거의 거침없이 읽어 내려갈 수 있어야 하므로 초급 독서 수준을 습득해야만 가능하다.

이러한 점검 독서에는 두 가지 유형이 있다.

첫째는 골라서 읽기이다. 책을 읽기 전에, 읽고 싶은 책인지, 읽을 만한 가치가 있는 책인지, 즉 책을 꼼꼼히 읽을 필요가 있는지를 판단해야 할 때 골라 읽기를 하게 된다. 표제나 서문, 목차, 색인, 표지의 안내 문구, 책의 일부분을 띄엄띄엄 읽어본다. 이러한 골라 읽기는 짧은 시간 안에 판단을 해야 하므로 주의력과 집중력을 필요로 하는 적극적인 독서에 해당된다.

두 번째는 겉만 훑어보며 빠르게 읽어 가는 것이다. 즉 통독해 보는 것이다. 처음부터 끝까지, 중간에 이해되지 않는 부분이 있더라도 깊이 생각하지 말고 빠르게 읽어내려 가는 것이다. 이런 식으로 몇 번을 읽어 보면 책의 전체적 흐름을 이해하는 데 큰 도움이 된다. 이것은 나무보다는 먼저 숲을 보는 방법이다.

독서는 목적을 가지고 의욕적으로, 적극적으로 해야 한다. 적극적인 독서를 위해서는 읽고 있는 동안에 질문을 하고, 그 질문에 대한 답을 찾으면서 읽어야 한다. 질문은 다음과 같은 질문을 던져 보는 것이 효과적이다. '전반적으로 무엇에 관한 책인가, 무엇이 어떻게 자세하게 다루어지고 있는가, 전반적으로 또는 부분적으로 볼 때 그 글은 맞는 이야기인가, 어떠한 의의가 있는가' 등이다. 의욕적인 독자는 이러한 질문을 던진다. 의욕적이지 않은 독자는 질문을 던지지 않는다. 그래서 답도 얻을 없게 된다. 적극적으로 질문을 던지고 답을 찾는 훈련을 하다보면 독서의 기술이 향상될 것이다.

좋은 책일수록 졸지 않고 적극적으로 읽어서 내 것으로 만들어야 한다. 내용을 소화하는 좋은 방법은 행간에 써 넣기를 하는 것이다. 쓰면서 읽으면 졸지 않을 수 있고, 생각하며 읽을 수 있으며, 생각과 느낌을 적어두면 나중에 생각해 내는 데 도움이 된다. 독서는 저자와 독자의 대화이다. 독자는 질문을 던지고 저자는 책을 통해 대답을 하면서 소통하는 것이다. 이해한다는 것은 일방통행이 아니다. 행간에 쓰면서 읽는 것은 저자와 의견을 같이하느냐 달리하느냐의 표현이다. 써넣기의 구체적인 방법으로는 밑줄 긋기, 옆줄 긋기, 중요한 곳에 표시해 두기, 여백에 숫자 쓰기, 관련된 내용이 있는 다른 페이지 써 넣기, 키워드 동그라미 치기, 여백에 써 넣기 등이 있다.

(3) 분석 독서(분석하며 읽기)

분석 독서의 목적은 책의 내용을 완전히 자기의 피가 되고 살이 될 때까지 철저하게 읽어내는 데 있다. 책을 분석적으로 읽는다는 것은 책을 잘 씹어서 소화하는 것을 말한다. 분석 독서는 내용을 깊이 있게 이해하기 위한 정밀한 독서법으로 정보나 오락을 위한 독서에는 적용되지 않는다.

분석 독서는 3단계로 이루어진다.

1단계는 무엇에 관한 책인지 책을 분별한다.

- 종류와 주제에 따라 책을 분류한다.
- 그 책 전체가 무엇에 관한 것인지를 될 수 있는 대로 간결하게 서술한다.
- 주요한 부분을 순서 있게 관련지어서 그 개요를 서술한다.
- 저자가 해결하려고 하는 문제가 무엇인지 분명하게 파악한다.

여기서는 단순히 어떤 책이 유익한가 뿐만 아니라 어떤 분야의 책으로서 어떻게 유익한가를 파악해야 한다. 저자들은 자신의 책이 중요하다고 생각하기 때문에 머리글이나 제목, 부제에 이를 나타낸다. 이를 통해 책을 분류할 수 있는데, 어떤 책인지를 통해 그 구조를 파악하는 것이 그 책을 이해하기 위한 필수적인 작업이다. 구조를 파악했으면 통일성, 즉 그 책의 전체를 꿰뚫는 일관된 흐름을 파악해 본다. 그 다음으로 주요 부분을 찾아 그 부분이 어떤 순서에 의해 전체적으로 어떻게 구성되어 있는지 파악한다. 마지막으로 저자가 해결하고 싶어 하는 문제를 찾아내야 한다. 그 문제에 대한 답은 책 속에 있다. 이 답을 찾으면 책의 내용을 이해했다고 볼 수 있다. 책은 전해야 할 지식의 종류에 따라 독자에게 가르치는 방법이 다르다. 그러므로 독자는 책의 종류에 따라 거기에 알맞은 방법으로 읽는 기술을 배워야 한다.

글의 뼈대를 파악하기 위해서는 책을 투시한다. 좋은 책이라면 통일성이 있으며, 부분도 질서 정연하게 조직되어 있다. 저자의 의도와 함께 책의 구조, 즉 전체와 부분의 유기적 관계를 파악한다. 이것은 책의 주된 부분을 찾고, 그 부분이 어떤 순서로 통일성 있게 배열되어 전체를 구성하고 있는지를 파악하면 된다.

2단계는 저자와의 타협을 통해 저자의 언어 사용 방식을 이해하는 것이다. 즉 저자가 용어의 개념을 어떤 의미로 사용했는지를 파악하고 내용을 해석한다.

- 키워드를 찾아내어 어떤 개념으로 사용하고 있는지를 파악한다.
- 중요한 문장을 발견하여 저자의 주요한 명제를 파악한다.
- 일련의 문장 속에서 저자의 논증을 발견한다. 또는 몇 개의 문장을 끄집어내어 논증을 짜맞춘다.
- 저자가 해결한 문제는 무엇이며, 해결하지 않은 문제는 무엇인지 판별한다. 미해결의 문제에 대해서는 해결에 실패한 것을 저자가 알고 있는지를 확인한다.

이 단계는 책의 구조를 파악하는 것이 아니라 내용을 해석하는 것이 목적이다. 우선 핵심어 즉 키워드를 찾아내어 어떤 의미로 사용하고 있는지를 파악한다. 핵심어는 따옴표 등으로 강조되거나 그 단어 대해 특별히 정의를 내리거나, 그 개념이 다른 사람과 다르다는 것을 보여주는 경우이다. 이 단계에서 핵심어를 찾아내고, 의미의 변화를 살피고, 그 단어를 통해 저자가 나타내는 의미를 정확히 파악하는 것이 책의 내용을 제대로 깊이 있게 이해하는 방법이다.

3단계는 전달하고자 하는 정보와 지식에 잘못이나 문제점은 없는지 비판한다.

비판과 관련한 일반적 유의사항은

- 책의 내용을 확실히 파악하고 해석하기 전에는 비판하지 않는다.
- 시비조의 반론이나 무조건적인 악평은 좋지 않다.
- 비판하려면 충분한 근거를 들고, 사실과 단순한 개인적인 의견을 확실히 구별한다.

비판과 관련하여 특히 주의해야 할 사항은

- 저자가 잘 알지 못하거나 잘못 알고 부분을 찾아서 제시한다.
- 논리성이 결여되어 있는 부분을 찾아서 제시한다.
- 저자의 분석이나 설명이 불완전한 부분을 찾아서 제시한다.

여기서 분야별 서적을 읽을 때는 책의 특성에 맞게 읽는 것이 최상의 방법이다.

실용서적은 책만 읽어서 문제가 해결되지 않는다. 문제들을 실제적인 행동으로 풀어갈 수 있어야 한다. 그래서 실용서적을 읽을 때는 '이 책은 무엇에 관한 책인가, 저자가 사용하는 어휘 · 명제 · 논증은 무엇인가, 저자가 추구하는 목적과 방법은 옳은가, 책을 읽고 나서 자신의 생각에 변화가 있는가?' 등의 질문을 던져 보아야 한다.

전문서적은 먹이를 좇는 새처럼 끊임없이 경계하며, 언제든 달려들 준비를 하며 읽어야 한다. 반면에 문학서적은 이런 능동성이 필요치 않다. 수동적인 능동성이 필요하다. 즉 이야기를 읽을 때 그 이야기가 자신에게 어떤 영향을 끼칠 수 있도록 내버려 두는 것이다. 자신을 감동시키도록, 그 책이 독자에게 하고 싶은 대로 하도록 맡기는 것이다. 책을 향해 우리 자신을 열어 둔다. 문학작품을 읽을 때의 일반적인 원칙은, 먼저 작품의 종류를 구분하고, 작품의 전체적인 통일성을 파악하며, 마지막으로 부분이 어떻게 전체를 구성하고 있는가를 파악한다. 작품이 좋다 싫다를 말하기 전에, 그 작품을 감상하기 위해 충분한 노력을 기울여야 한다. 열심히 읽지 않으면 철학서적을 '이해'할 수 없듯이 문학작품도 '감상'할 수 없다. 물론 문학작품도 장르에 따라 읽는 방법이 달라야 한다.

소설을 읽을 때는 빨리 그리고 완전히 몰두한 채로 읽어야 한다. 한 권을 앉은 자리에서 끝까지 다 읽어 내려가는 것이 가장 이상적이다. 가능한 한 짧은 기간 동안 웬만한 소설 한 권을 읽을 수 읽도록 하는 것이 줄거리의 흐름을 놓쳐 헤매지 않는다. 독자의 머리와 마음 속에 소설 속의 인물들이 자리잡도록 몰두해서 읽어야만 소설을 제대로 감상할 수 있다.

희곡은 소설처럼 풍부한 묘사가 없기 때문에 등장인물들이 살아 움직이는 세계를 그리기 위해 보다 적극적으로 읽어야 한다. 희곡은 무대에서 상연이 될 때에야 비로소 완성되므로 마치 희곡이 상연되는 것을 보고 있는 것처럼 읽는 것이 최선의 방법이다. 희곡은 대부분 시처럼 운율이 있는 경우가 많으므로 소리 내어 읽는 것이 좋다. 몇 백 년 동안 계속된 언어의 변천 과정으로 다소 이해가 안 되는 부분이 있을 수도 있다.

서정시를 읽을 때는 이해할 수 있든 없든 멈추지 말고 끝까지 읽어야 한다. 모호한 내용이라 하더라도 훌륭한 서정시는 통일성을 지니고 있으므로 끝까지 읽어야만 일관된 흐름을 이해할 수 있다. 그리고 반복해서 읽고, 소리 내어 읽어야 한다. 눈으로 읽을 때는 놓치기 쉬운 어구도 귀로 들으면 확실히 파악할 수 있다. 시의 리듬이나 운율이 시의 이해를 돕기 때문이다. 서정시는 전체의 통일성을 파악한 다음에 세부의 이해로 나아가야 하고, 시의 이해를 위해서는 우선 핵심어(키워드)를 찾아내는 것이 중요하다. 저자가 살던 시대에 대해서는 필요 이상으로 많이 알아야 한다는 생각을 버리고, 해설서나 비평, 전기에 지나치게 의존하지 말아야 한다.

역사 서적은 저자마다 역사를 보는 관점이 서로 다르고, 그 관점이 역사의 서술에 영향을 끼치므로 한 사건이나 한 시대에 대해 제대로 이해하려면 두 가지 이상의 책을 읽는 것이 좋다. 또한 과거 특정한 곳에서 어떤 일이 있었는지를 아는 것뿐만 아니라 모든 시대와 장소, 특히 오늘날 인간이 어떻게 행동해야 하는지를 배우기 위해 읽어야 한다. 역사 서적을 잘 읽기 위해서는 그 책에서 다루고 있는 것과 그렇지 않은 것을 정확히 파악해야 한다. 또한 역사가가 어떤 방식으로 이야기하는지를 알아야 한다. 연도별로 이야기하고 있는지, 각 장마다 제목을 붙여 나누었는지, 또는 그 시대의 경제, 전쟁, 종교, 문학작품과 같이 주제별로 나누었는지를 파악하고, 그 중에서 저자가 가장 중요하게 다루고 있는 것이 무엇인지도 알아야 한다.

전기는 실존한 인물에 대한 이야기이다. 전기를 읽을 때는 책속의 인물의 성격을 알아내려는 목적으로 읽어서는 안 된다. 그런 문제에 지나친 관심을 기울이면 감정적인 오류에 빠져들게 된다.

과학 서적은 실험실에서 이루어진 실험이든 자연을 있는 그대로 관찰한 것이든, 어떤 분야에서 이루어진 연구나 관찰 결과를 보고하는 책이다. 그래서 저자가 풀어나가려는 문제를 가능한 한 분명하게 파악해야 한다. 과학 서적을 읽을 때는 귀납적인 논증에 초점을 맞춰야 한다.

철학 서적은 어린아이들이 보듯이 볼 수 있어야 하고, 그들이 질문하듯 질문할 수 있어야 한다. 어른들의 삶이 가지고 있는 복잡성은 진리에 방해가 되기도 하므로 철학적인 글을 읽으려면 어린이와 같이 단순한 질문을 던지고 성숙한 지혜를 가지고 답을 할 수 있어야 한다.

사회과학 서적의 범위는 넓다. 인류학, 경제학, 정치학, 법학, 교육학, 행정학 등 상당 부분이 사회과학 서적에 속한다. 사회과학 서적이 읽기 쉬운 것처럼 보이는 이유는 독자들이 낯익은 경험에서 나온 것들이고, 설명하는 방식이 소설이나 역사책을 읽을 때와 같은 이야기 방식이기 때문이다. 하지만 이 점이 오히려 난점으로 작용할 수도 있다. 따라서 사회과학 서적은 한 가지 주제에 대해 여러 권의 책을 읽을 필요성이 있다. 이것은 주제별 비교 독서와 관련된다.

(4) 주제별 비교(syntopical) 독서

가장 복잡하고 조직적인 독서법으로 하나의 주제에 대해 몇 권의 책을 관련지어 읽는 비교 독서법이다. 논문을 쓸 때 이와 같은 독서를 하게 된다. 여러 참고문헌의 내용을 비교 · 검토하여 새로운 결론을 끌어내는 독서법이다.

먼저 준비 작업이 필요하다. 도서관의 목록, 다른 사람의 조언, 책 뒤의 참고문헌 등을 이용하여 주제와 관련 있는 참고도서 목록을 작성하고, 이 목록에 있는 책을 점검하여 어떤 것이 주제와 밀접한 관련이 있는지를 살피고, 다루고자 하는 주제를 명확히 파악한다.

준비 작업에서 모은 참고도서를 사용하여

첫째, 참고도서의 책을 점검하여 가장 관련이 깊은 곳을 찾는다.

둘째, 주제와 관련하여 특정한 저자에 치우치지 않는 용어를 설정하고, 그 개념을 정한다.

셋째, 대부분의 저자로부터 대답을 들을 수 있는 질문을 통하여 어떤 저자에게도 치우치지 않는 명제를 설정한다.

넷째, 여러 가지의 질문에 대한 저자의 대답을 정리하여 주요 쟁점과 부수적인 쟁점을 명확하게 한다.

다섯째, 주제를 다각적으로 이해할 수 있도록 질문과 쟁점을 정리하여 내용을 분석한다. 일반적인 쟁점을 먼저 다루고 나서 부수적인 쟁점을 다루면서 쟁점들 간의 관계를 명확하게 파악한다.

적극적으로 읽는다는 것은 책을 읽으면서 질문을 던지는 것이다. 어떤 책이나 공통적으로 던져야 할 질문도 있지만, 책의 종류에 따라 달라질 수도 있다. 좋은 책은 책과 씨름하는 만큼 우리의 책 읽는 기술을 향상시켜 주고, 세상에 대한 가르침을 준다. 적극적으로 읽는 것은 유익한 정보와 지식을 습득할 수 있게 해 줄 뿐만 아니라 우리의 정신을 깨어있게 하고 성장하게 만든다.

3) 능숙한 독자들의 독서 전략과 방법

어떻게 해야 책을 잘 읽을 수 있을 것인가? 능숙한 독자들이 책을 어떻게 읽는가를 살펴보는 것이 큰 도움이 된다. 1980년대 능숙한 독자들의 독서 전략이 밝혀짐으로써 독서 지도의 획기적인 전환점이 마련되었다. 독서는 상호작용의 과정으로서 능숙한 독자는 끊임없이 글과 대화를 나눈다. 글과의 대화는 글을 이해하고 자신이 읽는 글에 대해 이야기할 수 있도록 이끌어준다. 글의 의미는 읽는 사람의 마음 속에서 창조되는 것이다.

능숙한 독자들은

① 읽기의 목적을 분명히 알고 있다. 능숙한 독자는 독서의 목적을

분명히 가지고 목적에 따라 읽는 방법을 달리할 줄 안다.

② 자신의 경험과 지식, 즉 배경지식을 텍스트 이해에 적절히 활용한다.

③ 책을 읽는 과정에서 자기 스스로 읽기 과정을 점검하고 통제한다.

④ 책에 나타난 여러 가지 정보들을 추론의 단서로 이용하여 내용을 종합적으로 파악하여 전체적으로 구조화한다.

⑤ 능숙한 독자는 책을 통해서 얻은 정보나 지식을 활용하고, 다른 상황에 적용한다.

독서능력은 인생에서 성공하는 데 꼭 필요한 능력이다. 독서는 그 자체로도 중요하지만 자신이 원하는 삶을 살아가는 데 있어 절대적으로 필요한 수단이다. 글을 읽을 줄 알아야 복잡한 정보를 습득하고, 자신의 꿈을 추구하면서 수준 높은 삶을 살 수 있기 때문이다. 독서능력은 아이의 정신세계를 열어주고 보다 폭넓고 수준 높은 삶을 살 수 있도록 이끌어 준다. 그러므로 지금 자녀에게 줄 수 있는 가장 큰 선물은 능숙하게 책을 읽을 수 있는 독서 전략과 방법을 전수하여 독서의 즐거움을 알게 해 주는 것이다.

수잔 짐머만과 크리스 허친스는 능숙한 독자들의 독서 전략과 방법을 좀 더 구체화하여 학습능력과 이해력을 키워주는 7가지 독서습관으로 정리하였다.[8] 이것은 능숙하게 책을 읽을 수 있는 구체적이고 실질적인 독서 방법이다.

8) 수잔 짐머만 · 크리스 허친스, 『초등학교 독서 습관 평생을 좌우한다』, 프리미엄북스.

① 감각 이미지를 떠올린다.

② 배경지식을 활용한다.

③ 질문을 한다.

④ 추리를 한다.

⑤ 가장 중요한 주제나 요점을 찾는다.

⑥ 정보를 종합한다.

⑦ 수정 전략을 사용한다.

지금까지의 읽고 이해하기는 글자를 읽고, 글 내용에 대해 말할 줄 알고, 교사의 질문이나 시험 문제에 답할 수 있느냐로 평가하여 왔다. 그러나 글자를 읽을 줄 알고 간단한 질문에 대답할 줄 알아도 글의 진정한 의미나 중요한 요점을 파악하지 못한다. 시험을 치르고 숙제를 제출하고 나면 내용을 까맣게 잊어버린다. 그러므로 제대로 된 읽고 이해하기는 글을 읽을 때 작가나 등장인물과 대화하면서 생각하고, 학습하고, 자신의 지식과 시각을 넓혀가면서 자신의 삶과 연결될 수 있어야 한다.

1998년 미국교육발전평가 보고서에 의하면, 미국 청소년의 60%가 특정한 사실 정보는 이해할 수 있지만 읽은 내용을 정교하게 다시 설명할 수 있는 사람은 5%에 불과하였다고 보고하고 있다.

이와 같은 문제를 해결하기 위해 수잔 짐머만과 크리스 허친스는 학습능력과 이해력을 키워주는 7가지 독서습관을 제시하고 있다.

(1) 감각 이미지를 떠올려라

감각 이미지는 경험에 따라 생각나는 특별한 냄새나 맛, 모습, 느낌

등이다. 감각 이미지는 머릿속에서 상영되는 일종의 영화와 같은 것으로 이런 이미지가 떠오르면 읽고 있는 글을 3차원적(입체적)으로 이해할 수 있다. 그래서 생생하고 즐거운 책읽기를 위해서는 감각 이미지를 떠올릴 수 있어야 한다. 감각 이미지는 이야기를 살아 숨쉬게 한다.

책을 읽을 때 작가는 이야기를 들려주는 사람이고, 독자는 그림을 그리는 사람이다. 감각 결핍 현상은 영화관에서 아무 것도 나오지 않는 스크린을 바라보는 것과 같다. 영화를 보는 것처럼 책을 읽어야 한다. 영화가 보이지 않으면 앞으로 돌아가 다시 읽어야 한다. 어렸을 때 책을 많이 읽어준 아이는 감각 이미지를 잘 떠올린다.

감각 이미지를 떠올리지 않고 책을 읽으면 어떻게 될까? 따분하고 지루하고 무미건조할 것이다. 다음은 간호사이자 네 아이의 어머니인 마티의 경험담이다.

> 나는 대학에 입학할 때까지 책을 즐겨 읽지 않았어요. 학교 다닐 때는 숙제 때문에 어쩔 수 없이 읽었지, 그렇지 않으면 절대 안 읽었어요. 특히 소설과 시를 읽는 숙제가 너무 싫었어요. 나중에야 감각 이미지를 떠올리지 않고 책을 읽어서 즐겁지 않았다는 걸 알게 되었어요. 나는 머리에 아무것도 떠오르지 않았어요. 그래서 책은 글자만 잔뜩 모아놓은 따분한 것으로 여겼어요.
>
> 그런데 대학에 들어가자 모든 것이 달라졌어요. 이유는 모르겠어요. 어느 날 『위대한 게츠비』를 읽고 있는데 머릿속에 장면들이 떠올랐어요.

다음은 초등학교 3학년 교사인 케이트의 경험담이다.

5년 전에 독서 그룹을 결성해 수요일마다 우리 학교에서 모여 토론을 했어요. 맨 처음 함께 읽은 책이 『메디슨 카운티의 다리』였어요. 나는 지금도 독서 토론 내내 한 마디도 못했던 그때가 생생하게 기억나요. 오죽했으면 몇몇 회원들이 나에게 오더니 몸이 아프냐고 무슨 문제가 있느냐고 물었어요. 평상시 나는 말이 많은 수다쟁이였거든요. 그때 난 아픈 게 아니었어요. 단지 다른 회원들이 그 많은 생각들을 하고 그런 상상을 했다는 것이 믿어지지 않았던 거예요. 책 속의 글이 남들한테는 그렇게 큰 의미로 다가간다는 것을 믿을 수가 없었어요. 나는 그 책을 읽는 내내 머리에 아무 이미지도 떠오르지 않았거든요. 이미지를 떠올려야 한다는 것도 몰랐고요. 그래서 태어나서 처음으로 책읽기가 지루하고 재미없었던 이유를 깨달았어요. 그 모임 이후로 나는 완전히 새로운 사람이 되었어요.

케이트는 이후부터는 책을 읽자마자 감각 이미지가 떠오르는 독서광이 되었다.

생생하고, 신나고, 재미있고, 오랫동안 기억에 남는 독서를 위해서는 감각 이미지를 떠올릴 수 있어야 한다. 감각 이미지는 글을 잘 이해할 수 있도록 도와준다.

☞ 아이들이 책을 읽을 때 감각 이미지를 떠올린다는 증거는

- 책을 읽어 달라고 조른다. 읽기 시작한 책을 계속 읽어달라고 조른다.
- 책 내용에 대해 물었을 때 줄거리를 자세히 이야기하고 내용을 잘 이해한다.
- 재미있거나 슬픈 장면에서 웃고 운다.
- 책의 줄거리를 예측한다.
- 감정을 섞어가며 책을 읽는다.
- 등장인물을 자세히 묘사한다.
- 자기만의 이야기를 만들어낸다.

☞ 아이에게 감각 이미지를 떠올리게 하는 방법으로는

- 부모가 떠올린 감각 이미지를 이야기해 준다.
- 눈을 감고 듣게 하면서 두세 줄 정도 읽어준 다음 머릿속에 떠오른 이미지를 자세하게 이야기해 준다.
- 두 문단을 읽어준 다음 아이한테 머릿속에 떠오르는 것을 이야기해 보게 한다.

☞ 이러한 감각 이미지의 효과는

- 경험과 기억을 바탕으로 하는 감각 이미지는 하나의 이미지가 또 다른 이미지로 이어지면서 읽고 있는 내용을 보다 깊이 이해할 수 있도록 도와준다. 글을 읽다가 머릿속에 영화가 떠오르지 않으면 그것은 글에 대한 이해가 멈췄다는 신호이다.
- 감각 이미지는 글 속의 장면을 떠오르게 할 뿐 아니라 냄새, 맛, 느낌, 그리고 무섭고 두근거리는 기분도 느끼게 해준다.
- 감각 이미지를 떠올리면 읽기는 3차원적인 인식이 가능해져 훨씬 재미있어진다.
- 감각 이미지는 글 속의 등장인물, 장면, 줄거리, 현실 사회와 관련된 정보 등을 자신이 이해할 수 있도록 받아들여 읽은 내용을 오래 기억하도록 도와준다.
- 글을 읽는 동안 머릿속에서 영화 같은 감각 이미지가 이어지면 이야기의 전개가 궁금해지므로 책을 오래 읽기가 한결 쉬워진다.
- 감각 이미지를 활용하면 단순히 글자의 뜻만 받아들이는 것이 아니라 추리도 하게 한다. 그래서 마음의 눈으로 상상을 하게 되고, 새로운 사고로 이미지의 폭이 넓어진다.

(2) 배경지식을 활용하라

배경지식은 사고 전략의 초석이다. 배경지식을 활용하는 법을 터득하고 나면 보다 자세한 이미지가 떠오르고, 보다 깊이 있는 질문을 하게 되고, 사고의 폭도 넓힐 수 있다.

'변하는 것은 세상이 아니라 우리 자신이다.' 배경지식에 따라 책에 대한 이해와 느낌이 얼마든지 달라질 수 있다. 삶의 경험이 변하기 때문이다. 책을 읽을 때 책에서 저자가 말하는 의미와 자신이 부여하는 의미가 서로 뒤섞인다. 과거와 현재가 뒤얽히고, 오래 된 생각과 새로운 생각이 혼합되고, 오래 된 경험과 새로운 경험이 뒤엉킨다. 책을 읽을 때마다 그리고 자신이 읽은 것에 대해 이야기할 때마다 배경지식을 활용하거나 새로 쌓는 과정을 거치게 된다. 하루하루를 살아가는 것 역시 배경지식을 축적하는 과정이다. 10년 전에 읽었을 때와 느낌이 달라지는 것은 과거보다 경험의 폭이 넓어진 때문이다. 그리고 사람마다 생각과 느낌이 다른 것도 배경지식이 다르기 때문이다.

아이에게 자신의 경험과 지식을 들려주어 아이의 배경지식을 쌓게 해주면 원래 호기심이 많은 아이는 책에 더 많은 흥미를 갖게 된다. 배경지식은 강력 본드처럼 새로운 지식이 짝 달라붙게 도와준다. 배경지식이 많고 깊을수록 새로운 정보를 더 많이 이해하고 더 깊이 이해할 수 있다.

☞ 배경지식의 활용 효과는

- 같은 책을 읽어도 서로 다른 생각을 할 수 있다.
- 책의 내용이 머릿속으로 들어오면 각자의 생각이 더해져 책에 대한 느낌을 글로 쓸 때 저마다 다른 느낌을 적게 된다.
- 책을 읽을 때마다 새로운 배경지식이 생긴다.
- 책에 나오는 등장인물이 다른 책의 등장인물을 떠올리게 할 때가 있다. 하나의 배경지식을 다른 상황에 적용하면 책 속의 내용을 보다 잘 이해하는 데 도움이 된다.
- 배경지식을 활용하면 좋은 책을 선택할 수 있다.

☞ 배경지식을 통한 연결고리 만들기

아이는 자신의 삶과 관련 있는 이야기나 책, 사건은 좀더 쉽게 기억한다. 따라서 글을 읽을 때 배경지식을 떠올리도록 유도하면 아이의 생각이 깊어지고 책을 재미있게 읽을 수 있다.

- 책과 자신을 연결하기

  지금 읽고 있는 글의 내용을 자신이 일상생활 속에서 경험한 것과 서로 연결 짓는다. 책과 자신 사이에 연결고리를 만들면 책을 읽을 때 자신의 과거 경험이 떠오른다. 책과 자신의 경험과의 감정적인 연결고리를 만들면 글의 내용을 기억하기가 한결 쉬워진다.

- 책과 책을 연결하기
  지금 읽고 있는 글의 내용을 그림, 영화, 텔레비전 프로그램, 노래 등 자신이 과거에 보거나 들은 것과 연결짓는다. 책과 책 사이에 연결고리를 만들면 책을 읽을 때 예전에 읽거나 본 책, 텔레비전 프로그램 또는 영화가 떠오른다.
- 책과 세상을 연결하기
  지금 읽고 있는 글의 내용을 보다 넓은 세상과 연결짓는다. 주변에서 흔히 일어나는 일보다 되도록 '범위가 큰 일'과 연결짓게 된다. 책과 세상 사이에 연결고리를 만들면 책을 읽을 때 더 넓은 세상의 일이 떠오른다. 자신의 생활 범위를 넘어서는 생각을 하도록 유도하는 책이나 기사, 이야기는 책과 세상 사이를 연결할 수 있도록 도와준다.

아주 어린 아이도 책 속의 글과 생각, 그림을 자신의 삶과 연결지을 줄 안다. 책의 내용을 자신의 생활과 연결짓다 보면 감정이입을 할 수 있게 되며, 등장인물을 자신과 동일시함으로써 더 깊이 실감나게 생생하게 이해할 수 있게 되고, 책 속에 더 깊이 빠져들 수 있는 집중력이 생기게 된다.

(3) 질문을 하라

이것은 질문을 통해 글 내용의 이해를 분명히 하고, 글의 전개 방향을 예측하고, 중요한 요점에 초점을 맞추는 것이다.

질문은 글을 읽는 사람과 글과의 대화는 물론 그 대화의 폭을 넓히는 데 없어서는 안 될 요소이다. 글을 읽는 사람은 질문을 통해 자신의 생각을 분명히 하고 이해력을 높일 수 있다. 질문은 독자로 하여금 글에 더 깊이 파고들게 하고, 작가와 대화를 시도하게 하고, 관심을 불러일으키게 한다. 글을 읽으면서 질문을 한다는 것은 깨어 있다는 뜻이다. 이것은 적극적이고 능동적인 독서의 한 방법이다. 질문은 책과 상호교류를 하는 것이다. 질문을 하면 할수록 비록 답을 얻을 수 없다 해도 독서의 깊이와 재미는 점점 깊어진다.[9] 등장인물, 배경, 상황 등에 대해 질문을 해 본다. 모든 것을 다 알고 있거나 아무것도 모르면 질문을 할 수 없다. 인간은 신도 아니고, 돼지도 아니기 때문에 질문을 할 수밖에 없다.

아이들은 질문 박사이다. 세상을 알아가는 과정에 있는 아이들은 주변의 모든 것들이 궁금하다. 아이들은 위대한 과학자에 버금가는 호기심을 타고난다.[10] 호기심은 아이들의 상상력과 궁금증을 자극한다. 질문을 하는 것은 자신의 주변에 관심을 갖고 호기심을 갖기 때문이다. 아이들이 질문을 하는 것은 세상을 이해하는 과정이다.

그래서 부모라면 자신이 비록 답을 몰라도 아이가 정말로 궁금해 하는 것들을 질문할 수 있도록 이끌어 주어야 한다.[11] 제일 좋은 질문은 정말로 궁금해 하는 내용에 대한 질문[12]이다.

---

9) 아인슈타인은 말년에 많은 시간을 연구실에서 보냈는데, 양손을 등 뒤로 맞잡고 알 수 없는 소리를 중얼거리며 돌아다니곤 했다. 동료들은 그런 아인슈타인이 몹시 걱정이 되었다. 그러던 어느 날 한 동료가 용기를 내어 아인슈타인에게 다가갔다. 그는 유심히 귀를 기울이던 덕분에 아인슈타인이 뭐라고 중얼거리는지 들을 수 있었다. "제대로 된 질문만 할 수 있다면." 아인슈타인은 대답을 찾기보다 깊이 있는 질문, 제대로 된 질문을 해야 새로운 연구 분야를 개척할 수 있다는 사실을 알고 있었던 것이다.

10) 요슈타인 가아더는 『소피의 세계』에서 "훌륭한 철학자(과학자, 학자)가 되기 위해 필요한 것은 호기심이다."이라고 했다.

11) 소크라테스는 한 번도 강연을 하지 않았다. 대신 그는 질문을 하고 토론을 했다. 그래서 산파와 같다고 했다. 산파는 아기를 직접 낳지 않고, 아기가 태어나도록 도와줄 뿐이다. 소크라테스는 사람들이 바른 생각을 끄집어낼 수 있도록 도와주는 것이 자신의 역할이라고 했다. 바른 생각은 이미 각자에게 있다고 생각했기 때문이다. 그래서 W. B. 예이츠는 교육은 빈 바구니를 채워주는 것이 아니라 불을 지펴주는 것이라 했다.

12) 다음은 한 학생의 경험담이다. "전에는 책읽기가 재미없고 필요도 없는 일이라고 생각했어요. 그런데 질문을 할 줄 알게 되면서부터 책읽기가 아주 좋아졌어요. 지금은 내 머리에 떠오른 질문에 스스로 답을 찾아내는 것이 재미있어요. 전에는 책을 읽는 것도 어려웠는데 질문을 할 수 있게 되면서부터 책읽기도 쉬워졌어요."

☞ 질문을 유도하는 방법은

- 질문을 어떻게 해야 할지 모르는 아이에게는 작가와 대화하는 법을 가르쳐 준다. 궁금한 것을 작가에게 물어보게 한다. 질문을 할 때마다 책 속으로 더 깊이 빠져들게 된다.
- 아이가 책을 읽으면서 질문을 떠올리고 궁금해 할 수 있도록 이끌어 준다. 즉 아이와 '궁금해 놀이'를 해 본다. 질문이 생기면 그 답을 찾기 위해 책을 끝까지 읽게 된다. 질문이 생기고 그 답을 찾으려는 욕구가 있어야 책읽기가 재미있어진다. 소설을 읽을 때는 '무슨 일이 생길까?'가 기본적으로 떠오르는 질문이다.

☞ 질문의 효과는

- 질문을 하면 작가에 대해 알게 되고, 자신이 어떤 것에 관심이 있는지 알게 되고, 무엇을 배우고 싶어 하는지 알게 된다. 질문을 하면 자신이 책을 왜 읽는지, 그리고 그 책의 내용이 무엇인지 보다 분명히 이해할 수 있다.
- 질문을 떠올리면 읽고 있는 책에 좀 더 정신을 집중하게 된다.
- 질문을 하면서 책을 읽으면 보다 깊이 이해할 수 있게 된다.
- 쉽게 답을 찾을 수 없는 질문도 있다. 하지만 어떤 질문이든 생각을 하게 만들고, 토론을 이끌어내고 새로운 정보를 찾도록 이끌어 준다.
- 질문은 책의 내용이나 배우고 있는 정보에 보다 깊이 파고들도록 이끌어준다.
- 질문을 하면 다음에 어떤 일이 생길지 궁금해져서 계속 책을 읽어나가게 된다.
- 질문은 새로운 아이디어, 새로운 시각, 그리고 새로운 질문을 이끌어 낸다.

(4) 추리를 하라

이것은 배경지식과 글에서 얻은 정보를 통해 글의 방향을 추측하고, 질문에 대한 답을 찾고, 해석하고, 결론을 내리는 것이다.

책이 전하고자 하는 메시지(주제)는 종이에 적힌 글자에만 매달려서는 파악할 수가 없다. 작가가 수많은 실마리를 제공하기는 하지만 그 실마리와 증거들을 모아 자기 스스로 해석해야 한다. 추리는 자기 힘으로 모은 정보이다.

추리(행간 읽기)를 한다는 것은 증거(단어, 문장, 문단)가 의미하는 것을 제대로 짐작하고, 앞으로 어떤 일이 벌어질지 예측하고, 글의 내용을 해석하여 종이에 적힌 글자의 의미에 깊이를 더하는 것이다. 추리와 예측을 하는 아이는 자신의 생각이 맞는지 틀린 지를 확인하기 위해 책을 끝까지 읽어 가게 된다.

추리하면서 읽으면 보다 깊고 넓게 이해할 수 있고, 결론을 이끌어 낼 수 있고, 종이에 적힌 글 이상의 것에 대해 상상할 수 있다. 독자는 작가가 적어 놓은 글을 앵무새처럼 무조건 따라 읽기만 하는 것이 아니라 스스로 짐작도 하고, 연결고리도 만들고, 질문도 한다. 독자는 앞으로 무슨 일이 벌어질지 추측도 하고, 머릿속에서 장면을 상상하기도 하고, 모르는 단어의 뜻을 짐작하고 질문에 대한 답도 찾는다. 추리하면서 읽으면 글을 자기 것으로 만들어 보다 깊은 의미를 찾아가게 된다.

☞ 추리란 무엇인가?

- 감각 이미지는 추리한 내용을 그림으로 떠올린 것이다.
- 글 속에서 어떤 일이 일어날 것인가를 미리 짐작해 보는 것이다.
- 모르는 단어를 문맥을 통해 찾아내는 것도 추리이다.
- 추리는 작가가 구체적으로 표현하지 않은 메시지를 찾아내는 것이다.
- 등장인물에게 공감하고, 농담을 보면서 웃고, 수수께끼의 답을 찾아내고, 이야기의 배경을 이해하고, 미스터리를 풀어가는 모든 과정이 추리의 과정이다.

☞ 추리를 이끌어내는 방법은

- 아이에게 자신이 읽고 있는 글에 대해 떠오르는 생각을 말하게 한다. 아이의 생각은 존중해 주어야 한다.
- 일상생활을 할 때도 추리를 할 수 있도록 이끌어 준다. 배경지식과 외부에서 얻은 정보를 통해 세상의 흐름을 알고 일어날 일들을 예측하게 된다.
- 말놀이를 통해 추리력을 길러준다. 가령 "이것은 가시가 많다." 이것은 무엇인가?
- 모르는 단어가 나오면 추리를 통해 뜻을 파악하도록 한다.

> ☞ 추리의 효과는
> - 책에 더욱 집중할 수 있도록 도와준다. 책읽기에 정신을 집중하면 추리를 하게 된다.
> - 농담을 이해할 수 있게 도와주고, 등장인물들이 어떻게 느끼는지 이해할 수 있도록 도와준다. 내가 책의 일부가 된 것처럼 느끼게 한다.
> - 책을 천천히 읽고 더 깊이 생각할 수 있게 해준다.
> - 추리를 하면 정말 그 추리대로 사건이 전개되는지 확인하기 위해 더욱 관심을 기울이게 된다.
> - 느낌을 떠올리면서 책을 읽도록 도와준다.
> - 추리를 하면 종이에 적힌 글자 이상의 내용을 자세히 상상할 수 있다.
> - 배경지식과 글이나 그림 속에 있는 실마리를 연결지어 추측하면 글에서 자세히 설명하지 않은 내용에 대한 의견을 생각해낼 수 있다.
> - 추리를 하면 글을 읽으면서 떠오른 질문에 대한 답을 찾을 수 있다.

(5) 가장 중요한 주제나 요점을 찾으라

이것은 중요한 정보와 그렇지 않은 정보를 구별하면서 핵심 요점이나 주제를 찾아내는 것이다.

현대사회는 정보의 바다이다. 손가락 하나만 까딱하면 텔레비전, 인터넷에서 우리 할아버지, 할머니는 상상도 못할 만큼의 엄청난 정보가 쏟아져 나온다. 하지만 정보가 곧 지식이라는 등식은 성립하지 않는다. 우리는 과다하게 많은 정보를 가지고 있지만 정보 그 자체만으로는 아무 쓸모가 없다. 우리가 정보를 받아들여 그것에 대해 생각하고, 정리하고, 자기 것으로 만들어야 비로소 지식이 되는 것이다. 즉 수많은 정보 중에서 무엇이 중요한가를 골라내고, 골라낸 정보를 종합하여 의미 있는 것으로 만들어야 비로소 지식이 된다. 책을 읽든 하루하루 생활을 하든 중요한 것과 중요하지 않은 것을 구분할 줄 알아야 한다. 일상생활에서도 우리는 늘 무엇이 중요한가를 결정하고, 우선순위를 정하고, 무엇을 먼저 하고, 무엇을 나중에 해야 하는가를 정해야 한다. 즉 선택과 집중을 해야 한다.

중요한 것을 찾아내기 위해서는 읽는 목적, 즉 왜 읽는지 알아야 하고, 책의 전체적인 의미나 목적을 이해하기 위해 어떤 정보나 아이디어가 필요한가를 알아야 한다. 중요한 것을 찾아내는 것은 물에 담근 국수를 체로 걸러내는 것과 같다. 체로 거르면 물은 밑으로 빠지고 국수만 남는다. 비소설 도서를 읽을 때는 여백에 자신의 생각이나 질문을 적고, 다른 것보다 더 중요하다고 생각되는 것을 밑줄 긋기 등으로 표시를 하면 도움이 된다. 중요한 것을 찾아내지 않으면 글을 제대로 이해할 수가 없다. 중요한 것을 찾아내는 일은 어두운 터널 끝에서 비치는 빛을 찾는 것과 같다.

☞ 중요한 것을 찾는 방법은

- 지금 읽고 있는 책에서 중요한 것을 찾아내려면 그 책을 읽는 목적을 알아야 한다. 책을 읽는 목적을 알면 책에 좀더 깊이 집중할 수 있고, 중요한 것을 결정하는 데도 영향을 미치게 된다. 내가 이 책을 왜 읽는가를 알고, 이 책의 전체적인 의미를 이해하는 데 있어 어떤 정보나 아이디어가 가장 필요한가를 알아야 책에서 중요한 요점을 찾을 수 있다.
- 지면 배치나 제목, 굵은 글자체의 소제목, 설명이 딸린 사진, 인용문, 그래프, 시간표, 지도 등에는 무엇이 중요한가를 알려주는 중요한 정보가 들어 있으므로 잘 살펴본다. 책의 지면 배치나 글씨체에 관심을 가지면 중요한 것을 찾아내기가 한결 쉽다. 비소설 도서의 경우 특이한 형식으로 표현된 부분, 예를 들어 상자 속에 들어 있는 설명문이나 굵은 글씨체, 도표 등은 중요한 경우가 많다.
- 중요한 것을 결정하기 위해서는 수많은 정보를 보면서 의식적으로 무엇이 더 핵심적이고 덜 핵심적인가에 대한 우선순위를 정할 수 있어야 한다.
- 중요한 것을 결정하는 과정은 여러 개의 질문으로 시작하는 경우가 많다.
- 저자는 자신이 중요하다고 생각하는 것을 강조하기 위해 실마리를 남겨둔다. '그 결과'라거나 '요약하자면' 등과 같은 표현은 핵심적인 정보가 나오리라는 것을 암시하는 말이다.

(6) 정보를 종합하라

이것은 정보를 요약 · 종합하면서 글의 전체적인 의미를 파악하는 것이다.

정보를 종합하는 것은 작은 조각들을 모아 새로운 하나의 큰 형상을 만드는 모자이크와 같다. 먼저 무엇이 중요한 것인가를 알아야 한다. 무엇이 중요한가를 알아야 제대로 정보를 종합할 수 있다. 종합은 우리의 머리로 매일 쏟아지는 무수한 정보를 질서 있게 정리하고, 다시 생각해 보고, 고쳐서 일관성 있는 새로운 정보로 재창조하는 과정이다. 수많은 세부 사항을 걸러내고, 그 중에서 꼭 알아야 하고 기억해야 할 것을 찾는 것이다. 이것은 뒤죽박죽 뒤섞여 있는 정보들을 모아 중심이 될 수 있는 주제나 아이디어에 연결하는 것이다. 종합은 서로 다른 조각들을 끼워 맞춰서 의미 있고 아름다우며, 각 조각의 단순한 합보다 훨씬 큰 모자이크를 창조하는 과정이다.

언제, 어디서 등장인물이 만나고, 이야기가 전개되는지 등 아이가 이야기에서 가장 중요한 부분을 말하게 한 다음 짧게 요약하게 한다. 종합은 지금까지 있었던 일과 그것이 자신에게 어떤 의미를 주는지를 요약하면서 이루어진다.

독자가 자신의 생각을 종합할 때는 중심이 되는 줄거리를 파악하고, 이것이 자신에게 어떤 의미가 있는가를 묻게 된다. 독자는 질문을 하고, 배경지식을 활용하고, 다른 사람들과 토론을 하면서 책에서 더 많은 의미를 찾아낸다. 즉 종합을 하는 과정에서 독자의 생각은 깊어지고 이해의 폭도 넓어진다. 종합하기는 줄거리에 자신의 생각과 배경지식을 더하는 것이다.

(7) 수정 전략을 사용하라

이것은 제대로 이해하고 있는지 신경을 쓰면서 다시 읽거나, 사전을 찾거나, 질문을 하는 것이다. 즉 글 내용이 제대로 이해되지 않아 앞으로 나아갈 수 없을 때 뒤로 돌아가 다시 읽는 것이다.

무작정 글자를 읽어나가고 책장을 넘기기만 하는 것은 책을 읽는 것이 아니다. 책을 읽다가 조금이라도 딴 생각이 들면 마치 자동차가 차선을 이탈한 것처럼 금세 알아차리고 다시 제자리로 돌아갈 수 있어야 한다. 책을 읽는 독자의 머릿속에서 이어지던 '영화'가 갑자기 멈추면 독자는 읽는 속도를 늦추고, 읽었던 부분을 다시 읽고, 머릿속의 '영화'를 다시 뒤로 감아야 한다. 그리고 책 내용에 대한 질문이 떠오르지 않으면 독자는 딴 생각을 멈추고 다시 책에 집중해야 한다. 읽고 있는 글 속에서 중요한 것이 하나도 눈에 띄지 않는다면 독자는 그 이유를 찾아내야 한다. 또한 책의 내용을 자신의 생활이나 그보다 큰 세상과 연결할 수 있는 고리를 찾을 수 없다면 역시 읽기를 멈추고, 지금까지 읽은 내용을 다시 생각해 보고, 자신이 어떤 배경지식을 가지고 있는지, 그리고 어떤 배경지식이 새로 필요한가를 생각해 보아야 한다. 그리고 지금까지 읽은 내용을 말로 설명할 수 없을 때도 글을 제대로 이해하지 못했다는 신호임을 깨달아야 한다. 이 때 앞에서 언급한 독서 전략과 방법을 활용한다면 효과적인 수정 전략을 갖춘 제대로 된 독자가 될 수 있다.

☞ 글을 읽다가 더 이상 이해가 안 될 때는

- 내 머릿속의 목소리가 바뀐다. 글과의 대화가 끝나고 그냥 종이 위의 글자만 쳐다보게 된다. 그러면 금세 지루해지거나 혼란스러워지고, 방금 전에 읽은 것도 기억이 안 난다.

- 내 머릿속의 카메라가 멈춘다. 내가 읽고 있는 것에 대한 감각 이미지가 사라진다. 그러면 글을 이해하지 못한다는 것을 금세 깨닫게 된다.
- 책의 내용 대신 딴 생각이 들기 시작한다. 그러면 책과 나의 연결고리를 다시 찾아야 한다.
- 방금 읽은 것이 생각나지 않는다. 글을 읽을 때는 내가 읽은 내용을 입으로 말할 수 있어야 한다. 그렇게 못할 때는 다시 앞으로 돌아가 더욱 집중해서 읽는다.
- 질문을 하지도 않고 내가 했던 질문에 대한 답을 찾지도 않는다. 질문을 하지도 않고 대답을 찾지도 않으면 그것은 더 많은 배경지식이 필요하거나 글에 더욱 집중해야 한다는 뜻이다.
- 등장인물을 봐도 그들이 언제 처음 등장했는지 기억이 나지 않는다. 그리고 글 속에서 무슨 일이 벌어지고 있는지도 모른다.

이와 같은 현상이 일어날 때는 글 읽기를 멈추고, 수정 전략을 사용해야 한다.

☞ 글을 이해하지 못할 때 활용할 수 있는 수정 전략은

- 앞으로 돌아가 다시 읽는다. 이것만으로 충분할 때도 있다.
- 뜻을 확인하기 위해 계속 읽어나간다.
- 자신이 이해하지 못하는 것이 무엇인지, 단어인지, 문장인지, 개념인지를 확실히 알아낸다.
- 단어를 모를 때는 계속 읽어 나가면서 단어의 뜻이 설명된 곳이 있는지 찾아보거나, 지금까지의 내용을 다시 생각해서 어떤 뜻이어야 글의 흐름과 어울릴지 생각해 본다. 그래도 모를 때는 물어보거나 사전을 찾아본다.
- 개념을 이해하지 못할 때는 혼란스러워진 부분까지의 내용을 요약해 본다. 그래서 혼란스러움이 해결되는지 확인한다. 해결되지 않는다면 배경지식이 더 필요한 것인지도 모른다. 배경지식을 쌓기 위해서는 백과사전이나 인터넷을 찾아보거나, 그런 주제를 알 만한 사람과 대화를 하거나, 도서관에서 조사를 해본다.

4) 정보화 시대의 3단계 속독 전략과 방법

바다 위의 갈매기는 바다 속에 수많은 물고기들이 있지만 모든 물고기가 나의 밥이 될 수는 없으므로 필요한 것은 자기가 소화시킬 수 있는 오직 한 마리뿐이다. 그 한 마리를 찾기 위해서는 바다 위에서 바짝 붙어가는 것보다 높이 날아서 넓은 시야를 확보하여 내가 소화시킬 수 있는 먹잇감을 찾고, 물고기의 위치를 확인한 후 급하강하는 능력이 필요하듯이 우리도 우리의 지적 수준에 맞는 책을 선정하여 전체를 훑어본 후 내가 필요한 정보만 빠르게 잡아내는 능력이 필요하다. 이것이 정보화 시대에 필요한 3단계 속독 전략과 방법이다.[13)]

① 5분 동안 프리뷰(preview: 미리 훑어보기)

앞으로 읽을 책이 무엇인가를 확인하는 작업이다. 어떤 종류의 책이며, 구성은 어떻게 되어 있고, 핵심적인 내용이 무엇인가 등을 파악하는 단계이다.

어떤 식으로 책을 읽을 것인가에 대한 전략을 세운다. 책의 내용이 무엇인지 대충 파악하고, 내가 찾는 내용이 어디쯤 있는지를 알아 두어야 한다.

☞ 훑어보아야 할 곳: 표지, 목차, 본문의 소제목, 서문, 후기, 해설, 본문 구조 파악

13) 사이토 에이지, 『부자나라 임금님의 성공 독서전략』, 북포스, 2006.

② 양면 읽기(photo-reading) 2초로 본문 체크

양면 읽기는 좌우 양 페이지를 2초 안에 훑어보는 것이다. 사진 촬영하듯이 좌우 양 페이지 전체를 시야에 놓고 사진 찍듯이 2초 안에 재빨리 본문 전체를 5분간 훑어보는 과정이다. '읽기'가 아닌 '바라보기'로서 훑어보기 단계에서 놓쳤던 정보를 발견하거나 확보했던 단서를 바탕으로 원하는 정보가 정확히 몇 페이지에 어느 정도 실렸는지 확인한다.

포토리딩(양면 읽기)의 비법은 얼마나 빨리 뇌가 정확하게 이미지를 생성시키느냐이다. 책이 당신에게 보여주는 키워드와 당신이 무의식적으로 원하는 키워드, 양면읽기 단계에서는 이두 가지의 키워드가 발견되어야 한다.

③ 스키밍(skimming: 핵심 정보 낚아채기)으로 20%를 읽고 80%를 획득한다.

정보를 얻는 것이 목적이라면 훑어보기와 양면 읽기로 정보가 어디쯤에 있는지 파악했다면, 스키밍이란 파악한 정보를 확인해서 낚아채는 과정이다. 책 전체를 정독하는 것이 아니라 미리 체크한 부분만 집중적으로 정독한다. 즉 전부가 아닌 필요한 부분만 집중적으로 정독한다. 전체 분량의 20%를 읽고서 80%의 정보를 간추리는 것이다.

독서에는 강약이 필요하다. 중요한 대목에선 강하게, 중요하지 않은 대목에선 약하게 힘을 조절하는 것이다. 정보의 가치에 어울리는 공평한 힘의 분배가 시스템 독서술이 추구하는 독서법이다.

5) 독서의 효율을 높이는 전략적 책읽기

스티브 레빈은 독서를 일종의 전투에 비유하고 있다. 바쁜 시간을 쪼개서 독서를 하게 된다. 시간에 쫓기는 만큼 독서의 효율을 높이는 전략적 책읽기를 해야 한다. 주어진 시간 안에 더 많은 책을 효율적으로 읽어야 한다. 독서도 속도와 효율이 필요하다.[14)]

① 책을 읽는 목적과 키워드를 분명히 하고 읽는다.

목적을 가지고 있으면 필요한 정보를 포착하기가 쉽다. 정보 처리와 두뇌 회전이 빨라져서 필요한 내용을 발췌하고 발굴해내는 능력이 훨씬 뛰어나게 된다. 그리고 키워드를 중심으로 책을 읽으면 자신의 관심사를 벗어나거나 되풀이되는 불필요한 내용들을 재빨리 넘길 수 있기 때문에 읽는 속도도 빨라질 뿐만 아니라 집중력을 높여 원하는 정보를 더욱 정확하게 머릿속에 입력할 수 있게 된다. 키워드는 현실 생활과 관련된 자신의 관심사에서 찾는 것이 좋다.

② 잘게 쪼개 전투적으로 읽는다.

모티머 애들러는 "얼마만큼 적극적으로 읽고 노력하는가에 따라 독서의 질이 결정된다."고 했다. 자신의 앞에 놓인 책에서 보다 많은 것을 발견하려고 노력하는 사람일수록 책을 더 잘 읽게 된다.

먼저 전체를 훑어본 다음에(저자 약력, 목차, 색인, 참고문헌, 삽화) 잠시 책을 덮고 방금 읽은 것에 대해 생각해 본다. 해당 주제에 대해 알고 있는 바

---

14) 스티브 레빈, 『지식을 경영하는 전략적 책읽기』, 밀리언하우스, 2007.

를 떠올리며, 무엇을 새로 배울 수 있을지 생각해 본다. 또다시 책을 훑어보고, 책의 앞부분과 뒷부분을 약간 읽는다. 어떤 독자층을 염두에 두고 썼는가, 색인을 통해 어떤 주제가 중점적으로 다루어지고 있는지 파악한다. 또다시 책을 덮고, 책에서 파악한 내용을 마음속에 정리한다. 다시 책을 펼치고 각장의 서론, 결론 부분을 읽는다. 이것은 저자의 개요 작성의 과정을 거꾸로 거슬러 올라가 보는 것과 같다.

책의 개요를 파악하고 나면 책의 핵심 주제를 완전히 파악하고 자신의 생각과 언어로 다듬어 내놓을 수가 있다. 무턱대고 처음부터 잡고 읽기 시작하면 엉뚱한 데 힘을 쏟아버리게 된다.

③ 일단 멈추고 비틀어 생각한다.

똑같은 정보라도 누구에게는 쓰레기가 되고, 누구에게는 보물이 된다. 정보를 정리하여 자신의 것으로 새롭게 만들 수 있는 창의성이 필수적이다. 따라서 거꾸로 보기도 하고, 삐딱하게 보기도 하고, 비틀어 보기도 해야 한다. 무조건 저자의 말에 수긍하기보다는 "정말 그게 가능한가?", "그럴 수도 있을까?"라는 의문을 가져야 한다. 그러면 이 의문에 답을 줄 수 있는 책을 다시 찾아 나서게 된다.

④ 자유자재로 속도를 조절하며 읽는다.

노만 루이스는 빠르게 제대로 읽기 위해서는 책마다 다른 빠르기로 읽어야 하며, 한 권 안에서도 목적에 따라 속도를 달리해야 한다고 했다. 쉬운 부분은 빨리 읽다가도 어려운 부분은 속도를 늦춰서 읽는다. 중요한 것은 빠르게 핵심을 파악하는 것이다. 글자만을 읽는 독서가 아니라 머리로 생각하면서 빠르게 핵심만 파악해 내는 것, 이것이 습관화되어야 한다. 이것은 평생 갈고 닦아야 하는 기술이다.

여기서 속독은 얻는 것과 잃는 것이 있다는 것을 명심해야 한다. 1960년대에 속독은 대단한 인기를 끌었다. 그러나 생각만큼 효과가 있지는 않았다. 1960년대에도 점점 늘어가는 정보를 처리하려면 속독이라는 과학적인 훈련을 받아야 한다고 생각했다. 그러나 40년이 지난 요즘 속독이란 말은 쏙 들어가 버렸다. 속도가 그렇게 중요하지 않기 때문이다. 속독은 쏟아지는 정보를 처리하는 마법이 아니었다. 읽기 속도를 획기적으로 늘릴 수는 있지만, 어디까지나 이것은 독서의 일부이지 전부가 아니다.[15]

속독은 기초 이해력, 즉 책에 무엇이 쓰여 있는가를 이해하는 데는 도움이 된다. 그러나 의미를 이해하고 음미하는 데는 별로 도움이 되지 않는다. 달리기를 잘 한다고 해서 모든 운동을 잘한다고 할 수 없는 것처럼, 책을 빨리 읽는다고 해서 전부 훌륭한 독자가 되는 것은 아니다. 물론 많은 서류를 검토해야 하는 사람들이라면 속독이 도움이 될 수 있다. 하지만 책을 읽을 때 가장 짜릿한 순간은 읽다 말고 멍하니 허공을 응시할 때가 아닌가. 이 순간은 속도는 제로이지만, 이해도는 최고조에 이른다. 마음속에 젖어들어 심금을 울린다. 이런 점에서는 역시 "맛만 봐도 되는 책이 있고, 꿀꺽 삼켜야 하는 책이 있으며, 씹어서 완전히 소화해야 하는 책도 있다."는 베이컨의 말을 귀담아 새겨야 할 것이다.

바쁜 시간을 쪼개 독서를 했다면 오래 생산적으로 남는 독서가 되어

---

15) 속독은 역행 현상(한눈에 이해하지 못한 단어나 구문을 보기 위해 눈이 자연스레 글의 이전 부분을 보는 현상)을 없애주고, 글을 읽는 동안 마음속에서 소리내어 읽는 현상을 제거하고, 구문 전체로 인식하게 하는 기술 등에서 제한적인 효과는 있다고 본다.

야 한다. 이것은 읽은 내용을 오랫동안 잘 기억하는 것이다. 이것이 생산적인 독서이다.

19세기 독일의 심리학자 헤르만 에빙하우스의 공부의 효율성을 높이는 암기법이 유명하다. 그는 사람은 무언가를 배우는 순간 대부분을 곧바로 잊어버린다는 사실을 밝혀냈다. 그래서 기억 손실을 막는 최선의 방법은 즉시 기억을 되새기는 것이다. 그날 배운 내용은 그날 복습을 한 후, 다음 날 외워 말하면서 기억을 새롭게 환기시킨다. 며칠 후, 1주일 후, 3주 후 이런 식으로 같은 과정을 반복한다. 이렇게 복습하는 데 걸리는 시간은 고작 몇 분밖에 되지 않지만 그 기억은 놀랄 만큼 오랫동안 지속된다. 이것은 책에서 뽑은 핵심을 이용하기 좋은 형태로 가공하여 저장하는 것이다.

다음은 책을 읽고 책 내용을 오래 기억하는 방법이다.

① 읽자마자 다시 훑어본다.

책을 읽고 나서 책과 함께 시간을 보내는 것이다. 책에서 훨씬 더 많은 정보를 끄집어내고 오랫동안 간직하는 비결은 찬찬히 책을 음미하는 것이다.

책 내용을 오래 남겨두기 위한 가장 확실한 방법은 책을 읽자마자 바로 다시 책을 훑어보는 것이다. 이를 위해 책을 읽으면서 표시를 해두거나 여백에 메모를 해두어야 한다.

② 모든 감각기관을 총동원한다.

글만 읽어서 좀처럼 머릿속에 들어오지 않을 때는 손짓, 발짓을 동원해 혼자서 중얼거리면 생각이 정리되고, 전후사정이 의외로 명확해진다. 감각기관을 총동원하면 대상을 잘 기억할 수 있다. 이것은 좌뇌와 함께 우뇌를 활용하는 것이다.

③ 혼자 내용을 낭송한다.

옛날 사람들은 자주 암송을 했다. 글을 외우면서 어조의 미묘한 차이에도 집중할 수 있고, 내용도 깊이 음미할 수 있다.

④ 문장을 질문으로 바꾸어 본다.

프랜시스 로빈슨 교수는 공부를 보다 효율적이고 실용적으로 할 수 있는 구체적 방안으로 SQ3R의 방법을 제시했다. 훑어보고, 질문하고, 자세히 읽고, 되새기고, 다시 보라는 것이다. 여기서 핵심은 교과서의 모든 소제목을 의문문으로 바꾸는 것이다. '자연주의의 하위단계'란 소제목이 있으면, "자연주의의 하위단계란 무엇인가?"라는 질문으로 바꾸고, 글을 읽으면서 질문에 대한 답을 찾은 다음, 교과서를 보지 않은 채 되새기는 연습을 한다. 그리고 잠깐 쉬었다가 다시 복습한다.

보르도 체켈리도 『공부의 기술: 소르본 공부법』에서 핵심 문장에 밑줄을 그은 뒤, 오른쪽 여백에는 핵심 사항을 적고, 왼쪽 여백에는 답이 되는 질문을 써두라고 했다. 위쪽 여백에는 자신의 생각을 적고, 아래쪽에는 이해가 안 가는 내용을 쓴다. 길잡이가 되는 왼쪽 여백의 질문에 답을 찾아 가면서 내용을 소리내어 외우는 연습을 한다.

코널 공부법을 창시한 월터 펵도 공책 왼쪽에 여백을 넓게 남겨두고, 그곳에 수업이 끝난 후 자신에게 물어볼 질문을 만들고, 외워서 말할 수 있을 때까지 질문에 답하는 연습을 하라고 했다.

요컨대 책을 읽고 나서 기억하고 싶은 내용을 질문으로 만들면 기억에 도움이 된다. 내용을 오래 기억하는 가장 좋은 방법은 질문에 외워서 말한 다음, 적당한 시간 간격을 두고 외운 내용을 반복하는 것이다.

⑤ 시간이 지난 후 다시 한 번 읽는다.

책은 항상 똑같지만 독자는 변한다. 경험의 확장에 따라 더 많은 것을 깨닫고 얻는다. 그래서 읽은 책도 다시 읽을 필요가 있다. 이를 위해 책꽂이에 최근 읽었던 책을 따로 보관해 두는 것이 좋다. 며칠 안에 그 책을 다시 펼쳐 보아야 한다. 1주일이 지난 후 두 번째로 다시 읽어본다. 마지막으로 6개월 이상이 지나 세 번째 읽은 후 아무데나 두어도 좋다.

사람의 머릿속은 일종의 흐르는 물과 같아서 떠다니는 것을 바로 건져놓지 않으면 금세 흘러가버린다. 그때그때 필요한 것을 건져 올리는 역할을 하는 것이 바로 메모이다. 메모를 통해 내 방식으로 정리해 두어야 머리 깊숙이 새겨 넣을 수 있다. 메모는 책을 읽을 때 지적으로 깨어 있는 상태를 유지하도록 해 준다. 적극적인 독서는 곧 사고의 과정이며, 사고는 말이든 글이든 자신만의 고유한 표현으로 나타난다. 메모는 영원히 내 것으로 소유하는 책읽기이다.

6) 둔재를 천재로 만드는 고전 독서법

존 스튜어트 밀은 천재적인 사상가로 유명하지만, 독서법으로도 유명하다. 그는 평범한 지능을 갖고 태어났지만, 영국 공리주의의 대표적 사상가였던 아버지, 제임스 밀에게 천재 독서교육을 받은 뒤 천재적인 두뇌를 갖게 되었고, 20대 중반에는 천재 사상가의 반열에 오르게 되었다. 존 스튜어트 밀은 지금까지도 철학, 경제학, 사회과학 분야에 커다란 영향력을 끼치고 있는 『논리학 체계』(1843), 『경제학 원리』(1848), 『자유론』(1859)을 저술한 천재 사상가이다.

존 스튜어트 밀의 독서법은 초등학교 때부터 플라톤, 아리스토텔레스, 키케로, 데카르트 같은 천재 사상가들의 저작을 열심히 읽고 소화해서 그들의 위대한 사고 능력을 자신의 것으로 만드는 독서를 말한다. 그는 초등학교 때부터 사상가들의 책들을 읽고, 매일 아침마다 아버지와 깊이 있게 토론했다. 그는 자서전에서, 초등학교 때부터 아버지로부터 이와 같은 철학 고전 독서교육을 받았던 덕택에 또래들보다 최소한 25년 이상을 앞서나갈 수 있었다고 했다. 이러한 존 스튜어트 밀의 독서법을 둔재를 천재로 만드는 고전 독서법이라 한다. 고전 독서교육은 고대부터 서양의 상류 계층과 지식인 계층에서 자신의 자녀를 천재나 엘리트로 키우기 위해 사용해 왔던 것이다.

두뇌가 식물이라면, 고전 독서는 물이다. 물이 있어야 식물이 자랄 수 있는 것처럼 고전 독서를 해야 두뇌가 쑥쑥 자라게 된다. 물론 고전 독서는 어렵고 힘들다. 그러나 고전 독서의 힘을 믿고, 끝까지 성실하게 해 간다면 오래지 않아서 자신의 사고 체계가 변하는 것을 몸으로 느끼게 될 것이다. 처칠, 에디슨, 아인슈타인은 어려서부터 이와 같은 독서를 꾸준히 실천하여 창의적 사고 능력을 갖게 되었고, 이 때문에 위대한 사람이 되었다. 처칠, 에디슨, 아인슈타인은 철학 고전 독서법이 두뇌를 놀랍게 변화시킨다는 사실을 증명하는 역사적 인물들이다. 그들은 어려서 저능아 취급을 당했으나 고전 독서교육을 10년 이상 받았고, 그 결과 천재적 사고 능력을 갖게 된 것이다. 오늘날의 정보기술을 선도하고 있는 빌 게이츠와 스티브 잡스도 한결같이 "인문 고전이 나를 만들었다."고 말하고 있다.

고전은 시대를 초월한 가치와 함께 감동을 주는 책이다. 고전은 적어도 1-2백 년 이상, 많게는 1-2천 이상 살아남은 책을 말한다. 이러한 고전은 사실 마크 트웨인의 말처럼 '누구나 꼭 읽어야 할 책이라고 말하지만 실은 아무도 읽고 싶어 하지 않는 책'이기도 하다. 그만큼 읽기가 어렵고 힘들기 때문이다. 그러나 고전은 반드시 읽어야 할 필요가 있는 책이다. 깊이 있는 지식은 깊이 있는 사고에서 출발한다. 고전은 깊이 있는 사고에서 나온 깊이 있는 지식을 담고 있다. 고전은 천재의 두뇌 그 자체이고, 고전을 읽는다는 것은 곧 천재와 대화를 하는 것이다. 천재와의 대화를 통해 얻은 깊이 있는 사고는 현재에도 그대로 적용되어 세상을 보는 올바른 안목과 혜안을 제공한다. 고전 읽기를 통해 깊이 있는 지식의 습득과 함께 깊이 있는 사고력을 키울 수 있다. 이러한 깊이 있는 사고력은 곧 학문연구의 밑바탕이 된다.

인문 고전[16) 독서는 처음에는 힘들고 어렵다. 특히 철학 고전은 단어 하나, 문장 하나를 이해하지 못해 몇 달씩 진도가 나가지 못하는 경우도 많다. 무척 고되고 고통스럽다. 그러나 어느 지점을 통과하면 고통은 기쁨으로 변한다. 인류의 역사를 이끌어온 천재들의 사고와 만나게 되면서 지적 쾌감을 맛보게 된다. 그러면서 서서히 변화가 시작된다. 평범한 사고밖에 하지 못하던 두뇌가 천재적인 사고를 하는 두뇌로 바뀌기 시작

16) 인문학(人文學)은 인간의 조건에 관해 탐구하는 학문이다. 자연 과학과 사회 과학이 경험적인 접근을 주로 사용하는 것과는 달리, 분석적이고 비판적이며 사변적인 방법을 폭넓게 사용한다. 인문학의 분야로는 철학과 문학, 역사학, 고고학, 언어학, 종교학, 여성학, 미학, 예술, 음악, 신학 등이 있으며, 크게 문/사/철(문학, 역사, 철학)로 요약되기도 한다. 여기서 인문 고전은 주로 문학, 철학 역사 관련 서적을 말한다.

하는 것이다. 인문 고전에 일상적으로 노출된 아이의 두뇌는 자연스럽게 인문 고전 저자들의 두뇌처럼 바뀌어 간다. 고전의 내용을 이해하고 못 하고는 크게 중요하지 않다. 천재들이 사고하는 방식과 접촉한다는 그 자체가 중요하다. 식물에게 물을 주고 나중에 보면 물을 준 흔적조차 찾기 힘들지만 식물은 잘 자라듯이 인문 고전 독서 역시 이와 같다. 어려운 내용을 제대로 이해하지 못해 읽은 흔적조차 찾기 힘들지만, 이상하게도 고전을 한 권씩 뗄 때마다 사고의 수준이 달라짐을 느끼게 된다. 이것은 고전을 읽은 사람이면 누구나 경험하는 현상이다. 고전 독서는 아이들의 두뇌를 혁신적으로 바꾸는 힘을 가지고 있다.

시카고 대학의 경우가 그 좋은 예이다. 1892년 록펠러가 세운 시카고대학은 당시 3류 학교에 지나지 않았다. 그런데 1929년 허친슨 총장이 취임하면서 달라졌다. 그는 독서의 중요성을 잘 아는 사람이었다. 설사 바보일지라도 '존 스튜어트 밀의 독서법'을 충실히 따르면 천재적인 두뇌를 가진 사람으로 변화될 수 있다고 확신했다. 허친슨 총장은 시카고 플랜을 만들어 '고전 100권 읽기 운동'을 전개했다. 고전 100권을 읽지 않은 학생은 졸업을 시키지 않는다면서 학생들에게 고전 100권을 외울 정도로 읽게 했다. 처음에는 어떤 변화도 일어나지 않았다. 그러나 학생들은 읽은 고전의 권수가 30, 50권을 넘어서자 고전 저자들의 두뇌를 닮아갔다. 100권째가 되자 학생들은 폭발적인 변화를 보였다. 마침내 노벨상의 역사가 시작되는 순간이었다. 2000년까지 시카고대학은 73개 분야의 노벨상 수상자를 배출하였다.

생각이 행동을 낳고 행동이 운명을 낳는다. 진정한 독서는 생각에 혁명을 일으킨다. 그리고 삶을 근본적으로 변화시킨다. 『여자라면 힐러리처럼』이라는 책에서는 힐러리가 실천한 존 스튜어트 밀의 독서법을 소

개하고 있다.[17]

힐러리도 여느 평범한 여자들처럼 자신감이 부족하고, 연약하고, 상처받기 쉬운 성품의 소유자였다. 한때는 날지 못하는 '나약한 도도새'였던 힐러리가 독수리의 심장을 품고 마침내 창공을 날게 된다. 힐러리를 독수리로 만드는 데 결정적인 기여를 한 것은 '힐러리의 독서법'이었다. 철학과 고전을 집중적으로 읽는 '존 스튜어트 밀의 독서법'을 실천했다. 다른 여학생들이 말랑말랑한 책을 읽고 만족할 때 힐러리는 두뇌에 강렬한 자극과 영감을 주는 고전을 독파함으로써 '입체적 사고법'을 키웠다는 것이다

힐러리가 실천한 독서의 원칙은

① 텔레비전을 볼 시간에 책을 읽는다.

② 책을 읽고 나면 토론을 한다.

③ 저자와 직접 만나는 기회를 자주 갖는다.

④ 10대 시절에 읽었던 책을 다시 읽는다.

⑤ 하나의 사건에 관련한 모든 입장을 알려고 노력한다.

고전 독서의 방법은 다음의 4단계를 따른다.

① 먼저 철학 고전 저자에 관해 쉽게 설명한 책을 읽는다.

② 철학 고전을 통독한다. 이해가 잘되지 않더라도 그냥 읽는다.

③ 정독을 한다. 이해가 되지 않는 부분을 만나면, 어느 정도 이해가 가

17) 이지성, 『여자라면 힐러리처럼』, 다산북스, 2007.

능할 때까지 몇 번이고 되풀이해서 읽는다. 이해가 잘되지 않는 부분은 크게 소리 내어 읽는 것이 좋다.

④ 노트에 중요 구문 위주로 필사를 하면서 통독한다. 필사는 철학 고전 독서의 핵심이라고 할 수 있다. 필사를 통해 철학 고전 저자의 사고 능력을 조금이나마 내 것으로 만들 수 있기 때문이다. 그리고 필사를 하면, 몇 번이고 정독할 때도 이해 불가능하던 구절들이 한순간에 이해될 수 있다.

그러면 고전 독서법을 우리나라 초등학교에서 적용할 수 있을까?

『성공하는 아이에게는 미래형 커리큘럼이 있다』(2005), 『여자라면 힐러리처럼』(2007)의 저자이기도 한 이지성 교사는 인문 고전 독서법을 초등학교 아이들에게 실시한 경험을 통해 초등학생에게 고전을 이해시키는 방법을 다음과 같이 소개하고 있다.

① 철학 고전이 한글로 쓰인 것임을 강조하며, 거기에 힘들게 공부해야 할 수학 공식 같은 것은 없다고 강조한다. 아이들이 이것을 이해하면 철학 고전 읽기를 학교 공부보다 쉽게 생각했다.

② 철학 고전을 읽는 것이 수학 익힘책 속 문제를 푸는 것보다 쉽다는 것을 납득시켰다. 그러자 아이들이 익힘책보다 플라톤의 고전과 『노자』,『장자』를 쉽게 여겼다.

③ 아이들에게 지혜의 산삼을 먹고 있다는 사실을 인식시켰다. 아이들이 좋아하는 책은 1-2년 된 도라지와 같고, 선생님이 추천하는 고전은 똑똑한 두뇌로 만드는 2000년 묵은 산삼이라고 얘기하면 철학 고전을 소중히 대했다.

④ 고전을 독서하는 것에 대한 자부심을 심어주었다.

⑤ 숙제는 대충 해도 용서했지만 고전 독서만큼은 대충해 오거나 안 해 오면 호되게 혼을 내는 등 죽기 살기로 읽혔다.

⑥ 철학 고전을 열심히 읽어오는 아이들에게는 큰 보상을 해 주었다.

이렇게 초등학생에게 고전을 읽도록 하자 많은 학생들이 처음에는 고전 읽기를 너무 어려워했지만, 조금 지나자 그런 대로 읽게 되면서 짜릿함을 느끼게 되었고, 전체적으로 수학, 과학보다는 덜 어려웠다고 말했다. 소수의 아이들은 플라톤의 철학에 열광하기도 했고, 아이들의 사고가 적극적이고 능동적으로 변화되는 것을 확인함으로써 고전 독서의 효과를 자신할 수 있었다고 한다.

이해명 교수도 그의 자서전에서 아들에게 고전 독서법을 활용해 좋은 효과를 얻었다고 한다.[18] 이해명 교수는 고전 독서법을 자녀에게 교육하면서 자녀의 교육 목표를 대학이 아닌 엘리트에 두었다. 이와 같은 독서교육의 결과 아이는 고등학교 재학 시절 5번 응시한 전국 논술대회에서 2회는 입상을 했고, 3회는 최우수상을 수상했다. 당시 심사위원들은 고등학교 2학년 학생의 글이라고 믿기 어려울 정도로 탁월한 완성도를 보였다고 평했다.

---

18) 다음은 이해명 교수가 아들에게 읽힌 도서 목록이다.

- 초등 5-6학년 : 명심보감, 논어, 맹자
- 중학교 : 장자, 사마천, 볼테르, 에드워드 거번, 호메로스, 로버트 리히, 애덤 스미스, 폴 새뮤얼슨, 존 케인스, 레스터 소로, 밀턴 프리드먼
- 고등학교 : 플라톤, 아리스토텔레스, 버트런트 러셀, 니콜로 마키아벨리, 헨리 키신저, 폴 케네디, 버나드 르 몽고메리, 새뮤얼 헌팅턴, 칼 마르크스, 장 자크 루소, 지그문트 프로이드, 베르너 아이젠베르크

이 외 인문 고전 독서를 위한 도서목록으로 이지성의 '인문 고전 독서 단계별 도서목록'을 참고하기 바람.

고전 독서법을 시행할 때 유의해야 점도 있다. 과도한 스트레스로 인한 부작용이다. 부모의 과도한 욕심과 이로 인한 강압적인 분위기가 신경쇠약, 자폐증 등의 정신질환을 유발할 수 있다.

이런 점에서 독일의 카를 비테의 사례를 참고할 만하다. 비테의 아들은 인문 고전 독서교육을 통해 천재가 되었지만, 어떤 부작용도 겪지 않고 오히려 행복감을 느꼈다고 한다. 카를 비테는 자녀에게 책을 읽으라고 강요하지 않는 대신 인문 고전이 가득 찬 책장을 선물해 독서에 흥미를 갖게 했다. 또 특별한 경우가 아니면 아이가 하루에 2시간 이상 독서했으면 꼭 노는 시간을 갖게 했으며, 아이를 언제나 사랑과 격려로 대했다.

2005년부터 서울대학교는 '서울대 권장도서 100선'을 발표하고, 고전 읽기 장려 운동을 펼치고 있다. 서울대 중앙도서관에서 최근 1년간 도서별 대출 빈도를 집계해 보니, 1위가 일본 코믹소설 오쿠다 히데오의 「공중그네」였고, 2위가 김훈의 「남한산성」이었으며, 10위까지 소설과 가벼운 에세이집들이었다. 1980년대 초반에도 서울대 중앙도서관의 대출 1위가 중국 작가 진융(金庸)의 무협소설 「천룡팔부(天龍八部)」라 해서 나라가 시끄러웠다. 그 시절 학생들은 전공 서적보다는 사회과학 책들을 많이 읽었다. 골치 아픈 사회과학 서적을 읽다가 머리를 식히려고 틈틈이 무협소설을 읽은 학생이 있었을지는 모르겠으나, 이것은 심히 우려스러운 현상이 아닐 수 없었다. 서울대 기초교육원은 "학생들이 전공 교양서적보다는 소설책을 부담 없이 빌려 보기 때문에 그런 것 같다."면서도 학생들이 고전(古典) 읽기 같은 진지한 독서를 외면하는 현실을 걱정했다. 반면 하바드대학은 대출빈도 집계 결과 고전을 많이 읽는 것으로 나타났다.

문제의 심각성을 깨달은 서울대가 고전 읽기 장려 방안을 내놓았다.

2005년 발표한 '서울대 권장도서 100선'을 읽도록 학교수업과 홈페이지에 퀴즈나 토론 등을 통해 적극 권장키로 한 것이다.

그런데 아이러니하게도 서울대 권장도서에 목을 매는 곳은 정작 따로 있다. 논술학원과 수험생들이다. 권장도서에서 논술문제가 많이 출제되고 있으니 그럴 만도 하다. 2006년 종로학원이 전국 주요 18개 대학의 7년간 논술고사 제시문을 분석한 결과 『장자』가 7회 출제로 1위였다. 권장도서에 포함된 공자의 『논어』, 아리스토텔레스의 『니코마코스 윤리학』, 맹자의 『맹자』는 논술시험 단골 출제 2, 3, 4위를 기록했다. 대학에 들어가려고 고전을 읽는 것도 안 읽는 것보단 백배 낫겠지만, 눈앞의 입시를 위해 읽는 고전이 얼마나 깊이 있는 사고력 향상에 도움이 될지 아무래도 씁쓸한 기분을 어쩔 수 없다.

7) '적합한 책을, 적합한 시기에' 제공하는 개인별 맞춤독서

미국에서 40년간의 독서 관련 연구를 종합한 결과 최종적으로 도달한 결론은 '적합한 책을, 적합한 대상에게, 적합한 시기에'(The 3R's: The Right Book, for the Right Reader, at Right Time) 제공하는 것이었다. 즉 학생들의 독서능력을 가장 효과적이고 체계적으로 향상시키기 위해서는 그냥 아무 책이나 읽게 하는 것이 아니라 학생의 독서능력에 맞추어 '적합한 책을, 적합한 학생에게, 적합한 시기에' 제공할 수 있어야 한다. 이를 가능하게 하는 것이 바로 개인별 맞춤 독서이다. 이러한 개인별 맞춤 독서는 학생의 독서능력을 진단하여 수준에 맞는 도서를 선정하여 제공해 주며, 도서별 독서 확인평가문항을 통해 독서 상태를 평가하고, 그 결과를 지속적으로 관리해 주면서 독서에 대한 동기 부여와 함께 독서 습관을 길러 줌으로써 개인의 독서 능력을 효과적으로 향상시켜 주고, 독서에 대한 열정과 동기 부여, 그리고 독서에 대한 의욕을 증진시킨다.

그럼 지금부터 개인별 맞춤 독서의 이론과 실제에 대해서 미국의 사례를 살펴보자. 미국의 초등교육의 특징은 책을 많이 읽히는 것이다. 그래서 중학교에 가면 독서능력에 따라 현저한 성적의 차이가 나며, 고등학교에 들어와서 성적이 떨어지는 학생은 대부분 독서능력의 부족이 주된 원인으로 지적되고 있다. 그리고 대학에 가서는 한 과목당 지정 교재 2-3권외에 30여권의 참고서적을 읽어야 하기 때문에 독서능력이 뒷받침되지 않고는 아예 대학에서 공부를 제대로 할 수가 없게 된다. 대학수학능력, 즉 대학에서 제대로 공부할 수 있는 능력이란 것도 그 핵심은 바로 독서능력에 달려 있는 것이다. 그러므로 교육의 핵심은 책을 제대로 읽히는 교육이어야 하며, 가장 좋은 교육방법도 체계적이고 효과적인 독서지도를 하는 것이라 할 수 있다. 이러한 독서능력은 미국에서의 연구결과에 의하면, 학생의 학습능력 및 성공적인 사회생활과 밀접한 상관관계가 있음을 보여주고 있다.

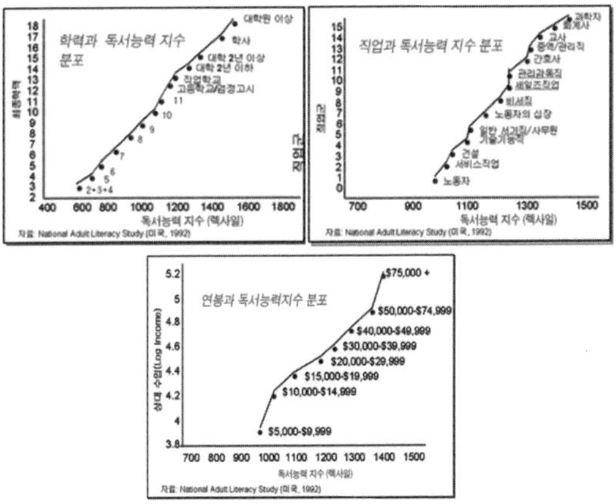

〈독서능력과 학력, 직업, 연봉과의 상관관계〉

위 도표는 독서능력지수(Lexile)와 최종 학력, 직업, 연봉과의 상관관계를 나타내고 있다. 미국에서의 연구와 통계 분석 결과에 의하면, 독서능력지수가 높은 사람일수록 교육 수준도 높을 뿐만 아니라 사회적 성취도가 높은 직종에 종사하면서 높은 연봉을 받고 있음을 알 수 있다. 즉 학력이 높을수록 독서능력지수가 높으며, 독서능력지수가 높은 사람일수록 사회적으로 성취 수준이 높은 직종에 종사하고 있고, 연봉 수준도 이와 비례하고 있는 것으로 나타나고 있다. 이런 점에서 독서능력은 개인의 경쟁력을 좌우하는 핵심이라 할 수 있다.

그러면 이렇게 중요한 독서를 효과적으로 할 수 있는 전략과 방법은 무엇일까? 중요한 것은 말로만 독서의 필요성을 강조할 것이 아니라 실행 가능한 구체적인 방법이다.

다음은 미국에서의 설문 조사의 한 결과이다.

- 왜 책을 읽지 않는가?
  너무 어렵다.(72.4%) → 독서능력과 책의 수준(난이도)의 불일치
- 어떤 책을 읽는가?
  그냥 재미있는 책을 읽는다.(82.4%) → 독서능력의 향상을 기대하기 어려움

이 설문조사[19)]에 의하면 책을 읽지 않는 이유로 72.4%의 학생이 너무 어렵기 때문이라 했다. 즉 학생의 독서능력과 책의 수준이 일치하지 않는 책을 주었다는 것이다. 이것은 학생들의 독서능력에 맞지 않는 어려운 책을 줌으로써 독서에 대한 흥미를 떨어뜨리고 책으로부터 멀어지

19) 전정재, 『Inventory and Readability of Books』, 1966-1998.

게 하는 역효과를 준다. 그리고 '어떤 책을 읽는가?'라는 물음에 '그냥 재미있는 책을 읽는다'가 82.4%나 나왔다. 그냥 재미있는 책을 읽는 것은 안 읽는 것보다야 낫겠지만 독서능력을 효과적으로 향상시키기를 기대하기는 어렵다.

이러한 문제점을 해결할 수 있는 방안이 적합한 책을, 적합한 학생에게, 적합한 시기에 제공하는 개인별 맞춤독서이다. 이를 위한 방법론을 개발하기 위해 정부 기관의 지원을 받아 도서의 난이도와 학생의 독서능력을 일치시키는 시스템을 개발하게 되었다. 미국의 메타메트릭스(MetaMetrics)사는 NICHD(the National Institute for Child Health Development)의 후원을 받아 15년간의 연구를 통해 렉사일 프레임워크(The Lexile Framework)를 개발하였다. 이것은 학생들의 독서능력과 도서의 난이도를 맞추어 주는 시스템이다. 이를 위해 학생들의 독서능력을 진단하기 위해 SRI(Scholastic Reading Inventory)와 도서의 난이도를 정확하게 분석하기 위한 도서 분석기를 개발하였고, 독서에 대한 흥미를 유발하기 위한 독서 인센티브제의 하나로서 책마다 독서점수를 부여한 Accelerated Reader 및 Scholastic Reading Counts와 같은 현장 독서프로그램이 사용되고 있다.

이러한 개인별 맞춤독서는 흔히 실시하고 있는 인지, 심리, 도덕성 발달에 의한 성장 단계별 맞춤독서보다 한 차원 높은 것이다. 왜냐하면 일반화된 발달 단계별, 연령별 특징은 중요하게 고려되어야 할 사항이기는 하지만, 학생 개개인의 개인차를 반영하지 못하기 때문이다. 보통 학교 현장에서의 학년에 따른 수준별 독서도 마찬가지이다. 같은 학년에도 독서능력의 차이는 아이마다 다르고, 학년 초와 학년 말도 차이가 많다. 그러므로 연령, 학년과 상관없이 학생 개개인의 독서능력에 맞는 개인별 맞춤독서가 가장 이상적이라 할 수 있다.

개인별 맞춤독서를 위한 현장 독서 프로그램의 운영 방법과 과정은 다음과 같다.

먼저 체계적이고 효과적인 개인별 맞춤 독서를 위해 독서를 시작하기 전에 현재의 학생의 독서능력을 진단한다. 독서능력 진단은 문항반응이론에 근거하여 표준화 검사를 거친 CAT 기반 문제은행 방식의 진단지를 통해 실시된다.[20] 컴퓨터에 접속하여 컴퓨터가 한 문제씩 뽑아주는 문제를 풀어 가면 된다. 문제는 학생이 문제를 푸는 것을 보면서 난이도를 조절하여 뽑아준다. 쉽게 말하면 연속적으로 문제를 맞추면 점점 난이도가 높은 문제가 나오며, 연속적으로 틀리게 되면 난이도가 낮은 문제가 나온다. 진단이 끝나면 'lexile'이라는 독서능력지수를 산출해 준다. 그러면 학생은 자신의 독서능력 지수에 맞는 책을 선택하여 독서를 하게 된다.

---

20) 지금까지의 진단 방식으로는 PBT(Paper Based Test), CBT(Computer Based Test), CAT(Computer Adaptive Test) 등이 있다.

PBT(Paper Based Test)는 지필시험이다. 가장 많이 쓰여온 지필시험은 부주의나 찍기(추측) 등으로 실력을 정확히 검증하기 어렵다. 또한 수험자의 수준에 비해 너무 쉽거나 어려운 문항을 가려내기 어려워 난이도를 조정하기 어려운 단점도 있으며, 인쇄비가 많이 들고, 처리에 시간이 많이 소요된다.

CBT(Computer Based Test)는 지필시험지를 그대로 컴퓨터 화면에 옮겨 놓은 형태이다. 모든 응시자가 같은 문제로 측정하며, 인쇄비가 들지 않고, 사후 처리가 신속하고 편리하다는 장점이 있다. 그러나 시험을 볼 때마다 다른 시험지를 준비해야 하며, 문제의 난이도를 조정하기 어려워 정확한 실력을 측정하기가 어려운 단점이 있다.

CAT(Computer Adaptive Test)는 '컴퓨터 개별 적응 검사'이다. 이 방식은 기본적으로 문제은행을 갖추어야 하며, 문항마다 표준화 작업을 거쳐야 한다는 점에서 개발 기간과 비용이 많이 투입되어야 한다. CAT 방식은 학생의 응답을 분석하여 개인의 능력에 맞는 적절한 문항을 제공함으로써 평가의 효율성과 정확성을 높일 수 있는 평가 방법이다. 지필검사의 1/2정도의 문항으로 같은 결과 도출할 수 있으므로 훨씬 적은 문항의 수로 정확한 측정이 가능하며 신뢰도가 높다. 문제은행에서 문제를 뽑아오기 때문에 응시자마다 다른 문항으로 실시하기 때문에 부정행위가 어렵다. 시간적 · 공간적 제약을 벗어나 검사를 실시할 수 있고, 원하는 때에 수시로 스스로 자기 평가가 가능하며, 응답에 대한 피드백을 즉시 제공함으로써 부족한 부분에 대한 보완 학습으로 완전 학습에 도달할 수 있다. 제작, 시행, 채점, 결과 산출 등에서 소요 시간이 절약되며, 문항마다 응시자수, 난이도, 변별도, 문항 추측도, 교정 난이도 등의 데이터가 축적됨으로써 문항의 표준화가 용이하고, 아울러 학생에게 다양한 비교 자료 등을 수시로 제공할 수 있고, 이를 바탕으로 개별 학생을 위한 적절한 지도가 가능하다.

도서 분석기는 학생의 독서능력에 맞는 도서를 제공하기 위해 도서의 난이도를 분석해 준다. 이 분석기는 책에서 나오는 어휘들의 사용 빈도수, 문장의 길이, 활자의 크기와 삽화의 정도 등을 종합하여 도서의 난이도를 10에서부터 2000까지의 수치로 된 도서지수로 산출해 준다. 일반적으로 쉬운 텍스트는 짧은 문장과 더 자주 사용되는 단어들로 구성되어 있으며, 어려운 텍스트는 더 길고 복잡한 문장과 자주 사용되지 않는 단어들로 구성되어 있다. 그리고 독서능력이 향상됨에 따라 더 복잡한 문장에 대한 이해 능력이 생기며, 자주 쓰이지 않는 단어에 대한 파악 능력을 갖게 된다.

도서지수(Lexile)는 각각의 도서에 대해서 난이도를 비교해 볼 수 있게 해 준다. 또한 일반적으로 사용되는 독서능력 진단 결과가 독서능력지수(Lexile)로 표현됨으로써 학생의 독서능력과 도서의 난이도를 맞추어 줄 수 있으며, 이를 통해 각 개인의 이해 정도를 예측할 수 있다. 마지막으로 각각의 개별적인 학생이 충분히 자신감을 갖고 독서를 할 수 있는 개인별 맞춤 도서목록을 제공해 줄 수 있다.

여기서 독서능력과 도서의 난이도와의 관계는 다음 표와 같이 '혼자 읽을 수 있는 수준', '지도나 도움을 받아 읽을 수 있는 수준', '읽기 힘든 수준'으로 나눈다.

- **혼자 읽을 수 있는 수준(independent reading level)**
  독서능력이 도서의 난이도보다 250을 넘을 때: 이해도 90% 이상
  → 자신감을 갖고 유창하게 읽을 수는 있으나 새로 배울 것이 별로 없고, 독서에 흥미를 갖지 못하게 된다. 재미와 즐거움을 위한 독서는 이것이 좋다.

- 지도나 도움을 받아 읽을 수 있는 수준(instructional reading level)
  도서의 난이도와 독서능력의 차이가 0일 때: 이해도 75%
  → 도전 의식과 함께 자신감을 갖게 되고, 교사나 사전의 도움을 받아 내용의 이해가 가능하다. 어느 정도 새로운 것을 배울 수 있고, 교사가 가르칠 것도 있다.
- 읽기 힘든 수준(frustrational reading level)
  도서의 난이도가 독서능력보다 250을 넘을 때: 이해도 50% 이하
  → 좌절감만 안겨주고, 독서에 대한 흥미와 의욕을 상실시켜 독서를 포기하게 한다.

위 표의 내용으로 보면 학생들의 독서 흥미를 유발하면서 독서능력을 효과적으로 향상시킬 수 있는 것은 학생의 독서능력으로 도서를 75% 정도 이해할 수 있는 수준을 가장 이상적으로 본다. 즉 학생들은 이해도 75%를 기준으로 상하의 일정 구간의 도서를 읽도록 지도하게 된다.[21)]

MetaMetrics사의 방법론에 근거하여 개발된 미국에서의 현장 프로그램은 여러 가지가 있으나, 그 중에 대표적인 것을 들면 RSG(Reading's So Great) 프로그램과 AR(Accelerated Reader) 프로그램 등이 있다.

스콜라스틱사의 RSG 프로그램은 학생들의 독서 상황을 관리할 수 있는 교사용 프로그램과 읽은 책에 대한 퀴즈 문제를 풀게 하여 점수를 획득하게 하고, 그 점수와 독서 이력을 관리하는 학생용 프로그램(Scholastic Reading Counts)과 독서능력을 진단하여 지수로 산출해 주는 SRI(Scholastic Reading Inventory) 진단 프로그램 등으로 구성되어 있다.

AR 프로그램은 책에 따라 점수를 부여하고, 그 점수를 쌓아 가면서

---

21) The 3 R's: Using The Lexile Framework™, Metametrics, Inc. Durham, North Carolina 27713, Tel (919) 547-3400, Fax (919) 547-3401, 1-888-LEXILES
The Lexile Framework for reading, Metametrics, Inc.

독서에 흥미를 느끼게 함으로써 독서를 촉진시키는 일종의 독서 인센티브제 프로그램이다. 독서 인센티브제는 1988년 한 학부모가 자녀들이 책에 흥미를 느끼게 하기 위해 '독서 촉진 프로그램(Accelerated Reader')을 만든 데서 유래한다. AR은 책에 따라 독서점수를 부여한다. 난이도, 어휘 수, 책의 길이 등이 기준이다. 책을 읽고 나면 컴퓨터에 들어가 책을 얼마나 소화했는지 평가를 받고 이에 따라 점수가 주어진다. 점수가 쌓일수록 학생들의 자부심이 늘어나는 것은 물론이다. 책에 대한 평가를 단순 계량화했다는 비판도 있지만, 최근 워싱턴의 하디중학교가 AR의 문제점을 보완한 '도서점수제(Scholastic Reading Counts)'를 새로 개발했을 정도로 학교마다 경쟁이 붙었다.[22]

이에 따라 미국의 초등학교에서는 최근 '독서 인센티브제'가 크게 유행하고 있다. 지식강국을 만들기 위한 독서 인센티브제는 미래 세대를 책에 빠지게 하고 있으며, TV 세대에게는 책 읽는 습관을 형성시켜 주고 있다.[23]

---

22) 워싱턴 포스트에 따르면 학교마다 학년과 성별에 따라 700권 내지 5000여권의 고유한 점수 대상 도서와 프로그램을 갖고 있을 정도로 AR은 보편화됐다. 각종 AR 프로그램에 대해 자세히 알려면 인터넷 서치 프로그램에 들어가 검색어 'accelerated reader'를 치면 된다.

23) 다음에서 소개하는 글은 미국에서 초등학교를 다니다 귀국한 한 학생이 미국에서 체험한 독서 프로그램을 소개한 신문 기사의 내용이다.

"한국에서는 독서하면 지겨운 느낌이 들었는데 미국에서는 선생님이 학생 수준에 맞게 지도하기 때문에 마치 놀이하듯이 책을 읽었어요."

공무원인 아버지를 따라 2년간 미국 플로리다주 탤러해시에서 초등학교 2년을 다니고 5월 귀국한 윤소예양(경기 고양시 무원초등 5학년)은 아이들의 호기심을 자극하는 독서 프로그램이 매우 즐거웠다고 말했다.

플로리다 주정부는 'Just read, Florida!'라는 슬로건을 내걸 정도로 독서 교육에 역점을 두고 있다. 특히 초등학교는 읽기와 쓰기에 많은 시간을 할애하고 있다. 학급에서의 독서지도는 철저히 개별 학생의 수준에 맞춰 실시한다. 동화부터 소설류까지 책 수준의 높낮이에 맞게 책 표지에 노란색, 주홍색, 빨간색, 초록색 등 12색깔의 띠를 붙이고 같은 색의 책이라도 난이도를 소수점 단위까지 구분해 놓고 있다.

이 같은 단계적 독서촉진(Accelerated Reading) 프로그램은 큰 효과를 거두고 있다. 책을 읽은 뒤

이러한 시스템을 통한 개인별 맞춤독서 프로그램은 독서에 대한 체계적이고 지속적인 진단 · 평가 · 관리를 해줌으로써 학생들의 독서능력을 효과적으로 향상시켜 줌과 동시에 학생들의 독서습관을 길러주고, 독서 이력 관리를 통해 체계적이고 효율적인 독서 지도와 관리를 해준다. 또한 도서별 독서 확인 평가문제를 통해 읽은 책의 내용에 대한 확인 · 점검을 할 수 있고, 읽은 책에 대해서는 독서점수를 쌓아감으로써 독서에 대한 재미와 함께 동기유발의 효과도 있다.

에는 내용을 제대로 이해했는지 확인하는 컴퓨터 프로그램을 이용해 시험을 보고 점수를 받는다. 아이의 독서 평가서를 수시로 학부모에게 보내준다. 교사는 누적 점수가 일정 수준을 넘으면 다음 단계로 올려주고 축하 파티도 열어준다.

윤양은 "처음엔 가장 낮은 노란색 책을 읽었는데 21개월 뒤에는 4학년이었지만 6학년 수준의 책을 읽을 수 있었다."며 "책의 색깔과 숫자만 보면 어느 수준인지 알 수 있어 친구끼리 은근히 경쟁도 한다."고 말했다.

윤양은 "매주 설명문과 서술문을 번갈아 쓰는 신문기사를 이용한 글쓰기도 한다."며 "이런 독서 교육 덕분에 외국인이지만 플로리다주 종합학력시험(FCAT)의 작문에서 6점 만점을 받을 수 있었다."고 자랑했다.(2004. 9. 2)

3.
독서지도의 최종 목표인 독서습관에 이르는 단계별 전략

독서 지도의 종착지는 독서습관의 형성이고, 독서습관의 형성으로 독서교육은 완성된다. 그러므로 독서의 최종 목표는 독서습관을 형성하는 것이다.

독서습관을 형성하기 위한 논리적 전제로서 어렵고 현학적인 이론보다는

> 생각은 행동을 바꾸고,
> 행동은 습관을 바꾸며,
> 습관은 인생을 바꾼다.

는 평범하고 일상적인 말에서 시작해 보자.

여기서 행동을 끌어내는 생각은 그냥 저절로 오는 것은 아니다. 생각을 끌어내기 위해서는 어떤 대상에 대한 관심이 필요하다. 관심과 흥

미가 있는 곳에 생각도 끌리게 된다. 또한 관심과 흥미는 환경을 조성해 줌으로써 자연스럽게 유도할 수 있다.

이런 점에서 위의 말을

환경은 관심을 끌어내고,
관심은 생각을 끌어내며,
생각은 행동을 바꾸고,
행동은 습관을 바꾸며,
습관은 인생을 바꾼다.

로 넓혀 생각할 수 있을 것이다.

이 말을 다시 독서와 관련시켜 본다면,

독서 환경의 조성은 독서에 대한 관심과 흥미를 이끌어 내고,
독서에 대한 관심과 흥미는 독서에 대한 생각과 태도를 긍정적으로 변화시키며,
독서에 대한 긍정적인 생각과 태도는 독서활동으로 이어지고,
지속적인 독서 활동은 마침내 독서습관을 형성하게 하며,
이 독서습관은 아이의 인생을 변화시킨다.

고 말할 수 있을 것이다.

그런데 이러한 독서습관은 언제 형성하는 것이 좋은가? '세 살 버릇 여든 간다.'는 속담처럼 유아기의 독서습관은 평생까지 이어진다. 그래서 독서습관은 유아기 때 길러주어야 한다. 유아기에 형성된 독서습관은

아이를 독서 영재로 만들어 지식기반사회에서 자신의 지식 경쟁력을 높이고, 이 지식 경쟁력은 곧 아이의 인생을 바꾼다.

독서습관 형성을 위해 고려해야 할 두 번째의 논리적 전제로서 『논어』에 나오는

> 무엇을 알기 위한 것은 좋아하는 것만 못하고, 좋아하는 것은 즐기는 것만 못하다.(知之者不如好之者, 好之者不如樂之者)

를 출발점으로 삼고자 한다.

이 말을 독서에 적용해 본다면,

> 무엇인가 알기 위해서 책을 읽는 것보다는 좋아서 책을 읽는 것이 더 낫고, 좋아서 책을 읽는 것보다는 즐기면서 책을 읽는 것이 더 낫다는 것이다.

그런데 많은 경우 알기 위해, 즉 알고 싶어서 책을 읽는 단계에도 못 나간 경우도 많다. 강제로, 억지로 책을 읽는 경우도 많은 것이 현실이다.

이로 보면 독서습관의 형성에 이르는 독서의 단계는 결국 4단계로 설정해 볼 수 있을 같다.

> 첫째 단계는 자신은 필요성을 느끼지 못한 채 권유나 강요에 의해 독서를 하는 경우,
>
> 둘째는 알고 싶은 욕구 즉 자신의 필요에 의해서 독서를 하는 경우,
>
> 셋째는 어떤 목적과 현실적인 필요성에 앞서 그저 재미 때문에 좋아서 독서를 하는 경우,

넷째는 독서 자체의 즐거움 때문에 시간 가는 줄도 모르고 독서를 즐기면서 하는 경우이다.

그럼 지금부터 독서습관에 이르는 단계별 전략과 구체적인 방법을 알아보자.

1) 권유나 강요에 의해 독서하는 단계

우리 교육의 문제점은 지나친 간섭과 강요로 애초부터 자율성의 싹을 잘라버리는 것이다. 아이가 하고 싶어 하도록 내버려두지 않음으로써 아예 하고 싶은 마음과 욕구가 생겨날 기회조차 주지 않는다. 무엇이든 억지로 하는 것은 결국 역효과를 초래한다는 것을 유념해야 한다. 그러나 독서를 하지 않거나 관심이 없는 아이들에게는 독서를 할 수 있는 자리를 마련하여 기회를 적극적으로 제공할 필요는 있다. 이를 위해서는 교육적 필요에 따라 강제성을 띠더라도 독서를 과제로 부과함으로써 아이들을 독서로 끌어들일 필요가 있다.

어떤 행동을 유발하기 위해서는 동기가 필요한데, 이러한 동기에는 본능, 자극, 욕구, 생각 등이 있다. 이 중에서 교육을 통해 이성적으로 접근할 수 있는 동기 요인은 생각이다.(호모 사피엔스) 생각에 의해 행동은 바뀔 수 있다. 행동을 바꿀 수 있는 생각은 의지력을 수반할 수 있는 확고한 생각이어야 한다. 하나의 생각이 학습과 경험을 통해 확고해진 생각 즉 하나의 신념으로 다져지면 더 확실한 추동력을 발휘할 수 있다. 추동력을 얻은 행동이 강화와 반복을 통해 자동화되면 습관이 된다.

이 단계에서는 주로 외적 동기 유발을 통해 독서로 이끌 수밖에 없다. 내적 동기가 아닌 외적 동기에 의한 독서의 권유나 강요는 때로는 부작용과 역효과를 초래할 수도 있지만, 독서에 관심과 흥미가 없는 아이들에게는 어쩔 수 없는 처방책이다. 다만 어쩔 수 없이 출발은 외적 동기에 의해 시작하더라도, 이 외적 동기가 아이 스스로에 의한 내적 동기로 발전할 수 있도록 이끌어 주어야 한다.

이 단계에서의 구체적인 세부 지도 사항으로는 다음과 같은 것을 고려해 볼 수 있다.

• 독서의 중요성을 강조하여 독서 권유와 장려

미래사회는 희소한 자원이 아니라 무한한 자원인 지식을 기반으로 부를 창출하는 사회이므로 독서를 하지 않으면 생존경쟁에서 살아남을 수 없다. (지시와 강요보다는 이해와 설득)

• 교과 학습 관련 독서 숙제나 과제 부과

학습 욕구 자극, 결과에 대한 보상과 성취감 고취로 독서에 대한 욕구를 강화시킨다. ☞ 교과 학습 내용과 연계된 적절한 도서 추천

• 독서 집중강화 지도 프로그램(독서 캠프) 실시

입학사정관제에서는 심화 학습 활동으로 독서 이력과 독서 관련 활동 경력을 중시하며, 심층 면접에서는 집단토론을 통해 학생의 토론 능력을 평가하고 있다. 대학수학능력의 핵심인 독서능력, 토론능력, 논술능력을 향상시키고, 입학사정관제와 심층 면접을 효과적으로 대비하는 방안 중의 하나가 바로 독서 집중강화 지도 캠프이다. 캠프에서 읽은 도서목록과 인증기관에서 발급하는 캠프 수료증이나 인증서는 입학사정관제를 대비하는 경력 자료(포트폴리오)가 될 수 있다.

• 독서 이력 관리, 독서 인증제 실시

학년 동안이나 졸업 때까지 읽어야 할 도서목록에 대한 독서 이력 관리와 인증을 통해 학생들의 독서 의욕 고취. 독서 이력과 인증은 객관성을 보장할 수 있는 시스템이나 공신력 있는 기관의 인증이 중요하다.

• 체벌 대신에 독서를 벌칙으로 부과

독서에 대한 반감을 줌으로써 책으로부터 멀어지게 할 수도 있으나 책에 접근할 수 있는 기회를 부여할 수도 있다.

• 독서 관련 각종 행사 실시

각종 독서 경시대회(독서 골든벨, 독서왕 선발), 독서급수 인증 등.

2) 알고 싶어 독서하는 단계

교육에서 무엇보다 중요한 것은 무엇을 가르치고 배우도록 하는 것보다 무엇을 하고 싶어 하도록 하거나 좋아하도록 하는 것이다. 독서에서도 아이들에게 책 읽기를 강요하고 책 읽는 방법을 가르치는 것보다는 책을 읽고 싶어 하도록 하는 것이 더 중요하다. 독서도 강요가 아니라 내적 동기에 의해 자발적으로 이루어지는 것이 바람직하다. 그러므로 아이들의 강한 호기심과 앎에 대한 욕구(지적 갈증)를 자극하거나 독서의 중요성을 강조·설득하여 독서에 대한 필요성을 느끼고 자각하게 함으로써 스스로 독서를 하고 싶어 하도록 유도하는 것이 좋다.

항상 '왜 하는가?, 이것은 정말 배워야 할 지식인가?'하는 질문을 스스로에게 던져서 필요성을 느껴서 자발적으로 할 수 있도록 해야 한다. 이를 위해서는 때로는 시간을 주고 기다려야 한다. 교육은 백년대계라

하듯이 당장 눈앞의 효과에 급급해서는 안 된다. 시간이 걸리더라도 하고 싶어서 스스로 하도록 기다려야 한다. 성적이나 등수 같은 외적 동기가 아니라 스스로 하려고 하는 의지와 내적 동기가 더 중요하다. 공부도 스스로 하고 싶어서, 좋아서, 즐겁게 해야 학습 효과가 높다. 그러므로 이 단계에서는 외적 동기에서 출발한 독서가 내적 동기로 전환될 수 있도록 유도해야 한다.

이 단계에서의 구체적인 세부 지도 사항으로는 다음과 같은 것을 고려해 볼 수 있다.

• 지식정보사회에서 독서의 절실한 필요성에 대한 인식과 자각

21세기 지식기반사회에서 독서는 단순히 취미가 아니라 생존을 위한 필수 수단이자 전략이다.

• 배려와 기다림으로 자율성 배양

비교와 경쟁을 시키지는 않는 핀란드 교육의 특징은 아이들의 개성과 특성이 꽃피울 수 있도록 서두르지 않고 느긋하게 기다려주는 것이다. 스스로의 생각의 싹이 자라 행동으로 이어지기까지는 시간이 필요한 것이다. 급한 마음에 이것을 참지 못하면 자율성은 배양되지 않는다. 개입과 간섭으로 통제하는 것은 당장의 효과는 있을지 모르지만, 계속해서 감시하고 통제해야 하는 악순환만 되풀이될 것이다. 독서도 필요에 따라 당근으로 활용할지언정 채찍으로 사용해서는 안 된다.

(1) 독서 환경의 조성

환경은 관심을 끌어내고, 관심은 생각을 끌어낸다. 독서 환경을 조

성해 줌으로써 아이들의 독서에 대한 관심과 흥미를 가질 수 있도록 해야 한다.

독서 환경 조성을 위한 구체적인 세부 지도 사항으로는 다음과 같은 것을 고려해 볼 수 있다.

• 아이의 눈길이 닿는 곳이나 머무는 곳에 도서 비치

공공도서관 및 작은 도서관 시설 확충, 마을문고 운영, 학급문고 내실화, 거실을 서재화하고 집안에 읽을 것이 넘치게 하기, 아이와 함께 도서관 및 서점 들르기 등. ☞ '적절한 책을, 적절한 대상에게, 적절한 시기'에 제공하는 것이 중요

• 독서 시간 확보

학습지, 학원 줄여서 과도한 학습 부담 경감

• 학교교육 개혁

경쟁적 일제고사와 등수 폐지, 사지선다형 객관식 시험을 서술형으로 대체, 주입식 수업을 독서 토론 중심의 협동수업으로 전환, 학습 참고서 및 문제집 없애기, 대학입시제도 개선 등.[24)]

• 범국민 독서운동으로 책 읽는 문화 풍토 조성

(2) 독서에 대한 관심과 흥미 유도

관심과 흥미는 생각을 끌어내고, 생각은 행동을 바꾼다. 독서에 대한 관심과 흥미는 독서에 대한 생각과 태도를 긍정적으로 변화시킨다.

24) 4지선다형 시험이 아닌 서술형 시험을 치르는 핀란드의 아이들은 시험 전날에도 참고서 문제풀이로 밤을 새우는 것이 아니라 평소처럼 그냥 책을 읽는다.

독서에 대한 관심과 흥미 유도를 위한 구체적인 세부 지도 사항으로는 다음과 같은 것을 고려해 볼 수 있다.

- 아이에게 자주 책 선물하기 → 책이 최고의 선물
- 항상 책을 가까이하고, 외출이나 여행 갈 때도 책을 갖고 다니기
- 아이에게 이야기를 들려주거나 책 읽어주기
- 유아기의 강한 호기심과 높은 흥미도(興味度) 적극 활용
- 역할 모델로서 부모와 교사의 책 읽는 모습 보여주기
- 책 관련 이야기를 들려주거나 좋은 책 소개하기
- 독서 기행 실시: 책과 함께 하는 현장 체험 학습

책을 읽고 현장을 방문하는 독서 기행을 통해 여행의 재미와 함께 독서에 대한 관심과 흥미를 고취시킨다.

- 책과 자연이 만나는 독서 기행: 시화호, 우포늪, 광릉, 갯벌 등 생태 학습장 탐방
- 책과 역사가 만나는 독서 기행: 역사 유적지, 유네스코 지정 문화재 탐방
- 책과 문학이 만나는 독서 기행: 작품의 배경이 된 현장 탐방
- 책과 정보가 함께하는 독서 기행: 파주 출판단지 견학, 남이섬 '책의 날' 행사 견학, 한국 대표 도서관 견학

3) 좋아서 독서하는 단계

생각은 행동을 바꾼다. 아이들의 독서에 대한 긍정적인 생각과 태도는 지속적인 독서활동으로 이어지게 한다. 즉 독서에 대한 긍정적인 생

각과 태도는 독서에 대한 재미를 느끼게 함으로써 독서를 좋아하게 한다. 재미는 삶과 일에 활력을 불어넣는 강력한 에너지다. 그래서 재미는 어떤 일을 추진할 때 강한 추동력을 제공한다. 일과 재미는 분리되지 않는 것으로 일은 재미가 있어야 힘을 받을 수 있다. 일이 재미있으면 일을 좋아하게 되고, 그 일은 지속성을 갖게 된다. 이처럼 독서도 그 재미를 알게 되면 독서를 좋아하게 되고, 독서를 좋아하게 되면 스스로 알아서 지속적으로 독서를 하게 된다. '좋아서 독서하는 단계'에서는 외적 동기가 내적 동기로 전환된 후 다시 그 내적 동기가 재미를 통해 내면화된다고 볼 수 있다.

그런데 대개는 아이들이 책을 읽도록 하기 위해 책 읽는 법을 가르쳤지만, 책을 읽고 싶어 하도록 하지는 못했다. 즉 독서에 대한 긍정적인 생각과 태도를 이끌어내지 못해 책 읽는 행동으로 연결되지 못했다. 그 결과 아이들은 책을 읽을 수는 있으면서도 읽는 것을 좋아하지 않는다. 섣부른 권유와 강요는 자칫하면 책 읽는 재미를 느끼지 못하게 한다. 하고 싶어 하도록, 좋아하도록 하기 위해서는 먼저 재미를 알게 해 주어야 한다. 누군가가 아이를 매혹적인 이야기의 세계로 끌어들여야 한다. 아이에게 책으로의 길을 안내하고 인도해야 한다. 아이에게 책의 재미를 알게 해 주는 것은 바로 부모와 교사의 몫이다. 책을 읽고 싶어 하도록 하고, 책에 대한 재미를 알게 해주는 간단하면서도 효과적인 방법은 바로 아이들에게 책을 읽어주는 것이다.

이 단계에서의 구체적인 세부 지도 사항으로는 다음과 같은 것을 고려해 볼 수 있다.

• 책과 친숙하게 하기

- 책 읽어주기로 재미를 유발하여 책을 좋아하게 유도
- 이야기의 재미를 활용하여 책 읽기에 빠지게 유도[25)]
- 아이들이 부담 없이 쉽게 접근할 수 있는 재미있는 만화 활용
- 책 읽기를 싫어하는 아이에게는 오디오북이나 전자책 활용
- 읽은 책에 대해 아이와 함께 이야기를 나눔으로써 책 읽는 재미 공유
- 질문을 하면서 책을 읽도록 지도
- 등장인물과 나를 동일시하게 하기
- 책의 내용을 실생활과 연관시키기
- 독서 후 재미있는 활동거리 제공
- 책 읽고 함께 하는 모둠 독서토론의 재미 알게 하기
- 독서 도우미 프로그램, 독서 놀이 프로그램의 적절한 활용

4) 독서를 즐기는 단계

행동은 습관을 바꾸고, 습관은 인생을 바꾼다. 지속적이고 반복적인 독서활동은 마침내 독서습관을 형성하게 한다. 독서가 좋아서 독서가 생

---

25) 수천 년 세월에도 퇴색되지 않는 이야기의 재미와 생명력 활용

이야기는 사고의 기본적인 도구이자 인간의 근원적인 기억 방식이다. 인간은 경험과 지식, 사고의 대부분을 이야기로 정리한다. 이야기는 사실을 좀 더 쉬우면서도 명확하게 이해하게 한다. 인간은 선천적으로 논리(추상적)보다는 이야기(구체적, 재미)를 쉽게 인식하도록 되어 있다.

인간은 본질적으로 이야기하는 동물이다.(매킨 타이어) 인간은 이야기로 짜여지고 이야기로 뒤덮인 이야기의 세계에서 살아간다. → 서사적 자아, 서사적 인간

오늘날 이야기는 디자인과 마찬가지로 개인과 기업이 자신의 상품과 서비스를 차별화하는 중요한 수단이 되어 가고 있다. 이야기는 소비자를 움직이는 제 3의 감성이다.

활화되면 독서의 즐거움을 느끼게 되고, 이 독서의 즐거움은 아이의 삶을 행복하게 한다.

다니엘 페낙은 독자의 입장에서 독서의 본질은 무엇보다 '즐거움'이라고 말하고 있다. 독서는 강요가 아니라 내적 동기에 의해 자발적으로 이루어져야 하는 자율성과 독서 후 그 어떤 결과에 의해 평가받아서는 안 된다는 무상성을 기반으로 해야 한다고 했다.

이 때 독서는 그 자체로 즐거움이 된다. 즐거움이란 누구의 간섭이나 통제, 의무와 책임의 부담 없이 자유롭게 자기 마음대로 영위될 때 얻어지는 감정의 영역이기 때문에 독서를 '즐기는 단계'는 외부의 간섭이나 개입은 바람직하지 않다. 이 단계는 그냥 개인적인 영역으로 남겨 두어야 한다. 그러므로 독서 지도에서는 '좋아서 독서하는 단계'까지만 아이들에게 필요한 안내와 도움을 주고, 최종 단계인 '독서를 즐기는 단계'는 아이 자신에게 맡겨두는 것이 좋다. 아이가 '독서를 즐기는 단계'에 이르게 되면 독서습관은 이미 완성되었다고 볼 수 있다.

이 단계에서의 구체적인 세부 지도 사항으로는 다음과 같은 것을 고려해 볼 수 있다.

- 독서를 취미 생활과 여가 활동으로 정착 유도
- 내키는 대로 마음대로 자유롭게 읽으면서 독서의 즐거움과 감동을 만끽하며 독서에 탐닉
- 독서 삼매경의 체험: 홀로 자신을 잊고 시간 가는 줄도 모르고 깊이 빠져서 심취하는 경지에 도달
- 독서 중독: 책벌레, 독서광
  책을 보지 않으면 불안하다. 할 일을 한 것 같지 않다.

"하루도 책을 읽지 않으면 입안에 가시가 돋는다."

> ☞ '권유와 알고 싶어 독서하는 단계'에만 충실해도 성공적인 삶이 보장되지만, 독서를 '좋아서, 즐기는 단계'에까지 가게 되면 행복한 삶이 보장된다.

그러면 독서습관을 형성하는 가장 바람직한 시기는 언제이며, 가장 효과적인 방법은 무엇일까? 독서습관을 형성하는 가장 좋은 시기와 빠르고 효율적인 방법은 바로 유아기의 책 읽어주기다.

유아기에는 책 읽어주기만으로 저절로 독서습관이 길러진다. '세 살 버릇 여든 간다."는 말처럼 유아기에 길러진 독서습관은 평생까지 간다. 유아기에 부모가 머리맡에서 책을 많이 읽어준 아이일수록 학교에 들어간 후에도 평균 독서량이 많다. 연구 결과에 의하면, 한 달 평균 독서량이 5권인 아이들 중에서 초등과 중학생의 80%, 고등학생의 70%가 유치원 때까지 부모가 책을 많이 읽어준 아이들이었다. 그러므로 유아기의 책 읽어주기는 아이의 독서습관을 기르는 지름길일 뿐만 아니라 아이들의 두뇌를 활성화시키고 발달시키는 가장 편하고 값싸고 손쉬운 방법이다. 즉 유아기의 책 읽어주기는 아이의 학습능력을 길러 자신의 경쟁력을 높이는 비용 대비 효과가 가장 뛰어난 방법이다. 유아기에 형성된 독서습관은 아이를 독서 영재로 만들어 지식기반사회에서 아이의 지식 경쟁력을 높이고, 이 지식 경쟁력은 곧 아이의 인생을 변화시킨다.

우리에게 이것을 가능하게 하는 가장 효과적인 비장의 무기는 바로 배우기 쉬운 한글이다. 문맹률 0%의 한글은 모든 언어가 꿈꾸는 최고의 문자이다. 이 한글 때문에 한국은 유아기에 글을 깨쳐 혼자 책을 읽을 수 있다. 이런 점에서 한국은 독서를 위한 최상의 문자 환경을 갖추고 있는 것이다.

게다가 강한 호기심과 지식을 흡수하는 능력이 다른 어느 시기보다 강력한 유아기의 아이들은 불가사의한 언어 습득 능력을 가지고 있어 4세까지 평생 사용할 어휘의 3/4까지 이해할 수 있다. 이러한 유아기 아이들의 강한 언어 습득 능력을 최대한 활용하기 위해서는 글을 깨치는 것과 혼자 책을 읽는 것이 빠를수록 좋다. 그런데 이것이 가능한 것은 세계에서 한국뿐이다. 배우기 쉬운 한글 때문에 한국은 3세부터 혼자 책 읽기가 가능한 것이다.

세종대왕은 미래의 무한경쟁에서 한글이라는 비장의 무기를 후손들에게 남겨주었다. 한자를 버리고 본격적으로 한글을 사용하기 시작한 것은 해방 이후부터 불과 60년 남짓이지만 한국은 세계에서 정보기술의 강국으로 우뚝 섰다. 이것이 바로 문자의 힘이자 한글의 힘이다. 한글은 지식정보화사회에서 국가경쟁력을 높이는 우리의 핵심자원이자, 세계화시대의 무한경쟁에서 우리의 생존을 지키는 비장의 무기이다.

유아기를 지나 나이와 학년이 높아질수록 독서습관의 형성은 그만큼 시간과 노력, 비용이 많이 들 것이다. 이는 나이와 학년이 높아질수록 아이들의 언어습득 능력도 떨어지고, 독서에 대한 흥미도 떨어지기 때문이다. 그래서 아이들을 독서로 유도하기 위해서는 점점 더 강제성을 띠게 될 수밖에 없고, 강제성을 띨수록 자발적 동기유발이 힘들어질 것이며, 자발적 동기유발과 멀어질수록 아이가 독서의 재미를 느끼기 어려워질 것이고, 재미가 없어질수록 그 효과는 떨어질 수밖에 없다. 이것은 독서습관 형성에 이르는 단계로 볼 때 '알기 위한 단계'에도 도달하지 못한 것이다. 이상적인 독서습관의 형성은 '알기 위한 단계'를 지나 '좋아하는 단계'를 거쳐 '즐기는 단계'까지 가야 그 경지에 이르게 되어 마침내 독서

습관이 완성되는 것이다.

그러므로 '강요에 의해 억지로 하는 단계'는 말할 것도 없고, '알기 위한 단계'에서의 독서습관의 형성조차도 강제성과 협박을 수반한 끊임없는 학습을 위한 욕구의 자극이나 생존을 위한 절실한 필요성의 강조에 의존해야 한다. 이것으로 독서습관의 형성에 도달하게 하려면 힘들기도 하려니와 도중에 실패할 확률도 그만큼 높다고 할 것이다. 이것은 어쩔 수 없는 차선책일수는 있으나 바람직한 최선책이 될 수는 없다.

그러므로 독서습관의 형성은 유아기에 끝장을 봐야 한다. 즉 유아기에 완성되어야 한다. 유아기는 어느 시기보다 언어 습득 능력도 왕성하고, 문자에 대한 관심과 독서에 대한 흥미가 높기 때문이다. 그래서 이 시기를 최대한 활용해야 하며, 이 기회를 놓쳐 평생 후회하지 않도록 해야 한다. 아이들은 언어를 통해 사물을 지각하고, 언어능력과 함께 인지능력과 사고능력이 발달하게 되므로 어릴 때부터 끊임없이 언어적 자극을 주어 언어를 많이 경험하게 해야 하고, 이를 위해서라면 밤을 새워서라도 아이에게 책을 읽어주어야 한다. 아이의 독서습관 형성을 위해서라면 유아기 6년을 기꺼이 즐거운 마음으로 고생해야 할 것이다. 아이를 위해 유아기 6년을 고생하면 앞으로 60년을 편하게 갈 것이나, 아이에게 책 읽어주기가 귀찮고 힘들어 유아기 6년을 편하게 지내면 앞으로 60년을 아이도, 부모도 모두 고생하며 살아야 할 것이다. 선택여부는 각자가 알아서 할 것이나 몰라서 기회를 놓친 부모들을 위해 유아기 독서교육의 중요성을 알리는 것은 이것을 아는 사람의 임무이자 책임이기도 하다.

한글을 통한 유아기의 독서교육과 독서습관의 형성. 여기서 개인과 국가경쟁력이 결정된다.

V.
대학수학능력과 독서, 토론, 논술

독서는 입력이고 토론과 논술은 출력이다. 입력이 있어야 말로, 글로 나올 수 있다. 이런 점에서 독서는 토론과 논술의 토양이다. 토양이 기름져야 제대로 된 토론과 논술의 꽃을 피울 수 있다. 대학 입시를 위한 논술도 풍부하고 다양한 독서와 활발한 토론의 바탕 위에서 가능하다.

그러므로 독서, 토론, 논술은 유기적인 관련성 속에서 체계적인 지도와 교육이 이루어져야 한다. 대학 입시 때문에 너도 나도 논술, 논술하고 있지만 독서와 토론과 논술은 유기적으로 연결된 한 몸이라는 것을 먼저 인식해야 한다.

그리고 독서, 토론, 논술 능력은 대학수학능력의 핵심이다. 대학에 들어가서 제대로 공부하기 위해서는 필수적으로 독서능력과 토론능력, 논술능력을 갖추어야 한다. 뿐만 아니라 독서, 토론, 논술 능력은 사회에 나가서, 더 나아가 세계를 무대로 한 치열한 생존 경쟁에서 살아남기 위해 필수적으로 갖추어야 할 능력이다. 정보화, 세계화 시대인 21세기에서 개인과 기업과 국가의 경쟁력을 높이기 위해서도 독서, 토론, 논술 능력은 그 핵심에 놓여 있다.

-본문 중에서

1.
대학수학능력이란

대학수학능력이란 쉽게 말해 대학에서 제대로 공부할 수 있는 능력을 말한다. 대학수학능력을 갖추지 않고서는 대학에서 제대로 공부할 수 없기 때문에 대학에 들어오기 위해서는 필수적으로 이 능력을 갖추고 와야 한다. 그래서 대학에 들어오는 학생에게 대학수학능력을 제대로 갖추었는지를 평가하게 된다. 미국의 ACT(American College Test)와 SAT(Scholastic Aptitude Test)도 대학수학능력 시험이다.

우리나라에서는 예전에 대학 입학시험을 '학력고사'라 했다. 학력고사의 취지는 고등학교 3학년의 학력을 갖추었는지를 측정하고자 한 것이다. 정상적으로는 고등학교 3학년을 학력을 갖추면 그 다음 단계인 대학에서 공부할 수 있는 능력을 갖추었다고 본 것인데, 이 학력고사의 성적이 정작 대학에서 필요로 하는 수학능력과 별로 상관관계가 없는 것으로 나타났다. 그래서 대학에서 제대로 수학할 수 있는 능력을 갖춘 사람을 선발하자는 취지에서 아예 이름까지 '학력'을 '대학수학능력'으로 바꾸었고, 이에 따라 1994년부터 대학수학능력 시험, 즉 '수능'이 실시되었다.

대학수학능력시험은 대학교육을 이수하는 데 필요한 학업 적성을 측정하기 위한 시험으로 〈대학입학시험제도 개선안〉(1990)에 의거하여 시행되었다. 고등학교 내신 성적 및 대학별고사 성적과 함께 대학입학 자격검사의 중요한 평가 자료로 활용된다. 시험의 출제와 채점은 중앙교육평가원이 담당하고, 시행 및 관리는 중앙교육평가원과 각 시 · 도교육청이 함께 하도록 되어 있다.

이 시험은 학교교육을 통해서 학습된 능력을 검사한다는 점에서 지능검사나 적성검사와는 다르며, 학력고사(예전의 예비고사, 대학의 본고사)가 각 교과별로 평가하는 것과는 달리 통합교과적으로 소재를 활용하여 출제된다는 점에서 특정 교과별 시험과도 다르다. 그러나 실제 시험문제 출제과정에서 기존의 학력고사와 상당히 유사한 점이 많다. 이 시험을 실시하는 목적은 현행 대학입시제도가 고등학교 3년간의 학업성취만을 측정하고 실제 대학교육의 학업적성을 평가하지 못하는 문제점을 해결하고, 또한 암기위주의 시험을 지양하여 고도의 정신능력을 측정함으로써 중등교육의 질적 수준을 높이려는 데 있다.

주요 평가영역은 언어영역, 수리 · 탐구 영역, 외국어영역의 세 가지이다. 언어영역은 대학교육을 충분히 소화할 수 있는 고차적인 언어사용능력을 측정하는데, 일반적인 교양서적 및 전문서적의 해독능력, 비판적 사고력, 학문적 토론에 대처할 수 있는 능력 등을 주요 평가내용으로 한다. 수리 · 탐구영역 중 수리영역은 수학적 개념, 원리, 법칙에 대한 이해력, 수학적 표현의 구사력, 계산능력, 추론하고 증명하는 능력, 수학의 내적 · 외적 관련성에 대한 이해력 등을 내용으로 하고, 탐구영역은 주요 개념의 이해, 조사 및 실험의 설계와 수행, 정보와 자료의 이용 및 분석, 검증, 결론 도출 및 해석, 가치판단과 의사결정 등에 대한 능력을 평가한다. 외국어영역은 주로 영어능력을 측정하며, 듣기 · 읽기 · 쓰기 · 말하기 능력을 주요내용으로 한다.

그런데 예전의 학력고사와 달리 대학수학능력을 측정하기 위해 대학수학능력 시험이 도입되었으나, 실제로는 예전의 학력고사와 큰 차이가 없다. 다만 형식적으로는 4지선다형에서 5지선다형으로 바꾸었다는 것이며, 내용적으로는 단순 암기 위주의 문제는 철저히 배제하여 길어진 지문과 함께 한층 더 높은 통합적 사고력을 요하는 문제를 출제한다는 것이다. 그러나 이것은 정도의 차이에 지나지 않을 뿐 본질적인 차이로 보기는 어렵다. 그래서 높은 수능 점수를 받은 학생이 대학에서 제대로 공부할 수 있는 능력을 갖추었느냐 하는 문제는 여전히 남아 있게 되었다.

이 문제를 보완하기 위해 도입된 것이 이른바 '논술시험'이다. 주로 일부 상위권 대학에서 논술시험을 보고 있다. 이것은 수능만으로 부족한 변별력을 높이고, 객관식 문항으로 출제되는 수능만으로는 측정할 수 없는 쓰기 능력, 즉 리포트나 논문 작성 능력을 평가하기 위해서이다.

그러면 왜 논술이었을까? 대학은 원래 학문을 하는 곳이다. 학문(學問)이란 배우고 연구하는 일을 말한다. 학문의 과정은 학습과 연구로 이루어지며, 이 과정에서 얻어진 새로운 연구 결과물은 반드시 논문으로 발표해야 한다. 그래서 논문을 쓸 수 없거나 쓰지 않는 사람은 학문을 할 수가 없다. 그러므로 학문을 하려는 사람은 누구나 기본적으로 논문을 쓸 수 있는 능력을 갖추어야 한다. 대학은 학문을 하는 곳이요, 대학생은 곧 학문 연구자이기 때문에 대학생에게는 학습과 동시에 연구라는 과제가 부과된다. 이 연구의 결과물은 학과에 따라 다르기는 하지만 보통 졸업논문으로 제출하도록 되어 있다. 졸업논문을 통해 4년간의 전공지식을 종합 · 정리하고, 아울러 논문을 쓸 수 있는 능력을 배양함으로써 학문 연구자로서 자립적으로 학문을 연구해갈 수 있는 기초 능력과 바탕을 마련하게 된다.

이처럼 대학은 학문을 하는 곳이기 때문에 기본적으로 논문을 쓸 수 있는 능력을 갖추어야 한다. 사실 논술의 본래 의도도 논문을 작성할 수 있는 기초 능력을 보려는 것이다. 이러한 시험으로 프랑스의 바칼로레아와 독일의 아비투어, 미국의 에세이, 일본의 소논문 등이 있다.

이 중에서도 프랑스의 바칼로레아가 대표적이다. 바칼로레아는 고등학교 졸업 자격시험이다. 우리나라에서는 고등학교 과정만 마치면 모두 졸업하지만, 프랑스에서는 바칼로레아를 통과해야 고등학교를 졸업할 수 있다. 이와 함께 대학에서 교육받을 수 있는 자격도 주어진다. 그래서 바칼로레아는 고교 졸업 자격시험이면서 동시에 대학입학 자격시험이다.

바칼로레아는 1808년 나폴레옹 때부터 실시되어 200년의 역사를 자랑한다. 응시 분야별로 일반, 기술, 직업으로 나누어지며, 이 중에서 대학 진학을 위해 지원하는 분야가 바칼로레아 일반이다. 일반 바칼로레아는 다시 문학, 경제사회, 과학 계열로 나누어지며, 우리의 문과에 해당되는 문학과 경제사회 계열과 이과에 해당되는 과학 계열에 반반 정도로 응시한다. 공통과목인 철학시험은 무려 4시간에 걸쳐 주어진 주제에 대한 자신의 생각을 서술해야 한다. 여기서 4시간이라는 것은 한 주제에 대해 상당히 깊이 있게 접근하지 않으면 안 된다는 것을 말한다. 즉 주제에 대해 4시간 동안 쓸 수 있는 깊이 있는 정리된 생각과 그것을 문장으로 4시간 동안 서술할 수 있는 문장력을 갖추지 않으면 안 된다는 것을 말한다. 아마 우리나라의 학생들에게 4시간을 준들 무슨 소용이 있을까? 대개는 몇 줄 쓰고 나면 쓸 것이 없어 4시간을 주나마나 할 것이다. 그것은 4시간 동안 쓸 수 있는 깊이 있는 정리된 생각도 없고, 4시간 동안 쓸 수 있는 문장력도 갖추지 못했기 때문이다. 바칼로레아 철학 논술 시험은 자신의 독창적인 생각을 요구할 뿐만 아니라 주제가 광범위하고 난해하기도 해서 시험 결과에 대해 전 국민의 관심사가 되고 있다.

그러나 프랑스에서는 중 · 고등학교 때부터 암기식 교육이 아니라 모든 교과 과정이 책을 읽고 글을 쓰는 논술식 교육으로 이루어지기 때문에 학교 수업에만 충실하면 이러한 시험에 대비할 수 있다. 고교 교사들이 출제와 채점을 맡기 때문에 교과 과정에서 크게 벗어나지도 않는다. 입시제도가 교육 현장과 동떨어져 있거나 지나치게 앞서가지 않고, 공교육의 연장선상에 놓여 있다.

그러나 우리가 보기에는 도무지 고등학교 졸업생으로서는 감히 접근하기 쉽지 않은 주제들이 다양하게 다루어지고 있다. "관용의 정신에도 비관용이 내포되는가, 노동은 욕구충족의 수단에 불과한가, 일시적이고 순간적인 것에도 가치가 존재하는가?" 등의 질문이 입시문제라는 것이 신선한 충격이고, 그것에 대한 다양하고 놀라운 답변들이 제시된다는 것도 충격이다. 그런데 프랑스에서는 폭넓은 독서와 교양 교육이 바탕이 되어서인지 추상적이고 철학적이며 난해하기까지 한 답안지들이 제출되고 있다.

이런 점에서 프랑스의 학생들에게 논술이나 철학은 일종의 평균적 교양이다. 이미 나폴레옹 때부터 200년의 전통을 가진, 생각하고 토론하고 논술하는 이러한 방식의 교육은 프랑스인들을 합리적이고 논리적인 사고로 이끌고 있다. 그에 비해 따로 논술이나, 철학, 나아가 토론식 수업 한 번 제대로 접해보지 못한 우리의 교육 현장에서 껍데기만 빌려 입은 논술이 제대로 자리 잡을 것인지는 의문이다. 논술은 독서와 토론이 밑바탕이 되지 않으면 그 효과를 기대할 수 없기 때문이다.

2.
독서, 토론, 논술 능력이 대학수학능력의 핵심이다

대학에서 제대로 공부할 수 있기 위해 기본적으로 갖추어야할 능력, 즉 대학수학능력으로 어떤 것을 갖추어야 하는가? 바로 독서능력, 발표 및 토론 능력, 쓰기 및 논술 능력을 기본적으로 갖추어야 한다.

이 중에서 대학수학능력으로 먼저 갖추어야 할 것은 독서능력이다. 대학에서 교수의 강의만 듣는 것으로 공부를 끝내겠다는 것은 공부를 안 하겠다는 것이나 마찬가지이다. 한정된 강의 시간에 교수가 해 줄 수 있는 것은 불과 얼마 되지 않는다. 교수는 공부의 방향과 쟁점이 되는 문제점이나 참고자료 정도 제시할 뿐 나머지는 자기 스스로 관련 참고 서적을 읽으면서 심화 · 확대시켜 가야 한다. 그래서 교수도 한정된 강의 시간을 보충하기 위해 관련 참고도서를 제시해 주고, 이것을 읽고 리포트를 제출하게 한다.

미국의 경우 보통 한 강좌를 듣기 위해서는 33권의 도서를 읽어야 한다고 한다. 주교재 3권에다 참고도서 30권을 읽어내야 한다. 이것도 그냥 훑어보는 수준이 아니다. 리포트로 제출해야 하기 때문이다. 리포트를 제출하기 위해서는 제대로 읽어야 하고, 거기서 핵심을 내용을 뽑아서 다시 글로 써야 한다. 그리고 강의시간 중에 발표도 하고, 동료의 질문에 답하고, 서로 토론도 해야 하므로 제대로 읽지 않을 수 없다. 유럽의 명문대학의 경우에는 1주일에 50권의 도서목록을 제시하고, 그 중에서 10권을 선정하여 읽고 리포트를 제출하게 한다. 이를 위해서는 1주일 동안에 50권의 책을 찾아 훑어보고, 그 중에서 10권을 골라서 읽고 리포트로 제출해야 한다는 것을 말한다. 이러한 과제를 수행하기 위해서는 전문서적을 제때에 읽어내는 독서능력이 뒷받침되지 않으면 강좌를 제대로 수강할 수 없다. 그래서 외국의 대학에서는 학생들이 책을 읽느라 눈코 뜰 새가 없는 것이다.

이런 점에서 독서능력은 바로 대학수학능력의 기본이자 핵심이다. 교과서와 참고서만 읽고 문제 풀이 연습만 하고 온 우리나라의 대학생들이 이러한 과제를 제대로 수행할 수 있을지는 물으나 마나일 것이다. 사실 강의를 듣는 것보다는 강의와 관련하여 교수가 제시하는 참고도서를 읽는 것이 엄청난 공부가 된다는 것은 해본 사람이면 누구나 다 아는 사실이다. 그래서 공부를 제대로 시키려고 하는 교수일수록 관련 참고도서에 대한 요약 리포트를 혹독하게 부과한다.

다음으로 갖추어야 할 것은 발표 또는 토론능력이다. 대학에서의 공부는 교수가 모든 것을 강의로 가르쳐 주지 않는다. 일부는 강의로 진행되기도 하지만, 학생에게 과제를 주고 학생이 참고자료를 찾아 정리하고 해결한 과제를 시간 중에 발표하고, 그것에 대해 토론하는 수업이 많다. 이러한 수업에 대비하기 위해서는 학생 모두가 발표능력과 토론능력을 갖추어야 한다. 물론 여기에도 자료를 찾고 읽어내는 독서능력과 그것을 글로 정리하는 쓰기능력이 밑바탕이 되어야 한다.

그런데 우리나라에서는 중등교육이 참고서 중심의 객관식 문제 풀이에만 몰두하는 주입식 교육으로 이루어지다 보니 이러한 수업방식에 익숙하지 못해 대학에서 발표와 토론식 수업이 제대로 진행되지 못하는 경우가 많다. 그러나 외국의 경우 중등교육에서부터 토론식 협동수업을 많이 해 왔기 때문에 이런 수업방식에 익숙하므로 대단히 활발하게 진행된다. 특히 학문을 연구하는 대학에서는 전공 관련 학문적 지식을 교수가 한정된 강의 시간에 다 가르쳐줄 수는 없다. 학문연구는 연구자가 스스로 과제를 찾고 해결하여 가는 수밖에 없다. 과제를 해결하는 과정에서 연구과제의 발표와 수많은 토론이 이루어지므로 발표능력과 토론능력은 반드시 갖추어야 할 대학수학능력이다.

다음으로 대학에서 제대로 공부하기 위해서 반드시 기본적으로 갖추어야 할 능력은 쓰기 또는 논술 능력이다. 학문연구의 마무리는 결국 쓰기로 끝나기 때문이다. 졸업논문이 그것이다. 졸업논문 이전에도 쓰기능력을 제대로 갖추지 않으면 좋은 학점을 받을 수 없다. 대학의 중간고사, 기말고사는 주어진 주제에 대한 자신의 생각을 서술 또는 논술하는 방식이다. 기본적인 쓰기 능력이 갖추어지지 않으면 시험조차 제대로 치를 수 없다. 대학 신입생의 경우의 답안지를 보면, 문장화조차도 제대로 되지 않은 답안지도 많다. 서술 또는 논술하라는 답안지를 참고서와 같은 구절식 요약으로 써 낸 것들이 이런 경우이다. 이것은 객관식 문제나 단답형 문제에만 익숙하다 보니 생각을 완전한 문장으로 표현하는 훈련이 전혀 되어 있지 않았기 때문이다. 그리고 문장으로 서술한 답안지도 몇 줄 쓰지 못하고 그친 답안지도 많다. 이것은 자신의 생각을 문장으로 써내려가는 기본적인 서술능력이 갖추어지지 않았기 때문이다. 생각을 통일성 있는 덩어리로 구성해야 하는 문단에 대해서는 개념조차 없다. 주어진 주제에 대한 4시간 동안 자신의 생각을 써야 하는 프랑스의 대학생들에게서 이런 답안지는 기본적으로 생각할 수 없는 것들이다. 시험 답안지조차 제대로 작성할 수 없는 학생들이 어떻게 대학에서 공부할 있겠는가.

그리고 대학에서는 강의가 진행되어 가는 과정에서 수많은 과제가 부과된다. 이것이 리포트이다. 리포트는 대학생활을 통해 수시로 제출해야 되는 보고서이다. 보고서는 조사, 답사, 관측, 채집, 실험 등으로 얻어진 사실이나 결과를 정리하여 보고하는 글이다. 이러한 보고서에는 학교에서 학생이 학습하고 조사 · 연구한 내용이나 결과를 정리해서 보고하는 것과, 회사와 관공서에서 주어진 과제에 대해 조사 · 연구한 내용이나 업무를 수행하고 나서 그 결과를 정리해서 보고하는 것 등이 있다. 예를 들면 업무 보고서, 현지 답사보고서, 조사연구 보고서 등이 그것이다. 이러한 보고서 중에서 특히 대학에서 교수가 학생들에게 학습과 연구를 위해 과제물로서 부과한 것을 주로 리포트라 부른다. 이 중에는 강의 관련 참고도서를 읽히기 위한 요약 리포트는 가장 흔하게 부과되는 리포트다.

대학에서 주로 사용되는 리포트는 다음과 같은 효과가 있다.

첫째, 학생들에게 폭넓은 독서의 기회와 계기를 부여한다. 짧은 한정된 강의 시간 중에 모든 내용을 강의로 다 전달할 수 없으므로 이를 보충하기 위해 관련 서적을 선정하여 학생들로 하여금 읽게 하고 그 내용을 요약하여 리포트로 제출하게 함으로써 강의 내용과 관련된 서적을 두루 읽을 수 있게 된다.

둘째, 강의실에서나 교재를 통해서 다룰 수 없는 내용이나 분야를 현장 조사와 답사를 통해 조사 · 연구하여 리포트로 제출하게 함으로써 현장 학습의 효과를 높일 수 있다. 그리고 문헌 자료인 경우에는 도서관이나 기타 여러 자료를 이용하는 방법과 함께 학생 스스로 자료를 수집하고 정리하는 훈련을 시킬 수 있다.

셋째, 리포트 작성 과정을 통해 여러 자료를 수집 · 정리하고 비교 · 평가해 봄으로써 학문에 대한 비판적 안목을 기를 수 있다.

넷째, 교수의 입장에서 보면, 강의에 대한 학생의 이해 정도와 학생의 과제 해결 능력을 측정할 수 있어 교수 및 학습에 대한 좋은 평가 기회가 된다.

다섯째, 학생에게는 리포트의 작성 과정을 통해 학습과 연구의 과정에서 생겨나는 과제를 해결하는 능력을 배양함으로써 졸업논문에 대한 예비 훈련이 된다.

이러한 리포트 작성을 통해 학생들의 학습과 연구를 촉진시키고 리포트 작성 과정을 통해 논문을 쓸 수 있는 능력을 배양시킴으로써 학문 연구자로서 자립적으로 학문을 해갈 수 있는 기초 능력과 태도를 길러줄 수 있다.

대학은 학습과 동시에 연구를 하는 곳이다. 그래서 대학을 졸업하기 위해서는 그 동안 연구한 결과를 졸업논문으로 제출해야 한다. 이 졸업논문이 통과돼야 졸업을 할 수 있다.

논문이란 어떤 주제에 관하여 조사한 자료와 그 연구 결과를 정리 · 체계화하여 일정한 양식에 따라 논리적으로 제시한 글이다. 여기에는 연구자의 전공 지식을 바탕으로 기존 연구의 문제점에 대한 비판과 연구자 자신의 견해나 주장, 그리고 새로운 연구 결과가 논증의 과정을 통해 제시된다.

이러한 논문 형태의 글은 오래 전부터 있었으나, 본격적인 학술논문은 근대에 와서 과학의 발달과 함께 학문 연구의 발표 수단으로서 생겨났다. 근대 이후 학문이 급속하게 발전하면서 전문 연구자들의 모임인 학회가 생겨나고, 이 학회에서 이루어진 새로운 연구 결과를 논문집으로 발간하면서 오늘날과 같은 일정한 격식을 갖춘 논문 형태가 정립된 것이다. 이렇게 생겨난 논문은 오늘날 가장 대표적인 학문 연구의 발표 수단이면서 동시에 선취권(先取權) 확보의 의미도 갖는다. 즉 학술지에 발표된 논문은 연구자의 새로운 연구 결과를 다른 연구자에게 전달함과 동시에 자신의 독창적인 연구 결과물을 자신의 연구 업적으로 확보하는 권리도 갖게 된다. '구슬이 서 말이라도 꿰어야 보배'라는 속담처럼 아무리 좋은 연구 결과를 얻었다 하더라도 논문으로 발표하지 않으면 아무런 소용이 없다. 학문의 세계에서 논문을 쓰지 않으면 아무런 연구 업적도 남길 수 없는 것이다. 학문이 급속도로 발전할수록 논문을 통한 선취권 확보 경쟁도 그만큼 치열할 수밖에 없다. 이런 점에서 논문은 저서와 같은 다른 발표 수단보다도 자신의 연구 결과를 간편하고 신속하게 발표할 수 있는 수단이 된다.

이처럼 논문이 대표적인 학문 연구의 발표 수단으로 자리잡게 되자 논문의 양식과 체재(體裁)가 규격화되었다. 왜냐하면 논문의 양식과 체재가 규격화됨으로써 정보를 보다 신속·정확하게 전달할 수 있기 때문이다. 연구자마다 논문의 양식과 체재를 다르게 사용하면 읽는 사람이 대단히 혼란스럽고 불편하기 때문에 논문의 양식과 체재는 집필자와 독자 사이의 일종의 약속의 의미를 지닌다. 이 약속을 지키기 않거나 위반하게 되면 논문의 내용은 바르고 정확하게 전달되고 이해되기를 기대할 수 없게 된다. 그러므로 논문은 그 내용 못지않게 양식과 체재라는 외형적인 요건의 중요성이 강조된다.

아무튼 시험답안지, 리포트, 졸업논문 등은 반드시 글로 써야 가능한 것이다. 그러므로 대학에서 공부를 제대로 하기 위해서는 쓰기능력을 필수적으로 갖추어야 한다. 그 쓰기가 논리적으로 써야 한다는 점에서 논술이라 해도 무방하다. 이런 쓰기 곧 논술능력은 학문연구자에게는 필수적으로 요구되는 가장 기본적인 능력이다.

이런 점에서 독서능력, 발표 및 토론능력, 쓰기 및 논술능력은 대학수학능력의 기본이자 핵심이다. 이로 보면 대학에서 대학교육을 이수하는 데 필요한 학업 적성을 측정하기 위한 시험으로 논술시험을 보는 목적과 이유가 분명하게 드러날 것이다.

논술시험의 궁극적 목표는 학문연구자가 필수적으로 갖추어야 할 논문을 작성할 수 있는 능력을 측정하는 데에 있다. 그래서 논술시험에서 논리적 서술능력과 함께 독창성을 중시한다. 독창성은 바로 논문의 생명이기 때문이다. 독창성이 없는 논문은 아예 논문으로 인정되지도 않는다는 점에서 논문으로서 갖추어야 할 가장 기본적인 요건이다. 논문이 독창성을 갖기 위해서는 주제나 자료, 연구 관점이나 연구 방법, 결론 등에서 기존 연구와 다른 새로운 것이 있어야 한다. 다시 말하면 주제가 지금까지 남들이 다루지 않은 새로운 주제이거나, 새로운 자료를 발굴하여 쓰거나, 같은 주제와 자료라도 연구의 관점을 다르게 접근하여 새로운 해석과 결론을 끌어내거나, 아니면 새로운 연구방법론을 적용해야 독창적인 논문이 될 수 있다. 그러나 남의 논문이나 저서를 요약한 것이나 남의 견해나 주장을 비판 없이 옮겨 놓은 것, 출처를 밝히지 않고 여기저기서 인용하여 교묘하게 꾸며 놓은 것, 입증되지 않은 개인적인 견해를 담은 것 등은 독창성이 결여되어 있기 때문에 논문으로 인정하지 않는다.

그런데 현장의 논술교육은 이런 방향에서 많이 벗어나 있다. 대학수학능력의 본질이 무엇인지를 깊이 들여다보지 않았기 때문이다. 대학 입학만을 위한 논술을 위한 논술, 특히 주입식의 획일적 논술은 대학이 요구하는 논술도 아니며, 대학에 들어가서도 별로 도움이 되지 않는다. 대학 입시의 논술시험 때문에 논술에 대한 관심이 높은데, 이것은 논술 자체의 중요성에 대한 근본적인 인식이라기보다는 순전히 대학 진학을 위한 입시 때문이다. 그래서 입시를 코앞에 둔 입시생들 사이에는 단기간의 고액 논술 과외가 성행하고 있으며, 이것은 사교육비를 증가시켜 사회 문제로까지 비화되고 있다. 과연 논술을 대비하는 가장 좋은 방법은 무엇일까?

미국에는 '빈스 롬바르디 학습법'이라고 불리는 전통적인 방식이 있었다. '쓰고, 또 쓰고, 피를 토할 때까지 또 쓰라.'는 것이다. 그런데 미국의 NAEP(국가교육평가원)에 의하면, 논술에서 가장 높은 점수를 얻는 학생은 매일 같이 피나게 쓰는 학생이 아니고, 여유롭게 많은 책을 읽고 수업시간에 정규적인 글쓰기를 해온 학생이었다. 기존의 논술교육이 글쓰기와 말하기는 복제되는 경험이라는 단순한 사실을 간과한 것이다. 단어는 귀와 눈을 통해 들어와 혀와 펜을 통해 나간다. 즉 우리는 들은 것을 말하고, 본 것을 쓴다. 그 중에서도 가장 자주 들은 것을 말하고, 가장 자주 본 것을 적는다. 왜냐하면 잘 아는 것을 자신 있게 말하고 쓸 수 있기 때문이다. 잘 모르는 것을 자신 있게 쓸 수는 없다.

그러므로 입력이 없으면 결코 출력도 없다. 듣고 본 것이 있어야 말하고 쓸 수 있다. 이것이 불변의 법칙이다. 좋은 문장을 자주 보고 접해야 좋은 문장을 쓸 수 있다. 읽기보다 쓰기를 우선하는 것은 결코 성공할 수 없다. 문장력은 배우기보다 체득되는 것이다. 감기와 같이 자주 노출됨으로써 감염되는 것이다. 올바르게 표현된 좋은 문장을 자주 접함으로써 그런 표현을 사용할 수 있다. 그러므로 읽고 또 읽어야 잘 쓸 수 있다. 논술도 독서가 우선이다.

독서, 토론, 논술은 유기적인 관련성 속에서 체계적인 지도와 교육이 이루어져야 한다. 요즈음 논술이 화두가 되어 너도 나도 논술, 논술하고 있지만 독서와 토론과 논술은 유기적으로 연결된 한 몸이라는 것을 먼저 인식해야 한다. 대학입시의 논술도 독서와 토론을 밑바탕으로 해야 한다. 독서를 통해 풍부한 배경지식을 쌓고, 토론을 통해 다양한 사고를 접하면서 사고력을 넓혀야 논술을 제대로 할 수 있다. 논술은 독서가 출발점이다. 논술뿐만 아니라 모든 학습도 독서가 밑바탕이다. 독서는 모든 학습의 기초 체력이라 할 수 있다. 축구에서 체력이 뒷받침되지 않는 기술이 무용지물이듯이 학습에서도 독서가 뒷받침되지 못하면 근본적으로 학습의 효과를 기대하기 어렵다. 그러므로 무엇보다 풍부한 독서를 통해 풍부한 배경지식을 쌓고, 배경지식을 통해 사고력을 넓히는 것이 우선되어야 한다.

독서를 한 다음에는 토론을 통해 여러 사람의 다양한 사고와 접함으로써 사고의 유연성과 다양성을 기르면서 논리적 · 비판적 · 창의적 사고력을 키워야 한다. 혼자만의 독서만으로는 한계가 있다. 토론이 없는 독서는 반 토막의 독서밖에 안 된다. 여러 사람과 서로 생각을 주고받지 못하기 때문이다. 책을 읽고 여러 사람과 함께 토론을 통해 내가 미처 생각지 못했던 것과 부족했던 부분을 알 수 있으며, 이를 통해 나의 생각을 더욱더 심화 · 확장시키면서 논제에 대한 분석력과 논리적 사고력을 기를 수 있다. 토론이 없는 독서로만 그친다면 편협한 사고에 갇혀버릴 수도 있다. 토론을 통해 여러 생각과 만남으로써 나와 다른 입장에서 생각하는 방법은 물론, 자신의 의견을 정리하고 그것을 논리적으로 표현하는 능력까지 높여준다. 토론을 통해 '왜?'라는 질문을 서로 주고받다 보면 혼자 읽고 생각했을 때와 달리, 미처 깨닫지 못한 부분을 서로 채워주게 된다. 다른 각도에서 생각하는 습관, 자신의 의견을 위해 근거를 제시하고 논리를 펴는 능력, 다른 사람 앞에서 조리 있게 자신의 생각을 말하는 표현력과 사회성까지…….

이런 점에서 독서와 토론은 논술의 토양이다. 토양이 기름져야 제대로 된 논술의 꽃을 피울 수 있다. 풍부하고 다양한 독서와 활발한 토론의 바탕 위에서만 논술의 설 자리가 마련될 수 있는 것이다. 논술의 지름길은 바로 독서와 토론 속에 있다. 초등학교라면 70%의 독서와 20%의 토론, 10%의 쓰기가 바람직하고, 중학생이라면 50%의 독서와 30%의 토론, 20%의 쓰기를 권하고 싶으며, 고등학생이라면 입시를 위해 쓰기나 논술의 비중을 적절히 높이는 것이 좋다고 본다.

이러한 독서와 토론, 논술은 모든 교수-학습의 원형이기도 하다. 책을 읽고, 서로 토론하고, 나중에 말이나 글로 발표함으로써 각종 문제를 해결하는 것이 모든 교수, 학습뿐만 아니라 학문 연구의 기본이기 때문이다. 뿐만 아니라 독서, 토론, 논술 능력은 사회에 나가서도 개인이나 기업, 국가의 경쟁력을 높이기 위해 필수적으로 갖추어야 할 능력이다.

탁상 위의 전쟁이라고 불리는 FTA(자유무역협정)의 협상을 예를 들어보자. 세계화가 진행될수록 앞으로 많은 나라들과 이 협정을 체결해야 할 것이다. 국익을 위해, 하나의 일자리라도 더 확보하기 위해 목숨을 건 협상을 펼쳐야 한다. 담판을 위해 협상의 최전방에 나선 협상가들은 어떤 전략과 전술로 상대방을 설득시켜 하나라도 더 얻어낼까? 그들은 도박판의 '타짜'만큼이나 상대의 패를 읽기 위해 고심하면서 국익을 지키기 위한 온갖 전략과 전술을 동원한다.

이러한 협상에서도 독서, 토론, 논술 능력이 핵심에 놓여 있다. 먼저는 온갖 자료와 정보를 수집하여 철저하게 분석 · 정리하고, 상대방의 전략을 예측하여 거기에 대비하는 논리와 전략을 세워야 한다. 이것은 바로 독서능력이다. 그리고 협상 장의 테이블에서는 우리 측의 입장과 논리로 상대방을 설득해야 한다. 밀리지 않기 위해서는 상대방의 논리에 대한 허점을 논박하면서 치열한 토론을 벌여야 한다. 여기서는 상대방을 설득하는 토론능력을 필수적으로 갖추어야 한다. 마지막으로 협상한 내용을 문서로 남겨야 한다. 용어의 개념을 철저히 검토하고, 정확한 문장으로 문서를 작성해야 한다. 자칫 용어 하나 소홀히 했다가는 엄청난 국익의 손실을 초래할 것이다. 이것은 문서 작성 능력 즉 쓰기 또는 논술능력과 관련된다. 세계화의 시대에서 국가 간에 피 말리는 밀고 당기는 협상에서 국익을 지켜내는 것도 바로 독서, 토론, 논술 능력을 갖춘 협상 전문가들을 양성하는 것이다.

결론컨대 독서, 토론, 논술 능력은 학교에서, 사회에서, 더 나아가 세계를 무대로 한 치열한 생존 경쟁에서 살아남기 위해 필수적으로 갖추어야 할 능력이다. 정보화, 세계화 시대인 21세기에서 개인과 기업과 국가의 경쟁력을 높이기 위해서도 독서, 토론, 논술 능력은 그 핵심에 놓여 있다.